Double V

E 1024

De Potta Aug.

3018

ADVIS CIVILS,

CONTENANS PLV-
SIEVRS BEAVX ET
vtils enseignemens, tant
pour la vie politique, que
pour les conseils, & gou-
uernemés des Estats & Re-
publiques.

*Traduits puis-nagueres en François
de l'Italien de Messire Francisque
Lotin, Gentilhomme de Volterre,
au territoire Florentin.*

A PARIS,

POVR
Abel l'Angelier, au pre-
mier pillier de la grād
salle du Palais.
1 5 8 4.

ABO NEC MA CRVM SACRIFICABO

CRVM NEC DABO

SACRIFICABO MA PINGVE SACRVM

A MONSEI
GNEVR ANNE, DVC
DE IOYEVSE, PAIR
& Amiral de France.

ONSEIGNEVR,
eſtans depuis vn an
tombeʒ en mes mains
quelques Italiẽs exem-
plaires des aduis ciuils,
cy deuant eſcrits & redigeʒ en chapi-
tres en forme de volume, par feu Iean
François Lotin, gentilhomme de Volterre, au terroir Florentin: ie les ay di-
ſtribueʒ à quelques vns de mes bons
ſeigneurs & amis, que i'ay accouſtumé
de fournir de toutes ſortes de liures, leſquels, les ayans leus m'ont auerti des

A ij

beaux & bons enseignemens , que contient ce liure, & enhorté , de le faire parler françois , & le cõmuniquer par l'impreſſion aux hommes de noſtre France, pour leur ſeruir d'inſtruction & direction , au maniement de leurs affaires, tant domeſtiques , pour le particulier negoce des peres de famille , que publiques, pour l'adminiſtration des eſtats & republiques , dont les gouuerneurs des prouinces, & magiſtrats des villes ſont chargez. A quoy ie me ſuis volontiers employé ; ſuiuant le deſir que i'ay de profiter à ma patrie , ſelon ma petite puiſſance : & de mon labeur & induſtrie y apporter tout ce que ie puis , pour l'auancement & contentement de noſtre peuple François. De fait a eſté ce liure puiſnagueres fait françois à ma diligẽce, & mis ſur la preſſe pour ſortir en lumiere : afin que chacun de nos François puiſſe prẽdre part au fruict de tant de bõs aduer-

tiſſemens, dont il eſt remply, bons di-ie
& profitables à perſonnes de toutes qua
litez, à cauſe de la diuerſité des matieres, qui y ſont traitees. Car le Prince y
trouuera aduis & côſeils, duiſans au bô
& droit gouuernemêt de ſon eſtat. Le gê-
tilhomme, l'addreſſe de bien commander, & bien obeir, & en ſomme de bien
faire en l'exercice de la guerre. Le citoyen, le moyen de bien dreſſer, maintenir, & gouuerner la police d'vne ville.
L'artiſan, de bien ouurer en ſon art. Le
maiſtre, de bien commander à ſes ſeruiteurs: les ſeruiteurs, de biê obeir aux mai
ſtres. Les peres, de ſe bien comporter enuers leurs enfans, les enfans, de droitte-
ment honnorer & reuerer les peres. Les
maris, du traictement qu'ils doibuent à
leurs femmes, les femmes, du deuoir
qu'elles ont à rendre à leurs maris. Les
conſeillers, & gens appellez aux deliberations & conſeils des affaires, de ſa-

A iij

gemēt donner leurs opinions & aduis: &
les confultans, de bien & prudemment
les receuoir & s'en aider en tous leurs
negoces & entreprifes: mefmes y a tou-
ché l'auteur plufieurs points & doubtes,
concernans les affaires d'eftat, dont fe
pourront preualoir les feigneurs qui
iournellement affiftent au confeil des
Princes: & les lifant en receuoir hōno-
rable plaifir & profitable contentement.
Vous, Mōfeigneur, entr'autres: qui maniant l'vn des timons de la Françoife republique, eftes d'heure à autre appellé au
confeil des plus importans affaires de
ce Royaume, & de ce cōfeil (à raifon du
lieu & grade que vous y tenez) eftes
(cōme Enee en la guerre de Troye,) vne
digne & grande part. Nō que de ce Lotin vous, Monfeigneur, ia affez experimenté aux confeils d'affaires d'eftat,
puiffiez rien de nouuel apprendre,
pour voftre addreffe & inftruction:

ains seulement rememorer, par ce qu'il
en a en ce liure escrit, les conseils qu'a-
uez souuent donnez en semblables occurrences d'affaires, & les voir par luy
redigees en forme de memoires, comme
s'il les auoit recueillis de vostre bouche,
pour en aider & profiter à toute la poste
rité: ce qu'il a peu bien & dextremēt faire, comme veritablement il a fait, ainsi
que pourrez apperceuoir en lisant son
liure. Car il fut en sa vie premierement
& longuement secretaire de Cosme second Duc de Florēce, & depuis a encores manié les secrets des grans Cardi-
naux, Saluiati, & de Saincte Fior: &
tousiours (tant qu'il a vescu) a esté employé en affaires d'importance & d'e-
stat. Aussi cognoistrez vous, Monseigneur, qu'il en a parlé comme sçauant &
personnage bien entēdu, & versé en telles choses. Neantmoins non content d'a-
uoir cōfermé & fondé ses aduis sur bon

A iiij

nes & apparentes raisons extraites des
profonds secrets de la triple Philosophie,
& sur l'experience qu'il en a peu auoir
en traittant & maniant les affaires, &
conuersant és courts des grans seigneurs
qu'il a seruis, encores les a-il illustres d'e-
xemples anciens & recens, beaux & dignes de marque, & des authoritez des
plus braues & graues auteurs Grecs &
Latins: desquels nous lisons & admirōs
auiourd'huy, les notables propos, & morales sentences: & combien que par tous
ces accoustremens il soit assez bien &
honnestement paré, pour se monstrer en
bonne compagnie: toutesfois il n'a osé se
descouurir en veuë de soleil, sinon sous la
reluisante splendeur de vostre clair nom:
afin que d'icelle esclaircy, plus seurement
il puisse passer par tous les destroits de ce
Frāçois royaume, sans crainte des tene-
breux & mordans abbois de la medisan-
te enuie. Vous plaira donques, Mon-

seigneur, le prendre & receuoir sous vostre protection & sauuegarde, conduit à
vostre noble & illustre presence par la
main de celuy, lequel vous desirant accroissement de grandeur & prosperité, supplie le Createur, Monseigneur,
vous auoir tousiours en sa saincte garde. A Paris ce vingt & cinquie-
me iour de Nouembre. 1583.

Vostre tres-humble, & tres-
obeissant seruiteur, IEAN
RICHER, Libraire & Mᵉ.
Imprimeur en l'Vniuersité
de Paris.

LE TRADVCTEVR, AV
LECTEVR FRANCOIS.

TOVRNER de langue en autre
un estranger auteur,
Honnore peu celuy qui en a pris
la peine,
Ores qu'en le tournant souuent il perde haleine
Mordant l'ongle, pour estre appellé traducteur.

Auantage plus grand remporte l'inuenteur,
Se faisant renommer par sa besongne pleine,
Subtilisee encor de belle & douce veine,
Et enrichie d'art, de bon sens euenteur.

Bien a cest auantage en ce liure gaigné
Iean Francisque Lotin: ou il a besongné,
Librement, doctement, en langue Italienne:

L'ay-ie fait puisnaguere en France deualler?
Et l'ay ie fait encor françoisement parler?
Tien en est le profit, & la peine en est mienne.

TABLE DES CHOSES

PLVS REMARQVABLES
contenues en ce liure: le premier
nombre, quote le fueillet,
le second, le chapitre.

A

TABLE.

é iij

H

TABLE.

M

TABLE.

X

F I N.

ADVIS CIVILS.

Contenans plufieurs beaux & vtils en-
feignemens, tant pour la vie politique:
que pour les confeils, & gou-
uernemens d'eftats.

CHAPITRE PREMIER.

E s accidens occurrens aux
gouuernemens des eftats,
font en fi grand nombre, de
fi diuerfe qualité, & aduië-
nent en fi grande varieté
des temps : que la vie d'vn
homme ne peut fuffire, pour en faire l'expe-
rience:combien qu'il euft & puiffance,& valeur pour venir au deffus de tous les dangers
qui les accōpaignét.Pource n'ont peu les anciens auteurs, de l'exemple d'vn feul, recoeillir tous les enfeignemens cōuenables à ceux,
qui veulent tresbien gouuerner. Et combien
que Xenophon ait entrepris de le monftrer

A

en la personne de Cyrus: il le fit plus tost (cōme disoit Platon) pour s'aquerit la bonne grace de Cyrus, que pour cōgnoissance qu'il eust
des grādes qualitez & vertus, qu'il luy a voulu attribuer: Ainsi a il commencé de la fausseté de l'histoire : voulant enseigner le droit
gouuernement d'vn bon Prince. Marc Var-
ron, quand il voulut monstrer, quel debuoit
estre vn bon & principal citoyen: se prit à reciter, la forme, les mœurs, & les œuures, tant
en paix, qu'en guerre, de soixante & dix excellens citoyens: pour puisapres, recoeillant
ce qui estoit de bon, & de parfaict en chacun
d'eux: le separer, & l'accommoder à vn seul.
Il est certain, que chacū (encor qu'il le vœille) ne peut pas, d'entre plusieurs & plusieurs
bonnes choses, recoeillir les meilleures : &
lés elues composer de façon, que d'icelle re-
uscisse vne tresbonne & tresparfaite forme:
comme aussi n'ay-ie pas entendu d'en faire
icy la preuue. Et si i'y ay mis grand nombre
de considerations, recoeillies de maints auteurs, tant Grecz que Latins: qui ont esté estimez grans docteurs, & bien entédus en affaires d'estat: à ce m'a espoint & induit vne certaine comme necessité: à ce que ie peusse aux
conseils, & aux maniemens des affaires, esquels il m'a fallu trouuer : escouter auecques

fruit & honnefte intelligence,ces braues hõ-
mies que i'y ay ouy parler : & fuyuant les occurrences,leur refpondre auecques raifon.A
ces caufes, ne fe debura aucun emerueiller,
f'il les trouue icy mis, fans ordre,fans elite de
paroles,& fans ornemés de rethorique:& ce,
(fi d'auenture il trouuoit eftrange d'en voir
aucũs repetez) felon que,ou lifant,ou befon-
gñant,les occafions fe m'en font offertes.Car
fi du commencement i'euffe penfé, qu'autre
que moy les euft deu lire(car tout ce que i'en
ay noté, a efté feulement pour ma memoire)
ie leur euffe donné meilleure forme : mais
celuy qui l'a ainfi voulu,ayant fur moy toute
puiffance,en a difpofe à fa volonté.

CHAP. ij.

LATON efcriuant à Dïon fon grãd
amy,qui f'eftoit faitSeigneur de Sar
ragoffe en Cecile; l'ammonnefta de
fe fouuenir ,que f'il vouloit eftre de
chacun eftimé bon prince : il le deuoit premierement eftre de ceux,qui luy auoient efté
compaignons en l'Academie d'Athenes:lef-
quels ne fe deburoient pas emerueiller,ne de
la fortune,ne de la victoire,ne de fa hardieffe: mais bien,fi auec vne telle victoire,auec fi

hardie entreprise, & auec si grande abondance de toutes choses, il sçauoit vser de la temperance, & de la iustice conuenable à vn bon
prince : comme il se vid par l'effait, qui s'en
ensuiuit : car on dit, que quant à sa modestie
& attrempance, il ne porta onques autres
vestemens : & ne voulut iamais qu'on luy fist
autres seruices de table, que ceux dont il se
souloit seruir, lors qu'il viuoit en son priué,
en l'Academie d'Athenes, souz la discipline
de Platon.

C H A P. III.

'O F F I C E du Prince, est non seulement le plus grand de tous les autres offices de la cité, ou du Royaume : mais encores il les comprend,
& contient tous en soy : Et tout ainsy qu'il n'y
a chose, sur laquelle il n'ait puissance & autorité : aussi n'y en a-il aucune, qu'il ne puisse
entendre, & regir par bon ordre : combien
que son vray office soit plus d'interieure apprehension, que d'exterieure operacion : Laquelle apprehension peut de sa nature embrasser choses infinies : non-pas comme infinies : mais comme celles, qui dedans elle se
peuuent reduire à peu de chefs : ausquels le

fage prince doibt toufiours curieufement
aduifer. Et pource il doibt toufiours faire
pouruoiances,ordonnances, elections de ma
giftrats, & autres femblables chofes, toutes
generales:lefquelles , s'il vouloit de luy mefmes particulierement mettre à deuë execution: il n'y pourroit pas fuffire : tant, pource
qu'eftans infinis les particuliers , ils ne pour-
roiét(à caufe de leur infinité)eftre mis en exercice par vn feul homme: comme aufly,
pource qu'il faudroit, que ceft vnique homme mefmes,fuft de diuerfes natures : Eftant
le prince au corps de la Republique, ne plus
ne moins que le cœur au corps de l'Animal:
fans la vertu duquel , ores que les membres
ne puiffent faire chafcun leurs particulieres
operacions : toutesfois ne pourroit-il pas de
foy-mefmes particulierement faire, ce que
chacun d'eux fait. Pource qu'eftant befoin,
que l'vn foit droit, l'autre tortu: l'vn ferme &
folide,l'autre mol & delicat:il feroit impoffible,que le cœur peuft en foy feul vnir telle di
uerfité:& outre ce fe diuifer foy-mefmes en
tant de diuerfitez,de temps,de lieux,d'occafions,&autres pareilles circóftances.De maniere,qu'outre ce que le prince entrepren-
droit chofe impoffible : il luy aduiendroit de
nuire,pluftoft que d'ai der:pource ne fe doibt

il confumer hors de l'office, qui à luy feul appartient:& qu'autre que luy-mefmes ne peut
droitement exercer . Pource auffy Tybere,
refpondât au magiftrat des pompes, dift, que
le prince de la cité, n'eftoit, ne Conful, ny E-
dil, ny Preteur: ains auoit vn office plus haut,
& de plus fublime excellence : pource qu'à
luy feul touchoit de confyderer, que les Rõ-
mains ne pouuoient viure, s'ils ne s'en alloiét
à toute heure promenans par les dangers de
la mer:à caufe du befoin qu'ils auoient du fecours eftranger : & que les grandes maifons,
les grandes meftairies, les beaux bofquets,
n'eftoient fuffifans pour fe maintenir, & foy-
mefmes fe defendre. Ne voulant par celà, au
tre chofe entendre dire: finon que l'office du
bon prince, eftoit de foigner à maintenir &
cõferuer la racine, & le fondement de l'eftat:
ce qui appartient au feul prince;comme à celuy qui eft le vray patron,& le maiftre confer
uateur de l'eftat. Et pource Augufte (comme
fut defcouuert par vn liuret efcrit de fa main,
trouué depuis fa mort) luy mefmes tenoit le
compte du nombre des prouinces & des
roiaumes fubiets à l'Empire Rommain : dela
quantité des propres citoyens & foldats : du
fecours qu'il pouuoit tirer des amys & confederez : quels deniers, pouuoient reuenir des

dares, gabelles, tributs, & autres reuenus publics: A combien pouuoient annuellement
reuenir les dons, prefens, penfions, & autres
defpenfes qu'il luy falloit faire. Tellement
qu'ayant toufiours le fonds & la fubftance de
fon empire, comme deuant les yeux: pour le
conferuer & bien ordonner il fe pouuoit preualoir de fes forces, ainfi que bon luy fembloit. Et fi onques il fut trouué expediēt d'ain
fi le faire, auiourdhuy il en eft plus de befoin,
que iamais ne fut: principalement aux eftats
ou lon void la propre puiffance defordonnee
& diminuee, & l'eftrāgere hauffee & accreuë:
& où il fait meftier, que auec vne affiduelle
induftrie & prudence, on fupplee aux forces
qui manquent, pour fe defendre de ceux qui
defirent mettre en ruine, le peu qui refte de
l'eftat.

CHAP. IIII.

QVAND le Prince veut feauoir les
chofes, qu'il luy eft befoin d'apprendre: pour fe hauffer auec vertueux
actes, à l'egal de fa grandeur & dignité: il
n'y a pas fort affaire. Pource que ce font feule
mēt celles, lefquelles effectuees par vn autre,
ont certaine force pour l'induire, non feule-

A iiij

mét à defirer de les faire encores luymefmes:
mais d'eftre l'vn de ceux qui les ont faites.
Car iln'y a prince, lequel oyant bien fonner
vne trompette, voufift eftre celuy qui la fait
fonner: ne qui prenant plaifir à quelque belle
mufique, defiraft eftre l'vn de ceux qui la
chantét: Mais oyant d'vn autre cofté, reciter
les valeureux & genereux fais, d'Hercules,
de Pirrhe, d'Alexandre, de Cefar, & autres
femblables, qui par le moyen de leurs empires & gouuernemés fe font acquis louange &
renom:ne voufift bien faire comme eux, ou
eftre (fi poffible eftoit) l'vn d'entre eux. Telles doncques font les chofes, que doiuent apprendre les princes:à fin que leurs peuples &
fubiets en puiffent refentir aide & bon fecours:& leurs fucceffeurs enuie.

CHAP. V.

Il n'y à point de plus vraye, ne de plus
certaine regle, pour maintenir bons,
ceux qui de perfonnes priuees, deuiennent Princes: que de faire en forte, que
fouuent ils fe rememorent, de ce que foubs
vn autre Prince, leur a pleu, ou defpleu. Et
pource que le changement de baffe en haute
fortune, f'eft veu plus grand, & plus fouuent

aduenu à Rome, qu'en autre lieu du monde: cela deburoit d'autant plus esmouuoir ceux, qui sont esleuez aux grandeurs & dignitez, à entrer en ceste consideration: veu qu'à la lumiere de nature (par laquelle seule les Gentils se sont mis à bien faire) à present & entre nous est adioustee la lumiere diuine; laquelle receuë par eux (& il ne tiendra qu'à eux, qu'ils ne la recoiuent) est suffisante pour faire, & que mieux ils cognoissent, & que plus promptement ils facent, toutes choses bonnes.

CHAP. VI.

Heopompe, Roy des Lacedemoniens, interrogé, par quel moyen vn roiaume se pouuoit bié gouuerner & longuement maintenir: respondit, que cela se pouuoit aisement faire, auec deux seuls enseignemens: l'vn desquels estoit, que le prince communiquast ses desirs & affections à ses meilleurs amys: l'autre, qu'il ne souffrit point, que tort aucun fut fait, à aucun de ses citoyés & subiects. Il disoit le premier: pource que iamais Roy ne fut, ne si grand, ne si prudent: qu'il n'ait eu (comme dit le prouerbe) besoin de conseil: Et consequemment ne se trouuât au monde conseil plus seur, que celuy qui

vient des amys: & ne pouuant aucun eſtrẽ di
gne de l'amitié d'vn Roy : fors celuy ſeul, qui
entend les deuoirs royaux:le Roy ſe pouuant
aſſeurer, que communicant ſes affaires à ſes
amys : ils le voudroient & pourroient bien
conſeiller : & conſequemment ne luy ſeroit
celée aucune choſe, de celles qui luy pourroient ſeruir : ou pour la conſeruation de ſa
perſonne: ou pour la manutencion de ſon e-
ſtat. Le ſecond, vaut autant, comme vaut le
regne : pource qu'il comprend toute la iuſtice ciuile & diſtributiue : combien qu'alors
les citoyens ne reçoiuent aucune manifeſte
offenſe: car ils ne ſont ſeulement non offenſez, en la maniere, que communément on
appelle, offenſer : mais auſſi, quant ſelon les
bonnes ordonnances de la ville & du royaume,aucun tort ne leur eſt fait, en ce que iuſtement ſe doibt diſtribuer,ſelon les merites,
& les qualitez de chacun d'iceux : pource
que tous hommes bien nez & bien nourris,
reputent à iniure & ſe pleignent comme
d'vn grand tort à eux fait : quand on ne leur
baille pas,ce que par droit leur eſt deu ; ſoient
biens,ſoient honneurs,ou autres choſes ſem-
blables:ne plus ne moins que quand on leur
oſte iniuſtement, ce que iuſtement ils tiennent & poſſedent. De façon, qu'en rien

moins belle & sentencieuse fut la responce,
que fit ce sage Roy à celuy, qui luy en faisoit
demande: que si elle eust esté faite à la femme, de laquelle Aristote fait tant honorable
mention: Qui fut, qu'il auoit reduit la Royale
puissance à moindre pouuoir: afin de la rendre plus durable.

CHAP. VII.

COMBIEN differente doit estre
la discipline & instruction des
enfans des Princes, lesquels
deuenus hommes doiuent gou-
uerner les estats; de celle des autres inferieurs,
qui doiuent estre gouuernez par eux: Aristote le monstre, par vne sentence d'Euripide,
qui dit:

„ *Non quel' à moy, tel' au peuple suffise:*

Et ce parauäture dist-il: pource que les cho
ses gracieuses & plaisantes, quasi toutes, rendent les hommes, côme lasches & effeminez,
mais l'art Roial & militaire, n'a obiet ne subiet, que de choses serieuses & graues: & qui apportent auctorité & reputation, à ceux qui en
font l'exercice. De maniere q̃ les princes n'ôt
point d'excuse, & ne peuuent auecques raison

donner à la fortune la coulpe des aduerſitez,
qui leur aduiennent:quãt au lieu d'auoir appris,commẽt il faut bien gouuerner vn eſtat:
ils ſe ſont du tout adonnez aux choſes de
gracieux paſſe tẽps & de plaiſir:par le moyen
deſquelles ils ont depuis poltronnement perdu, ce que leurs peres auoient valeureuſe-
ment acquis. Auſſi que la vertueuſe valeur
du Prince,plus & mieux puiſſe conſeruer &
maintenir les eſtats, que la hauteſſe & puiſ-
ſance:ſemblablement lé monſtre Ariſtote,
par l'exemple des Princes, qui les acquierét:
leſquels peu,ou point ne les perdent:comme
font les enfans, auſquels les peres n'ont peu
ainſi laiſſer leurs vertus,comme les forces,&
les autres biens, extrinſeques, en leurs ſuc-
ceſſiõns.

CHAP. VIII.

YRE,& Daire,furent grands &
excellens capitaines:toutesfois ils
ruinerent tout leur lignage:pour-
ce que s'eſtans du tout adonnez
à la guerre,ils laiſſerét nourrir & eſleuer leurs
enfans par leurs femmes:leſquelles ne les
nourrirent pas à la mode des Perſes:ſelon laquelle ils euſſent eſté vaillans & forts:ains les

esleuerentà l'vsance des Medes : ne voulans
pas, qu'à personnes des leur naissance grandes, riches, & heureuses : manquast aucun, de
tous les aises & plaisirs, qui se peuuent imaginer; ne qu'il leur fut en rien contredit. De
là aduint, que deuenus lasches & fayneans, à
cause de leur trop mignarde & delicate nour
riture; & arrogans, à cause de la poltronne o-
beissance, qu'ils se veoient rendre d'vn chascun; ils ne peurent, paruenus à la succession
de l'empire, supporter aucun malaise : ne s'abstenir d'arrogamment & furieusement commander, tout ce qui leur venoit en phantasie.
La premiere de ces choses les fit tenir en auf
sy peu d'estime, comme s'ils eussent esté sim
ples femmelettes : La seconde les rendit en
maniere odieux : qu'il fut puis apres bien aisé,
de faire aduenir la troisieme : qui fut, qu'il se
trouua des hommes assez valeureux & hardis, de leur faire, & guerre, & dommage : & de
là, faire ensuiure la declinaison, & la ruine de
l'empire. Et de fait aduint, que depuis eux aucun Roy des Perses, ne fut grand que de nõ :
Ce qui ne fut occasionné, ne par mauuaise
fortune, ne par sinistres accidens depuis sur-
uenus : ains seulement par l'arrogance, & des-
reglee cõuoitise, des commandemens de ces
princes : n'ayans auec la hautesse & gran-

deur conioint la vigueur & valeur, auec laquelle fe maintiennent & conferuent les
puiſſances, & les cõmandemens des princes.

CHAP. IX.

LES enfans des Princes (qui ſont par
deſſus lesloix:&n'y a hõme qui les oſe
deſdire, en ce qui leur plaiſt) ont beſoin des
enſeignemens & remonſtrances de leurs pe-
res:pource que,outre ce,que pour eſtre peres,
par le lien de nature,& par la maieſté de leur
eſtat, ils ſont admirez & redoubtez de leurs
enfans : encor ont-ils ſeuls le commandement ſur eux. A ceſte cauſe ſemble, qu'ils ne
peuuent honneſtement refuſer, de leur faire
ceſt office; ne ſ'en excuſer ſur les affaires, qui
les tiennent occupez au gouuernement de
l'eſtat: Ains que tant plus ils deſirent, que
leurs ſubiets ſoiẽt bons & biẽ gouuernez:tant
plus de peine doibuent-ils prendre à bien
maiſtriſer & enſeigner leurs enfans, & les
faire gens de bien: Puiſque le bon exemple
de la bonne vie du prince, ne ſert moins à
contenir les ſubiets en leur debuoir, & en l'e-
xercice de toutes vertueuſes actions; que les
bonnes loix. Et de là a prins fondement
ceſte ſage ſentence, *Que les vices des princes*

font pires pour l'exemple , que pour la coulpe:
pource que la coulpe , de quelque grand
delict qu'on puisse commettre ; ne se peut
parangonner à celle; par laquelle vn si grand
nombre d'hommes est semond ; voire par
exemple & imitation alleché & attiré, à mal
faire.

CHAP. X.

E BON gouuernement, se doibt
entendre estre celuy ; qui est
faict de telle façon, qu'il en ensuit tout bien & tout repos, pour
ceux qui sont gouuernez: & au contraire le
mauuais, celuy qui ne tend qu'au bien & au
plaisir du seigneur ou prince qui gouuerne.
A ceste cause, bon prince se peut appeller
celuy, qui a de ses subiets plus grand soin,
que de soy-mesmes. Ce que toutesfois il con
uient entendre auec moderation & discretiõ:
pource que quand on dit, que le mauuais
gouuernement est celuy du prince, qui a de
soy-mesmes plus grand soin, que de ses sub-
iects:cela se doit entendre, de ce soin de soy-
mesmes, qu'ordinairement on void auoir à
ceux , qui ayment plus la sensualité que
l'intelligence : & certainement si les princes
sont de cest humeur : leur gouuernement

ne peut eſtre bon. Mais quand le ſoin qu'on
a de ſoy, tire vers la part de ſoy, qui en l'homme eſt la meilleure: lors non ſeulement ne ſe
doibt faire la ſuſdicte difference entre le bon
& mauuais Prince: mais on doibt croire, qu'il
n'y a ne plus aſſeuré, ne plus excellent gouuernement, que celuy d'vn tel Prince. Pource qu'eſtant fondé en ſoy meſmes, ils a tres-
ferme fondement: ne ſe pouuant aucun naturellement oſter & ſeparer de ſoy-meſmes.
D'auantage, ne peut auſſi aucun auoir bon
ſoin de ſoy, ſ'il ne met en ſoy les choſes, qui
ſont du tout bonnes. Or les choſes du tout
bonnes ſont les vertus : leſquelles encores
qu'elles ayent le fondement de bien en elles
meſmes, neantmoins elles ſeruent touſiours
au bien d'autruy : de maniere, que l'homme
de bien ne peut auoir ſoin de ſoy-meſmes,
qu'il n'ait (ayant ſoin de ſoy) auſſi ſoin d'autruy. Mais le mauuais prince obeiſſant à ſa
ſenſualité, ſe priue de la vertu: & aimant l'a-
bondance des choſes qui ſont hors de luy,
& par autruy poſſedees : il ne les peut auoir,
ſ'il ne les oſte à ceux, auſquels elles appartiennent: & les oſtant, il ne peut euiter, qu'il n'en
aduienne de grans meſcontentemens, & autres pernicieux ſucces. A ces cauſes le mauuais prince ne peut auoir le ſoin de ſoy-meſmes,

mes, qu'il ne ruine & foy & autruy. De là
encores se prend l'intelligence de ce qu'on
dit, que les choses moindres sont faictes pour
seruir aux plus grandes : & que ceux qui
moins entendent, doiuent obeyr & estre
subiects à ceux, qui plus & mieux entendent
les affaires: pource que quand les plus dignes
& plus valeureux gouuernent : ils donnent telle perfection à ceux qui moins valent
& sçauent, qu'ils les font venir à cognoissan-
ce & à degrez, ausquels d'eux-mesmes iamais ils ne fussent paruenuz : & encores leur
font auoir plus grand iouissance des biens exterieurs, qu'ils ne l'ont pas eux-mesmes: combien que les valeureux hommes à la moindre occasion que leur en offre la vertu, en
soient tousiours liberaux dispensateurs.

CHAP. XI.

LE BON Prince ne se doit point fascher, voyant que ses mauuais subiets
luy veulent mal, & l'ont en haine:
Car il est impossible, que celuy qui craint,
aime la chose qui luy donne la crainte: comme l'homme de bien fera tousiours trembler
le meschant, le cognoissant iuge de ses per-
uerses operations : qui touche à l'office du

B

Prince. Auquel bien conuiendra fe donner
garde, qu'il ne foit point hay de fes bons fubiects. Car telle haine feroit vn vray figne de la
mauuaitié du Prince: ne pouuant la haine
entrer en l'efprit de l'homme de bien ; pour
crainte qu'il puiffe auoir de fes mauuaifes
operations: confequemment feroit neceffaire, que la faute vint de la part de celuy qui feroit hay : A cefte caufe le Prince f'en doit
bien & diligemment garder.

C H A P. X I I.

Lufieurs hommes de nom, fe font
trouuez auoir eu plus de reputatiõ,&
en effect auoir executé plus de chofes grandes & remarquables, pendant qu'ils
ont efté fubiects & obeiffans à autruy : que
quand ils ont commandé: Et ne peut-on raifonnablement dire, que cela foit aduenu,
pource qu'ils ont eu la regle & la forme, de
ce qu'ils auoient à faire, de ceux qui felon les
temps auoient à leur commander : Car, &
feuls & bien efloignez de ceux qui leur com-
mandoient, aux plus difficiles & perilleufes
entreprifes, qui fe foient prefentees ; ils ont
d'eux-mefmes efleu & executé, auec prudéce & valeur ; tout ce qui appartenoit à leurs

charges. Pource fault-il confesser, qu'encores qu'vn homme ait sçauoir & discretion
pour bien faire : nantmoins luy faict besoin,
d'auoir encor vn autre vertu plus grande
que ces deux : qui est, qu'il aime & desire de
bien faire de soy-mesmes : pource que ou il
y seroit induit, ou par crainte de desplaire, au
Prince, ou par desir de luy complaire ou par
quelque autre respect semblable : cessant ce
respect ou occasion, encores cesseroit-il de
bien faire. Par ce moyen, plusieurs, par vniuersel consentement, ont esté estimez dignes
& capables de regner : lesquels paruenus au
regne, n'ont en rien satisfaict à l'opinion, que
on en auoit prinse : & en fin, ont esté plus renommez & mieux faisans, en la fortune
d'autruy, qu'en la leur propre : c'est à dire,
obeissans à vn homme, que commandans à
plusieurs.

CHAP. XIII.

AVCVNS dient, qu'vn estat ne peut
estre bien gouuerné : si le Gouuerneur ne se monstre aucunement seuere & rigoureux, enuers ceux qui
sont gouuernez : & au contraire, s'il n'a quelque crainte d'eux. Pource que ce dernier

point, faict le Prince plus diligent à se garder : & le premier, rend les subiects plus re-
spectueux & reglez, à l'obseruance des loix, &
des ordonnances de la cité. Mais l'vne &
l'autre de ces deux choses est bonne; pourueu qu'on en vse auec moderation & discretion. Car si celuy qui gouuerne, entroit en
souspeçon de toutes choses; quel plus grand
malheur luy pourroit-il aduenir au monde?
Et si ceux qui sont gouuernez, rencontroient
vn gouuerneur rude & rigoureux en toute
chose; ne seroit-ce pour les faire entrer en manifeste desespoir?

CHAP. XIIII.

TOVTES les fois, que le Prince voudra se mettre à considerer le deuoir
de son office: il cognoistra, qu'il a esté
estabi de Dieu, comme gardien & conser-
uateur de l'honneur & de la iustice : ou (pour
mieux dire) que luy mesmes est la iustice.
De maniere, que ceux qui vont à luy, vont à
la iustice : laquelle estant vn bien appar tenant à autruy; le Prince, comme Prince, n'est
plus sien; mais est à autruy: Ains est tout à fait
astreint à autruy : que s'il se sustraict du soin
du bien d'autruy; & ne se soucie que de soy &

de ſes deſirs : lors ne perd-il pas ſeulement le
hom de Prince : mais auec vne grande diffor-
mité, il conuertit la principauté, en la puiſſance d'vn pernicieux homme priué.

CHAP. XV.

TANT plus le Prince a de liberté
de faire tout ce qu'il veult : tant
plus ſe doit il efforcer de ne vouloir rien, qui ne ſoit vertueux &
honneſte. Pource que les principautez & les
ſeigneuries ont eſté miſes ſus, pour le bien &
la conſeruation des ſubiects : & non pour la
ſatisfaction des volontez des Princes : Pource celuy doit eſtre eſtimé le plus vray Prince,
qui a plus d'eſgard au fondement de ſa principauté : & qui penſe, que, puis que Dieu
luy a donné l'Empire, & auec iceluy quaſi
l'abondance de tous les biens : le plus grand
heur qui luy peut aduenir, eſt ſçauoir & vouloir en faire part, à plus de gens qu'il pourra :
Et croire, qu'il ne ſçauroit faire en ce monde
plus braue & magnifique entrepriſe, que faire du bien (s'il fuſt poſſible) à tous ſes ſubiects : ſe propoſant, auec ferme & conſtante deliberation, d'exercer en ſon Empire, la
bien-veillance & beneficence, plus que l'authorité & la puiſſance.

CHAP. XVI.

Omme les loix donnent à la cité la regle de bien viure : auſſi les Princes y donnent l'exemple de l'obſeruation & de l'entretenement d'icelles : A ceſte cauſe ; quant on dit, que le Prince eſt la loy viue : cela ne ſe doit pas entendre ſeulement de l'intelligence & puiſſance de faire la loy : mais auſſi de l'obſeruation d'icelle. Comme ſi on vouloit dire, que ce que la loy enſeigne par forme de commandement : le bon Prince le monſtre par ſes vertueuſes operations. De maniere, que quelque fois les loix eſcrittes peuuent bien demourer ſans execution : comme il ſe void en beaucoup de lieux, ou elles ne ſont point obſeruees. Mais aucun ne peut eſtre bon Prince ; (puis qu'il luy conuient eſtre la loy viue, c'eſt à dire, qu'on doit voir en luy & en ſes operations, ce qui eſt eſcrit en la loy) s'il n'eſt remply & accomply de toutes bonnes mœurs, & honneſtes actions. A ceſte cauſe Iſocrates diſoit, que le Prince ne deuoit iamais parler de choſe, qu'on ne luy vid mettre en action, de la forme qu'il en parloit : ne iamais faire choſe, de laquelle il ne pouuoit bien & honneſtement parler.

CHAP. XVII.

Ranchement dire au Prince les fautes qu'il faict en son gouuernement, seroit chose bonne de soy : mais ennuieuse au Seigneur, auquel on la diroit ; & bien dangereuse pour celuy qui la diroit : veu que s'ouïr ainsi librement reprendre en ses vices, est chose encores peu agreable, aux personnes priuees, & de basse qualité. Pource n'est pas chacun propre pour ce faire : car il fault si sagement accommoder ses paroles ; que le Prince y cognoisse autant d'amour & de reuerence enuers luy ; que de volonté de l'aduertir de ses fautes. De ceste difficulté meu Demetre Phalere, dit à Ptolomee ; qu'il leust tous les liures, qui parloient des gouuernemens des royaumes : pource que la il trouueroit escrit ce qu'aucun ne luy oseroit auoir dict : & que par ce moyen sans rougir de sa part, & sans le danger d'vn autre ; il pourroit clairement voir, ce qu'il luy estoit bon de faire.

CHAP. XVIII.

Ovr autre raison ne dit-on, qu'il n'y a aucune difference, entre les grands & les petits, les Roys & leurs

B iiij

ſubiects, quand ils dorment: ſinon pource,
qu'en dormant, les Roys ne font aucunes
Royales operations; de maniere, que ce n'eſt
pas le ſomme qui les faict manquer d'eſtre
Roys; ains le defaut d'œuures royales: Et
par ainſi, ce qui ſe dit du ſomme; ſe pourra
auſſi bien dire de tout autre empeſchement,
qui tiendra les Roys hors de leur office &
deuoir. Ie ne vœil pas dire, qu'eux, & tous
autres eſleuez aux dignitez, & exerceans magiſtrat; ne doiuent par fois prendre quelque
repos: mais ie dy, qu'il y a grande difference
entre le prendre apres auoir trauaillé, afin de
ſe rafraichir & rallegrir & retourner puis plus
allegre au trauail; & le prendre ſans eſtre trauaillé ne laſſé, & ſans en retirer autre fruict,
que la ſatisfaction de ſon ſenſuel appetit: Par
ce, telles gens ne ſe peuuent veritablement
dire, poſſeder, ains empeſcher, le magiſtrat;
ou, à mieux dire, eſtre ennemis du magiſtrat.
Pource, diſoit Teretés, pere de Stilagus (qui
fut vn grand Capitaine) que, quand il ne faiſoit point l'exercice de la guerre; il ne con-
gnoiſſoit aucune difference, entre luy, &
vn maquignon; qui baille des cheuaux à
loüage. Apprenent donq' les Princes, & de
ceſt exemple, & de la meſme raiſon: que
lors que, ou par leur faulte, ou par vne per-

uerfe adulation de ceux qui les fuiuent:
ils f'efloignent & deftournent, de ce qui
eft de leur deuoir : ils fe reculent d'autant
de leur dignité & principauté : Et qu'aucun, voire coniuré & capital ennemy, ne leur
fçauroit defirer, & procurer plus grand mal:
que de tant f'oublier, enuers foy, & leur principale dignité.

CHAP. XIX.

COMBIEN que les Rois femblét
par fois ordonner des loix pour
eux mefmes: toutesfois il n'aduiét
gueres, qu'ils diminuent en rien
leur fouueraine authorité: pource qu'en fin
l'obferuation de telles loix, eft toute fubiecte
à leur volonté. Neantmoins par ce moyen,
dónent-ils à leurs fubiets vn bien grand contentement: pource que de là ils prennent opinion, d'auoir quelque parité & participation
auecques le Prince leur patron & maiftre;
quant ils le voyent de fa part encores obeif-
fant à fes loix. Les Rois d'Egypte, en auoient
plufieurs, faites fur eux mefmes: entre lefquelles fe trouua vne fort agreable: par laquelle ils
auoient ordonné, que tous magiftrats & Iuges par eux eftablis, feroient folennel ferment

de ne faire iamais chose iniuste: combien que
les princes (soubz quelque recherche & cou-
louré pretexte) leurs commandassent eux-
mesmes l'iniustice.

CHAP. XX.

HOMERE, appelle Iupiter, pere; à
cause de la Royale puissance, que
les Gentils tenoient estre en luy sur
tous les hommes : & encores sur
tous les autres dieux : ayans pris ferme conclusion, que le vray Roy, est vn vray pere, qui
doibt auoir tout tel soin de ses subiects, qu'a le
pere de ses propres enfans : & que quand il
n'auroit ceste opinion, il ne pourroit faire aucunes Royales operations, ne qui reuinssent
à contentement de son peuple : Outre ceste
douce comparaison de pere à fils, ils se aidoiēt
encor d'vne autre raison fort honnorable
pour les Roys : disans, qu'estant le Roy plein
de suffisance, & de bonté surmontāt tous les
meilleurs: il ne pouuoit (quant à soy) auoir
besoin d'aucune chose : & pour ce n'auoit-il
point d'occasion, de prendre le principal soin
de soy-mesmes; ains de ceux qui estoient
souz son gouuernement: & s'efforcer de faire
en sorte, qu'auec le secours de son bon gou-

uernement: ils receuffent le fruit & l'abondance de cefte mefme bonté; & des chofes
mefmes, dont le Prince abondoit. Et celuy
qui ne fe comportoit de cefte facon, ils le di-
foient eftre prince de nom & d'auctorité feulement,& non de merite. Pource que le prince, lequel n'a aucun foucy du bien, & de la
conferuation de fon peuple: il eft occafion de
fa ruyne. Et au lieu qu'il doibt eftre occafion
& inftrument de la felicité, & du bien de fes
fubiects:il fe declare en effait, au lieu de bon:
trefmauuais & inique Prince.

C H A P. X X I.

ESTANS les Princes comme ouuriers,& ingenieux directeurs du
public gouuernement:ils ne peuuent bien exercer leur office, f'ils
n'ont (comme les autres ouuriers, puiffance,
fur la matiere,& fur les fubiets, fur lefquels ils
f'exercent: & n'y pourroient,fans celà,impri-
mer,les chofes vtiles & neceffaires,pour le bõ
gouuernement. Vray eft,qu'il y a grande difference de dire, qu'il faut que la principauté foit puiffante à caufe du gouuernement: &
dire,qu'il faut que le Prince foit puiffant,pour
raifon de foy-mefmes : pource que, tout ain-

si comme le premier est naturel, aussi le secõd
est hors de nature: & n'est aucunement conuenable à vn bon prince. A ceste cause, on ne
dit pas, que le regne & la tyrannie soient cõtraires: pource que l'vne vse de force, & l'autre non: Attendu que le regne peut bien encor vser de force, pour faire honnestement,
vertueusement viure les subiects. Sur ce sagement disoit Platon: que quand le medecin
forceroit vn malade de faire, ce qui est conuenable à sa santé : ores que les malades, &
ceux qui seroient autour d'eux l'appellassent,
violent: pour celà ne laisseroit-il pas d'estre
bien bon medecin. Vray est, que si on voyoit
le prince continuellement & en tout vser de
la force : il y auroit bien grande occasion de
penser, que le regne seroit violent: car le prince ne doibt vser de violence, que rarement,
& en vrgente necessité: autrement il ne seroit
par ses subiects tenu comme pere : ne reueré
par eux comme ses enfans.

CHAP. XXII.

L E Prince, à ses amis & familiers,
doibt dõner quelque large champ,
de s'agrandir & enrichir : mais il ne
doibt pas permettre ; que pour y paruenir, ils

le preſſent de faire à aucũ ne tort, ny outrage.
Pource qu'eſtans la Iuſtice & la principauté
vne meſme choſe : autant diminue le Prince
de l'eſtre de ſa principauté ; comme il en re-
tranche de l'exercice de la iuſtice. De façon,
que bien & iuſtement feroit le prince : lors
que quelcun des ſiens le vient prier, de choſe
iniuſte & inique : de le croire, & tenir au partir de là, pour ſon capital ennemy, & aſpre-
ment le chaſtier : Mais s'il trouuoit malaiſé,
ou à raiſon de ſa bienueillance, ou pour quelque autre reſpect, d'vſer de ſi grande rudeſſe :
au moins luy deburoit-il dõner quelque genereux chatiement : & luy faire cognoiſtre,
que plus toſt de ſon propre mouuement il
voudroit donner du ſien propre, que faire aucune iniuſtice à la requeſte d'autruy. Ce que
ſceut bien & dextrement faire, ce grand Roy
Artaxerſes, enuers ſon valet de chambre : duquel ayant eſté requis & prié de choſe iniuſte, & mal conuenable à ſa grandeur : il luy fit
en eſchange preſent de trente talens : & luy
diſt, que ce qu'il luy auoit donné (à cauſe des
grans biẽs qu'il tenoit) ne l'auoit laiſſé moins
riche : mais que ſ'il luy euſt octroyé, ce dont il
l'auoit requis, il fut demouré d'autant moins
iuſte. Dequoy ils n'euſſent ne l'vn ne l'autre receu aucun auantage : puiſque le dona-

teur euſt perdu le tiltre & le renom de vray
& iuſte Prince:& le donataire,auec ſa grande
vergongne & indignité, euſt eſté de là en a-
uant ſeruiteur d'vn Prince iniuſte.

CHAP. XXIII.

VELQVES Princes, ou pour
la durté de leur nature, ne peuuent, ou pour quelque rude o-
pinion, qu'ils ſe ſont mis en la
teſte,ne veulent croire,que leurs ſubiets puiſſent deuenir bons : ſils ne leur font ſentir la
rigueur des peines : à ceſte cauſe, pouuans
quelquesfois auec vn petit trait de benigne
douceur,en reduire beaucoup(voire des prin
cipaux) à la bonne voye : ils ne ſe peuuent reſoudre à ainſi le faire: comme ſi l'humanité &
clemence ne fuſt pas bien-ſeante à vn ſage &
iuſte Prince. Neantmoins nous voyons, que
les Princes meſmes,pour faire leurs cheuaux
bons, vſent,& font par leurs eſcuiers vſer enuers eux d'vne douceur & gracieuſeté, voire
d'vne patience infinie : de façon que tels ſeigneurs, peuuent eſtre appellez, benings &
humainement gracieux enuers les beſtes : &
rudes, & ſeuerement rigoureux enuers les
hommes. Et ſils reſpondoient, que qui au-

trement en vſeroit enuers les cheuaux : ce ſeroit vn moyen de les menerà deſeſpoir, & de
n'en tirer point de ſeruice : on leur pourroit
repliquer, qu'en meſme danger ſont les hommes : & que l'homme deſeſperé eſt bien plus
à craindre, que le cheual deſeſperé.

CHAP. XXIIII.

E vray Prince, pourra bien prendre le patron de ſon gouuernement, ſur l'exemple du pere de
famille; quant à la fin & inten-
tion: c'eſt à dire, que l'vn & l'autre a pour but
& droicte intencion, le bien, & le proffit, & le
repos, de ceux qui ſont regis & gouuernez
par luy: Toutesfois, le Prince ne peut auec ſes
ſubiects (pour acquerir leur amitié) ſe comporter par le meſme moyen, que s'accommode le pere de famille, auec ſes enfans, &
neueuz. Non que i'entende, que le Prince ne
doiue auoir ſemblable paternelle affection,
qu'a le pere de famille : mais pource que la
multitude des hommes, qui ſont ſoubz ſon
gouuernemét: ne le permet: pource qu'il n'eſt
pas poſſible, que domeſtiquement & familierement il puiſſe conuerſer auecques tous; ne
qu'à tous il puiſſe tous les iours dõner propres
& certains enſeignemens, & ſecours, ſelon le

befoin. Et cõbien qu'auecques les loix, & le maniement du gouuernement, il face grand bien, & grãd fecours au public, beaucoup plus encor, que ne font les peres à leurs enfans, & à leur famille: neantmoins les hommes n'ont iamais tant d'efgard à ce qui eft cõmun, qu'à ce qui touche particulierement à chacun. Pourtant, voyãs quelques vns des plus familiers, & bien-voulus du Prince, tenir plufieurs eftats & offices: & viure plus familieremét & domeftiquemét aueques luy: ils penfent que ceux-là feuls perçoiuent & prennent, tout le profit, & tout le plaifir de l'eftat. Et eux, ne participans point à mefmes honneurs & cõ-moditez, ne peuuét aimer le Prince: ains font tellement enuieux & malins, que pour cefte feule caufe ils le hayffent à mort. Pource faut il que le Prince (quelque bon qu'il foit) fe gar-de, & tienne fa perfonne en affeurãce nonob-ftant le dire commun, que les gardes mon-ftrent vn figne de principauté violente. Car les gardes, quant à foy, rencontrans vn bon & iufte Prince, ne feront iamais mauuaifes, & n'engarderont que les bons fubiets ne facent toutes chofes bonnes, bien pourrõt elles em-pefcher que les mauuais ne facét mal, ou f'ils le font, que ce ne foit fans le grand danger de leurs perfonnes.

Chap.

C H A P. X X V.

PVis qu'Ariftote aux politiques a
dit, que les chafteaux & places fortes font conuenables pour les Princes: ceux qui fe meflent de blafmer
l'edification des forterefles & citadelles, ont
contre eux l'authorité d'vn bien grãd & bien
renommé perfonnage: Neantmoins il femble (& telle en eft l'vniuerfelle opinion) que
la feureté ne peut iamais eftre fi grãde, qu'on
ne la defire encores plus grande. A cefte
caufe, les armees conduictes par fages Capitaines, combien qu'elles foient de grand nõ-
bre d'hommes de guerre, bien vaillans, &
bien armez, & autrement affez forts, pour fe
defendre de toutes gens, qui les voudroient
offenfer : toutesfois, ou qu'ils logent & cam-
pent, ils veulent eftre clos & enuironnez de
foffez, tranchees, & autres femblables defenfes. Auffi font les villes les mieux peu-
plees, ceintes de foffez, tours, & fortes murailles : ce qui nous femble enfeigner, que
d'autant plus font au Prince conuenables &
comme neceffaires les forterefles ; qu'il luy
conuient auec peu de gens, en retenir beaucoup en bride: Ce qui ne fe peut bonnement
faire, fans le fecours des forterefles. Et ceux

C

qui dient & confeſſent, qu'à la verité vne
forte place auec cent ſoldats, peut tenir en
obeiſſance tout vn grand peuple; lequel ſans
elle n'y ſeroit retenu par toute vne armee:
mais auſſi, que ſi la place eſt ſi forte; & que de
malheur elle vienne en la puiſſance d'vn potentat, autre que celuy auquel elle appartient: il luy reſtera peu d'eſperance de la pouuoir onques retirer de ſes mains: Allegant ce
pretendu inconuenient, ils ne s'aduiſent pas,
qu'ils parlent à l'aduantage des fortereſſes:
monſtrans par cela, qu'elles ſont tresbonnes,
pour ceux qui les ſçauent bien garder. Mais
auſſi eſt-il bien mal-ſeant à vn Prince, de tenir villes ou chaſteaux; auec intention de les
reprendre, ſi on les luy oſtoit: car il faudroit
de là inferer, ou que la place fuſt foible pour
tenir, ou le Prince foible pour la defendre des
ennemis: Ioinct la grand' difference qui eſt,
entre la defenſe & garde de ce que lon tient
& poſſede; & la conqueſte de ce qu'vn autre
occupe: pource qu'en la conqueſte, on deſire la foibleſſe des lieux, qu'on veut conquerir; afin de les pouuoir bien toſt gaigner: &
en la defence & garde, on deſire toute force
& munition poſſible; à ce que la place que
lon tient, ne ſe puiſſe pas aiſément prendre
& forcer par l'ennemy ; tellement qu'il y a

manifeste contradiction à vouloir, qu'vn
mesme lieu soit fort & foible. A ce moyen
le Prince ne doit iamais entrer en pensemét,
comment il pourra regaigner ses places ou
ses estats, apres qu'il les aura perdus : ains
seulement aduiser tous moyens de garder &
conseruer ceux qu'il tient; & empescher qu'il
ne se perdent point. Or de quelle importance & secours peuuent estre les places fortes;
on l'a peu cognoistre par tant de fais d'armes
exploitez iusques à present, par tous les quartiers du monde : pource que bien souuent
elles ont arreste tout court les victorieux; &
les ont empeschez de plus auant estédre leurs
conquestes. Et y a mesme proportion des
chasteaux & places fortes aux villes; comme
des villes aux armees foraines : Car tout ainsi
que les villes se fortifient, pour faire teste aux
puissances ennemies on estrangeres : aussi se
font les chasteaux & forteresses hors les villes;
pour soustenir & empescher la force & la
puissance du peuple, quant il en voudroit
mal vser.

Chap. XXVI.

LE Prince ne doit pas estre demu &
destourné de bastir des chasteaux &
forteresses seulement; mais aussi de n'entendre soigneusement aux fortifications

des villes, qui luy sont subiettes. Nonobstant
ce que plusieurs (à l'imitation de Socrates)
louënt & embrassent l'opinion des Lacedemoniens; lesquels ne voulurent iamais ceindre leur ville de muraille : pource qu'ils disoient, que si à moindre peine, se fians en l'e-
pesseur, hauteur, & force de leurs murailles,
ils se fussent peu defendre de leurs ennemis:
ils se fussent par mesme moyen deschargez
de la vigilance, diligence, & hardiesse de
combattre, & donner la charge à leurs aduersaires; qui les auoit rendus par tout le mô-
de, tant prisez & renommez. De faict il leur
sembloit, que les murailles & autres forteresses, n'estoient faictes que pour les hommes oiseux, negligens & poltrons : faisans
grand compte de leurs anciens vers, disans
qu'il falloit auoir des murailles de cuiure, &
de fer, & non de chaux, sablon & pierre. Et
ceste opinion, eust pour le plus approché de
la verité; si la paresse (de laquelle ils auoient
crainte) n'eust peu estre empeschée par autre
moyen : & si auec la droicte discipline, & le
bon ordre, on n'eust peu (comme dit Aristote) establir double forteresse; l'vne d'hommes; l'autre de pierres. Le mesme Socrates
au mesme endroit, ou il louë & approuue
l'opinion des Lacedemoniens, confesse, que

les forteresses font bonnes, ains necessaires,
en vne republique & principauté: & veult
que les citoyens de la ville ou republique, ou
les subiects de la principauté, qui ont à defendre l'estat ; en diuers temps, soient tenus aller
par toute la prouince ; & en fortifier les villes
frontieres, auec fossez & rampars ; de sorte
qu'elles puissent tenir, & se defendre contre
les ennemis. Il luy a semblé donques, que les
fossez & rampars, estoient propres pour les
defences & conseruations des villes ; aussi
bien comme les hommes armez. Et quand
Aristote en ses politiques, dit comment &
en quelle munition de forteresse, doiuent
estre les places frontieres, & les principaux
passages de la prouince ; declarant, qu'ils
doibuent estre malaisez aux ennemis, &
bien-aisez aux amis ; il rapporte les mesmes paroles, dont Socrates en a vsé. De maniere que Socrates auec louange, approuuant
de telle façon cest ancien aduis des Lacedemoniens : on peut penser & presumer, qu'il
l'a plus faict, pour la reuerence de l'antiquité,
que pource qu'il soit de semblable aduis,
veu qu'il enseigne & commande tout le contraire. Et si quelqu'vn d'auenture, pour
cuider sauuer ceste contradiction, vouloit
dire, que veritablement les places frontieres

doiuent eſtre fortes, mais non-pas les principales villes des prouinces : il ſembleroit tenir propos manifeſtement digne de moquerie : pource que celuy qui blaſme les fortereſſes & les fortifications ; faut auſſi qu'il
meſpriſe tous rampars, foſſez, tranchees , &
autres reparations & munitions de places
& villes, dont la guerre ſ'aide, à l'aduantage des armees & des ſoldats. Et par meſme
moyen ſe pouuoient parcillement iadis re-
ietter, les Sariſſes des Macedoniens, les groſſes & fortes armures des Romains, les lieux
forts d'aſſiette ou ils campoient leurs armees,
& ſemblables aduantages ; qui touſiours ont
eſté cauſe , que ceux qui ont ſceu ſ'en accommoder & preualoir ; ont faict la guerre
auec ſeurté & auance plus grande ; que ceux
qui ne ſ'en ſont point aidez : comme auſſi
pour meſme raiſon , deuroit-on auoir vergongne, d'aſſaillir ſon ennemy auec armee
plus grande & plus forte , que ne peut eſtre
la ſienne. Ce que ne pouuant eſtre tenu pour
vray, auſſi ne peuuent auec raiſon eſtre blaſmez, & priuez de la louange qu'ils meritent ; les Princes & les peuples, qui ont ſceu
ceindre leurs villes de bonnes & fortes murailles , & de groſſes tours : pour les rendre
plus ſeures & plus defenſables : veu que par

cefte induftrie ils ont trouué bon moyen de
pouuoir maintenir & garder vn petit & foible eftat, contre des plus grandes forces:
pource que les places bien fortes, & par art,
& par nature, fe defendent long temps, &
aueq'grande defpence de ceux qui les veulent affaillir : combien qu'ils ayent grande
volonté, & encores plus grande puiffance,
pourfon emparer, & les faire fiennes.

CHAP. XXVII.

PLvs les places font fortes, plus
doit le Prince employer de foin
& vigilâce à les bien garder:pour-
ce qu'il ne fe trouue d'aucune autre part en plus grand danger : que de celle
ou il cuide eftre le plus affeuré, à raifon que
l'affeurance a couftume de rendre les hommes plus negligens. Pource doit-on fermement croire, que tout ainfi qu'il n'y a miniftre ne feruiteur fi fidelle, qu'il n'ait befoin
d'eftre regardé & obferué: auffi ne fe peut-il
trouuer place fi forte, ou d'affiette ou d'artifice, qu'elle n'ait meftier de bonne & feure garde : Qui autrement le croit, & n'y penfe, fe met en manifefte peril. Pource que
comme les miniftres & feruiteurs, fur lef-

quels le maistre n'a point l'œil, tombent souuent en dangereuses licences : aussi les forteresses mal gardees (tant fortes, munies, voire par aduis imprenables puissent-elles estre)
ont esté maintefois bien aisément prises, &
ensemble auec elles les estats perdus : lesquels sans la negligence des Princes, & des
gardes qu'il y auoit mis, n'estoient pour en
rien varier, ou aucunement s'esbranler au
dommage du Prince.

Chap. XXVIII.

N'Y a pas long téps, que les hommes d'armes, faisant la guerre à
cheual, se chargeoient d'armes
de telle façon, qu'à peine pou-
uoient-ils remuer ne bras ne iambes : & s'il
aduenoit de male-aduenture, qu'ils tombas-
sent de cheual, il estoit impossible, que d'eux
mesmes, & sans secours, ils se releuassent,
& remontassent en selle. Qui estoit chose
bien dangereuse : Car encores qu'il soit besoin au cheualier d'aller à la guerre bien armé : toutesfois doit-il tousiours penser, que
tout ainsi que les armes le defendent & sau-
uent : aussi faut-il, qu'il defende & saüue
ses armes : Autrement, pour bonnes qu'el-

les peuſſent eſtre ; il ne laiſſeroit de ſe perdre enſemble auec elles : & que qui ne
peut mouuoir bras & iambes à ſa volonté : il
ne peut auſſi defendre & ſauuer ſes armes.
Le ſemblable aduient aux fortifications des
villes & places fortes : leſquelles aucuns rendent foibles, pour les vouloir faire trop cou-
uertes : car ſ'il eſt beſoin de les defendre, il
faut que celuy qui les garde, voye par neceſſité ceux qui l'aſſaillent, & veulent prendre : & les voyans, faut auſſi qu'ils ſoient veus :
car la veuë ne ſe fait pas en arcade, comme
l'ouie, ains va touſiours par la plus droite
ligne qu'elle puiſſe trouuer, droit toucher à la
choſe veuë. Vray eſt, qu'il fait grand beſoin:
que l'ennemy, qui eſt dehors, voye celuy qui
eſt dedans la place forte, auecques plus grand
danger : neantmoins faut-il qu'il le voye. Encores ſe faut-il bien garder, que pour cuider
affermir ceſte grande ſeureté, on n'oſte aux
flancs & aux canonnieres le moyen de bien
faire leur deuoir : & les faire demourer comme inutiles : Comme il aduint des canons, &
& autres pieces d'artillerie, au commencement qu'elles vindrent en vſage : leſquelles on
fit ſi demeſurément grádes & groſſes: qu'ores
qu'elles donnaſſent plus grand coup, neantmoins elles eſtoient ſi lourdes, qu'on ne les

pouuoit quafi, ne trainer, ne braquer, ne bonnementf'en feruir aux affaires. Or quât aux fortifications, le principal & premier bié d'icelles, eft pour feruir à fouftenir les premiers affaux & charges des ennemis, ce pendant qu'on fe prepare à autres defenfes. Car la defenfe & tuitiô d'vn eftat honorable, ne doibt pas (par honneur) eftre arreftee en vn clos de murs: Ains doibt le Prince magnanime, & digne de commander à vn eftat: eftre toufiours ordonné & preparé de forte: qu'il puiffe, à fa pofte, & à toutes occafions, mettre fus, & maintenir, vne belle & forte armee. veu que, comme il n'eft pas bon (à l'exemple des Lacedemoniens) negliger les rampars & fortifications des places: auffi ne fe faut-il pas du tout fier aux fortereffes: Lefquelles (ores que de foy elles fuffent imprenables) fe peuuent aifément affieger. Et vn eftat qui merite d'eftre nommé grand, & eftimé puiffant: doit auoir grand efgard à ce, que l'extreme des plus perilleufes chofes, qui peuuent aduenir en la guerre, eft de pouuoir eftre vaincu par la faim.

LEs Princes ont beaucoup de bons moyens & grans auantages, pour retenir leurs subiects, en l'obeissance de leur empire: Pource que, quiconques voudra entreprendre quelque nouueau dessein, au preiudice de l'estat, s'il le fait sottement & indiscretement, les princes luy peuuent aussi tost faire porter la peine, de sa sotte & temeraire entreprinse. Et s'il la veut faire auec prudence & raison : il luy faudra accorder tát de choses ensemble, que le prince, pour peu d'aduis qu'il en puisse auoir, bié aisémét luy en empeschera, & l'assemblee, & l'accord. Car cest entrepreneur de nouueauté ne peut estre victorieux; s'il n'est le plus fort: & faudra bien que le Prince, ou gouuerneur, soit depourueu d'entendement, s'il laisse aucun s'accroistre és terres de son domaine, tát, qu'il le puisse offenser, sans qu'il s'en aduise. Le semblable aduient, quant les plus grans potentas sont assaillis par les moindres : car naturellement ne se peut faire: qu'vn qui a les forces plus grandes : soit battu & vaincu par celuy, qui en a de moindres. Et quant on void le contraire, il faut croire, que le plus fort n'a pas eu l'esprit de bien vser, & de se preualoir

de ſes forces:& que par ce moyen il a eſté par
ſon imprudencē vaincu, plus toſt que par les
forces de ſon ennemy : veu que ceſte eſt vne
loy inuiolable de nature : que le ſuperieur &
plus grand, n'eſt point ſurmonté par l'inferieur & plus petit:ne le pareil, par le pareil:tel-
lement que le Prince ayant plus grandes, ou
egales forces, qui ſe laiſſe vaincre de prudence & de vigilance, par celuy duquel il eſt aſ-
ſailly:ne ſe peut, ou doit pleindre, que de ſoy-
meſmes, ſeul occaſion de ſa perte.

CHAP. XXX.

TOVTES les fois, que quelcūn
des ſuietz ſe met, à emprendre
quelque remuemēt de nouueau
meſmage contre le Prince:pour-
ueu qu'il ſoit aſſeuré de ſa perſonne, & qu'il
ne s'eſtonne point : ains que ſoudain prenant
les armés, il face teſte à la fortune: il trouuera
que toutes choſes luy ſuccederont tresbien.
Car chacun plus volontiers court, de là part
ou l'autorité eſt ia acquiſe, & ou le bien, & la
remuneration, ſont cōme preſens & contens:
que du coſté, ou il faut premierement acquerir l'authorité & les biens : puis les donner à
ceux, qui ont aidé à les acquerir: ſans ce, que

l'eſtre maiſtre de la iuſtice, & vſer du nom de
magiſtrat: eſtonne merueilleuſement la faction des nouueaux entrepreneurs. Mais ſi au
cõtraire le prince laiſſe prendre force à ceux
qui l'aſſaillent, & dõne loiſir au peuple d'entrer en opinion, que les rebelles & ſeditieux
pourront eſtre victorieux: lors le peuple s'vni-
ra auec eux, & (qui pis eſt) s'y ioindrõt encores pluſieurs des plus forts & plus grands:
pource que, combien que ceux qui oſent tenter le nouueau remuëment, ſoient en petit
nombre; toutesfois n'eſtant poſſible en vn
grand eſtat de rendre chacun content: en fin
beaucoup ſe récontrent prompts à ſe remuer
& s'accorder à la nouueauté: & à ſe renger du
coſté des plus forts: ſe contétans de ce qui eſt
deſia fait. A ceſte cauſe, ie dy derechef ces
mots: (comme choſe qui eſt de grande importance) combien que les rebellions & ſedi-
tions, ſoient les plus cruels, pernicieux, & dã-
gereux maux, que le Prince puiſſe ſentir, que
pourueu qu'il tienne ſa perſonne en ſeureté,
& qu'il ne s'endorme point: ains vſe de la diligence ſuſdicte: & ſe ſcache preualoir de la
commodité, qui donne à l'eſtat l'auctorité:
Il aduiendra, que ceux, qui ſe feront efforcez
de faire changement & nouueauté en l'eſtat:
ſe voirront, auec leur honte & dommage, de-

mourez aux pieds de celuy, duquel ils auoiét tramé la ruyne.

CHAP. XXXI.

LEs esprits hautains & esleuez, & qui sont par la faueur de la fortune, en train de se pouuoir agrádir: tousiours auançent en leurs conceptions & desirs, pour passer plus outre, que le but, ou ils peuuent paruenir. Mais si auec leurs hauts desirs ils conioignent des raisons, qui leur donnent signe de pouuoir bien esperer : & ces raisons soient encores accompagnees de quelques belles paroles d'Astrologues & deuins, lesqls, (comme est leur coustume) promettans plus a ceux qui font semblant de les croire, côferment & confortent leur esperance & opiniō: lors ils s'eschaufferont en leurs desirs & esperances de telle apprehension : que les choses incertaines seront par eux tenues pour certaines & asseurees:& n'y aura deshonneur ne danger qui les retienne , qu'ils ne tentent & anticipent les choses par eux desirees & espe. rees. Pource faut-il que le Prince soit tousiours accort & vigilant à espier les moyens & façons de ceux, qui peuuent desirer la princi- pauté, quoy que soit, y dóner quelque attein-

te:& que tant il ne se fie en l'innocence de sa
vie,& en la bonne iustice qu'il obserue enuers
ses subiets : qu'il les croye suffisantes pour
se conseruer. Car les nouueautez & muta-
cions des estats, ne se desirent & entreprennent pas seulement, à cause des iniustices &
mauuaises actions du Prince : mais pource
que par fois se trouuēt des hommes : qui sans
raison ou droit quelconque, veulent aussi a-
uoir l'honneur & le bien de commander &
dominer.

CHAP. XXXII.

IL aduient le plus souuent, que la vie
voluptueuse & delicate, est accom-
gnee d'vn mol & lasche courage :&
semble que les hommes viuans ainsi, comme
s'ils fussent femmes :ne peuuent penser, &
moins entreprendre, chose malaisee & perilleuse. De ceux-là, iamais le Prince ne doibt
auoir peur; toutesfois pource que quelquefois entr'eux s'en trouue, qui auec la delicatesse & mignardise, retiennent vne certaine
vigueur d'esprit, & hautesse de cœur, par laquelle ils se font gaignez quelque authorité,
& comme superiorité par dessus les autres:de
telles gens ne faut auoir telle opiniō, que des

autres tout à fait mignars:pource qu'ils pourroient faire beaucoup de mal: à raison de ce,
que viuans en leurs plaisirs, & faisans (côme
riches qu'ils sont) vne bien grande despense:
ils viennent aussi à donner plaisir & profit à
beaucoup de personnes : qui bien aiséement,
en quelque entreprinse, se rengeroient à leur
party,& à leur suite. Et pource faut-il, qu'ils
soient espiez, non du Prince seulement: mais
aussi de chasque aisé & signalé citoyen,& qui
a l'honneur en recommandation : car tousiours ces hardis Epicuriens, (s'il m'est permis ainsi les appeller)s'ils se mettent à remuer
quelque mesnage, (comme de fait ils ne ferôt
faute de s'y mettre, à la moindre occasion) ne
tendent à autre fin,& ne quierent autre fruit
de leur victoire; fors seulement de pouuoir
auec plus grande commodité,& abondance,
continuer leur voluptueuse & mignarde vie:
c'est à dire, des deniers rauis de la bourse &
des moyens des plus riches, fournir à leurs
excessiues despenses: & au prix de l'honneur
des plus belles & remarquables dames de
la prouince , souler leurs desordonnez appetis.

CHAP. XXXIII.

LE Prince doibt bien se donner garde, de
certaine espece d'hommes oiseux : qui ne
seruent que de scãdale , & de trouble en tout
le pays; pleins d'arrogance & de villenie;& se
trouuans ordinairement,en toutes querelles,
en tous ieux,en toutes tauernes : & deuoyans
du bon chemin de la vertu,tant de ieunes hõmes , qu'ils peuuent tirer à leur cordelle ; ils
leur font apprendre leurs mauuaises mœurs;
les enseignans à derober leurs peres: & a faire
infinies autres insolences, soubs ombre qu'ils
leur font espaule,& les soustiennent;desquels
vrayement le nombre est petit; mais ils donnent occasiõ à la perte,& ruyne de beaucoup
d'autres : pource est-il bien aisé d'y pouruoir:
ou en les tenant occupez à quelque honneste
exercice:ou si par ce moyen on ne les peut reduire, en les chassant (ores qu'ils fussent nobles) ouuertement & sans respect, hors de la
ville,ou du pays ou ils font le scandale. car on
ne pourroit bonnement declarer, le mal & le
dommage qui sourd de leur scandaleuse vie:
ce pendant que (comme frelons entre abeil-
les)ils ne sçauent autre chose faire, que ron-
ger,& deuorer les labeurs des gens de bien.

D

E mot de loiſir, ou repos (appellé par les Latins, *Ocium*) a double
ſignifiance: l'vne bonne, l'autre
mauuaiſe. Pourtant quand Ari-
ſtote diſoit, que la fin & le but du trauail, eſt
le repos: tout ainſi que de la guerre, la paix : il
le faut entendre en la bonne part: & par ainſi
viendra ce comme oiſeux loiſir, à eſtre vn
honneſte repos: lequel aura encores ſes operations, mais telles, que droitement elles ſeront en plus grand prix, que celles d'vn iuſte
trauail. Pource que le laborieux trauail, ſoit
qu'il ait pour ſubiect, ou trafiq, ou autre arti-
ficiel, ou meſtier, ou exercice : tend touſiours
à vne fin, paſſant plus outre, que ce qui s'opere: Ce qui ne ſe peut dire du loiſir, ou repos:
veu que ſes operations ont leur fin en ſoy-
meſmes: comme ont la ſpeculation, & l'exercice des vertus morales: leſquelles ſe ſpeculēt
& s'exercent pour l'amour de ſoy-meſmes.
Auſſi ce que les Grecs diſoient en commun
prouerbe: *Que les ſerfs n'ont point de repos*, ne ſe
doit pas entendre, pource, que les ſerfs n'euſſent encores eux, quelque relaſche & repos,
de leurs cōme aſſidus trauaux, (car ſans quelque intermiſſion du labeur, auſſi n'y pour-

ſoient-ils pas durer:)mais pource qu'ils n'ont
pas le repoſé loiſir deſſuſdit. Or le mauuais
repos (que nous appellons en France, oiſiueté)eſt celuy qui prouient de laſcheté de cœur
laquelle eſt cauſe, que ceux qui ſ'y trouuent
enfondrez,ne peuuent porter aucũ laborieux
meſaiſe,ny ouir dire propos qui leur puiſſe apporter melancolie,ne iamais faire aucune ge-
nereuſe entrepriſe : & eſtans poltrons de nature,finalement viennent à ſe conſommer,&
aneantir de ſoy-meſmes. Ou le vertueux loiſir, pource qu'il eſt fondé ſur hauteſſe de bon
cœur; rend l'homme qui en iouyt, magnanime, & aſſeuré en ſoy-meſmes : & l'embellit
d'vne telle virilité; qu'à toute occaſió s'offrãt
de quelque vertueuſe empriſe ; il ne craindra
ne fuira,ne peril, ne peine. Ceſtuy eſt le vray
oiſeux repos, ou loiſir : & qui nous conduit à
tout honneur & bonheur : pource qu'il n'eſt
entaché d'aucune poltronne defiance,ou laſche puſillanimité:comme eſt ceſt autre, que
nous auons dit, mauuais. Lequel, ſi de mal-
auenture il ſe trouue au Prince: il faudra que
touſiours il ſoit ſuſpens &en doute,de crainte
que quelcun de ſes vaſſaux, ou autre, (mu de
ſa laſcheté & fayneantiſe) ne face entrepriſe
ſur luy,& ſur ſes eſtats.

D ij

CHAP. XXXV.

L'OISEVX loisir(ce dit le vieil En-
nius)est de telle qualité, qu'à ceux
qui n'en scauent vser, il apporte
beaucoup plus de peine & d'en-
nuy, que la laborieuse operation: car quelque
œuure qu'on puisse faire en trauaillant:quant
il est fait auec attention, & en temps & lieu
conuenable , il apporte coustumierement
grand plaisir, à celuy qui s'y employe. Mais
loisiueté, qui tient l'esprit de l'oiseux irresolu
& tousiours branlant, est cause qu'il ne sçait
qu'il veut faire : & qu'il vit vne vie sans vie:
pource que(ce dit Aristote)viure, ce n'est pas
demourer oiseux sans rien faire:ains c'est ouurer,& faire quelque chose de bon. Aussi n'y
a il point de difference,entre vn homme, qui
ne fait rien , & vn homme mort: Et si le fay-
neant vouloit dire:*Si ie ne fay œuure de mes deux
mains : au moins ay-ie bien le pouuoir de faire
quelque chose:ce que le mort n'a pas;*On luy pour
roit respondre; que les naturelles puissances
sont tellement disposees, que si elles ne sont
reduites à l'action; elles sont estimees nulles.
Ainsi à telles gens ne seroit pas petit chastiement, que le Prince les laissast moisir en leur
oisiueté: s'il n'auoit esgard & respect qu'à eux

ſeuls. Mais pource que ſi la cité eſtoit remplie
de fayneans : en fin elle reuiendroit à rien : il
eſt beſoin que le Prince les chaſtie , comme
capitaux ennemis du bien public : car ores
qu'ils ne ſ'aident contre le Prince & ſon eſtat,
des meſmes moyens dont vſent les declarez
ennemis, pour les ruyner : ils tendent neant-
mois à vne meſme fin; qui eſt, de faire que l'e-
ſtat ſoit reduit au neant : dont ils font ouuerte
profeſſion. Et en celà, eux qui ne veulent rien
faire : ſont pareils & du tout ſemblables à ceux
leſquels volans & tuans, oſtent à ceux qu'ils
aſſaſſinent, tous les moyens de bien faire. Les
Atheniens puniſſoient l'oiſiueté , comme
les autres plus enormes vices : & en auoient
donné la charge aux plus ſeueres magiſtrats
de leur republique , nommez Areopagites.
Aux Indes il y auoit anciennement vne ſecte
de Philoſophes : laquelle tenoit à ſi grand vice
l'oiſiueté des ieunes gens : que venue l'heure
de menger, ſ'ils ne monſtroient quelque choſe de leur ouurage, on les contraignoit de iuſ-
ner. Dracon, entre ſes autres loix, ordõna par
l'vne d'icelles : que ceux qui viuroient oiſeux,
fuſſent punis de ſupplice capital. Les Gym-
noſophiſtes , grands & renommez philoſophes , chaſtioient plus rigoureuſement leurs
eſcoliers : quant ils ne leur pouuoient rendre

compte du temps de leur loiſir; que quand
ils ne leur rapportoient l'ouurage, qui leur
auoit eſté enchargé : non pource qu'ils ne
tinſſent le negoce commandé, pour le plus
principal œuure, auquel leurs eſcoliers ſe fuſſent peu employer : mais pour les deſtourner
de l'oiſiueté : laquelle, outre les autres inconueniens qui en auiennent, fait que la perſonne oiſeuſe ſoit moquee, & meſpriſee de chacun : pource qu'elle côſume le temps en ieux
pueriles : & en ſemblables femenins paſſetéps
& baguenaudages : auecques auſſi grande attention, comme ſi ce fuſſent affaires, de quelque ſerieuſe importance.

CHAP. XXXVI.

QVAND on dit, que la volonté du Prince eſt la loy : cela ne ſe doibt pas entendre, de tout ce qu'il luy vient en phantaſie, & en opinion de vouloir : mais ſeulement de ce qu'il doit iuſtement & honneſtement vouloir. Pource que les loix doibuent
eſtre faictes & publiees, pour rendre meilleure la nature de la choſe, à raiſon de laquelle
elles ſont miſes ſus : & non pour feconder l'ap
petit de celuy qui les y met. Ne plus ne
moins que le cordonnier, ne peut pas don-

ner au foulier, telle forme qu'il luy plaiſt, &
abuſer du cuir à ſa phantaſie : mais faut qu'il
luy donne la forme, & vſe du cuir, iouxte la
meſure & l'aiſance du pied, auquel le foulier
doibt ſeruir. Et quand le Prince le feroit autrement : ſes dereglees volontez ne ſe deuroient point appeller loix : ains commandemens : ne luy ſe nommer, Prince : ains puiſ-
ſante perſonne. Auſſi touſiours marchent en
contrepois, & en correſpondence de l'vn à
l'autre, le Prince, les loix, & le peuple bien
gouuerné. Ou doncques le peuple eſt bien
diſpos & en bon repos, là ſont les bonnes
loix : & ou ſont les bonnes ordonnances : là eſt
le bon Prince : D'ou ſe peut droitement conclurre, que le bon prince n'a point la libre volonté, de faire tout qui luy vient en appetit, &
en phantaſie : ains de faire ce qui eſt propre
& conuenable au bien & repos de ceux,
qui ſont commis à ſa charge, & à ſa conduite.

Chap. XXXVII.

N dit que la loy eſt comme vn
plege, & vniuerſelle ſeureté : que
les princes baillent à leurs ſubiets, pour le entretenement des

pactions, & des façons de viure: qui doibuent entre eux reciproquement estre main-
tenües & obseruees: & qui, sans elle, ne seroient pas si aisément gardees. Et l'occasion
de les obseruer, vient de ce, qu'incontinént
que la loy est faite: le Prince peut à force faire
entretenir, ce qui par droit doibt estre main-
tenu. Et si la seule raison, que Dieu a mise en
nous, l'eust peu faire: la loy n'estoit ia necessaire. La loy donques fait, que les hommes (encores qu'ils ne le veulent) effectuent les pro-
messes, qu'ils ont faictes les vns aux autres: &
se refreignent de tant & tant de desordonnez
appetis, qui contituellement les poussent à
malfaire.

CHAP. XXXVIII.

L ES *bonnes loix* (comme dit le prouerbe)
sont nees des mauuaises meurs: & les mœurs
mauuaises ne sont autre chose, qu'vn vsage &
accoustumance de plusieurs vices, directement contraires à la vertu. Laquelle accoustumance ayant fait en l'homme vne im-
pression si grande: que, ne prieres, ne remonstrances, estoient suffisantes pour l'en retirer:
lors fut besoin d'y aiouter l'auctorité des loix:
laquellle (moyennant la peine) les redu isit à

la vertu. A ceste cause disons-nous, que le
Prince bien aisément peut sçauoir & congnoistre, quand mestier luy est de faire quelque loy, ou ordonnance nouuelle; & ce qu'elle doit, ou defendre, ou commander. Car
lors seulemét luy est de deuoir, de faire quelque nouueau decret : quand il void que par
autre moyen, que par la crainte de la peine;
on ne peut arrester le cours, de quelque pernicieux vice. Et ne doit le Prince desdaigner,
d'y recercher quelque autre remede, moins
rigoureux que la loy : Car le bon Prince ne
faict pas volontiers endurer aucun mal à ses
subiects : ains desire, que tous ils facent leur
deuoir, sans force, ou autre mauuais traictement. Puis, ce que doit contenir la loy; c'est
l'addresse & l'acheminement à la vertu : contenir (dy-ie) de sorte que clairement on puisse cognoistre, que le zele & le desir de l'honneur public, & non aucun interest, ou con-
tentemét particulier, ait esté cause de la faire
establir : Car ainsi establie; elle ne s'acquiert
pas seulement authorité, mais aussi reuerence : ou autrement, la reuerence s'en departi-
roit, & n'y demeureroit que la seule authorité & puissance : & n'auroit plus le nom & le
tiltre de bonne; ains de mauuaise & inique
loy.

Chap. XXXIX.

L y a grande difference entre les
loix, & ce qu'on appelle, Statuts,
ou Decrets : lesquels, côbien qu'ils
soient obseruez, tout ainsi que les
loix : toutesfois ils peuuent estre, en partie
bons, en partie mauuais. Mais il fault que
la loy soit tousiours, & entierement bonne :
pource que venant ce nom de loy, de legitime (qui ne veut autre chose dire que iuste)
la loy aussi ne peut, & ne doit estre autre, que
loy bonne & iuste. Ioinct, qu'estans les loix
faictes pour la conseruation des bons : les
bons ne peuuent estre côseruez, par le moyen
des choses mauuaises.

Chap. XL.

Pource que le plaisir deçoit les
hommes, & les hommes bien souuét
se plaisent en choses pernicieuses &
mauuaises : il ne fault pas que le Prince, faisant les loix, & les ordonnances, ou ses mandemens, ait aucun esgard au plaisir ou desplaisir, qu'y pourront prendre ses subiects :
mais luy doit suffire, que les choses qu'il ordonne, ou commande, soient bonnes & pro-

fitables pour le public. Car le plaifir, feroit
vne tres-mauuaife mefure : & void-on, que
les gens de bien, & les hommes valeureux,
non feulement quittent le plaifir ; mais encores embraffent ce que naturellement def-
plaift, fi l'honnefteté le requiert : A cefte caufe, le bon prince ne doit faire aucun compte
du contentement des mauuais, ne de fatif-
faire à leurs appetits : s'il a force & authorité
pour les contraindre, d'obeir à fes commandemens. Neantmoins ne veux-ie pas dire
que les publiques vtilitez & neceffitez, ne
puiffent & ne doiuent eftre accompagnees
de quelque populaire contentement : ains
au contraire ie dy, que celuy qui gouuerne
fe doit propofer comme obiect principal,
de tel côtententement de fes fubiects, en tou
tes chofes, dont il les pourra honneftement
contenter.

CHAP. XLI.

A principale intention de la loy,
ne doit pas eftre d'enfeigner la
raifon, pour laquelle la loy a efté
faicte : A l'exemple du medecin,
qui n'eft pas du malade appellé, pour luy
rendre la raifon de l'occafion de fon mal:

mais afin qu'il le guariſſe : ayant beſoin de
ſanté, plus que de doctrine. Toutesfois pource
que le Prince eſtablit les loix à des hommes,
capables d'entendre ce qui eſt conuenable au bien public : il doit, comme pere,
non-ſeulement faire congnoiſtre à ſon peuple la fin de la loy : mais auſſi la raiſon, pourquoy elle a eſté faicte : afin qu'il ſçache, que
ſes ordonnáces & mandemens, ne ſont moins
pleins de raiſon, que d'imperioſité. Bien eſt
vray, que quand telle douceur & humanité n'auance en rien le deuoir des ſubiects:
lors peut le Prince auec ſuffiſante excuſe
vſer de ſon abſolut commandement : pource
que ſon deuoir l'oblige, à practiquer tous
moyens pour acheminer & induire ſes ſubiects à bien faire.

CHAP. XLII.

Ombien que toute choſe creée
naturellemét cherche les moyés
de ſe maintenir & conſeruer :
neantmoins elle les cherche de-
puis qu'elle eſt creée; veu qu'elle ne peut recercher ſa conſeruation, ſi ce n'eſt apres ſa
creation : tellement que la conſeruation
vient bien à eſtre neceſſaire à la choſe creée;

toutesfois ne doit-elle pas venir au poix &
au prix d'vne partie essencielle d'icelle. Par
ainsi aucun ne se deura esmerueiller oyant
dire, que les loix (qui sont le principal moyen
de la conseruation de la principauté) ne sont
& ne sont pas vne essencielle partie d'iceluy:
pource qu'elles se font, apres que la principauté est sur ces pieds: veu que les loix (comme dict Aristote) doiuent estre accommo-
dees à la republique; & non-pas la republique aux loix. De là vient, que les loix, qui
sont bonnes en vn estat, ne sont bonnes en
vn autre : ayant chasque estat quelque particuliere forme en sa iustice, diuerse à celle
des autres estats: comme aussi chacun d'iceux
establit ses loix & ordonnãces iouxte le droit
qui y est receu. A ceste cause, vne loy ne
pourroit estre cõmune, entre ceux qui pẽsent
que l'egalité entre les bourgeois est chose iuste (cõme on croit en l'estat populaire, qu'on
appelle Democratie:) & entre ceux qui pensent, qu'il les faut estimer selon leurs biens
& facultez: comme il aduient en l'estat des
riches, qu'on appelle Aristocratie :) Confideré toutesfois que ie parle des loix; par le moyé
desquelles les estats proprement se maintiennent. Car quant aux loix, qui ont respect particulier aux choses priuees ; afin que le trafiq

de marchandise, & la conuersation des vns
auec les autres, se puisse maintenir auecques
iustice : elles sont quasi mesmes ; ou bien pres
semblables, par tout le monde. Mais les loix
de l'estat, sont faictes seulement pour les personnes obligees par foy à l'estat : Ausquelles
aussi ont baillé seulement les magistrats ; &
les affaires publiques à gouuerner : combien
qu'és villes du gouuernement se peussent à
l'aduenture trouuer plusieurs autres : qui à
cause de leurs meilleures qualitez, meritassent de gouuerner, beaucoup mieux que
ceux ausquels le gouuernement a esté baillé.
Pour ce, en la mutatiõ des estats la premiere
consideration, que doiuent faire, & font ordinairement les hommes sages ; est de changer telles loix : Car maints exemples se pourroient trouuer ; que pour en auoir laissé, ou
toleré quelqu'vne ; les estats se sont autrefois
perdus.

CHAP. XLIII.

I les loix ne tiennent compte, de
ce que les hommes, ausquels elles sont baillees, errent en leurs
pensemens : cela vient de ce que
ne venans point à estre mises à effect ; n'est

donné au public, ne dommage, ne mauuais
exemple, de ce à quoy ont pensé, ceux qui
ont les loix faictes; & pourquoy principalement elles ont esté faictes. Du cœur & de
l'intention. Dieu en est le seul scrutateur &
iuge : qui puis-apres donne, ou le chastiment
ou le loyer qu'ils ont merité; selon ce qu'il
les trouue estre, ou vicieux, ou vertueux en
leurs consciences.

CHAP. XLIIII.

VAND on oste ou abolit quelque loy; les autres en affoiblis-
sent : pource que chacun de
ceux qui se sent offésé par quelque loy, prend opinion & esperance, qu'elle
pourra pareillement estre abolie. Et par ce
moyen les loix viennent à perdre l'authorité
& la reuerence, que les subiects de quelque
estat que ce soit, sont tenuz & obligez leur
porter : lesquels subiects doiuent fermement
croire, qu'en vn estat ou republique, n'y a
rien meilleur que loix. A ceste cause, doiuent des Princes estre blasmez, & fuis certains ambicieux : lesquels, si tost qu'ils se
voyent par eux aimez & fauoris, entrent en
si grande volonté de faire paroistre, qu'ils

font plus authorifez que les loix : qu'au plus
toft qu'il leur eft poffible, ils fe mettent à en
faire des nouuelles ; & à vouloir reformer la
republique : combien qu'a eux & au public
il fuft beaucoup plus profitable, de s'eftu-
dier à faire entretenir les vieilles. Sur quoy
Ariftote faict vn long difcours, voulât qu'on
y ait grand efgard : pource qu'ayant la plus
grand part des loix plus de fondement fur
l'vfage & commodité, que fur la raifon : &
n'eftant auffi toufiours les peuples, autant capables de la raifon, que de l'vfance & commodité : encores qu'aux loix fe trouuaft
quelque defectuofité, toutesfois on la doit
pluftoft diffimuler & fupporter, qu'attenter
à faire des ordonnances nouuelles, pour abolir & changer les vieilles.

Chap. XLV.

Movlt raifonnable de prime-fa-
ce fembla celle confideration, qui
meut Bernard Cappel gentilhomme Venitien, à tenter de faire en fa
republique vne loy : par laquelle, à ceux qui
feroient fortis de l'adminiftration de quelque
magiftrat ou office, fe donnaft plus long terme, de pouuoir rentrer en vn autre, qu'on
n'auoit

n'auoit au parauant accoustumé de leur donner. Pource, qu'estant permis si peu d'interualle de temps, entre le sortir de l'vn, & le
rentrer en l'autre : il sembloit qu'ils faisoient
entr'eux, comme vn public tour : en intention, que les mesmes citoyens eussent tousiours en main, quelque part du gouuernement public. Dont aduenoit, qu'à petit nōbre de citoyens venoit à estre reduite la puissance & authorité : qui luy sembloit par raison deuoir estre communiquee à plusieurs
des autres. Ce que disoit le Cappel, n'estre
ne bien-seant, ne cōuenable, au commun
honneur, & repos de la republique : veu que
plusieurs citoyens gens de bien, & de bon
esprit, & idoines aux publiques charges ; par
ce moyen en estoient exclus. Et (qui plus est)
que ce sembloit chose peu seure, en vne si
grande abondance de bourgeois : de donner
à si peu d'entre eux, vne si grande authorité.
Mais les sages Senateurs, qui lors se trouue-
rent estre du conseil des dix ; ne voulurent
aucunement consentir, que ceste nouuelle
loy fust proposee deuant le grand conseil :
pource qu'vne bonne partie des bourgeois
eust peu estre trompee & circonuenuë par les
raisons qu'alleguoit le Cappel : & encores
pource qu'il y auoit danger, que d'autres (à

E

l'exemple de cestuy-cy) ne prinssent opinion
& dessein de changer les loix concernans les
ordres de l'estat : par le moyen desquelles,
auec merueillable maistrise, tant & tant de
centaines d'annees, a esté bien conduicte &
regie ceste tant noble & renommee Republique : bien sçachans aussi, combien vne petite & comme insensible mutation & inno-
uation des anciennes ordonnances, pouuoit
engendrer de damnables & pernicieux effects. Et combien qu'argumens & bonnes
raisons ne leur defaillissent, pour conuaincre
de fausseté les fondemens de la loy proposee:
neantmoins (afin de destourner les autres de
semblables pensemens & entreprises ; & que
le Cappel receut le loyer de ses merites,
tel qu'ils penserent luy appartenir) ils voulurent plus tost vser de l'authorité du magistrat,
pour en vn instant luy imposer silence : que
contredire & impugner sa proposition auec
bonnes & apparentes raisons. Car on luy
pouuoit bien respondre, qu'auec sa hardie
proposition, il s'efforçoit oster à la Republique Venicienne la liberté accoustumee:vou-
lant par le moyen de ses pretendues defenses
lier les mains des gentilhommes Veniciens,
& les empescher de faire la libre ellection
des magistrats, dés-pieça entr'eux vsitee: &

encores les priuer du grand renom de prudence, & de bonté par eux acquis : qui sont
l'occasion, qu'entre si grand nombre de citoyens, dont leur ville est peuplee, s'est tousiours faicte eslection des meilleurs : ains faire,
que par necessité les moins bons & propres
à ce negoce fussent esleuz magistrats : Desquels, outre ce qu'on ne peut esperer pareil
aduantage, comme de ceux qui sont absolu-
ment bons : encores peu à peu par ce moyen
vient à se corrompre le iugement des bourgeois; qui en leurs esprits commencent à s'accoustumer & resoudre entre les choses totalement bonnes; eslire & prendre celles qui
ont beaucoup moins & de prix & de bonté.
Et quand cela commence à se faire; estans
les hommes par la peruersité de leur nature,
enclins & dispos à mal plus qu'à bien : on
doit croire, que le danger est grand, de les
voir prédre le chemin de l'extremité de tous
maux. Mais pour respondre à deux argumens, que le Cappel tenoit pour les meilleurs
& plus apparens : l'vn desquels estoit; que
laisser les hommes si long temps tenir les
plus grands estats & offices, auoit tousiours
esté fort perilleux à la republique : Ie dy, que
ce danger eust bien peu apporter quelque
mauuais effect; en lieu ou ne se trouueroient

tant d'hommes de mefme qualité, & d'egal
pouuoir: comme font ces plus vieux gentilshommes & Veniciens Senateurs: lefquels
font en fi grand nombre, qu'il feroit bien difficile, voire impoffible, qu'ils fe peuffent accommoder au detriment public. Veu encores, qu'il y a fi peu d'interualle de temps d'v-
ne eflection à l'autre; que tout leur pouuoir
quafi defpend, de la prochaine eflection à venir : & que fi on s'apperceuoit le moins du
monde de quelque mauuais deffein; on y
pourroit foudain pouruoir; en ne les eflifant
plus à charge d'aucun magiftrat. Et quant à
l'autre; par lequel il difoit qu'en petit nombre font ceux qui participent aux magiftrats,
on le luy nye: veu qu'en fi grand nombre
d'hommes capables d'adminiftrer les offices;
ne fe peut faire, qu'il n'y en ait beaucoup, qui
y foient appellez & efleuz : & veu encores,
que trefgrand eft le nombre de ceux, par lefquels ils font nommez & efleuz: Qui peuuent (defcouurans quelque mauuaife adminiftration) non feulement eflire autres magiftrats; ains en vn inftant leur donner vn bien
afpre chaftiment.

CHAP. XLVI.

COMME plusieurs loix sont souuent faictes pour autre occasion, que pour la punition des vices: aussi sont plusieurs chastiez plus tost pour le mal qu'ils en reçoiuent, que pour desir que les grands puissent auoir, que la loy qui les condamne, soit gardee & bien obseruee. Ce qu'aisément s'apperçoit, lors qu'on void que le Prince & ses fauorits ne laissent les vices, lesquels ils chastient és autres. Et de là naissent des tres-pernicieux effects, en téps & en lieu dont on ne se doute:& neantmoins est-ce vne chose de soy de tres-meschant exemple.

CHAP. XLVII.

L'Authorité des loix, doit estre sur les hommes; non contre les hommes. Sur les hommes ; pource que, deuans estre corrigez par les loix ; ils ont besoin d'estre astreins par la force, à se renger à la raison. Non contre les hommes ; pource qu'elles perdent le nom de loix, & lors s'appellent, violences: & combien que la loy ait pareillement besoin de force, aussi bien que la violence : toutesfois la loy n'en vse qu'au bien &

au profit d'autruy:ou la violéce s'en sert pour
l'vtilité & satisfaction de soy-mesmes. De là
se peut voir,que la force de soy n'est pas mauuaise;ains seulement celle dont on vse mal,se
peut dire pernicieuse & mescháte:Autremét
il faudroit dire la iustice estre mauuaise,en
tant qu'elle vse de force,pour contraindre les
rebelles &mauuais,qui ne luy veulent obeir.

CHAP. XLVIII.

Eaucoup mieux vaudroit au Prince & à ses subiects ne faire point de
loix, si on ne prend deuë peine &
diligence de les faire bien obser-
uer:Car auant que la loy soit faicte& publiec;
combié que quelqu'vn se trouue faisant chose, qu'il n'a pas deu faire:il l'a faict neantmoins auec telle consideration & auec tel
respect; que s'il y eust loy qui l'eust defenduë,
il s'en fust aisément abstenu. Mais depuis
que la loy est faicte, si on ne punit les fautes
commises contre l'ordonnance d'icelle, ce
respect peu à peu se met hors de l'entendement des hommes: & en son lieu y entre la
licence telle; qu'il n'y a lien qui la puisse retenir, ne frein qui la puisse maistriser.

VAND on parle ainsi en general, des
meschantes humeurs, & des mauuaises meurs des hommes : n'y à celuy qui ne s'en doeille, & qui ne desire qu'on
y mette quelque bonne police. Mais quand
puis-apres le Prince pour y donner quelque
bon ordre, establit quelque belle loy, qui
chastie les fautes des delinquans : ceux là
mesmes qui faisoient semblant de la desirer,
blasment & la loy & le Prince qui l'a faicte,
& ne les peut-on appaiser en maniere que
ce soit. La raison parauanture en est ; pource
qu'à chacū en general plaist le bien, desplaist
le mal : & en ceste generalité chacun neantmoins apprehéde & embrasse le vice : lequel
estant naturellemēt odieux à tous, tous aussi
desirent qu'il soit chastié. Mais quand on
vient apres à particularifer, & à dire s'il est
besoin qu'vn tel soit puny : lors on n'a plus de
consideration, ne de respect au delict qu'il a
commis, ains seulement à la personne qui
doit estre chastiee : & selon l'amitié & faueur
que plus ou moins on luy porte, ainsi s'en
ensuit le iugement. Et si on void qu'vn amy
soit en danger d'en resentir ou peine ou vergoigne : lors a plus de force la compassion &
l'amitié, que n'ont la raison & l'honneur.

N void par les republiques faire
maintes choses mal-seantes & peu
honnestes; lesquelles si on vouloit
defendre & empescher d'estre fai-
ctes, par la rigueur d'vne loy : ce seroit follie
de l'entreprendre : & d'autre part en pourroit reuenir grand dommage au public, s'il
n'y estoit d'ailleurs aucunement pourueu.
Pource que si on faict des loix sur petites choses, lesquelles sont en grand nombre: il en ensuit, qu'a cause de la petitesse, elles ne sont pas
obseruees : & qui s'accoustume à n'obeir
point aux loix de petite importance; bien
aisément puis apres il se dispense, de ne
faire ce que commandent les plus graues &
grandes: & par ce moyen l'authorité des loix,
qui doit estre par les hômes tenue en grand'
reuerence, & en notable terreur & crainte,
pour y obeir; demeure en manifeste conténe-
ment & mespris. A ceste cause les anciens
laisserent l'aduis & la prouisió de telles petites
choses, aux peres, aux maistres, & aux bons
vieillards & gés de respect: afin qu'ils s'en dô-
nassent garde, & y pourueussent par bonnes
& sainctes remonstrances, qu'ils feroient aux
ieunes gés; pour les côtehir en bônes mœurs;
& les accoustumer à bien & conuenablemét

ſe porter, en toutes ces petites façons de viure,
dont les loix ne font point de mention : leſquelles neantmoins ne ſont pas de ſi peu d'im
portance, que quãd elles ont eſté biẽ reglees:
elles ont donné grand ſecours & aiſance (cõme dit Platon) à l'obſeruation des bonnes
loix: & ont fait que la republique, ſe ſoit con-
ſeruee en tout bon-heur: mais quand on n'en
a fait compte: ou elles ont donné occaſion à la
ruyne de l'eſtat : ou ont beſoin de longues &
rigoureuſes loix: pour reduire les hommes au
point de l'honneur & de la vertu.

CHAP. LI.

N dit, qu'il n'y a force ny auctorité,
qui plus induiſe les peuples à l'obſeruation des loix , & ordonnances
faictes par le Prince : que de voir le Prince
& legiſlateur meſmes, le premier, & le plus
curieux, à les garder & obſeruer. Car par ce
moyen il leur ſemble, qu'ils ſont traittez par
le Prince, comme ſes compaignons, & non
comme ſes ſerfs ou eſclaues : Et tout homme
(tant noble & hautain puiſſe-il eſtre) ſe hon-
toie de vouloir eſtre ſuperieur & commander à ceux, auſquels le Prince meſmes ne de-
deigne de s'egaler.

CHAP. LII.

ES loix mifes fus, auec trop grande
rigueur & feuerité, font fouuentes-
fois dommageables & mauuaifes,
tant pour les bons, que pour les
mefchans bourgeois & fubiets : pource que
peu y en a, qui puiffent viure en fi grande innocence : que quelques fois ils ne fortent de
l'obeiffance d'aucune d'icelles. Et de fait Solon entrant en cefte imaginatiõ, fut mu & induit à bannir d'Athenes les loix de Dracon:
lefquelles (comme en eftoit en ce temps-là le
commun propos) fembloient auoir efté efcri-
tes, non d'ancre, mais de fang : puniffans egalement tous crimes de peine de mort. Ce
qu'vn Prince, voulant auiourd'huy faire,
monftreroit grande aparence de croire auecques les Stoiciens, que tous pechez & delits
font pareils & efgaux. D'auantage, faudroit-il
que neceffairement il fut tenu & nommé, ou
cruel, ou mal-auifé : Cruel, fi voyant le notoire
mal & dommage : il vouloit toutesfois obfti-
neement fuiure la rigoureufe peine de la loy:
mal-auifé, fi fe debuãt corriger & amender: il
venoit luy mefmes à confeffer, auoir ordonné & commandé, des chofes mauuaifes, fans
confeil & bon auis : & fans y auoir apporté les

conuenables confiderations, par le moyen
defquelles il euft peu demourer ferme & entier en vne bonne opinion, fans la changer.

CHAP. LIII.

LE grand nombre de loix & ordonnances, fait demonftration de
confufion, plus toft que de bon
ordre : car peu de loix font fuffi-
fantes, pour entretenir les gés de bien en leur
debuoir : quand par effait elles font bien &
deuëment obferuees & executees. Mais
quelques Princes ont fait cefte faute (comme
mal-auifez: & pouffez de trop grand defir, ou
d'ambitiõ; qui les a haftez de pouruoir à trop
de chofes, par nouuelles conftitutions. Quelques autres l'ont faite, mus de mauuais vouloir, & en intention de fe preualoir des magiftrats, & du public en leurs particuliers appetis. Pource a il fallu qu'ils ayent fait loy, de
ce qui a peu particulierement offenfer, ou
ceux qu'ils craignoient, ou ceux qu'ils auoiét
en haine. Ce que prouenant de plufieurs &
diuerfes occafions, & bien fouuent toutes
côtraires les vnes aux autres: a fait de ce mauuais deffein, fortir encores vn pire effait pour
ce qu'ils ont fait des loix plus cruelles, & mal-

aisees à supporter:que les delits mesmes: pour
le remede desquels ils ont fait semblant de les
faire:selon ce qu'en a dit le prophete:*Fingunt
laborem in præcepto:*C'est à dire en françois: *Ils
forgent le grief par la loy.*

CHAP. LIIII.

IE ne vueil pas icy entrer en consideration : si vn homme de plus
grand esprit, de meilleur conseil,
& de plus eminent sçauoir, seul,
que tous les autres ensemble : contre l'aduis
des autres bourgeois, peut rompre les loix &
ordonnances du pays : pour faire le profit de
la ville, ou du Prince qui y commande:Car il
y a beaucoup d'apparentes raisons d'vne part
& d'autre. Seulement vueil ie icy reciter le
moyen, par lequel, aucuns grans & accorts
personnages,apres les auoir rompuës pour le
bien public, se sont sauuez: & ont refreint &
arresté l'impetueux effort des autres bourgeois leurs aduersaires. Lequel moyen a esté
vrayemét conuenable à bons citoyens, comme ils estoient:veu que, encores qu'il y allast
de leur vie : toutesfois iamais ne voulurent
(comme font ceux,qui sont conduis par ambition)chercher secours & support des enne-

mis de la patrie, ne de leurs particuliers amis:
pour mettre la ville en ruyne: ains comparans
deuant les magiftrats, parlerent en forte: que
tout les affiftans ayans vergoigne de voir vn
tel bienfait, non feulement non remuneré,
mais encores en branle d'eftre puny : donnerent grand blafme aux accufateurs, louans
& magnifians les accufez. Dequoy, entre
autres exemples, ie vous en rememoreray
en ceft endroict deux fort honnorables &
memorables. L'vn eft de Scipion l'Africain:
lequel appellé pour rédre compte des deniers
defpendus en la guerre, il comparut deuant
le magiftrat, en prefence defes accufateurs:&
dit feulement: qu'ayant en vn pareil iour pris
de force la ville de Carthage : il luy fembloit
pluftoft iour propre à rendre graces à Dieu,
d'vne fi belle victoire: qu'à f'amufer à rechercher la defpenfe, qui auoit efté faicte pour la
furmonter. De ces paroles demeurerent les
accufateurs tous efcornez & confus; & Scipió
f'acheminát vers le capitole fut fuiuy de tout
le peuple, reftans deuant le magiftrat les accufateurs feuls & moquez. L'autre exemple
eft d'Epaminondas le Thebain: lequel, accu-
fé de ce, qu'ayant acheué le temps de fa charge, il n'auoit pas felon fon debuoir fait própt
retour en la ville de Thebes, auecques l'ar-

mee:ains auoit continué de luy commander,
& la mener au combat : comparant pareillement par deuant le magiſtrat : reſpondit, qu'il
eſtoit content pour la deſobeiſſance dont il
eſtoit accuſé, qu'on le fit mourir : pourueu
qu'en vne colonne, aſſiſe en l'vne des places
publiques de Thebes, fuſt eſcrit, qu'en ceſt a-
éte de deſobeiſſance, il auoit brulé tout le païs
des Spartains, capitaux ennemis des Thebains : lequel par l'eſpace de cinq cens ans aucũ Thebain n'auoit oſé aſſaillir : qu'il auoit pa-
cifié la ville de Meſene en la moree, qui auoit
demoure deux cens ans en ſedition : qu'il a-
üoit vny enſemble tous les peuplesd'Arcadie :
& finalement qu'il auoit mis toute la Grece
en liberté : pource que tout cela eſtoit aduc-
nu, au temps que ſans auoir eſgard aux ordõ-
nances & vſances des Thebains , & ſans publique authorité ou adueu, il auoit commandé à l'armee Thebaine. Ce que oyant le magiſtrat, & ſemoquant des accuſateurs ,il ne
daigna demander aux aſſiſtans leur aduis,
pour ledeliurer : ains tous ſe leuerent, & ſ'en
retournerent en leurs maiſons.

CHAP. L V.

L n'est pas possible, que le Prince puisse maîtenir & faire garder, ses ordōnances ciuiles & militaires, sans quelque rigoureuse seueri-té: Car quand les hommes esperent aisément auoir pardon aiséement aussi, selon nature, ils se laissent tomber en faute. Mais aussi quand on compte tout par le menu, & on y prend de si pres garde, qu'on ne laisse rien passer sans punition: lors les hommes viuent en trop grand' crainte: & telle seuere rigueur engen-dre incontinent vne haine. D'autre part, quand à la seuerité de la iustice, est faite com-paigne vne largesse & munificence, prompte à remunerer les bons, & leur retribuer le loyer de leurs operations vertueuses, à l'exal-tation des hommes valeureux: lors la crain-te est conuertie en reuerence; & semble qu'aucun ne se puisse iustement plaindre: veu qu'il est en sa puissance de non seulement euiter la punition rigoureuse du vice: mais aussi de meriter & receuoir l'honnorable guerdon de la vertu.

CHAP. LVI.

L Y a grande difference, entre le
Prince ſeuere, & le Prince cruel:
pource que le cruel eſt du tout iniuſte, & prend plaiſir à malfaire:
ou le ſeuere punit les fautes, comme eſtant
trop amy de la iuſtice. De maniere, que la
cruauté n'eſt bien-ſeante ne conuenable, non
ſeulement à Prince quelconque, ſoit nouueau
ſoit ancien (comme aucuns ont dit) mais auſſi
à qui que ce ſoit, qui porte le nom de homme. Comme auſſi au contraire la ſeuerité eſt
bien conuenable à toute perſonne : pource
qu'ayant eſté ordonné, que la loy ſoit vniuerſelle: ne ſe peut telle ordonnance autrement
entendre, ſinon que l'intention de la loy, &
de ceux qui l'ont faicte & receuë, eſt, qu'aucun ne ſoit eſpargné ou diſpenſé de l'obeiſſan
ce d'icelle: & n'en diſpenſer aucun, n'eſt autre
choſe qu'eſtre ſeuere. Mais pource que les
hommes par fois, font des fautes; qui meritent, ou à raiſon de la perſonne qui les commet, ou pour quelque autre bon reſpect, com-
paſſion & miſericorde : en ce cas il faut rompre la rigueur de la loy, & changer de robbe
pour les ſauuer : Et cela n'eſt, ne ſeuerité ne
cruauté, ains eſt vn equitable temperament,

entre

entre l'afpre rigueur de la loy, & l'abfolue re=
miffion, que les Grecs ont appellé, τὸ ἐπιικὲς,
& les Latins, *Æquum & bonum*.

CHAP. LVII.

LA feuerité des Princes, femble donner
quelque accroiffement, & plus grande
auctorité, à leur dignité, & eftre (comme dit
Menandre) falutaire à toute la cité, & à tous
les peuples qui font foubs leur gouuernemét:
comme celle qui fe recule d'vne certaine vaine apparence de douceur & clemence: de laquelle (à caufe que les hommes f'en fçauent
mal-aifeement garder) naiffent des grans
maux & dommages en vne republique: mais
elle eft de fi pres voifine à la cruauté: que bien
fouuent mue d'vne fauffe refemblance elle fe
laiffe tomber dedans icelle. Pource faut-il
qu'en cela le Prince ouure bien les yeux, &
qu'il ne f'y endorme pas: pource qu'il ne peut
enchoir en vice plus dangereux & damnable
qu'eft la cruauté: veu que les cruels pechent,
contre Dieu, contre la pieté, & contre toute
l'humanité: & fe defpouillans de la peau des
hommes, fe reueftent (auec horreur) de la rage & fierté des plus farouches beftes fauuages viuans dans les bois. De fait ils font

F

mourir les hommes pour fort legeres occasions: comme se trouue escrit (non sans grande admiration de ceux qui l'escriuent.) que
fit l'Empereur Tybere; quand il condamna à
la mort vn pauure homme, pour luy auoir de-
robé vn Paon. Le semblable ont fait plusieurs
autres, pour causes à l'auenture plus foibles &
moindres : lesquels ne me semble bon de nõ-
mer: pource que tous bons Chrestiens doibuent auoir vergongue & horreur de tels exé-
ples. Et ne vaut l'excuse qu'aucuns alleguent,
disans; Nous ne punissons pas le fait, ains la
desobeyssance: Pource que (s'il est permis frã-
chement dire la verité, sans offense d'aucun)
beaucoup plus grande faute font, ceux qui
commandent choses mal conuenables, ou
impossibles, que ne font ceux qui ne les ob-
seruent, ou qui ne s'en gardent & abstiennēt;
D'autant plus que telles desobeissances ne
sont faictes, par le contemnement du Prince,
ou de la loy par luy faicte : mais pource que la
chose en laquelle on peche : outre ce qu'elle
est de peu d'importance : encores est-elle le
plus souuent comme naturelle, & communément de chacun desiree.

CHAP. LVIII.

Es Princes violens, sont (pour le plus) tels de leur mauuais naturel, & de leur pire nourriture: toutesfois quelquesfois leurs subiects mesmes, leur en ont donné grande occasion: pource que plusieurs d'entre eux, se trouuans pleins de desordonné appetit, & enclins à plaisirs deshonnestes: ils ont abusé de la bonté, douceur, & clemence du Prince:& se sont laissez aller de sorte, qu'ils ont attenté quelque nouueauté. Dequoy le Prince s'estant apperceu & aduisé, (car il n'y a chose au monde plus mal-aisée, que de trouuer la fidelité entre tant d'hommes, qu'il en faict mestier, pour offenser vn bon Prince) il faut aussi qu'il deuienne,& terrible,& violet: pource qu'il ne peut estre clement ne benin, enuers personnes de telle nature. A ceste cause,Theopompe oyant vn Lacedemonien qui luy disoit, que l'Empire Spartain auoit bien longuement dure,pource que les Rois auoiēt esté doux & gracieux, enuers leurs citoyens & subiects,respondit: mais plus tost, pource que les bourgeois de Sparte, & autres subiets de l'empire Spartain, ont esté obeyssans aux loix,& autres commandemens des Roys.

SEMBLE chose merueilleuse,
que les hommes, qui se sont for-
mez en vn courage felon, & oû-
tre mesure cruel, (comme fit ce
meschant Neron;qui fit mourir sa propre mere Agrippine, & Seneque son precepteur: fit
brusler la ville de Rome,afin de voir vn beau
grand feu, & commit tant d'autres detesta-
bles & enormes vices)prennent en si mauuaise part, le reproche ou ramenteuance qu'on
leur fait,de quelcune de leurs meschancetez:
Et n'est (à mon aduis) suffisante, la response
de ceux qui dient, que cela procede d'vn secret remors de conscience; qui ne permet,
qu'aucun homme se trouue du tout meschât:
& plus tost diroy-ie, que c'est pource, que
quâd ils s'oyent ainsi poindre en leur presence
par le recit de leurs meffais : ils se sentent lors
tomber en mespris : & ont en grande haine
celuy, qui leur ose faire vn tel affront: suiuans
en celà la coustume,de ceux qui sont enuieillis & endurcis en quelque vice: auquels, non
le peché, mais la peine qui le suit, est fort
griefue à endurer.

CHAP. LX.

L est veritablement dur & malaifé à l'homme, de ne fe laiffer corrompre, ne de l'abondante affluence, ne de l'indigente difette des biens de fortune: pource que ordinairement, & quafi toufiours, l'abondance en rend l'homme plus mignard & delicat:& l'indigence le tire à toute forte d'effrontee hardieffe. Mais f'il y a homme entre les autres, qui fe doibue foigneufement garder, de tomber en l'vne de ces deux extremitez: veritablement c'eft le Prince : veu que f'il fe laiffe enchoir en la mignarde delicateffe, il deuient poltron, & fans reputation: & comme indigne de fa charge & dignité, trouue incontinent quelque enuieux ou ennemy, qui f'efforce de luy ofter. Et f'il fe void reduit à l'indigence: il deuient (comme contraint par la neceffité, rauiffant, & pilleur fans droit ne mefure. Toutesfois ne vueil-ie entendre cefte rauiffante pillerie, finon aux difettes prouenans de la faute du mefme Prince : quand fans iugement & raifon il a fait grandes & fuperflues defpenfes: parce que des indigées & neceffitez, naiffans d'importans affaires, & de la malice des temps : les Princes font, & doiuent eftre, bien aifément excufez.

F iij

CHAP. LXI.

LE vray essay de la bonté des hommes, est
quãd ils se maintiennent en toute modestie & attrempance, apres auoir, par la force
des armes, acquis quelque belle victoire: ou,
par quelque autre bonne occasion, estre paruenus à grade & dignité: ou ils ne soient plus
tenus de rendre compte & raison de leurs a-
ctions: Pource que les premiers, ce pendant
qu'ils font la guerre, ont necessairement besoin d'estre douéz de quelques grandes & rares vertus: ne pouuans vaincre leurs ennemis
sans magnanimité & valeur: ne retenir les
soldats en bride & en debuoir, sans bonne iustice. Et les seconds, ayans esté esleus & esleuez à supremes & souueraines dignitez: ont
pareillement eu besoin de quelques apparens
signes de vertu, pour auoir esmeu les hommes
à les y eslire & promouuoir. Mais depuis
qu'ils sont ainsi haut montez en estat, ou ils
n'ont ne contradiction, ny empeschement de
faire tout ce qui leur vient à plaisir, sans en
rendre ne raison ne compte: lors sont-ils en
grand danger de laisser corrompre leur courage & leur esprit, par la fauorisante prosperité de la fortune: qui de bons les face deuenir

mauuais. Pource dit tresbien Aristote, que
les grans esleuez en dignitez, & grades de
marque: iouyssans de grans biens, & de grans
honneurs: ont, beaucoup plus que les autres
hommes, besoin d'estre attrempez & iustes,
c'est à dire, de garder en toutes leurs actiõs, la
moderation, & la iustice: qui est le seul moyẽ
de les y maintenir bons.

CHAP. LXII.

L E Prince se doibt de tous poincts
estudier à paroistre bon: ou, à tout le
moins, non mauuais: ce qu'il pourra aiseement faire, s'il s'efforcera,
que par fois se voye de luy, quelque vertueuse action; laquelle ne puisse estre interpretee
en mauuais sens: singulierement au commencement de son gouuernement: Afin que, si
aux autres choses qu'il fera, il ne meritera d'e-
stre aimé de ses subiets: il se garde au moins
d'en estre hay: pource que si vne fois il commence à estre odieux à son peuple: pour bien
qu'il puisse puisapres faire, il demourera tousiours en mesme haine: & toute chose bonne
par luy faite, sera detorquee, & interpretee à
mauuaise fin. Et de telle haine, encores peuuent prouenir des grãds maux, & pernicieux

defauantages : combien que, pour le moins,
on ne peut euiter, qu'il n'en ensuiue vn mauuais renom : lequel doibt eſtre fuy & abhorry
de chaçun principalement de ceux, qui poſſe-
dans vne dignité ſi grande, comme eſt la principauté, ſe doiuent par tous moyens efforcer,
de point ne la poſſeder auecques leur honte
& deshonneur.

CHAP. LXIII.

NY a choſe, qui puiſſe plus faire eſtimer & tenir le Prince, digne de la
principauté, (par quelconque moyen
y ſoit-il paruenu :) que la peine & l'eſtude
qu'il ſe donnera, de ſ'acquerir, moyennant ſon
bon gouuernement, plus de reputation &
d'auctorité, qu'il n'auoit au parauant : A quoy
faire il aura beſoin, de prudence, & de valeur :
car le plus ſouuent la preéminence, & principauté, & les ſuperieures dignitez ; ſont vrays
dons de la fauorable fortune.

CHAP. LXIIII.

EN matiere de principauté, il ſe forme
aucunesfois quelques queſtions (à
mon aduis) impertinentes & friuoles :
comme entre les autres eſt celle : par laquelle
on demande, ſi le Prince ſe doibt faire plus-

toſt amy du peuple , que de la nobleſſe:
Car par telle propoſition, il ſemble qu'on deſire, que de Prince & de chef, il ſe face mem-
bre inferieur; ce qui n'eſt couuenable , ny à
ſa iuſtice , ny à ſa dignité. Or ſi le Prince
(comme dit Ariſtote) veut auoir & ſplendeur & force: il fault qu'il ait , & du peuple
les honneurs, & des nobles les careſſes , qui
luy ſont deuz: Qui eſt le moyen de maintenir ſon eſtat , auec moindre peine , & auec
plus grande ſeureté: qu'il ne pourroit faire
par les moyens, qui paraucuns luy ſont pro-
poſez, pleins de fierté, & de malice.

Chap. LXV.

Ovt ainſi qu'vn mauuais Prince,
ne peut iamais eſtre ſi mauuais; que
de luy ne ſe voye par fois quelque
bonne action: auſſi le bon Prince
ne ſera iamais ſi parfaictement bon , que
quelque fois il ne puiſſe foruoyer de la iuſte
meſure; en laquelle il auoit reſolu de viure.
Pource qu'il n'eſt pas en la puiſſance des hômes, de totalement ſe deſpouiller des humaines affections & charnelles paſſions, auſquelles la fragilité de leur naiſſance les aſſubie-
tit. A ceſte cauſe aucun (quelque grade &

grand lieu, qu'il puiſſe tenir en la cité) ne ſe
doit tant fier, en la bonté & en la iuſtice du
Prince : qu'il neglige de ſe gaigner & maintenir ſa bonne grace. Car ce commun dire,
(dont aucuns ſe veulent preualoir) *Ie ne crain
perſonne; car ie ne fay aucun mal* : eſt parole,
plus toſt d'homme de bien, que d'homme
prudent & bien ſage : veu que pluſieurs occaſions ſ'offrent, par leſquelles les gens de
bien, reçoiuent quelques mauuais traitte-
ment, voire des meilleurs Princes. Et ſuruiennent par fois des temps ſi perilleux & ſu-
ſpects ; qu'il ne ſuffit pas au ſubiect d'eſtre
bon & vertueux : ains faut qu'il ait aſſeurance
& côfiâce en celuy qui gouuerne : & n'eſt telle
confiance iamais aſſeuree; ſi elle ne faict fondement ſur la bien-voeillance du Prince.

CHAP. LXVI.

TOVTES les violences que font les
Princes & Potentats, ſont perilleuſes aux eſtats : mais celles, ſur toutes
les autres ſont tres-dangereuſes, que l'on practique contre les femes : pource qu'elles portent ſur leur front manifeſte indice, qu'elles
ſe font directement pour vice, & par appetit
de mal faire : qui meine ſuitte de haine na-

turelle, auec defir de vengeance. Et ne fe
peut la force faicte aux Dames aucunement
excufer : encores qu'aux autres violences on
puiffe donner quelque couuerture & couleur de bien public : qui porte au violenté &
outrage quelque petit moyen , de plus doucement, ou moins aigrement, fentir fa douleur. D'auantage toutes les autres violences
font faites, quand il plaift à ceux qui les font;
confequemment elles viennent à eftre executées en temps commodes & propices à
ceft effect, pour la feureté du violent : mais
ceux qui fe donnent en proye à la fenfualité,
& fe laiffent vaincre par leurs charnelles con-
cupifcences ; deuiennent aueuglez, de façon
qu'ils ne congnoiffent plus, ne temps, ny ordre, ne refpect qu'ils doiuent à autruy. Puis
l'iniure faicte à vne feule famille, efmeut plufieurs à indignation & defpit : penfans que
femblable tort pouuoit, & peut encores de
nouueau, à chacun d'eux eftre faict : qui eft
caufe, que plufieurs auffi en eftans requis,
font prompts à s'employer, pour en faire la
vengeance. Pource auffi Denys le Tyran
(combien qu'il fuft Prince moult violent &
cruel) ayant efté aduerty, que fon fils auoit
forcé vne dame Sarragoffoife ; il luy dift:
Telle force ne me vis-tu onques faire à femme:

Et son fils luy respondit : *Aussi ne fustes vous onques fils de Roy, comme ie suis.* Denis repliqua : *Et toy, menant ceste vie, ne laisseras aussi iamais tes enfans Roys.* Ce qui aduint ainsi qu'il l'auoit predict : Car tant s'en fault que depuis sa mort ses enfans demourassent Roys : que luy mesmes ne se peust conseruer Roy, iusqu'à la fin de sa vie.

CHAP. LXVII.

N'Y a pas eu faute de Princes, qui durant la bonne fortune se sont laissez tomber en si grande delicatesse & lascheté de cœur : qu'ils n'ont peu souffrir, ne de faire, ne d'ouir chose qui n'ait esté plaine de leur plaisir, & de leur contentement. Et qui eust voulu leur persuader le contraire, il les eust rendus ses ennemis mortels : tellement que mesmes leurs bons & vrais amis, ont esté contrains de se taire, & les laisser viure en leur plaisir & damnable opinion. Mais quand puis-apres quelque mal-aduenture leur est suruenue : (car la fortune ne peut tousiours maintenir en bon estat, les hommes faits de ceste façon) ils ont appresté à rire, à tous ceux qui ont veu, en quelles sottes manieres ils se sont efforcez de

pouruoir à leurs maux & malheurs. Car
n'ayans d'eux-mesmes ne conseil ne gaillardise d'esprit:ils on demandé aduis à tous ceux
qui se sont trouuez aupres d'eux : & en oyans
diuerses imaginations:ils sont demourez cō-
fus ; palliffans touſiours au moindre bruit &
émotion de peuple, qu'ils ont entendu : ma-
nifeſtant vne poltronnerie & laſcheté de
cœur plus grāde & vergongneuse, que n'euſt
onques femme. De maniere qu'à la fin,ou ils
y ont laiſſé la vie ; ou auec dommage &
deshonneur infiny,ils ſont encheuz en peines
& mesaises, pires que ceux que parauant ils
ſouloient fuir: ſe pleignans en vain d'auoir
choiſi ces ridicules mignardiſes, & poltron-
nes delicateſſes : pour s'exempter de quelques douces & legeres peines : leſquelles
pouuoient eſtre occaſion, de les faire touſiours viure à leur aiſe.

CHAP. LXVIII.

L E Prince dit, qu'il deſire que tous
ſes ſubiects, ſur leſquels il a commandement, ſoient parfaictemēt
bons. Mais pource que c'eſt cho-
ſe quaſi impoſſible tāt à cauſe de la nature de
l'homme, qui de ſoy eſt fragile & prompte à

faillir : comme pour plusieurs mauuaises accouftumances, esquelles, & ses subiects, &
autres, auec lesquels fault necessairement cô-
uerser, sont enuieillis : le Prince se doit contê-
ter, que l'exterieur qui se void en eux soit bon
en apparence : & se faire croire qu'il suffit,
que les hommes s'abstiennent des fautes ap-
portans scandale; & qui ont besoin de la manifeste correction, establie par les loix. Mais
quand les Princes, ou par leur nature, ou par
quelque autre respect qui à ce les induit, sont
curieux de descouurir & sçauoir plusieurs secrets vices des gentilhommes leurs vassaux,
lesquels sans ceste curiosité ne viendroient
iamais en euidence : il fault qu'ils en pardon-
nent grand nombre; & taisent ou dissimu-
lent, ce que seuls il sçauent : veu qu'autremêt
le faire, seroit à eux bien grande imprudence : tant pource qu'ils doiuent desirer, que les
hommes estans en opinion d'estre bons, soiét
maintenus en ceste reputation : que pource
que s'il se met à chastier quelque qualité de
secrettes fautes; chacun aura occasion d'entrer en soufpeçon & crainte : & foulans ceux
qui craignent (quand ils se sentent estre en
nombre) prendre cœur & hardiesse de s'af-
seurer : le Prince doit bien prendre garde à se
deliurer de ce danger. duquel quand ores

par le moyen de sa puissance il se pourroit asseurer: si ne doit-il se plaire à tenir ses subiects
en doubte & en mal-contétement; & à monstrer qu'il ait à gré d'auoir domination sur des
hommes de peu d'honneur & reputation:
puis-que luy mesmes est cause de les descouurir, & manifester autres que bons.

CHAP. LXIX.

V A N D le Prince se trouue estre
lasche de cœur, ou de nulle valeur: en tant que iustement il
merite, qu'on ne tienne pas grád
compte de luy; il donne subject aux hommes
de hautain courage, de se resueiller par l'ambition: & aux bons & vertueux de le desdaigner & contemner. Car les premiers cherchent tous moyens de dominer: & les seconds ne peuuent endurer d'estre maistrisez
d'vn indigne seigneur. Et pource que tousiours aduient, qu'où la volonté se ioinct à l'esperance, de pouuoir gaigner quelque apparence de bien; si on en experimente l'execution: on peut tenir côme pour asseuré, qu'ils
ne failliront à l'experimenter: veu que, ne
plus grande, ne plus certaine esperance peut
on auoir, que celle que donne la poltronne-

rie & lafcheté, de ceux qui gouuernent:Car chacun eftime, qu'il eft fort aifé, de vaincre vn homme fans valeur.

CHAP. LXX.

AVCVNS fe veulent feruir de la faueur, & de l'honneur; non cóme de guerdon de vertu : mais comme de chofes: qui les aident à s'acquerir; ou profit, ou reputation d'eftre bons. A cefte caufe defirent-ils d'eftre honorez principalemét de deux fortes d'hommes : c'eft à fçauoir, des riches & puiffans, defquels ils peuuent efperer quelque bienfaict : & des fages & vertueux; lefquels n'ayans pas accouftumé d'honorer autres que les gens de bien : font que ces fauoris (comme s'ils fuffent tels) viennent à fe preualoir de la reputation d'eftre bons. Toutes ces opinions des hommes, doiuent eftre par le Prince diligemment confiderees : l'intention duquel , combien qu'elle doiue directement fe dreffer à la fubftance du vray bien ; doit toutesfois quelquefois fe laiffer aller, à telles fpecieufes apparences : & les honorer, en tant qu'elles ne portent aucun dommage. Afin qu'on fçache, qu'apres les vrayement bons, font plus eftimez ceux; lefquels n'eftans tels,

defirent

defirent neantmoins d'apparoir, & eftre tenus pour tels. Et quant à la remuneration de
ces autres, lefquels par apparence de bonté
cerchent les biens & le profit: non feulement
enuers eux, mais auffi enuers tous autres, le
Prince fe doit monftrer, plus toft large & liberal, que reftreint & chiche: Veu que l'eftre
generalement bien-faifant & franc donneur:
eft vertu vrayement propre au Prince: Au
cas toutesfois, que la malice des temps, &
les affaires de l'eftat, ne requiffent; qu'il re-
ftreignit aucunement fes largeffes : Car lors
feroit-il bien digne d'eftre excufé, de fon ef-
pargne & chicheté, ou bon mefnage. Comme encores il feroit, s'il paroiffoit plus liberal
enuers aucuns, qui moins le meriteroient;
qu'enuers autres de plus grand merite:quäd
de ceux-là (à caufe de leurs moyens & authorité) pourroit eftre gaigné quelque aduä-
tage, pour le profit & repos commun : pource qu'en ce cas, il ne feroit pas d'eux tant de
cas, & tant d'eftime : que du bien & repos
commun.

Chap. LXXI.

Q V A N D les Princes, pour quelque occafion que ce foit, font contrains de fai-

re vne grande assemblee d'hommes armez,
qu'il fault payer : lors ont-ils besoin de grãds
deniers : lesquels, si en telle necessité, ils veulent tirer des bourses de leurs subiects, auecques quelque rude surcharge, ou imposition:
ils en doiuent estre excusez ; puis qu'on void
la necessité, qui les y contraint : Ioint qu'ils
le peuuent lors faire sans danger ; ayans en
main le prompt & diligent appuy de leur armee estrangere, qu'il leur fault payer : pour la
crainte de laquelle les subiects (ores qu'ils
fussent mal payez) n'oseroient se remuer où
esmouuoir. Mais si la guerre finie, le Prince
vouloit continuer les mesmes charges & impositions ; n'ayãt plus les mesmes forces vnies
& assemblees ; il se mettroit en grand danger.
Et ne vœil icy obmettre à dire ; combien sont
esmerueillez ceux qui considerent, cõment
les Princes, cognoissans (comme on dit communément) que les nerfs de la guerre, & de
l'entreteneiment des estats, sont du tout consistans en l'abondance des deniers : comment
(dy-ie) en temps de paix, ils en sont ainsi prodigues : & encores comment ils souffrent,
qu'vn nombre infiny de leurs officiers, face
son profit & s'enrichisse de si grands mon-
ceaux d'or & d'argent : qui mis en espargne
en vn coffre eussent peu ; non seulement en

asseurance establir leurs estats : ains encores
en acquerir d'autres noueaux ; sans mettre
sus & imposer sur leurs subiects ; aucun voire
bien petit aide ou subside.

V AND on dit, que c'est sote & laide
chose de dire : *Ie ne le pensois pas* : Il
ne se doit pas entendre de tous legers accidés : car qui a soin & charge des choses grandes, ne se peut pas amuser
à entendre aussi toutes les petites. Aussi ne
s'entend-il pas de certains grands & importans accidens, qui sont du tout hors de raison : pource qu'il n'est pas possible que la raison preuoye, & pouruoye aux choses, qui ad-
uiennent sans raison. Comme aussi ne peut le
Prince, tant esueillé & accort puisse-il estre,
preuoir, qu'aucūs de ses hommes soient pour
le trahir, & luy rompre la foy, qu'ils luy ont
donnee : & qu'il auoit par plusieurs bien-faits
& grades d'honneur, obligez à sincerement
la luy garder ; voire à exposer leurs vies, pour
la tuition de sa personne, & defence de son
estat. Mais pource que bien souuent moindre se trouue la foy, ou elle doit estre plus
grande ; il est certain que tous sages Princes ;

doiuent auoir faict quelques preparatifs, qui
soient suffisans pour obuier aux desordres
qu'ils ont peu preuoir : Et par ce moyen ils
ne mettront iamais toutes leurs forces en la
main & en la foy d'vn seul homme ; ny en vn
seul lieu tous les apprests, & prouisions, &
autres semblables choses, necessaires pour le
combat : lesquelles separees en diuers lieux,
ne pourront raisonnablement manquer toutes en vn coup. Et auec celles qui resteront
en bonne disposition, on pourra quelque fois
venir au dessus de transgrandes aduersitez :
tellement que ce qui n'estoit preueu, se trouue preuenu ; au moins en tant, qu'à l'impourueu, on resiste au mal, qu'on n'eust iamais
pensé deuoir ou pouuoir aduenir.

CHAP. LXXIII.

LE Prince aura tousiours ses gentilshommes ses vassaux, fidelles,
desquels il fera plus grand compte ; que ne pourroit faire la cité,
si elle estoit libre : pource qu'aucun ne cherche ou desire mutation, si ce n'est pour faire
ses conditions meilleures. Pource ne semble
pas bon le conseil de ceux, qui enhortent le
Prince, à eslire pour ses confidens seulement

ceux qui ont peu de cœur & de hardieſſe, &
beaucoup de bon eſprit : Car il en peut bien
choiſir auſſi des bien courageux & hardis;
ſans ce que ces enhorteurs meſmes en cela ſe
contrediſent : veu que malaiſément ſe peut
il faire, que les hômes de bon eſprit, n'ayent
ſemblablement le cœur bon : & que les perſonnes de peu de courage, puiſſent auoir l'eſprit bon : ſi ce n'eſt d'auanture aux ſpecula-
tions philoſophiques; & où ne ſe parle de
coüardiſe ne de hardieſſe. Mais aux ciuiles
operations, tels ſeront touſiours les conſeils,
quel ſera le cœur & le courage du conſeiller :
Car s'il eſt craintif, la crainte ne luy laiſſera
iamais voir, choſe qui ſoit honorable : comme auſſi s'il eſt trop hardy : il n'aura onques
cognoiſſance de peur. Mais mettant le conſeil à part, & le Prince a autant de beſoin
d'hommes, qui puiſſent bien executer les
choſes bien conſeillees; que de perſonnes
qui le puiſſent bien conſeiller : & ſi elles ſont
malaiſees; elles ne pourront eſtre executees
ſans hardieſſe. Le Prince donc ne doit point
faire de difficulté d'auoir des ſeruiteurs, &
miniſtres de ſes mandemens, courageux &
de bon cœur, pourueu qu'ils ne ſoient eſtour-
dis & temeraires : Car quant à faire qu'ils aiment, & luy, & ſon eſtat; & qu'ils luy ſoient

fideles; il est en sa puissance de les y attirer par
biens-faicts, & de les y retenir, faisant d'eux
tel compte, & les ayant en tel estime : qu'autre que luy ne les puisse mieux recompenser,
plus honorer, & tant estimer.

CHAP. LXXIIII.

COMBIEN que quelques Princes dient, qu'ils se trouuét mieux
d'auoir pres de soy nombre,
d'hommes fins & accorts, que
de personnages sçauás ou sages : neantmoins
ils sont grandement trompez. Pource que,
(comme disoit Agesilaus) à la dignité & à
l'authorité royale, n'est aucunement requise, pour le bon gouuernement, la finesse &
astuce des hommes accorts : ains la sagesse &
prudence des gens de bien. Et bien que les
hommes rusez & bien aduisez, puissent estre
vtiles en beaucoup d'affaires ; toutesfois bien
plus faict à peser le dommage ; qui à la longue prouient de leurs ruses & cautelles. Aussi
aucun homme de bien n'a agreable ; tel rusé
seruice ou secours ; auquel l'honneur ne faict
compagnie : Car à la verité, si tous deux ne
sont ioints ensemble : la principauté en est
moins honorable & hautaine : & le Prince

en demeure auec raifon moins eftimé & renommé pour bon, entre toutes vertueufes
perfonnes.

CHAP. LXXV.

A RISTOTE dit, qu'aux Princes eft
moult profitable, d'auoir en vn
mefme negoce plufieurs agens ou
miniftres : pource qu'ils s'efpient
l'vn l'autre ; & comme par jaloufie, chacun
époint fon compagnon, à mieux executer fa
charge. Auffi bien fouuent il aduient, qu'a-
pres auoir fait élection de miniftres, les choi-
fis à l'effect & à l'operation, ne refpondent
pas à l'opinion & à la reputation qu'on en
auoit : & en ce cas, quand le Prince fe trouue en auoir plus d'vn, il y peut plus aifément
& commodément remedier : ou fe trouuant
n'auoir que celuy, de l'opinion duquel il a
efté trompé ; il feroit en danger d'en receuoir
dommage. Encores vient à confiderer, que
les maladies, & autres diuers accidens du
monde, maintefois empefchent vn feul a-
gent : tellement qu'il ne peut fubuenir aux
affaires, ny donner fecours & auancement,
tel qu'on a efperé de luy. Mais à qui voudroit dire, que les mefmes empefchemens

(fi la fortune le veult) peuuent furuenir auffi bien à plufieurs, comme à vn feul; comme maintefois on l'a veu aduenir : ie refpon,
que ce n'eft pas peu de contentement, ne
petite louange, à celuy qui gouuerne; d'a-
uoir faict entierement tout ce qu'il luy a fallu faire.

CHAP. LXXVI.

LE PRINCE ne peut vfer d'vne
forme ou regle feule, pour fe faire également aimer de tous fes
miniftres & officiers: pource que
le plus fouuent leurs natures & qualitez font
diuerfes : & l'vn meu de fon propre naturel,
ou du befoin qu'il en aura, fera plus conuoiteux de biens, que d'honneurs : & vn autre
aura plus chers les honneurs que les richeffes. De maniere que le Prince ne fe deura
defdaigner d'endurer vn peu de peine, pour
congnoiftre les humeurs & affections de
chacun d'eux : & puis, auec l'occafion les
pouruoir à leur contentement. De façon
toutesfois que l'on croye que cela vient
de fa propre & franche volonté : & non
de la neceffité, qui par autre luy ait efté im-
pofee : Ainfi qu'il aduient, quand à vn feul

on a tant donné d'auctorité ; qu'il semble
que sans luy rien ne se puisse faire.

CHAP. LXXVII.

FAVT que le Prince distribue la charge des affaires, proportionnez à la nature de ses ministres & officiers: pource
ce qu'aucuns sont, qui au maniement des petis negoces, si bien se comportent : qu'on ne
sçauroit mieux : & ceux-là mesmes chargez
de choses plus grandes, ne font du tout rien
qui vaille. Ie ne m'amuseray pour ceste heure
à disputer, s'il y a difference (quant à l'intelligence)entre les affaires d'importance, & celles de moindre pois : mais diray seulement:
que pour bien negocier les grandes : il faut
que ceux qui les conduisent, ayent vne certaine vigueur d'esprit: sans laquelle il n'est pas
possible, de soustenir le pois & l'auctorité, qui
les accompaigne. Ce qui n'aduient pas aux
moindres : lesquelles pour leur bassesse peuuent estre soustenues par tout petit homme:
& partant sont suffisantes les foibles personnes, pour les bien entendre, & d'extrement
les manier. L'exemple de cela se peut voir
aux ferremens, qui couppent, fendent, & tail-
lent : entre lesquels se trouuent de petits ou-

tils ou cousteaux, si subtils & frians à tailler,
qu'on en couperoit aisement vn chapeau par
la moitié : mais qui voudroit couper, fendre,
ou tailler, vne grosse souche de bois, ou autre
matiere lourde & dure : mieux en viendra à
bout la coignee ou la serpe : combien qu'elle n'ait pas le taillant si friant, & à beaucoup
pres, si subtil. Et si on disoit, que si la coignee
auoit le taillant aussi friant, comme le tren-
chant du cousteau ou du caniuet, elle en seroit meilleure : cela se trouueroit faux, à l'esgard de ce à quoy la coignee est ordonnee :
pource que la subtilité & delicatesse de ce
taillant, ne pourroit pas porter la peine & la
force, qu'il faut employer, à tailler les matieres plus lourdes & dures.

Chap. LXXVIII.

EN vn mesme negoce, quand il sera manié & conduit par plusieurs
personnes, on y vsera de diuers
moyens, qui tous neantmoins té-
dront à vne mesme fin : & qui voudroit empescher ceste diuersité d'y proceder : se tra-
uailleroit en vain. Pource, quand il aduient,
qu'on enuoye vn ministre hors la ville, ou est la
court du Prince, pour traicter & capituler vn

tel negoce; (presupposé qu'il en soit capable:)
suffira l'informer à plain du fondement & de
la substance d'iceluy : car pour en poursuiure
l'effaict & execution) faut chacun laisser suyure sa naturelle inclination:& y besoigner, selon ce qu'il sera, ou gracieux, ou graue, ou hardy, ou modeste, de sa nature.

CHAP. LXXIX.

BIEN fait chacun la chose, à laquelle il préd plaisir : pource que
le plaisir engendre l'affection : &
l'affection est la vraye maistresse
qui enseigne à bien faire en toutes choses.
Pour le monstrer, suffira l'exemple du cheualier : lequel fait congnoistre à tous ceux qui
le voyent, auec quel respect, & quelle gentil-
lesse & gaillardise, il pique les cheuaux, qui
plus luy font agreables. A ceste cause les valeureux hommes, qui ont volonté ou besoin
de demourer à la court & suite des seigneurs,
desquels (les seruans) ils peuuét esperer quelque auancement: se doibuent efforcer de seruir des Princes ou seigneurs semblablement
valeureux: pource qu'ils seront plus asseurez
de debuoir estre de ceux-là estimez de la
vraye estimation, que merite la vertu. Et s'ils

n'en peuuent trouuer de tels : qu'au moins ils
en cherchét, qui ayent affaire de leur seruice,
pour quelque charge necessairement coniointe à la dignité du seigneur : car en tel cas
le besoin supplee à l'amour. Mais s'ils ne peuuét paruenir à l'vn ny à l'autre, & neantmoins
soient contrains de seruir : qu'ils disposent &
fermét leur esprit à souffrir mille indignitez :
& s'ils en reçoiuent quelque bien ou auantage : qu'ils l'attribuent plus tost à la fortune,
qu'à la bonne recognoissance du seigneur ou
Prince qu'ils seruiront, ne qu'aux merites de
leur bon seruice. Ie n'ignore pas, qu'ils ne se
trouuent plusieurs Princes : lesquels, ores
qu'ils n'ayent pas grand entendement, ne
laissent pas pourtant (poussez par la generosité de leur nature) à faire du bien , aux hommes valeureux & excellens, qui s'emploient
à leur seruice. Mais pource que bien petit en
est le nombre ; & qu'il ne s'esmeuuent de leur
propre sçauoir : peu asseuree est l'esperance de
la remuneration : & ne peut cela du tout plaire aux hommes, qui sont bien nez & bien
nourris, & vrayement vertueux.

CHAP. LXXX.

LEs domeftiques du Prince , qui ont participé en fes difgraces & malheurs:& toufiours (encores que l'eftat fe perdift)feroient pour y participer; eu efgard à la conionction qu'ils ont auecques luy: doibuent & meritent encores de participer en fes bonnes aduentures:Et ne f'en doibt aucun defdaigner: veu que c'eft vn acte de iufte & bonne recongnoiffance. Mais auffi le Prince doibt bié eftre foigneux d'empefcher , qu'à fes familiers ne foient donnees permiffions & licences, de faire (fans danger & punition) force ou outrage à aucun : pource que ce feroit en effait, vouloir remunerer la vertu, auecques le vice:ce que ne doibt faire le bon Prince. Ioint, que bien fouuent le tort fait aux hommes de valeur , n'a pas efté vengé contre les familiers du Prince,qui l'ont fait: ains contre le Prince mefmes , qui la toleré ou diffimulé.Comme appert par l'exemple de celuy, qui ofa tuer Philippe au milieu de fon armee : & en la préfence d'vn fi grand fils & d'vn fi grand gendre.

CHAP. LXXXI.

L'EMPEREVR Galba souloit dire, qu'il ne achetoit pas les soldats ains qu'il les choisissoit : sentence veritablement digne d'vn Empereur Romain, tel qu'il estoit. Mais d'autre costé, ses officiers & ministres vendoient tous les offices, benefices, graces, & biensfais, & faisoient butin de tout ce qui leur tomboit entre mains; tellement que par leurs mauuais deportemens l'Empereur fut conduit à male fin. Ne croye donques le Prince, que par belles paroles & sentences il se puisse excuser: ne par sa vertu mesmes couurir les fautes de ses officiers & ministres: pource qu'estans les ministres tels, que chacun les congnoist & void tous les iours à leurs œuures: ils sont plus propres à gaigner la haine du peuple à leur seigneur ou prince, quand ils sont mauuais: & à le faire mespriser, s'ils sont de peu de vertu: que n'est le prince à les faire aimer & estimer, encores qu'il soit bon & valeureux : au moins si bonté ou valeur se peut trouuer en vn Prince : qui se sert de meschans & lasches ministres.

CHAP. LXXXII.

Es Princes ont des miniſtres entre
autres:deſquelson ne peut dire,qu'ils
n'aiment bien leurs maiſtre :comme
ceux qui maintesfois ont mis leur perſonnes
en manifeſtes dangers, & expoſé leurs vies
en diuers hazars,pour leur ſeruice. Toutef-
fois ſils ont veu, qu'à autre qu'à eux, ait eſté
baillée la charge de quelque negoce honnorable : mus de certaine enuie , quand ils en
ont ouy parler au conſeil , ils ſe ſont eſtudiez
d'en dire leur aduis finement & ambiguemét:
ſe reſeruans à bailler ſur les doigs à celuy qui
l'auroit manié, quand il ſeroit aduenu, qu'il
n'en auroit peu ſortir à ſon honneur, & au
deſir du Prince . Tels miniſtres ſont treſ-
dangereux, encores qu'ils aiment bien leurs
maiſtres : & qu'ils ſoient ſuffiſans de faire
pour eux, hautes & braues entrepriſes. Car
combien que l'amour & la valeur ſoient
deux grandes & louables qualitez en tous
ſeruiteurs & agens des Princes : toutesfois ne ſont-elles par ſuffiſantes pour leur
faire rendre à leurs maiſtres, le bon & loyal
ſeruice, qu'ils luy doibuent; ſi la troiſieſme

n'y eſt adioutee : qui eſt , qu'ils ne dedaignent point la compagnie de ceux, qui à l'e-
gal d'eux, ont eſprit, foy, & valeur, pour faire,
comme eux , bon ſeruice au Prince : pource
qu'il n'eſt pas poſſible, ne que vn ſeul, ne que
peu d'hommes, ſuffiſent pour la negociation
des affaires d'vn Prince. Mais encores pourroit-on faire doubte ſi ceux-là aiment le prince de bonne & vraye amour : pour ce que celuy qui bien aime, ne fait pas ſeulement tout
ce qu'il peut de ſoy , pour celuy qu'il aime : mais d'abondant eſt bien-aiſe de voir,
les autres faire auſſi , tout ce qu'ils peuuent pour luy. Et ſi autrement il en aduient, on peut bien croire, qu'il aime ſoy
meſmes & non la perſonne, qu'il fait profeſſion d'aimer.

CHAP. LXXXIII.

ENCORES que le Prince donne à
quelcun de ſes miniſtres pleine auctorité, de conclurre quelque party
ou negociation auec vn autre Prin-
ce : neantmoins, ſi le temps le permet, le miniſtre (s'il eſt ſage) ne vſera pas incontinent de
ſadicte authorité : mais obligeant, en tant
qu'il

qu'il pourra, l'autre Prince: il demandera cõuenable espace de temps, pour en aduertir
son maistre, & l'y faire obliger de sa part. Car
outre ce, que ceste façon d'y proceder est fort
seure pour le ministre ou ambassadeur, encores est-elle bien honnorable pour le Prince:
& peut auenir, qu'elle luy sera bien fort profitable: quand nouuelle occasion suruiendra
de changer d'auis: pource qu'il le peut faire;
sans preiudice de l'authorité, qu'il auoit
donnee à son agent, ou ministre.

CHAP. LXXXIIII.

PLVSIEVRS sont en opinion, que
les ministres des Princes, qui n'ont
point de biens hors la seigneurie &
domaine, de ceux qu'ils seruent:
doibuent estre beaucoup plus soigneux d'obuier aux troubles & desordre, qui peuuent
aduenir en l'estat, & plus obstinez à le soustenir & defendre: que ceux qui ayans des biens
en autres seigneuries (aduenant quel'estat du
maistre qu'ils seruent se perdit) ont ou se retirer, & commodément se maintenir. Aucuns autres sont d'aduis contraire, disans,
que ceux qui n'ont point de seure retraite, &
sont en danger de perdre en vn coup tous

leurs moyens : peuuent aifeement (pour ne
perdre tout)en eftans follicitez par l'ennemy :
finon s'accorder auecques luy : au moins aucunement le refpecter . Et qu'à cefte caufe
toufiours, aux confeils, & aux deliberations
d'importance, ils font tout ce qu'ils peuuent,
à fin de n'eftre point chefs de aucune entreprife dommageable à l'ennemy : comme ef-
perans, que tant plus de refpect ils luy auront
porté, d'en receuoir (aduenant que leur maiftre perde) plus aifément pardon. Que cefte paffion, ou affection, que chacun naturellement porte à foy, & aux chofes qui luy appartiennent, ait efté anciennement tenue
pour fufpecte : Ariftote l'a dit en fes politiques
recitant, que quelques peuples auoient vne
loy, defendant expreffement, que ceux qui
auoient leurs terres : & autres biens, fur les
confins de l'ennemy : toutes les fois qu'on
auoit à luy faire guerre : fuffent appellez au
confeil : comme fi ceux qui peuuent auoir intereft , pour leur particulier, ne pouuoient
donner auis, ne bon, ny vtile , pour le public. Mais retournant à ces premiers : à l'aduanture pourroit-on dire, qu'ils allegoient
(quant à la neceffité de fe defendre, afin de
ne perdre tout) vne raifon , qui fe pourroit
trouuer bonne & vraye : fi l'ennemy vouloit

tenir pour ennemis , tous les ministres du
Prince ; autant comme le Prince mesmes.
Mais il ne le veut pas ainsi : pource qu'il combat pour la principauté : & non pour les facultez des priuez subiets du Prince : Aussi aucuns de ceux-là se sont trouuez, qui ont fait
entrer les ministres de l'ennemy en quelque
bonne esperance de leur fait, en respectant &
espargnant leurs terres & subiets : & faisant
demonstration de faire d'eux quelque grand
compte. Ce qui a peu quelquefois, ou les rendre suspects à leur Prince : ou les faire moins
hardis à la defense de son estat.

Chap. LXXXV.

ENTRE les ministres s'en trouuent aucuns, si bien qualifiez &
conditionnez : que s'ils vouloient
continuer, auec le pas ordinaire,
de cheminer par la voye droicte, vers les dignitez qu'ils souhaitent : bien seurement ils
y paruiendroient. Mais pource qu'ils ne
peuuent demourer fermes & arrestez, au
propos de ce qu'ils ont deliberé faire; à peine
ont-ils commencé vne chose, qu'ils en entreprennent vne autre : & est leur impatience
cause de la bassesse, en laquelle ils demeu-

rent: Pource eſt-il beſoin, que celuy qui veut
croiſtre, & monter en hauts degrez, s'accou-
ſtume à ſupporter l'ennuy & faſcherie du
maniement des affaires : & attendre auec patience ce qu'il eſpere, combien qu'il arriue
bien tard.

CHAP. LXXXVI.

Q VAND vn miniſtre d'vn Prince, commence à croiſtre aupres
de ſon maiſtre : il luy eſt beſoin
d'eſtre bien ſage & aduiſé : iuſques à ce qu'il ait le pied bien ferme. Et ne
doit pas faire, comme font pluſieurs : qui en
leur premiere creſcence, monſtrent incontinent vne grande bombance; laquelle, accreus
en plus grans biens & honneurs, ils ne peuuent aucunement accroiſtre. Ce qui eſmeut
vne enuie ſi grande en l'eſprit de ceux, qui ſont
auec eux en meſme degré aupres du Prince :
& aux plus grans, vn ſi grand d'eſpit : que tous
enſemble vnis, ils ſe bandent contre luy.
Tellement, qu'auant que ſon fondement ſoit
bien eſtably : aiſément, & auec ſa honte, on le
fait dechoir des premiers degrez de ſa grandeur. Où donques ſont la vraye valeur, & la
non feinte vertu : de là ſe doibuent chaſſer &

eſtranger (tant que faire ſe peut) toutes vaines
apparences: & ſe conſeruer l'attrempance &
la modeſtie; car par ce moyen, on ne ſe ſauue
pas ſeulement de l'enuie & de la haine : ains
encores ſ'acquiert-on louange & honneur.
Au reſte ; à ceux qui ſans valeur, ont & cherchent gloire & pompe ; c'eſt peine perduë de
vouloir donner, aucun bon auis ou reglemét.

CHAP. LXXXVII.

Vand le Prince à fait quelcun de
ſes familiers & domeſtiques, ſon a-
gent & miniſtre principal, bien congnoiſſant quel il eſt (encores qu'il ſoit de bas
lieu, & de peu d'entendement) il ne faut point
(comme pluſieurs font) auoir eſgard à ſa perſonne : mais à la puiſſance, à l'authorité, & au
grade, qu'il tient aupres de ſon prince & maiſtre : & ſelon iceux le reſpecter & honnorer.
Pource que celuy qui dedaigne & meſpriſe
ce qui eſt de moindre & plus foible qualité
en luy : ſe charge ſur les eſpaules imprudem-
ment, tout ce que la fortune a mis de clair &
d'eminent en luy : & bien ſouuent tire de là
ſur ſoy ſa ruine. Donques vaut-il mieux ſe le
rendre amy : que ſ'amuſer à le controler : & à
examiner ſi ſa perſonne merite le grade &
l'honneur, que le Prince luy a dóné. Vray eſt,

que le bon Prince doibt bien penſer, auant
que bailler les hauts lieux à ſes familiers, à qui
il les veut donner: car par la bonne eſlection,
ſe monſtre le bon iugement du Prince, ſe dône contentement à ſes ſubiects, & eſtabliſſe-
ment à ſon eſtat.

CHAP. LXXXVIII.

CORNELIVS Tacitus dit, qu'il n'aduient gueres, que la faueur, & la grandeur des perſonnes priuees enuers les
Princes, dure tout au long de leurs vies: Et luy
ſemble, que cela procede de ce que, ou les
Princes ſe laſſent de faire ſi longues & conti-
nuelles faueurs, ou que les autres les ayans
toutes receues, & ne leur reſtant plus choſe
aucune à deſirer, comme ſouls ils ſ'en retirêt.
Et cela dit-il aueques l'exemple de Mecenas;
lequel ſur la fin de ſa vie ſe retira de la conuer
ſation de l'Empereur Auguſte. Mais à dire la
verité, il ſemble qu'entre les hômes vertueux
& de iugement, telles raiſons ne ſe doiuent
point alleguer: pource que plus vn familier
ou fauory du Prince, a receu de biens & honneurs de ſon maiſtre: plus doit-il eſtre prôpt&
affectionné au ſeruice de celuy, duquel il les a
receuz. Et le Prince de ſon coſté, doibt touſiours deſirer d'auoir tels hommes aupres de

foy, comme effais, & honnorables tesmoignages, de sa grandeur & puissance : & aussi
côme celuy, qui a besoin de continuellement
auoir des ministres loyaux & intelligens pres
de soy, côme estoit Mecenas: qui le secourent
en partie des charges de son gouuernement.
Mais Tacitus parle, de ce qui plus ordinairement aduient d'estre fait : & moy de ce que
plus honnestement se deburoit faire.

Chap. LXXXIX.

Vand les ministres, qui sont enuoyez
hors le pays, ou auecques nom d'Am-
bassadeurs, ou bien auec autre tiltre:
portent auec eux vn bon nom, & vne reputation de vertu: ils ne manient pas seulement
les affaires auecques honneur & dignité : mais
encores acquierent-ils grande louange à leur
Prince. Ou au contraire, quand ce sont personnes de peu d'estime : elles font reputer le
Prince qui les a enuoyez, homme de petit iugement: & l'autre, vers lequel ils sont mandez
ou les desdeigne, ou s'en moque. Tellement,
qu'au lieu de la bienueillance, qui par ce
moyen se debuoit introduire, ou conseruer entre ces deux Princes : le ministre en
fin n'en remporte, que haine, & blasme:
H iiij

De laquelle haine & blaſme, le Prince meſmes retient bien ſa part:& ſi quelque neceſſité ne ſe met entre-deux, on n'y conclud iamais rien qui vaille.

C H A P. XC.

ON lit en Cornelius Tacitus, qu'à cauſe de l'eſtrif, qui s'eſtoit meu entre
Epire & Priſque:quand le Senat Romain vouloit enuoyer ſes Ambaſſadeurs vers
quelques princes ou Seigneurs eſtrangers; il
ſouloit les creer par ſort: combien que les
principaux des villes & republiques, ayent
touſiours accouſtumé de proceder par élection, à la creation de tous magiſtrats. Ce
qui eſt de plus grand' merueille , d'autant
que l'eſtat populaire(lequel ordinairement a
de couſtume de creer tous ſes magiſtrats par
ſort) cree ſes Ambaſſadeurs par élection : de
peur que le ſort ne tombe ſur quelque ignorant, qui au dam public deuſt manier les affaires, deſquels il n'eſt pas capable. Mais ceſte maniere d'y proceder par ſort, ſe pourroit
à l'aduanture ſouſtenir & defendre, par la raiſon qui enſuit : ſçauoir eſt, qu'eſtant l'eſtat de
l'Ariſtocratie (c'eſt à dire, auquel les plus nobles, les plus opulens, & les plus gens de bien,

dominent) quel eſtoit l'eſtat du Senat Romain, compoſé d'vne élite d'hommes, tous
valeureux & bien entendans les affaires: cōbien qu'entre eux peuſt eſtre quelque diuerſité & difference du bon au meilleur: toutesfois eſtans tous bons, il n'y auoit aucun danger (comme il y en pouuoit auoir en l'eſtat
populaire, appellé Democratie) de creer les
Ambaſſadeurs, & autres Magiſtrats au ſort.
Et dit Ariſtote, que ces plus nobles & plus
apparens dominans en l'Ariſtocratie, en
beaucoup de choſes (ne plus ne moins que
les populaires) practiquent entr'eux d'y pouruoir par ſort: pource que cela reuient quaſi à
vne égalité de merite: Combien qu'à la verité, entre les vns & les autres s'en trouuent
pluſieurs, beaucoup plus dignes, & capables
du maniement des affaires, que ne ſont les
autres.

CHAP. XCI.

L E s Ambaſſadeurs, & autres miniſtres des Princes; qui rendent à leurs
maiſtres le ſeruice à eux ordonné,
loin de leurs perſonnes: le plus ſouuent demeurent & meurent, ſans aucune (au moins
auec bien petite) recognoiſſance: au regard
de ceux, qui en pareil degré ſeruent en leur

presence & à leur veuë : Combien qu'il semble, que ce deuſt eſtre tout au contraire : &
que ceux, qu'on enuoye en pays eſtrange.
Quoy que ſoit hors la cour & la veuë du
Prince ; à cauſe de la deſpence & autres incommoditez, qu'ils ſont contraints porter ;
éloignez de leurs pays & de leurs maiſons ;
meritent plus grande remuneration. La raiſon de cela ſemble eſtre ; pource que chacun
s'emeut plus, de ce qu'il void, que de qu'il
oit : & que de ce qui ſe faict loin de
nous, nous auons cognoiſſance ſeulement
du faict : & de ce qui ſe faict en noſtre preſence ; nous n'auons pas ſeulement ſentimét
du faict ; ains auſſi de toutes les circonſtances qui l'accompagnent. Leſquelles, outre
ce qu'elles donnent touſiours au faict plus
d'eſprit & d'apparence ; encores ſont-elles
aucuneſfois ſi belles & ſi bien accommo-
dees ; qu'elles ne ſont pas moins eſtimees,
que le meſme faict. Puis apres venans les re-
compenſes, & les grades, à croiſtre ſelon les
occaſions ; qui le plus ſouuent fuyent & ſe
perdent auecques le temps : plus aiſément les
obtiennent les preſens, que les abſens. Et encores aduient-il bien ſouuent, que le Prince,
ores qu'il euſt bonne volonté d'attendre celuy, qui eſt loin de luy, empeſché à ſon ſerui-

ce, & vers luy eſtendre ſa main liberale; il
eſt par diuers moyens deſtourné de ce faire.
Par ainſi, ceux qui moins le meritent, acquierent & biens & honneurs, que puis-apres on
ne leur peut oſter ſans tort apparent : & que
les mieux meritans, à cauſe de leur éloigne-
ment, ſe trouuent auoir en vain, ou requis,
ou deſirez.

CHAP. XCII.

'Y a choſe, en laquelle le Prince
ſe laiſſe plus aiſément & plus ordinairement tromper; & en laquelle trompe il demeure plus
deſaſtré & malheureux, que de croire luy
eſtre loiſible&permis faire, tout ce qu'il peut,
& luy plaiſt. Car il n'a pas pluſtoſt conſenty
à ce penſement, que de bon il deuient mauuais Prince. Et pluſieurs ſont les choſes, qui
luy font prendre ceſte opinion: mais celle qui
l'y faiſt enchoir auecques plus grand & miſerable malheur : eſt quand ſes plus familiers
& domeſtiques , & qui tous les iours ſont
entour luy; ſe mettent à le flatter: pource
qu'ils l'induiſent à preſter foy , à ceux qui le
trompent : dont il fault par neceſſité, que
s'en enſuiue ſa ruine. Ie n'appelle pas ruine

seulement la perte de l'estat; ou le hazard de
le perdre : (pource qu'il peut aduenir, que la
grande puissance de l'estat, ou l'occasion des
temps, le pourra sauuer sans son merite) mais
i'appelle ruine; (voire beaucoup plus grande ruine) quãd le Prince debuant & pouuant
estre bon:il est induit & conduit à estre mauuais; par la mauuaistié de ceux, qui moins le
deussent faire & procurer. Grande chose
semble d'autre-part de dire; (comme le Prince peut dire:) *Ay-ie doncques à me garder, de*
mes plus proches, & plus familiers? A quoy ie
respon, que non; quand ils sont bons & fideles seruiteurs. Mais puis que si souuent se
trouuent plus des mauuais, que des bons,
dont les vns ont esté tousiours mauuais, les
autres estans bons se son changez : ce ne sera
que bien fait, d'auoir tousiours l'œil aux operations de chacun : & pas ne croire aux seules paroles. Et n'est besoin de s'en demou-
uoir, pour crainte de faire demonstration de
quelque defiance : dont il puisse aduenir, que
la bonne affection diminue en ceux, qui se
verront espiez, & exactemét obseruez. Pource que les gens de bien, tant s'en fault qu'ils
trouuent mauuais, qu'au contraire rien ne
leur est plus cher, que de se sentir espiez en
toutes leurs actions: comme ceux qui s'af-

feurent, que plus fera recerchee leur foy &
integrité; plus leur en reuiendra de bon nom,
& de bonne reputation.

CHAP. XCIII.

'VNE des chofes plus mal-aifees
au Prince, eft de fe garder des
flateurs: pource que mal-aifémét
la flatterie eft defcouuerte. Ie ne
parle pas icy de celle flatterie populaire &
commune, que font les flagorneurs ehon-
tez, en la prefence de ceux qu'ils papelar-
dent: ains de celle que font aucuns feruiteurs des Princes en fecret; eftans receus au
maniement des plus importans affaires. La
caufe de fi facilement ne congnoiftre l'adulation; vient de ce, que la principale partie
de la flatterie, eft d'agreer & complaire en
tout, à celuy qu'on veult gaigner: & qu'aucun ne peut trouuer mauuais, de fe voir procurer par vn autre, tout ce qui le chatouille,
& luy vient à plaifir. Et pource que l'effect
apparoift plus toft que l'intention; le Prince
s'arrefte à ce qu'il void: principalement &
fpecialement quand il croit, que celuy qui
ainfi luy complaift, eft de mefme vouloir,
qu'il eft luy-mefmes. D'auantage ; eftant le

complaire vn des propres effects de l'amour:
femble qu'aucun ne fe doit courroucer; ains
recognoiftre qu'il eft obligé, à qui luy complaift. Or auec tout cela ; fi le Prince veut
exactement obferuer les deportemens de fes
feruiteurs & miniftres : aifément il congnoiftra, celuy qui luy voudra complaire par
adulation & feintife; & qui par vraye affection & bien-voeillance: veu que l'vne eft de
pres fuiuie de l'intereft, qui l'efpoint à flatter:
& l'autre n'a autre fin que la bonne amour,
qui le meut à du tout agreer, & en tout complaire.

CHAP. XCIIII.

POVRCE qu'il y a grand danger, de
vouloir perfuader à vn Prince, chofe
qui ne foit point à fon gré & à fon
gouft ; ne conuenante à fa fantafie : pource
dy-ic, volontiers s'addonnent les hommes à
la flatterie ; comme à chofe feure, & fans peine : veu qu'il n'y a trauail quelconque à penfer & dire à vn autre ; ce que luy-mefmes ja
à dit & penfé. Et ne fe trouue Prince aucun
tant inhumain & fafcheux : Qui ores que les
chofes ne fuccedent bien, voeille chaftier
aucun de l'opinion; que luy mefmes à euë deuant luy : Ains le plus fouuent aduient, que

depuis le mauuais fuccez, il le void plus volontiers, que ceux qui luy auoient predict, le
mal & le dommage qu'il aura fenty: Luy
femblant qu'en pareille caufe, la defenfe &
excufe de ceux, qui ont efté de fon opinion,
eft fuffifante pour fa propre excufe & defenfe:
Et iamais ne void les autres, qu'il ne luy femble voir des hommes, toufiours prefts à luy
reprocher, l'inconuenient & le dommage,
que par fa faute il n'a fceu preuoir & euiter.

CHAP. XCV.

TOvs les flatteurs s'eftudient à fe
monftrer inferieurs de grade & de
dignité, & fuperieurs d'amour, à
ceux qu'ils flattent : pource qu'ils
penfent, que plus ils feignent leur amour
plus grand, tant plus les flattez font efpoins à
croire, auoir en eux le bien & la vertu, que les
adulateurs font femblant d'honnorer en eux:
& par ce moyen, qu'ils fe complaifent &
s'enorgueilliffent d'eux mefmes, comme fi
veritablement ils l'auoient : & enfemble s'e-
iouiffent plus d'eftre aimez, que d'aimer:
veu que l'eftre aimé approche de plus pres
l'eftre honoré, que ne faict l'aimer. D'auantage auoir grand nombre de perfonnes qui

nous aiment, est estimé vn des grands & sou-
uerains (entre les externes) qui nous puisse
aduenir: à ceste cause, le miserable qui ainsi
le croit, se repute bien heureux : & se laissant
tirer d'vne complaisance en vne autre, se conduit luy-mesmes, ou à sa notable ruine, ou à
vne remarquable folie: de laquelle, (combien
que tout autre s'en moque, luy-mesmes point
ne s'apperçoit : ains se hausse & enfle en son
imagination: se croyant veritablement estre,
ce beau, ce braue, ce grand, ce magnifique, ce
bien-aymé, brief celuy tout entier que ces flagorneurs & adulateurs, pour le tromper &
moquer) luy font entendre qu'il est.

CHAP. XCVI.

QV A N D le Prince s'est mis à mal
faire, & à mal viure, & ia commence à entrer en quelque soufpçon des gens de bien sesvassaux
& subiets: s'il a des flateurs à l'entour de luy, qui renforcent ce soufpçon: il n'y
a homme (tant bon & tant innocent puisse-il
estre) qui se puisse sauuer. Car s'il est pauure, ils diront que la pauureté fait les hommes plus hardis : s'il demeure coy , qu'il
dissimule, & qu'il se monstre ainsi remis, sans
se

se mouuoir, iusques à ce que l'occasion s'offre
de se pouuoir declarer : s'il sera de noble &
ancienne race ; ils diront, qu'il s'en va tousiours pensant & rememorant, les illustres &
braues actions de ses ancestres : S'il est riche ;
qu'en despendant, il peut gaigner des amis, &
de la suite : S'il est sçauant, & bien instruict
aux lettres ; que la science enfle & engendre
arrogance & presomption. Tellement qu'il
ne reste autre moyen d'eschapper ; sinon
prier Dieu, qu'il luy plaise tenir les gens de
bien en sa saincte garde & protection : puis
qu'entre les choses humaines, celles qui sont
en plus grand prix, & qui deussent seruir de
bouclier & de secours contre les indignes
persecutions : par la malignité des adulateurs
deuiennent instrumens de ruine. Encores
n'est la flatterie moins dommageable au
Prince mesmes ; qu'à ceux qui par icelle sont
persecutez. Donques doit le Prince tenir
pour chose asseuree ; que les flatteurs, tout
ainsi qu'ils le font iniuste, aussi le feroient-ils
tres-miserable, par autres voyes, que par l'a-
dulation : si faire le pouuoient auec la mesme
seureté ; auecques laquelle ils le font en flat-
tant.

I

CHAP. XCVII.

ON ne peut à la flatterie donner nom ou tiltre plus abominable: sinon en disant, qu'elle est pire, que le faux tesmoignage: pource que le faux tesmoin ne corrompt pas le iuge, mais le trompe : & nuit seulement à la cause, sur laquelle doit interuenir la sentence. Hors de là, il n'a rien affaire auecques luy : de maniere qu'il pourra bien aduenir, que le iuge dône vne mauuaise sentéce, & fondee sur vne fausseté: sans ce que son intétion soit mauuaise ne son iugement peruerti : pource qu'il n'eust pas donné telle sentéce; si la verité ne luy eust esté celee, à tout le moins desguisee. Mais le flatteur gaste le iugement, & corrompt l'esprit, de celuy qu'il flatte : & le rend inhabile de plus côgnoistre la verité:& ce non en vne seule chose, mais en toutes. Et si, celuy qui est flatté, est Prince : il incite les autres, comme par force, à estre pareillement flatteurs: pource qu'ayans congneu l'esprit du Prince corrompu ; fault(s'ils se veulent satuer)qu'ils secondent son humeur. Les Atheniés auoiét vne vieille loy: qui côdamnoit les adulateurs à peine de mort:& se trouue escrit,qu'ils firent mourir Rinagoras leur citoyen, qui

auoiteflé flatteur de Daire: de peur que l'e-
xemple de fes blandiffemens & flatteries ne
corrompit la cité: & y introduifit les mœurs
Perfianes, mauuaifes pour ce regard. Mais
les mefmes Atheniens quelque temps apres
voyans que la fierté & cruauté de Demetrius ne fe pouuoit addoucir, que par ama-
douantes & flattereffes paroles, changerent
d'aduis & opinion: & firent vne loy nouuelle, en ces mots: *Tout ce que le Roy Demetrius*
commande, eft enuers les Dieux fainct, enuers les
hommes iufte. Comme fi l'authorité de ceft
homme, euft peu commander à Dieu; ainfi
qu'aux malheureux peuples de ce pays-là.

CHAP. XCVIII.

N ne fe doit point efbàhir, fi aucunefois quelque Prince ne fçait que
c'eft de gouuernemét: combien qu'il
penfe bien & parfaictement l'entendre. Car
cela vient de l'importune flatterie, de ceux
qui font à l'entour de luy; qui en mille fortes,
le louangent, l'amadouént, & luy applaudif-
fent. Dont il luy prend tout ainfi, qu'à vn qui
ne fçauroit que c'eft de mefure:& fi tous ceux
qui de luy fe pourroient approcher, f'accor-
doient à luy dire & faire entendre, qu'il fuft

haut de cinq braſſes: il ſeroit contraint d'ainſi
le croire. Et combien que ce Prince flatté,
voyant en ſon gouuernement beaucoup de
choſes mal-faictes, & reſſortans à mauuais
ſuccès, ſe peuſt bien par fois apperceuoir,
qu'il ne ſçait qu'il faict: toutesfois ces meſmes blandiſſans flagorneurs, le defendent &
excuſent de ſorte, qu'ils luy font (côme par
force) croire, que la fortune, non ſa coulpe,
en a eſté ſeule occaſion. Dont aduient, que
ſe trouuant le pauure enuirôné d'amis en plus
grand dâger, que s'il fuſt entouré d'ennemis:
il faut que, ou grand heur continuellement
le ſecoure, ou que de ſon inſuffiſance & ignorance il ne ſappperçoiue point, ſinon apres ſa
derniere perte & ruine.

CHAP. XCIX.

NE ſe trouue homme, qui ne blaſme
l'adulation. Toutesfois ſe rencontrent aucuns tant amoureux & eſpris
de la ſuffiſance de ſoy-meſmes: que s'ils
voyoient faire à vn autre, la moindre partie
des flatteries & amadouëmens, qu'on leur
faict, ils crieroient ſi haut, qu'on les pourroit
entendre du ciel. A ceſte cauſe ie m'eſmerueille, comme vn meſme Iuge, en meſmes

chofes, ait des aduis fi diuers : que iugeant
de foy-mefmes, la complaifance luy femble,
ie ne dy pas moins mauuaife, mais plus que
bonne : & au contraire iugeant d'autruy, il
l'a croit mal-feante & deshonnefte. Cefte
flatterie faicte à foy-mefmes, eft beaucoup
pire, que celle qui fe faict d'vn à autre : pource que quand le flatteur, eft autre que celuy
qui eft flatté : la flatterie peut eftre quelque
fois découuerte, par celuy qui eft flatté : Mais
quand vn homme fe flatte foy-mefmes : elle
ne peut en façon que ce foit eftre apperceuë :
n'y ayant aucune difference ou diuerfité, entre le flatteur & le flatté.

CHAP. C.

AVcvns eftiment n'eftre point
inconuenient, qu'on agree quel-
que-fois, & complaife au Prince, mefmes en chofes par luy
mal-faictes : toutesfois en telle maniere,
& auec telle intention, qu'on trouue de cefte chofe ainfi mal-faicte quelque occafion, laquelle auec apparence de raifon &
de iuftice le puifle auoir meu à la faire.
Pource que congnoiffant le Prince en fon
cœur, ne l'auoit pas faicte à cefte occafion :
& fe fentant couuertement & de bonne fa-

çon ramenteuoir la iuftice : il ne pourra
eftre qu'en fa confcience il ne fente certains
remords; qui luy ferue d'aduertiffement, &
comme d'aiguillon, pour l'aduenir. Ce que
pourroit bien eftre vray, en vn Prince de bon
cœur : mais en vn autre de moins bonne nature pourroit bien auoir danger ; qu'il ne
print cefte forme de complaifance & agrée-
ment, pour vne plus grande occafion de mal
faire : congnoiffant qu'à vn mauuais effect fe
puiffe donner quelque honnefte couleur &
apparente excufe; & outre ce en auoir le tef-
moignage de quelque homme de bien : pre-
fuppofant (comme i'ay dit) que homme de
bien foit celuy, qui f'eft laiffé aller à ceft acte,
de luy aggreer & complaire en ce mal faict.

C H A P. CI.

VELQVES fois aduient, que les
Princes veulent eftre honnorez,
auecques plus folennelles ceremonies; qu'il ne conuient à leur grade,
ny à l'aduenture à l'honnefteté. Neantmoins
en cela leur faut-il complaire : pource qu'il
pourroit aduenir, qu'en leur refufant chofes
friuoles & de peu d'importáce ; ils refufaffent
de leur part les chofes grandes, & falutaires
au public. Dont pourroit-on bien attribuer à

peu de prudence & à foible iugement; de se
priuer de biens infinis, à faute d'endurer vn
petit de mal : pourueu toutesfois que ce petit mal ne fust chose, qui touchast ou appar-
tint à la religion : laquelle doit tousiours & en
toutes choses estre conseruee en la simplicité
& candeur. Partant seroit en tel affaire chargé à bon droit d'impieté le conseil de l'Ora-
teur Demades : lequel toutesfois aux Atheniés au temps de leur republique fut tres-bon
& salutaire. Demades voyant que les Atheniens estoient en termes de refuser les diuins
honneurs à Alexandre le grand : lequel apres
la conqueste du pays de Perse se faisoit appeller fils de Iupiter : il leur dist; qu'ils pensassent
bien à ce qu'ils auoient à faire : pource qu'il y
auoit danger, s'ils refusoient au grand Alexã-
dre les honneurs du ciel; qu'il ne les priuast
de ceux de la terre. Mais ce que i'ay cy dessus dict, de ce qu'aucunesfois est besoin de
aggreer les Princes en petites choses, ne se
doit pas prendre de ceste façon : mais de l'autre; c'est à sçauoir, quand par fois ils presu-
ment & pretendent deuoir iustement estre
recognus, comme d'aucuns tiltres, & semblables dignitez terriennes. Car en telles
choses on peut bien de quelque espace ou-
trepasser la droite ligne : puis que par le moyé

de telle ſatisfaction, on peut attirer les Princes à faire beaucoup de bien au public.

CHAP. CIL

E but de la principauté, & celuy
de la vertu, vont enſemble; en tant
que l'vn, ne l'autre, ne tend à la fin
de l'honneur : pource qu'il n'eſt
pas honneſte, que choſes tant excellentes,
demeurent en la diſcretion, de qui les voeille honnorer. Partant n'y a homme, qui ſe
puiſſe dire vray Prince, & vray vertueux;qui
ſe mette au gouuernement & à l'exercice
de la vertu; pour autre choſe, que pour ce
qui eſt de digne en eux. Mais auant que les
hommes puiſſent congnoiſtre ceſte dignité: il eſt beſoin qu'ils ayent longuement ver-
ſé en l'vn & en l'autre:pource que le iuſte
gouuernement & la vertu n'ont pas accouſtumé de deſcouurir leurs intrinſeques beau-
tez à aucun; iuſques à ce qu'ils le congnoiſſent ferme, en leur ſuite & amitié. De
la vient, que les ieunes gens, (ne pouuans
à cauſe de leur petit aage, auoir faict gueres
long exercice de la vertu) ne la peuuent entierement bien congnoiſtre : & partant la
ſuiuent plus pour l'honneur qui leur en re-

uient , que pour l'amour d'elle mesme.
Pource Caton (combien qu'il fust homme
fort seuere , & ennemy de toute exterieure
apparence) meu de ceste raison , disoit, que
celuy qui ostoit,ou ne rendoit,l'honneur deu
à la vertu:par mesme moyen il ostoit aux ieunes gens la vertu : comme aussi , pour ceste
mesme raison, Homere fait tousiours Achille
accompaigné de plusieurs gentilhommes, &
par eux respecté & honnoré. Et s'il se trouue,
que plusieurs vieillars suiuent la vertu, seulement afin d'estre honnorez : à ceste obiection
on pourroit respondre; que s'ils sont vieux
d'ans : ils ne laissent neantmoins d'estre ieunes de vertu. On ne doibt toutesfois nier,
que toutes personnes n'estiment l'honneur : comme l'vne des principales choses desirees par tous les hommes. Bien est
vray, qu'en l'estimation il y a grande difference :pource que les gens de bien se com-
plaisent en l'honneur,par le moyen de l'occasion , pour laquelle ils se voyent honnorez:
& laquelle , encore qu'ils en fussent blasmez,
ils ne laisseroient de mettre en effait.

CHAP. CIII.

NATVRELLEMENT, entre la multitude des hommes, qui doibuent habiter ensemble, ne se pouuoit rēdre chose d'egal prix, en eschange de celle qu'on debuoit receuoir: mais ou la nature a manqué: l'vsance y a supply, & pris force de nature. Pource que, où la nature (à fin que les hommes demourassent ensemble) a mis le besoin qu'ils ont l'vn de l'autre, comme vn lien propre à les ioindre ensemble: & l'a fait comme la mesure des biens, qu'ils doiuent bailler l'vn à l'autre, & receuoir l'vn de l'autre l'vsance a pris l'honneur: & fait que les plus grans se contentent de tel & aussi grand honneur, quelle & combien grande est la cōmodité: qu'en contreschange ils baillent aux plus petis. Et cest honneur est puisapres vray ou faux, selon ce que vrayes ou fausses sont les dignitez & eminences, desquelles ils surauancent les plus petis. Car aussi le vray honneur, ne se donne fors à ceux; qui sont vrayement les superieurs & les plus grans: quels sont les bons Princes, les peres, les maistres, les vertueux citoyens, & les semblables. Et le faux se donne aux riches, aux puissans, & à ceux

qui poſſedent des biens de fortune, mais ſans
vertu. De maniere, que l'vſance a trouué
moyen de compenſer les choſes, auec ce qui
n'eſt pas choſe : voire & de les pouuoir compenſer entre les bons, & entre les mauuais:
pource que chacun d'eux deſire d'eſtre hono-
ré:ſoit de vray,ſoit de faux honneur;pourueu
ſeulement que le moyen en ſoit entendu; &
qu'ils ſe viennent à parangonner & egaler enſemble. Et ceſte eſt vne treſ-vraye concluſion
que tant dure la conionction, & la paix entre
les hommes: tant, dy-ie, que dure auſſi entre
eux le meſme pois ,& l'egalité.

CHAP. CIIII.

COMBIEN que les hommes de
diuerſe qualité, ſoient honnorez
auec meſmes ſignes exterieurs,
& ſemblables ceremonies:on ne
doibt pas pour cela croire, que tous ils ſoient
d'egal merite, & dignes de pareil honneur;
mais ſe doit entre eux faire vne certaine diſti
nation ſelon la diuerſité des grades ,& des ver
tueux merites de chacun.Et en cecy aduient
le meſme, qu'aux propos & deuis : auſquels
vn meſme mot, & de meſme ſignifiance, accompaigné d'vn certain autre mot, fait vn

effait:& ioint à vn autre mot fai tauffi vn autre effait, comme pour exemple ; ce mot, la
fleur,mis en la compagnie, de la vertu; emporte auecques foy ie ne fçay quoy d'honnorable expreffion, & fignifiance; toute autre,
que quand il eft ioint auec,l'aage,ou auec,les
herbes. Ainfi, quand par figne de reuerence,
ie m'encline deuãt vn Crucifix,ou autre chofe fainête & facree : & encores ie me courbe,
en faluant,& flefchy le genoil, en honnorant
mon pere : toutesfois entend-on bien, qu'en
plus grande reuerence,i'ay fait ce figne d'honneur aux chofes fainêtes & facrees, que ie ne
l'ay pas fait à mon pere. Et fi retournant de
quelque voyage au pays, ie baife vn frere, &
baife vn autre mien amy, ou congnoiffant:
toutesfois ie ne baife pas de mefme affeêtion,
l'vn,comme l'autre. Auffi, par mefme forme
m'humiliant & abbaiffant reuerément,deuãt
le Prince, & deuant autres principaux cour-
tifans,ou citoyens : encores que le figne exterieur foit pareil; toutesfois on peut bien penfer,que l'affeêtion de honnorer n'eft pas ega-
le.Et cela vient de ce, que les fignes de l'honneur qu'on veut faire à vn ou à autre, ne font
pas fi diuers, & differens ; que font les chofes
qu'on honnore. Pource fera il befoin de fe
feruir de mefmes fignes : mais leur donner

puisapres intelligence & signifiance diuerse;
selon la diuersité des choses, qu'ils suyuent ou
accompaignent:& sçauoir, qu'au pere, appartient l'honneur paternel, à la mere, le mater-
nel : en attribuant semblablement à chacun,
ce qui luy est propre & conuenable : ou selon
l'auctorité, & dignité, comme aux magistrats:
ou selon ces qualitez, & autres iointes ensemble, vsant tousiours de la forme introduite
par la coustume, & par la commune vsance;
& que le temps & la saison permettent: plus
qu'au debuoir, & à ce qu'on souloit anciennement faire: & à ce que mesmes la raison enseigne, estre droictement à faire.

CHAP. CV.

LE desir de l'honneur, & le desir
du regne, ou de l'empire, sont es-
gaux: & ne s'accompaigne aucun
d'eux, auec aucunes personnes
viles, & de basse condition: ains seulement a-
uec les hommes industrieux & courageux.
toutesfois, pource que la conqueste en est
tousiours pleine, de peines, dangers, & mesaises : celuy, qui en veut estre conquerant &
& iouyssant, doibt tousiours auoir deuant les
yeux, ces vers de Perse le poëte Satyric : qui

ce de sauuer leur vie, entreprennent les hauts faits d'armes puis les quittent à my-chemin, sans les acheuer, comme ils auoient fait semblant de le desirer : & comme ils les eussent seurement parfaits & accomplis & fussent demourez vifs: si les accomplissans ils n'eussent pensé à sauuer leur vie.

CHAP. CVII.

Eluy qui desire laisser de soy honnorable renommee; ne se doibt mettre en peine d'egaler ou surpasser seulement ceux, qui sont les plus excellens de son aage. Pource qu'embrassant la gloire, non vn aage seul : ains maints & maints siecles ensemble: faut s'efforcer à parangonner, & surmonter ceux: qui en tous les siecles passez ont esté renommez, en la profession ou il desire se faire paroistre grãd & excellent sur tous autres. Autrement, & n'ayant esgard qu'au present siecle, & à ce qui a esté fait de son temps: bien-aisé luy seroit-il de surpasser sans grand'peine tous ceux de son aage: quand aucun ne se trouueroit plus excellent en son art, que luy : mais aussi sa renommee ne se pourroit pas estendre, outre les bornes de son aage & siecle.

CHAP.

CHAP. CVIII.

LEs hommes volontiers confiderent & ad-mirent, l'honneur & la renommée des gens de valeur : mais non la peine & les dan-gers, par lefquels elle leur a efté acquife. Et fi par fortune ils fe trouuent prefens, à en ouyr faire les comptes: craignans que le trauail & la veille des autres, face plus clairement pa-roiftre leur propre negligence & faineantife: touſiours ils refpondent, d'vne affez vaine pa-role : qu'en ce monde, plus vaut vne once de fortune, que cent liures de valeur, & d'in-duftrie.

CHAP. CIX.

CEvx qui cherchent les moyens d'a-uoir les honneurs, & non les moyens de les meriter : font caufe de tous les remuemens, & de tous les troubles, qui ad-uiennent en vne ville ou republique. Pource que telles gens ne pouuans s'agrandir, par les bonnes & ordinaires voyes : faut qu'ils y par-uiennent par les extraordinaires & mauuai-fes & qu'ils s'eftudient par tous moyens pof-fibles à gaigner des amis : qui facent efpaule à leur ambition: tellement qu'apres qu'ils fe

K

font aydez de tous les autres moyens illicites
& iniques auec lesquels les citoyens se peuuent pratiquer & corrompre : à la fin ils se
mettét à resuciller les vieilles querelles d'entre les nobles familles, si aucunes s'y en trouuent: ou s'il n'y en a, ils en créent de toutes
neufues, entre les grandes familles nouuelles, pource qu'il n'y a chose plus propre, pour
faire que les hommes ambitieux soient suy-
uis, & pour oster l'authorité aux gens de bien:
que la diuision des citoyens.

CHAP. CX.

Omme le peu de valeur & de
merite est la chose qui plus que
toute autre peut nuire au Prince:
ainsi n'y en a il autre aucune, qui
plus luy puisse profiter, que la reputation de
beaucoup valoir & sçauoir: & qui plus le rende venerable. Bien se pourroit-on toutesfois
esmerueiller, en considerant comme il s'est
peu faire, qu'aucuns souillez & blasmez de
grans vices, soient neantmoins demourez res-
pectez & honnorez. Ce qui est, à l'auenture,
aduenu, pource qu'en nous outre les vertus
morales, il y a maintes autres qualitez, dignes
de respect & de reuerence: comme, bien sça-

uoir conseiller & gouuerner les citez & republiques, ordonner, & conduire les armees:
vaincre les ennemis,& autres semblables,qui
se peuuent mener à bonne fin,par acortise &
bonté d'esprit,aussi bien que par prudence:&
à les conduire se peut pratiquer l'vsage de ces
vertus naturelles: qui de pres ressemblent aux
morales: comme, la promptitude & hardiesse naturelle,la beneficence naturelle,&autres
conformes à icelles desquelles grands biens
& commoditez se peuuent ensuiure : & n'y a
personne,qui ne face grand compte, des hômes (quels qu'ils soient) qui peuuent faire de
grans biens. A la verité, le bon Prince,doibt,
selon la vraye prudence, & selon les vertus
morales, estre bon : lesquelles vertus ne peuuent se voir accompaignees d'aucun vice:
mais si d'auenture il n'est tel : qu'il apprenne
au moins les bonnes ordonnances, tant ciuiles que militaires: par le moyen desquelles :
combien que les vices plus apparens ne se
puissent bonnement couurir neantmoins il
est soustenu : ou sans elles il seroit en grand
danger de perdre toute reputation : & donneroit occasion à maintes personnes de se
bander contre luy,& procurer sa ruyne.

CHAP. CXI.

EN toutes choses (comme on dit cõ-
munément) le trop & l'exces est nuisible: partant quand vn Prince veut
passer les bornes, retirãt à soy tout le
gouuernement & maniement, de toutes importantes choses: il est tref-mal aduisé & conseillé, soit par luy, soit par autre. Pource qu'il
se charge trop en son pois: & voulant de tout
auoir le soin, & n'y pouuant prester diligence
plus grande, que celle que la nature luy permet; il faut par necessité, que maintes demeurent mal soignees, & pirement executees: &
toutes choses negligees en affaires d'estat, ordinairement apportent grand dommage.
Mais ce qui luy nuit encores d'auantage, est
qu'il fait encores croistre l'enuie de sa principauté: & est cause que ses subiects mesmes,
entrent en mauuaise volonté contre luy: se
voyans priuez de l'administration, qui droitement & naturellement leur appartient. De
maniere, que le Prince est estimé sage; quand
il laisse à ses subiets faire les charges, qui les
touchent, & leurs sont propres: pource que
moyennant ceste petite apparence d'empire
qu'ils exercent; ils demeurent aises & contés:
& ne se soucient d'estre ministres de leurs

propres punitions. A ceste cause, Theopom-
pe Roy de Sparte, dist à sa femme: qu'autant
qu'il auoit diminué sa puissance, pour accroistre celle de ses subiets: d'autant auoit-il estably & accreu la continuation de son regne.
Laquelle ne deuoit estre moins chere, à ceux
qui seroient Roys apres luy: qu'vne puissance
plus grāde, & subiecte à mille enuies & perils,
qui ne pourroit estre de longue duree.

CHAP. CXII.

I L y a des Princes assez, qui bien
se gardent d'occuper par force vn
estat, qu'ils ne puissent pas puis-
apres retenir & defendre contre
vn Prince autre plus puissant, qui y pretende
quelque droit. Mais peu se trouuent, qui refu-
sent de le prendre, quand des propres hommes & subiects de cest estat, il vient à leur e-
estre offert: se confians en ce commun prouerbe, qui dit; que ce qui est bon à rendre, est
bon à prendre. Bien est vray, que ce qui est
pris, est tousiours bon à rendre: mais non, a-
uec les mesmes conditions, ny en la mesme
faueur, de celuy qui rend, apres qu'il aura ren
du: comme il auoit au parauant qu'il print:
pource que tous les subiects des autres estats,

qui le souloient craindre, honnorer, & reuerer : congnoiſſans ſon impuiſſance, ne feront
plus compte de luy. Et l'autre Prince qui aura
recouuré l'eſtat : ne ſe rendra pas ſeulement
plus diligent à le conſeruer : mais ayant decouuert, l'auare conuoitiſe de ſon ennemy : il
ne laiſſera eſcouler aucune occaſion de pouruoir à ce, que ce qu'il oſa prendre & accepter
hors de ſaiſon; il ne le puiſſe encores à l'aduenir, de rechef prendre & accepter, en temps
& lieu plus commodes & oportuns.

CHAP. CXIII.

BIEN que la plus grande partie
des entrepriſes, que font les
Princes fors & puiſſans; ſoient
par eux faites par vn aſpre & ardent deſir d'accroiſtre leur eſtat :
toutesfois ils prennent toute peine de monſtrer quelque coulouree & apparente raiſon :
qui cache & couure leur deſordonné appetit. Et ſi ceſte couleur de raiſon, ne ſe peut ſi
toſt trouuer : ils ſe retiennent iuſques au
temps, que l'occaſion la leur preſente. Pource
eſt-il neceſſaire, quand on ſent remuer quelque nouuelleté, ou faire mouuement de
guerre : que, ceux qui en veulent faire bon iu-

gement, prennent plus grand soin d'en entendre l'intrinseque occasion du mouue-
ment:que celle dont le Prince aura fait semer
le bruit par le peuple. Pource que qui penseroit, qu'en quittant ou baillant le peu qu'aucunesfois on demande, on deust souler l'appetit du demandeur : il seroit grandement a-
busé:Car ayant pris ce peu,qu'on luy aura accordé: il ne laissera pas, auec nouuelle occasion,d'en demander d'autre:iusques à ce qu'il
ait eu le tout. Partant auecques telles gens, le
meilleur est de se resouldre de bonne heure:
& hardiment s'opposer, & se defendre : car
souuent on void, que la fortune fauorise les
hardis,& ceux qui se aydent.

Chap. CXIIII.

N E se peut faire, que le Prince vse
de la puissance , & du commandement qu'il a sur ses subiects,
auec douceur & gracieuseté si
grande: que tous ils en demeurent bien contens & satisfaits pource que tous les iours suruiennent nouuelles necessitez, & nouuelles
despenses , pour la conseruation des estats:
lesquelles deuans estre fournies par les sub-
iects:pour necessaires & raisonnables qu'elles

K iiij

puiſſent eſtre : ils ſen deulent & lamentent,
N'eſtant chacun ſuffiſant aſſez pour conſiderer : combien eſt moindre le dommage, en
ſupportant celle petite charge: qu'en ſe hazar
dant à porter vne guerre des ennemis du
Prince , & à tout perdre. Comme il aduiendroit, quand il n'auroit pas le moyĕ, de maintenir ſon auctorité, & de reſiſter à qui le voudroit aſſaillir. Doncques ne ſe doibt le Prince
gueres ſoucier, de ceſte eſpece de meſcontentement : ains ſe pouruoir de tout ce qui
luy fait beſoin, ſans y auoir autre eſgard:
pourueu que le tout ſe face ſans auarice , &
auec la raiſon : veu que le public ſalut eſt de
bien plus grande importance , que le contentement de quelques priuez citoyens.

Chap. CXV.

L eſt beſoin que le Prince ſe donne bien de garde, de deuenir fier
& cruel comme vne beſte ſauuage:
ce pendant qu'il eſt trop ialoux de
l'aſſeurance de ſa perſonne, & de ſon eſtat. Ce
que ie dy, pource que ſi le Prince veut entrer
en crainte & ſouſpeçõ de toutes petites choſes: il en trouuera aiſément matiere en toutes

qualitez de perſonnes : veu qu'il n'y a ſi petit,
qui en ſon degré ne puiſſe faire quelque offenſe. Mais il ne deura beaucoup craindre
ou douter, ceux qui auront beaucoup de
puiſſance : ne de la faire iugement, que où
ſont les forces , la eſt la mauuaiſe volonté:
ains ſe doit touſiours fonder le ſouſpeçon &
la crainte ſur apparens indices; qui en quelque ſorte deſcouurent le vouloir de celuy,
dont on ſe doubte : Auquel cas , ſi puiſ-apres
il donne quelque bon ordre pour ſ'aſſeurer,
il ne fera que ſon deuoir. Et ores que la puiſſance d'aucun d'elle meſmes luy fuſt ſuſpe-
cte : toutesfois (encores que ce puiſſant ſuſ-
pect ne fuſt tombé en aucune faute) vn bon
Prince n'a iamais faute de bons & honneſtes
moyens, pour empeſcher qu'aucun tort ou
dommage ne luy ſoit faict. Mais ſi à bride
auallee il ſe laiſſe aller à la voye de la cruauté:
il ſort hors de tout humain ſentiment, & de
toute pieté : & ſ'acquiert haine & blaſme
immortel.

CHAP. CXVI.

LEs Princes & les amoureux, en cas de
jalouſie, ſont comme eſgaux : pource que
(comme a dit ceſtuy-là) *Aduertunt grauiter,*

quæ non credu: c'est à dire en François: *Ils regardent de bien pres à choses de petite consequence*:
& ce principalement aux personnes, qui peuuent auoir quelque subiect de jalousie: de
maniere, que depuis qu'ils comencent à entrer en defiance & soufpeçon : on ne peut enuers eux vser de tant de respect, qu'il leur suffise. Il est vray, que bien peut seruir aux souf-
peçonnez de bassement & posément se tenir;
& tousiours attendre à se mouuoir, iusques à
ce qu'on leur commande, & ne s'entremet-
tre onques de soy-mesmes d'aucunes entreprises, ne de demander estats ou offices, qui
puissent augmenter le soufpeçon : Aduisans
toutesfois soigneusement à ce, que la cessa-
tion ou mespris de demander, se face en sorte, qu'il ne semble pas que ce soit, pour defiance qu'ils puissent auoir du refus du Prince : Car si ainsi estoit, ils viendroient à enchoir en mesme disgrace, par autre occasion
que celle qu'ils auroient voulu euiter: Et se
pourroit le Prince induire à croire, que, ce
que tu ne luy veux demander, quand il s'en
presente quelque bonne occasion, & dont tu
ne luy veux estre obligé: ou tu as enuie de
toy-mesmes le prendre; ou que tu le cerches
auoir, par quelque autre indeu moyen.

RANDEMENT tenu & obligé,
se doit estimer, & se peut dire; à
son Prince; le gentilhomme ou
seigneur : auquel il a donné le
moyen de monstrer sa valeur , en quelque
haute & louable entreprise : comme d'autre-
part luy est le prince de beaucoup redeuable,
de ce qu'il a faict reluire sa vertu, pour la defence & conseruation de son estat: tellement
que ces deux se peuuent veritablement dire,
grandement & reciproquement tenus l'vn à
l'autre. Mais chacun d'eux , auec diuerse espece de recongnoissance, se doit acquiter de
son obligation : Pource que le Prince se doit
descharger de la sienne; en augmentant ses
biens-faicts vers le gentilhomme, de quelque nouueau profit & honneur : & le gentilhomme la sienne , en redoublant sa valeur
& sa foy, enuers son Prince & son estat; se
monstrāt par ce moyen digne de tout le bien
& accroissement, auquel le Prince le peut
éleuer:&s'efforçāt de pouuoir aussi dignemét
dire, ces excellentes paroles, que ce grād Scipion jadis osa dire au peuple Romain : *Si vos
ætatem meam honoribus vestris anteistis: & ego
honores vestros rebus agendis præcessi:*c'est à dire

en François : *Si vous auez par voz honneurs
deuancé mon aage: aussi ay-ie par mes beaux faits,
en bien faisant voz affaires , precedé voz honneurs.*

Chap. CXXVIII.

E Prince se doit conduire en toutes
ses actions; de sorte que ses subiects
soient induits à certainement croire;
que toutes les impositions, aides & subuen-
tions, dont il les surcharge; sont mises sus par
vne comme extreme, & tres-vrgente necessité. Ce qu'il seroit aisé de leur faire croire, si pour quelque temps il leur faisoit quelque courtoise relasche & exéption de quelque dace accoustumee : ou s'il leur faisoit
quelque petit don : lequel (pour petit qu'il
peust estre, pourueu qu'il fust faict bien à
propos) seroit suffisant & propre, pour faire
oublier toutes les charges passees. Le semblable luy aduiendroit, aux exploits & execu-
tions des affaires de la iustice : si, apres plusieurs iugemens rigoureusement executez
contre les delinquans, il se laissoit gaigner,
ou par prieres d'amis, ou par quelque bonne
vertu, & autre louable qualité, de celuy qui
auroit failli , & induire à luy pardonner.
Pource qu'ainsi le faisant, il donneroit gran-

de occasion de penser & croire, que de son
naturel il ne seroit point amy du sang, ne desireux de tirer tousiours, & à tous propos deniers des bourses de ses subiects: Car coustumierement la plus grande part des hommes,
a plus grand esgard aux choses n'agueres ad-
uenues & de fresche memoire faictes : & petit est le nombre de ceux, qui sont idoines
pour discourir, & auec droit iugement obseruer, quel est le naturel du Prince.

Chap. CXIX.

E n'est ne le bié ne le profit du Prince, de vouloir tirer de toutes villes
ou prouinces à luy subiectes, esgale-
ment toutes choses : ains doit-on prendre de
chacune, ce en quoy, ou par nature ou par industrie, elle est abondante ; & ne la molester
point des autres choses. Car les hommes ne
se sentent iamais surchargez, de faire à leur
Prince part de ce qu'ils ont en abondance; ne
de soy exercer en ce qu'ils ont accoustumé
de faire & de practiquer. Pour exemple ; si la
ville est riche & marchande; les habitans volontiers subuiendront de deniers au Prince:
si elle est situee sur la mer ; de vaisseaux & de
mariniers : Si le pays est fertile ; de viures : si

guerrier; de foldats: De toutes lefquelles
chofes neantmoins le Prince a befoin en diuers temps; & s'en peut à fa volonté, & en
toutes occafions preualoir. Mais en vfant autrement; tout petit malaife qu'on leur peut
donner, leur demãdant ce qu'ils n'ont point,
& leur faifant faire ce qu'ils ne fçauét point:
leur donne occafion de f'en affliger : & aifément les retire de l'amour & de la reuerence,
qu'ils luy doiuent.

Chap. CXX.

T O v t e s les fois que tu te vou-
dras oppofer au Prince, pour l'arrefter & retenir; quand il a ja pris
l'impetuofité de la courfe vers
quelque appetit peu raifonnable: ores que
tu fois efpoint du defir de fon bien & de fon
falut, toutesfois es-tu en danger, au heurt d'e-
ftre jetté par terre. Mais quand il a pris relafche de cefte premiere & ardente fureur, cõ-
mençant à cheminer plus lentement: lors
le peux-tu feurement retenir. Et eft ceft aduis bon, auecq' perfonnes de toutes qualitez: mais tresbon, auec les fuperieurs & les
plus puiffans, encores qu'ils ne foient Prin-

ces ; & fert encores grandement auecques
ceux, qui, naturellement font coleres : pource que les vns, à caufe de leur puiffance ; &
les autres, au moyen de leur chaude cole,
font toufiours du commencement furieux,
& ont befoin d'eftre retenus.

CHAP. CXXI.

L E Prince doit diligemment aduifer à ce, que tout ce dont peut
auoir befoin fon eftat : fe tire de fon
mefme eftat. S'il ne fe peut faire, &
il a meftier du fecours des eftrangers : il fe
doit accommoder auec eux, de forte, que ou
par quelque commodité, qu'ils pourront reciproquement tirer de luy ; ou par quelques
autres refpects ; ces eftrangers ne foient moins
neceffitez de luy fubuenir, que luy contraint d'eftre fecouru d'eux : faifant au furplus diligence d'auoir, au moins pour deux
ans, prouifion referree en fes magazins &
greniers, de tout ce qu'il a befoin de prendre aux granges & caues d'autruy · pource
que la prouifion faicte de faifon pour deux
bonnes annees, eft à peu pres fuffifante pour
fouftenir toute aduerfité de fortune. Et qui
ne feroit autre compte de faire telle proui-

fion, pour demourer à la mercy & à la diſcretion d'autruy, à ſon principal beſoin, ſ'en
pourroit fort mal trouuer. Or eſt-ce au Prince, & non aux magiſtrats & officiers des villes, à en auoir le ſoin, & y tenir la main:
Pource que tout ainſi, que, de la faute d'y
auoir d'heure pourueu, le dommage en viendroit principalement à luy ; allant le mal
droictement donner coup à la racine de l'e-
ſtat : auſſi eſt-ce à luy pareillement, plus qu'à
autre, d'y donner le premier remede; & empeſcher par ſon bon ſoin, & par ſa veille &
diligence, que tel mal ne luy tombe ſur la
teſte.

Chap. CXXII.

O MBIEN que les Princes deſirent & aiment auoir leurs ſubiects obeiſſans: neātmoins quād
l'obeiſſance leur eſt faicte ſi baſ-
ſement & humblement, qu'elle
ſemble naiſtre pluſtoſt de vilté & laſcheté de
cœur, que du deuoir qui appartient au Prince: elle deſplaiſt, voire aux ſeigneurs meſmes, qui ont l'eſprit tyrannique. Pource Tybere fut maintesfois ſortant du Senat, ouy diſant: *O hommes prompts & enclins à la ſeruitude!*

Eſtant

Eſtant deſplaiſant & marry de celle vile &
baſſe abiection;de laquelle les Senateurs prenans cõgé de luy le careſſoient & honoroiét.

CHAP. CXXIII.

TOVTE ſoudaine mutation, que
le Prince voirra eſtre faicte en
ſon eſtat, quant aux mœurs &
façons de faire des hommes : en-
cores qu'elle ait apparence de raiſon ; apportera toutesfois touſiours quelque occaſion de
meſcontentement: & le plus ſouuent engen-
drera de tres-mauuais effects. Pource que les
hommes, qui en choſe que ce ſoit ſe ſont accouſtumez & habituez à vne extremité ; ne
peuuent eſtre tirez,ne ſoudainement,ne ſans
deſplaiſir à paſſer en vne autre extremité.
A ceſte cauſe,ſe faut-il comporter auec certaine dexterité, de ſaiſon en ſaiſon, & de téps
en temps, ſucceſſiuement & ſans precipitation : Autrement pourroit aduenir, que les
vices n'eſtans,à l'endroit des meſchás & mauuais citoyens, tenus en moindre prix & eſtime; que les vertus entre les bons & bien ſages; les meſchans ſe ioindroient enſemble:
& tant par les allechemens & attraits des vices, que par la crainte de la peine, & chaſti-

L

ment qui les suit; pourroient eftre meuz &
induis à quelque nouuelleté de plus grande
importance.

CHAP. CXXIIII.

LA Principauté ne comporte pas;
que deux, ou plus, de diuerfes races, ayent pareille authorité, pour
demourer enfemble vnis. Pource que la dignité de l'Empire ou du regne, eftant con-
ftituee pour congnoiftre & ordonner des
chofes, qui touchent la fouuerainneté: quant
à foy ne peut fouffrir de diuifion. Puis fur-
uiennent d'heure à autre accidens diuers, qui
pour leur diuerfité engendrent auffi diuerfité d'opinions: & ayat chacun d'iceux le pouuoir conioinct à fon aduis : il eft neceffaire,
qu'ils entrent en foufpeçon & crainte de la
puiffance de l'vn l'autre: & confequemment
que chacun d'eux foigne à faffeurer de fon
compagnon : & pource qu'ils n'ont de part
ne d'autre moyen de bailler pleige ou cau-
tion pour affeurance ; en fin ils ne fe peuuent
affeurer; fi ce n'eft par le moyen de la ruine,
de l'vn, ou de l'autre.

CHAP. CXXV.

LEs Princes, qui de leur naturel font
confus, douteux & peu refolus en
leur efprit: outre les difficultez que
toufiours il font de fe remuer, pour
faire aucune belle & honnorable entreprife:
encores quád la neceffité les contraint: apres
auoir, de plufieurs partis qui s'offrent, choifi
le meilleur; neantmoins demeurent-ils toufiours enuelopez en certaine doubte, qui per-
petuellemét tient leur efprit ombragé. Dont
aduient, qu'aux premieres difficultez qui fe
découurent, (or ne fe peut-il faire, qu'en mal-
aifees entreprifes maintes difficultez ne fe
prefentent) toufiours leur femble, que le pire de tous les autres partis qu'ils ont laiffez,
euft efté meilleur que celuy qu'ils ont choifi'. Et comme s'ils auoient faict mauuaife
élection; incontinent ils perdent cefte vi-
güeur d'efprit, qui eft la premiere & principale caufe, de bien faire en toutes chofes : &
ou ils ne paffent point plus auant; ou s'ils pouf-
fent outre, ils y procedent fort froidement,
& comme à tattons : tellement qu'en fin de
leurs deffeins rien ne vient à bien , fi ce n'eft
par hazard & cas d'aduenture.

Chap. CXXVI.

QVAND il s'offre occasion, de requerir au Prince quelque grace ou faueur, qu'il refuse : si celuy qui l'a demandee, en se monstrant mal-content du refus, faict entrer le Prince en quelque souspeçon, qu'il soit pour s'en ressentir & venger auecques le temps, aduenant l'opportunité : il est en danger d'en receuoir bien grand dommage. S'efforce donques le refusé de monstrer par semblant & contenance, qu'il est bien content & satisfaict, de la plus foible raison du refus, que le Prince luy a peu alleguer : & s'estudie de faire en sorte, que le Prince croye fermemét, qu'il a pris certaine persuasion, que le refus est procedé de toute autre occasion, plus tost, que de faute de bonne volonté, ou d'amitié qu'il luy porte. Càr par ce moyen, il se pourra rendre asseuré de tout le danger, qui le menassoit : & encores rendra le Prince disposé à recompenser auec autre occasion la grace, que premierement (voire d'vn courage peu enclin à l'aimer & gratifier) il luy auoit refusee.

Chap. CXXVII.

Vec grand danger se maintient le Prince, soubz l'empire duquel ne se sentent asseurez, ceux qui s'y trouuent, sans sa totale ruine. Pource que, ou plusieurs hommes sont forcez de craindre : il aduient, que lon cognoist la peur au visage de l'autre : Ce qui met entr'eux vne si grande hardiesse & confiance, qu'il n'y a effect si meschant, qu'on ne doiue craindre, & doubter de leurs mains. Non pource, que telles gens puissent tousiours effectuer, ce qu'ils ont pourpensé, & qu'ils voudroient bien executer contre le Prince: mais pource qu'estant l'inconstance & instabilité de toutes choses telle, qu'elle leur peut offrir maintes occasions à leur faueur : on peut croire certainement, qu'ils ne les laisseroient pas eschapper, quand elles se presenteroient.

Chap. CXXVIII.

L'Illvstre sang & renommee noblesse du Prince, luy donne grande & splendide authorité, pour le regard du gouuernement: mais non la seureté, que luy peut

donner la richeſſe & la puiſſance : tellement
que pour les acquerir, le Prince ne doit eſ-
pargner ne ſoin ne peine : Car quand au lignage, aſſez eſt noble & illuſtre enuers ſes
ſubiects, celuy qui a puiſſance de les tenir
ſubiects. A ceſte cauſe les Romains donnerent le tiltre de la majeſté de l'Empire, au
peuple Romain ; en laquelle eſtoit fondee
toute leur puiſſance : & ſ'ils euſſent eu eſgard
au lignage, ou à la prudence : ſans doubte
ils l'euſſent donné au Senat. Auſſi toutes les
fois que les bons autheurs, qui ont eſcrit
l'hiſtoire Romaine, parlent des deliberations
& conſeils, du peuple, ou du Senat, ils dient :
Populus iuſſit : Senatus cenſuit : maieſtas popu-
li : Senatus authoritas : c'eſt à dire en François :
Le peuple a commandé : Le Senat a ordonné : La
maieſté du peuple : L'authorité du Senat : Et pour
monſtrer que ceſte ordonnance eſtoit comme naturelle ; qu'on regarde & conſidere la
partie raiſonnable de noſtre ame propre, en
laquelle eſtans pluſieurs puiſſances diſtinctes
auec vn merueilleux reglement, l'vne deſquelles conſeille, l'autre iuge, & la tierce
commande : les deux premieres (pource que
leur office eſt de ſpeculer, & conſiderer les
choſes) ſembloient meriter le tiltre & le nom
de plus grandes & principales, comme eſtát

la speculation chose de soy tres-noble & excellente : toutesfois pource que la prudence
commande, elle a esté (à cause de sa puissance commandatiue, si ainsi faut dire) tenuë &
estimee (comme de faict elle est) plus digne
& noble que les deux autres.

Cʜᴀᴘ. CXXIX.

L A preseance & precedence, que
pour respect d'hōneur anciennement l'vn estat ou magistrat donnoit à l'autre : estoit fondee (si on
croit Herodote) sur la puissance & authorité presente; non sur les merites du temps passé. Partant s'estans assemblees toutes les villes de Grece pour combattre les Persans : bien
sembloit aux Tegeates, qu'à bon droit ils deuoient preceder les Atheniens : & estre maintenus en la longue possession d'vne des cor-
nes de l'armee, lors qu'on viendroit au combat : laquelle, à cause de leurs anciens merites, leur auoit comme par special priuilege,
esté octroyee par tous les peuples de la Moree : de maniere, qu'ils auoient pour eux, & à
leur faueur, l'ancienne possession, auecques
l'ancien merite. Mais les Atheniens, encores
qu'ils peussent alleguer maints valeureux

faits de leurs ayeuls & predecesseurs : toutesfois pource qu'ils auoient opinion, que les
vaillances des morts & passez, ne venoient à
estre poisees & estimees propres, comme celles des viuans & presens : & que plusieurs villes & prouinces, qui jadis furent en grand
prix, auoient par le cours des ennees passees,
beaucoup perdu de leur reputation : ils voulurent fonder leur raison sur la bataille derniere de Marathon, & la victoire obtenue
contre trente & six nations. Sur ceste contention les Spartains furent appellez pour iuges :
& prononcerent, que les recens merites des
Atheniens faisoient plus à poiser & à estimer,
que les anciens des Tegeates : partant que
les Tegeates deuoient aux Atheniens ceder & quitter celle corne de la bataille, qui
auoit esté mise en dispute. Homere aussi
en son Iliade, faict qu'en ce different &
debat, qui se meut entre Achilles & Agamemnon, le vieil & sage Nestor donne sa
sentence ; & dit, qu'Agamemnon par droit
doit preceder, & estre reputé plus grand que
Achilles : pource (dit-il pour raison) qu'il cõ-
mande à plus de gens. Combien qu'Achilles
fut fils d'vne Deesse, plus adroit & gaillard
de sa personne ; & plus preux & vaillant, que
le Roy Agamemnon.

Chap. CXXX.

E Prince, ne s'acquiert pas le nom & la reputation de prudent & sage Prince, pour bien sçauoir & entendre ce qui se doibt faire, ou ce qui doibt aduenir: Pource que l'vn touche plus tost à l'office d'vn Astrologue, ou d'vn deuin, que d'vn homme sage : & l'autre, d'homme qui plus s'amuse à speculer & contempler, qu'à bien faire. Bien se peut acquerir lors, que preuoyant les choses à venir, il y pouruoit de telle façon : qu'il destourne & euite celles, qui peuuent nuire, & aisément se preuaut de celles, qui sont bonnes & profitables. Autrement, trop grand seroit le nombre des prudens & sages : si pour estre dit sage il suffisoit, preuoir & congnoistre ce qui se doibt faire; sans le ramener à autre effait.

Chap. CXXXI.

VAND le Prince demeure suspens, & en doubte, de faire, ou ne faire pas quelque chose: quelque peu de raison ou authorité qui y puisse suruenir, le fait aisément resoudre de l'vne part, ou de l'autre. Pource que l'esprit estant en incertitude, &

en doubte, reſemble à vne balance: laquelle, pour l'egalité du pois, ne pend d'vn coſté ne d'autre: toutesfois pource qu'elle demeure en contrepois, pour peu qu'on adioute de coſté ou d'autre ; on la verra incontinent pendre & abaiſſer de ce coſté. Pource eſt-ce bien ſage-ment & acortement fait, d'enuoyer traiter & capituler auecques les Princes, pendant qu'ils ſont en ces doubtes. Mais faut entendre, que parlant du Prince, qui a l'eſprit doubteux & ſuſpens : ie n'enten pas de celuy, qui eſt ainſi incertain & irreſolu de ſa nature: pource que telle ſorte d'hommes n'a iamais de concluſiõ, ne de reſolution : mais i'enten de celuy , qui volontiers faiſant ce qu'il doibt ; demeure neantmoins ſuſpens & en doubte ; pour les raiſons, qui de part & d'autre ſe preſentent à luy comme egales.

Chap. CXXXII.

NON ſeulement les Princes, mais auſſi les autres hommes de tous eſtats & qualitez, aux lieux publics, meſmes aux rencontres & conuerſations domeſtic-ques, ne peuuent touſiours faire, ou de viſage, ou de parole, le meſme accueil: qui eſt propre & conuenable à chacun. Pource y a il en cela

beſoin de diſcretion, pour ceux qui ne ſont à
l'auenture pas accueillis, comme ils le penſent meriter: car ils doibuent conſiderer, que
frequens ſont les accidens, qui peuuent diuertir vn autre eſprit, des choſes qui plaiſent
au noſtre, & que ſingulierement il deſire. Partant, ne pour la premiere, ne pour la ſeconde
fois, tu ne doibs pas faire concluſiõ, que celuy
qui ne t'a pás accueilly à ton deſir; ſe ſoit alie-
né de ton amitié, & ait ceſſé de te bien vouloir: Car ces ſoudains & precipitez iugemens,
ſont faits ſeulement par hommes coleres, &
par hommes qui meritent peu, & peu ont des
biens de fortune: Par les premiers, à cauſe de
leur impuiſſante; par les autres, à cauſe de
leur foibleſſe: au moyen de laquelle ils ſe ſont
touſiours croire, qu'ils ſont meſpriſez de chacun. Vray eſt, qu'il ne ſied pas bien à vn homme, d'vſer (comme par profeſſion) de certaine
rigoureuſe rudeſſe, que font aucuns: leſquels
encores s'efforcent de l'excuſer: diſans, que
la nature les a ainſi fais: comme ſi à l'homme
ciuiliſé, n'eſtoit pas mieux ſcât, de viure ſelon
la raiſon, que ſelon l'inſtinct de nature: Au
moins ſi la nature ſe doibt prendre & entendre en la maniere, qu'ils la prennent & entendent: pource que la raiſon encores eſt de la
nature, & ſelon la nature de l'homme. Et à

telles gens pourroit-on demander, s'il euft
pleu à la nature vous faire volleurs, larrons,
brigans, & traiftres : euffiez-vous voulu en
celà la fuiure? Certes non ; refpondroient-ils:
Doncques ne faut-il donner la coulpe de
nos vices, à la nature ; ains à noufmefmes : qui
ne voulons nous trauailler aucunement de
refifter à noftre fenfualité, & naturel appetit:
& tourner nos naturelles inclinatiõs, à faire,
ce que l'honnefteté, & la ciuilité requiert.

CHAP. CXXXIII.

ON & louable eft le Prince, qui eft
benin & gracieux de nature : pourueu qu'il fcache encores les moyés
de fe garder d'eftre, ne benin, ne
gracieux, en temps & lieu: pource que cefte
douce benignité continuee, eft dommageable; voire à ceux-là mefmes, aufquels on voudroit qu'elle profitaft: car il n'y a homme, qui
efperant trouuer aifément le pardon, ne fe
laiffe aller au peché, au moindre appetit qui
l'en piquera. Donques faut-il faire en forte,
qu'à caufe de cefte facilité, les bons, ne deuiennent point mauuais: & les mauuais, pires:
dont le vray remede eft, que la benignité foit
meflee auec quelque feuerité : à fin qu'on

puiſſe croire de ce doux, & clement Prince,
ce qu'on dit couſtumierement du vin doux:
que quand il ſe fait vinaigre; il eſt plus aigre
& piquant, qu'aucun autre vinaigre ordinaire. Par ce moyen, chacun ſe tiendra ſur ſes
gardes,& ne ſe laiſſera tomber en faute,ſil n'y
eſt pouſſé par quelque forceante neceſſité: à
laquelle encores pourra-ton auoir quelque
reſpect, ſans faire tort au public. Car perſonne ne prendra exemple de mal faire, des
fautes faites par contrainte & neceſſité: mais
bien de celles,qui auront eſté faites par plaiſir
& deſordonné appetit.De façon que le Prince pourra bien quelquefois, vſant de ſa clemence & douceur, ſeurement pardonner au
delinquant, en faiſant toutesfois diſtinction
d'vne perſonne, qui ayant vne fois fait faute,
apres en auoir obtenu pardon: ne retournera
plus à mal faire : & d'vne autre,à laquelle ſi on
auoit pardonné ſon mesfaict : il retourneroit
puis apres à pis faire,qu'il n'auoit au parauant
fait.

CHAP. CXXXIIII.

AVx choſes que peut le Prince auoir à
commander à ſes ſubiets : il doibt a-
uoir plus d'eſgard à leurs raiſons qu'à
ſa puiſſance: & au contraire les ſubiets, en ce

qui leur eſt commandé par le Prince, doiuent
auoir plus de conſideration de ſa puiſſance,
que de leur propre raiſon. Car ſi le ſubiect, a-
uec trop grande importunité alloit propoſant
ſa raiſon deuant le Prince: il luy pourroit bien
faire penſer, que t'aiſiblement il luy voudroit
diminuer ſa puiſſance. Dont aduiendroit,
qu'aiſément il le ſe rendroit ennemy, au lieu
de le perſuader à faire ſelon ſon intention : ou
procedant auecques luy en toute humilité &
reuerence : il le trouuera d'autant plus benin
& gracieux enuers luy ſon ſubiet, que luy encores de ſa part, monſtrera luy donner de
grace, & de bon cœur, ce qui luy eſt demandé par debuoir & par iuſtice.

Chap. CXXXV.

CHACVN dit, qu'aux principautez, & quaſi en toutes publiques
adminiſtrations, la reputation
gouuerne : Mais quant à moy, ie
ne ſçay qu'ils entendent par ce mot de reputation. Car quand ils voudroiët dire, que c'eſt
vne certaine bonne eſtime, & vn certain bon
renom: qui correſpond aux vertueux actes de
l'homme: ils n'ont que faire d'empirer le mot:
mais deuſſent dire, que la valeur, & la vertu

gouuerne:qui feroit parole veritable.Semble
donques,que par la reputation, ils entendent
feulement vne certaine opinion, ou apparence,de vertu,ou de pouuoir. A quoy ie dy,que
telle reputation peut fuffire pour ceux, qui ne
confiderent rien,que l'efcorce de toutes cho-
fes:mais que ceux qui plus profondement les
fondent, ne fe laiflent pas aifément tromper
par la belle monftre : ains f'ils ont defir & deffein d'offenfer , & ils en voyent l'occafion . ils
ne la laifferont aucunement perdre.Mal confeillé doncques fera le Prince , qui fe fiera en
cefte imaginee reputation:car quand on viédra aux preuues , il pourra bien , à fon grand
dommage, f'apperceuoir: quelle difference il
y peut auoir,entre les vrayes vertus, & les apparentes.

Chap. CXXXVI.

Vi de pres y regardera, affez toft
congnoiftra : que ceft quafi egale
feruitude , (combien que pour diuers refpects) celle du Prince &
celle du peuple:fors en tant que le Prince fou-
ftenu de fa puiffance , couure la fienne d'vn
tiltre plus magnifique. Mais fe preuue le
Prince,ou bon,ou mauuais:&on congnoiftra

ce que ie dy eſtre veritable. Pource que ſi le
Prince eſt mauuais : il n'eſſaiera, par les reſ-
pects qu'il doibt auoir, des cens parts l'vne, à
venir à bout des choſes qu'il deſire : & ſ'il eſt
bon, il clorra les yeux à mille choſes, qu'il tiē-
dra pour mauuaiſes : pour ne ſouffrir vn plus
grand & pernicieux deſordre.

CHAP. CXV.

PAR tous les lieux, ou ſ'eſtend
l'authorité du Prince, là auſſi
doibt-il eſpandre ſes graces &
ſes faueurs : & n'auoir en moindre recommandation ſes ſubiets
lointains de ſa court, & qu'il n'a iamais veus;
que les autres qui luy ſont voiſins, & touſiours
ſont deuant ſes yeux. Pource que la grandeur
& la maieſté du Prince, ne prend pas fondement & accroiſſement de congnoiſtre, ains
d'eſtre congneu de beaucoup d'hommes.
Et trop ſeroit reſtreint l'honneur & le renom
d'aider & bien-faire à autruy : ſi le ſecours
& le bien-fait ne paſſoit point, outre les perſonnes, que l'on void & congnoiſt.

CHAP.

CHAP. CXXXVIII.

AGESILAVS interrogé de quelles qualitez il se sentoit plus heureux : entre toutes celles qu'il sçauoit requises à vn bon Roy, respō-
dit que cestoit de celle, qu'il s'osoit bien attribuer: assauoir, de n'auoir iamais esté surmonté
par homme quelcōque en volonté & prōpti-
tude de bien-faire à autruy, ny en magnanimité: Et veritablement, comme le bon & vray
Roy doibt auoir hōte, d'estre par autre vaincu,
en quelque chose que ce soit : sçachant que le
vaincu est tousiours moindre que le vaīqueur:
Aussi plus que de toute autre chose, il doibt
rougir, se voyant surmonté en ce qui est propre à la royale grandeur: & qu'il peut aisémēt
faire. Car quant à biēfaire à autruy: qui est celuy qui se puisse esgaler à vn Roy : Seigneur
de tant de biens, & ayant tant de moyēs: que
miserable seroit sa condition : si par aucune
personne priuee, en liberalité & munificēce,
il se laissoit, ie ne dy pas vaincre ou egaler,
mais de bien loin approcher. Et quant à la
magnanimité, chacun sçait, combien elle fait
valoir vn Roy: non seulement à l'auantage de
ses subiets : mais aussi de tous autres hōmes:
pource qu'elle est ennemie de la malice, &

M

des tromperies secretes ; se monstrant tousiours ouuerte, & pleine de bonté : & prompte
à pardonner ; non seulement à ceux qui ont
combatu contre elle : mais encores à ceux qui
de nouuel y pourroient combatre : côme nous
en auons l'exemple de Iules Cesar : lequel auât
pris prisonnier Ptolomee d'Alexandrie, capitaine signalé, son ennemy, il le deliura auât
la fin de la guerre : & le rendit aux Alexâdrins,
qui l'en auoient prié. Et à ses soldats, & capitaines Romains, le blasmans de ce, que ceste
sienne grandeur de courage estoit cause, de
faire la guerre plus longue, & plus dangereuse : ayant si volontairement rendu anx ennemis vn tant vaillant capitaine : il respondit,
que d'autant plus illustre & plus magnifique
luy en reuiendroit la victoire : laquelle aussi
peu apres heureusement luy succeda.

CHAP. CXXXIX.

Lexandre Roy de Macedoine, sur-
monta en grandeur & magnificence,
tous les autres Roys : donnant tant de
biens, & tât d'authorité à ceux qu'il aima : que
apres sa mort ils oserent aspirer aux empires
& Royaumes, qu'il tenoit viuant : & de fait
plusieurs y paruindrent. Mais ce qui plus en

luy fût efmerueillable, eft que, contre l'vfance de tous autres Roys, il eftoit bien aife, que fes familiers & bien-aimez, mefme en fa prefence, paruffent, & fuffent eftimez comme Roys. Dont aduint, que lors qu'il alla vifiter la mere de Daire Roy des Perfes fa prifonniere: entre les Seigneurs & Princes marchâs deuant luy, fe trouua fon cher & bien-aymé Epheftion, veftu de pourpre. Lequel voyant la dame, & croyant que ce fuft Alexandre, fe profterna à fes pieds : & le falua en telle humilité & reuerence, comme f'il euft efté le Roy. Ce qu'eftant par les haineux d'Epheftiô incontinent reporté à Alexandre, penfans qu'il fen deuft courroucer: il refpondit, qu'il prenoit grand plaifir à voir, que fes amis fuffent eftimez & reuerez, comme fa propre perfonne. Mais il n'honnora & enrichit pas feulement fes plus chers & meilleurs amis, comme eftoit Epheftion : ains encores faifoit il careffes & accueil aux fimples foldats. De fait en trouuant vn, lequel pour l'afpreté de l'hyuer eftoit quafi mort de froid meu de pitié, pour le rechauffer, il le fit mettre dedans fa littiere : & fe mocquant des Roys de Perfe, qui faifoient mourir tous ceux, qui ofoient fe feoir au fiege royal, dift: *A toy auiourd'huy rend la vie, ce qui l'ofteroit aux Perfes.*

CHAP. CXL.

QVAND le Prince pardonne à quelcun de ses subiets, & auec vn rappel de ban, le faict d'exil retourner au pays : il est de tous loué, comme Prince benin & clement. Ce que ont faict plusieurs Princes: combien qu'aucuns d'eux en ayent depuis esté marris: quand le subiect apres auoir receu la grace du Prince, & le congé de reuenir : a doubté de la foy de son Seigneur : & n'a eu honte ne crainte, de luy en demander lettres de seureté. Mais le grand Alexandre, pour en toute chose faire paroistre le comble de sa vertu: prié par Prote disgracié, de le remettre en sa bonne grace; ne luy ottroya pas seulement sa requeste : ains depuis par luy recherché de luy en bailler seureté, qui fust suffisante pour l'y maintenir: tant s'en fallut, qu'il s'en courrouceast: qu'au côtraire de riant visage il luy fit response : que la seureté seroient cinq talens, (qui valoient trois mille escus) lesquels à l'instant il luy donna: afin que plus commodément il se peust maintenir, entre les autres viuans en sa bonne grace.

CHAP. CXLI.

L'Homme liberal, combien qu'il ne puisse
exercer sa liberalité enuers tout chacun:
pource que parauenture chacun ne la desire
pas, ou n'en a pas besoin; neantmoins il est aimé de chacun. La raison en est, pource qu'on
void clairement, que le liberal fait plus grand
compte du contentement d'autruy, que de
son propre profit, de maniere, que chacun
croit fermement, qu'au besoin luy en viendroit, il seroit secouru par luy. Et combien
qu'aucunefois on cognoisse, que debuant le
Prince estre liberal, il luy en faut retirer le
moyen par voyes mal conuenables; neantmoins ses subiets sont bien aises de voir, que
le Prince face du bien, & des presens à ses a-
mis. Pource qu'estant quasi en la puissance de
chacun (selon les grades) de se le rendre amy:
il semble consequemment à chacun, qu'il
peut esperer de participer à sa liberalité. Ou
au contraire, l'auarice & chicheté du Prince,
le faict paroistre homme restreint, & tout à
soy, & qui n'a soin ne soucy, que de soy-mesmes. Et ores que la chiche espargne se face
quelque fois auecques prudence, & pour le
bien public: toutesfois chacun n'a pas l'esprit

de le confiderer, & le trouuer bon: pource
qu'en bien petit nombre font ceux, qui de ce
qui appartient & touche vniuerfellement à
tous, vueillent eftre particulierement o-
bligez.

Chap. CXL.

Evt bien eftre qu'vn homme liberal ne f'accroiftra iamais en
biens: neantmoins ne feft onques
veu qu'aucun, à caufe de fa liberalité, foit deuenu pauure: pource qu'vn
vray liberal, ne defpend point plus qu'il doibt
à la proportion de fes facultez: & pour liberale-
ment donner à autruy, ce qu'on peut honneftement luy donner, ne fait point l'homme
actes pour appauurir: parlant neátmoins ciuilement pour ce regard. Car au contraire, la
prodigalité, plus on en vfe, plus fait perdre le
moyen d'en pouuoir vfer: & par neceffité aduient, que les prodigues en peu de temps deuiennent pauures: ou, f'ils font Princes pour
obuier à la pauureté, ils deuiennent rauiffeurs
& pillars. Et en fin plus grande eft la haine,
qu'ils acquierent de ceux aufquels ils oftent:
que n'auoit efté la grace qu'ils auoient receue
de ceux, aufquels parauant ils auoient donné

Outre ce , que donnant le prodigue sans
choix, & sans iugement : celuy qui reçoit le
don , s'il est homme de cœur & de valeur, ne
luy en sçait,ne gré,ne grace:s'il n'est de valeur
il n'en peut rendre merite, qui ne soit de bien
petite importăce:mais de la liberalité, pource
qu'elle est faite auec iugement, il en ensuit
tousiours gré & grace:ou à tout le moins peu
s'en faut.Puis deuant estre pratiquee & exercee enuers personnes de valeur & de merite:
elles sont tăt rares,qu'il sera fort malaisé, que
Prince aucun deuienne pauure,pour donner
& faire du bien à telles personnes. Et ceux,
(qui par forme de precept apartenant au bõ
reglement de l'estat) retirent le Prince de la
liberalité: le reculent & priuent de la plus
digne & noble partie , qui le face reluire en
sa principauté. Car estant le premier & principal office du Prince, de remunerer, & de
chastier : debuant le rigoureux chastiement
estre hors de sa volonté:(veu que c'est comme vice d'homme cruel de s'en delecter)
il luy reste la remuneration : laquelle aussi
doibt estre faicte auec dignité & spendeur:
& partant ne se peut faire sans cœur &
courage liberal. Et si le Prince par son
debuoir estoit contrainct de souuent exer-

cer cefte liberalité : ce feroit certaine approbation de la grandeur & precellence de
fon empire : pource que par ce moyen il feroit paroiftre, qu'ils auroit beaucoup de fubiects dignes, par leurs valeurs & merites, de fa
liberalité.

Chap. CXLIII.

PLvs gaillardement ne fe pouuoit
magnifier la liberalité d'Alexandre,
& au contraire plus blafmer l'afpre
conuoitife du Roy Daire : que fit Alexandre
fils de Mazzee : au gouuernement duquel
ayant le Roy de Macedoine adiouté vne Se-
nefchaucee ou Preuofté, plus grande qu'vne
autre qu'il gouuernoit ia parauant : vaincu de
fi grande liberalité, il fe print à dire: *Daire, du-*
quel i'ay cy deuant efté feruiteur, defiroit eftre feul
Daire: mais toy, Alexandre auecques les dons, fais
en forte, qu'en vn mefme temps fe peuuent voir plu-
fieurs Alexandres: car il ne fuffit pas à la grandeur
de ton haut courage, & au bon vouloir que tu
portes à tes amis, de les faire riches : mais encores
veux-tu que les richeffes leur abondent en telle af-
fluence, qu'il ayent le moyen d'en pouuoir enri-
chir d'autres : & les rendre d'aifance & de commo-
dité pareils à foy. Auffi f'accordent bien tous

les efcriuans à dire, que plus auança & enrichit Alexandre fa fplendide liberté : que ne
firent Daire toutes les daces, gabelles, & im-
pofitions, qu'il peuft mettre fus au pays de
Perfe ; & dont Herodote luy donne le tiltre
& le renom, d'auoir efté le premier inuenteur.

CHAP. CXLIIII.

S EMBLE, que les hommes plus
volontairement fe mettent à faire, ce qui leur vient de propre
vouloir : que ce qui leur eft par
autre commádé, ou à quoy ils fe fentent d'ailleurs obligez. Ce qu'à l'aduenture peut proceder, de ce qu'au premier, ils fe recongnoif-
fent fuperieurs, & au fecond inferieurs : pource que le payement d'vne debte, monftre le
merite & la valeur de celuy, auquel on la
paye. Mais f'ils confideroient, que ce pendant qu'ils ne payent point ce qu'ils doiuent,
ils font vne grande iniuftice : & que la liberalité bien exercee, eft veritablement louable ;
mais non de ce, qui eft ja obligé à vn autre :
ils y procederoient plus meurement, & auec
plus grand refpect. I'ay autrefois congneu
des Princes, lefquels, pour fe monftrer liberaux enuers ceux, qui ne leur touchoient en

rien, & auec lefquels ils n'auoient onques eu
aucū affaire;appauuriſſoient leurs amis : & ſe
comportoient de ſorte, qu'en meilleure condition eſtoient aupres d'eux, ceux qui oncques ne leur auoient faict aucun ſeruice;que
ceux deſquels ils auoient receu & aduantage
& plaiſir. Qui eſt choſe, à la verité, de fort
mauuais exemple : & beaucoup mieux vaudroit faire deuoir de contenter ſes amis &
bons ſeruiteurs : que par ambition d'vn vain
tiltre de liberalité ſimulee, faire du bien à
ceux, auſquels vous n'eſtes en rien ne tenu
ny obligé.

Chap. CXLV.

Evx qui ne ſçauent rien donner à leur amis & familiers,qu'à
la requeſte & priere d'vn tiers:
ſe priuent eux-meſmes de ce
bon & volontaire mouuement
d'eſprit; naiſſant aux hommes qui ſont droitement liberaux, & veulent franchement recongnoiſtre & recompenſer, la peine que
l'on prend pour eux: & qui viennent par ce
moyen à gouſter le commencement de deux
tres-honorables vertuz; qui ſont, la liberalité, & la iuſtice: Sans que les ſeruiteurs & fa-

miliers qui reçoiuent le bien-faiſt, demeurent plus obligez à leur vigilance & diligence, ou de celuy qui en a eſté le moyenneur,
qu'au Prince ou Seigneur qui a faiſt le bien.
Qui eſt choſe tres-pernicieuſe : car la vertu
& le merite, de celuy qui doit receuoir le bié,
eſt ce qui doit émouuoir le donneur au bien-
faiſt: non-pas l'importunité ou la priere d'aucun. A ceſte cauſe, on ne ſçauroit aſſez louër
& recommander Archelaus : lequel importuné d'vn homme d'aſſez baſſe condition, de
luy donner vn vaſe d'or, auquel il beuuoit au
banquet, il le donna ſoudain à Euripide, qui
ſe trouua là preſent : Et quand celuy auquel
il l'auoit refuſé, l'importuna derechef, luy
demandant : *Mais pourquoy le donnes-tu à vn*
qui ne le demande pas, & le refuſes à moy, qui te
l'ay demandé? Il reſpondit : *Pource que tu es di-*
gne de le demander, & point ne l'auoir, & ceſtui-
cy merite de l'auoir ſans le demander.

CHAP. CXLVI.

POVRCE que le don, eſt l'vne des
plus ſingulieres & excellentes operations, qui ſ'exercent entre les hommes : on doit bien conſiderer les parties, que
doit auoir celuy qui le faiſt; & les qualitez de

celuy qui le reçoit; & encores celles qui font
communes à tous les deux. Et commenceant
par ces dernieres, ie dy, qu'ils & chacū d'eux
fe doiuent monftrer gais & allegres, & auec
vifage clair & ouuert faire congnoiftre ce
bon vouloir & franc courage, conuenable à
bien donner, & à bien receuoir le prefent.
Celuy qui le donne, le doit dōner fans efpoir
d'aucune recompenfe : & en ce cas, faire tout
le contraire de ceft autre qui le reçoit: lequel
fon deuoir oblige de foudain penfer à la recompenfe qu'il en veut & doit faire; & ne
donner loifir au don qu'on luy a faict, de f'enuieillir en fes mains, auant qu'il en ait fait la
recompenfe : afin que le plus toft que faire
fe pourra; de receueur fimple, il deuienne
receueur & donneur tout enfemble : Hefio-
de pour defcrire cefte derniere operation, fut
cōtraint de faire, que les Graces fuffent trois:
pource que f'il euft faict feulement, que l'v-
ne d'elles donnaft, & l'autre receuft : cela n'e-
ftoit pas fuffifant pour la perfection du bien-
faict: qui fut occafion de luy en faire adioufter vne troifiefme ; qui liaft enfemble le
donner & le receuoir. Et ne fe pouuoit cefte
liaifon monftrer par meilleur moyen: qu'en
faifant (fi comme il fit) que les trois Graces
f'entretinffent par les mains. Il voulut enco-

res qu'elles fuſſent vierges, pour monſtrer
que le bien-faict ſe doit donner, ſans eſperā-
ce de retour ou recompenſe : & qu'elles fuſſent veſtues de robbes luiſantes ou trāſparen-
tes,& deceintes ; comme voulant dire, qu'il
ne falloit point, qu'aucune obligation les cō-
traigniſt : & finalement qu'elles fuſſent ieunes afin que le bien-faict bien promptement
& ſans demeure, fut faict & rendu . Homere, ayant à l'aduenture eſgard à ce, que la
troiſieſme deuoit engendrer & faire fruict ;
ne la fit pas vierge : mais voulut qu'elle ſe
mariaſt ; & la nomma, (autrement qu'He-
ſiode) Paſithee. Ariſtote raconte, que les
Anciens auoient de couſtume, de faire le
temple des graces au bout d'vne ruë couran-
te,de maniere qu'en cheminant on y donnaſt
dedans : pour monſtrer, qu'aux Graces conuient le retour ou contr'eſchange ; ne pouuant choſe aucune eſtre frappee en face, que
elle ne retourne en arriere. De ſorte, que de
toutes parts on peut apprendre qu'ores que
celuy qui donne, ne donne pas en intention
d'en receuoir contr'eſchange ou remuneration : neātmoins l'autre le doit receuoir,auec
volonté de rendre le bienfaict receu:afin que
les deux ſoient égaux en vertu : & qu'on ne
congnoiſſe moins de bon cœur & de gene-

rosité en celuy qui a receu ; qu'on en a veu &
cogneu en celuy qui a donné.

CHAP. CXLVII.

LYCVRGE ordonna les banquets
& les exercices publics, & toutes
les autres chofes, qui pouuoient eftre
occafion d'affembler les citoyens de Sparte
enfemble : afin qu'au moyen de la familiere
conuerfation ils vinffent à s'entr'aimer, & à
s'entr'aider ; & à se bien faire les vns aux autres. Les Romains defirans la mefme chofe,
outre tant d'autres moyens qu'ils practique-
rent pour y paruenir ; ils y adioufterent encores la religion. Pource (ce dit-on) meirent-ils
le temple des Graces au milieu de la grande
place ou marché : voulans par cela faire entendre, qu'eftant cefte place vn lieu public
& commun, auquel chaque citoyen vne fois
le iour arriue & paffe : auffi deuoit & pouuoit
chacun à quelque heure voir ce temple, & le
voyant se fouuenir, que tout ainfi que la place eft le plus fpacieux & digne lieu de la ville : auffi la magnificence, recongnoiffance,
& promptitude à bien faire à chacun, eft la
plus commune, & la plus digne vertu, que les
hommes puiffent auoir : pource que fans elle
iamais la cité ne se pourroit maintenir, ne
bonne, ne belle.

CHAP. CXLVIII.

COMBIEN que le don & bien-
faict, soit aucunement en la liberté & franche volonté de celuy qui donne : si a-il encores
neantmoins ses certaines loix & distinctions,
qui le restraignent. C'est pourquoy, quand
on a, des amis, des alliez, des seruiteurs qualifiez, ou autres qui attiennent de quelque
costé, ausquels le don qu'on veut, ou peut
faire, est raisonnablement deu : tel don ne
doit pas estre faict à autres personnes, qui en
rien n'attouchent au donneur : & ausquels il
n'est, ne naturellement, ne ciuilement en rien
obligé. Semblablement n'est-il pas besoin
de donner à tous ceux qui demandent, de la
sorte que font aucuns : comme si le demander, & le meriter, fussent vne mesme chose.
Ne mesmes, entre ceux qui demandent, &
qui l'ont merité; ne faut-il donner aux premiers qui demandent: pource qu'il pourroit
aduenir, que les premiers demandeurs, moins
meriteroient le don, que les seconds & les
tiers; Qui plus est, se doit aussi euiter & fuir
l'exemple d'aucuns; de tant indiscrette nature, que leur estant demandé vne mesme
chose, & par leurs amis & parens, & par au-

tres incognus & barbares hommes eſtrãgers;
& encores de tel, qu'ils ſçauront certainemét
ſe deuoir moquer, du bien & honneur qu'on
luy aura faiɔt : neantmoins ils ſe reſoluent de
la donner à ceſt ingrat. Partant les ſeigneurs
donnans : doiuent bien aduiſer, & de tout leur
pouuoir s'efforcer ; que les gracieux bienfaits
qu'ils font, ne ſoient moins iuſtes que courtois. Pource quand ils voyoient vn homme,
qui tãt plus il merite à l'ẽtour d'eux, & moins
il demande : qu'ils ſe ſouuiennent, que d'vn
tel homme, le merite & la modeſtie, doiuent
eſtre par eux premierement & ſingulierement recognuz.

CHAP. CXLIX.

LE bien-faiɔt, n'eſt pas la bien-voeillance ;
ains le ſigne de la bien-voeillance de celuy, qui faiɔt le bien : car le bon vouloir a ſon
fondement en l'eſprit : qui peut auec le deſir
embraſſer beaucoup d'auantage, que ce qui
ſe peut mettre en œuure. Partant combien
que quelques-fois bien-faiɔts ſoient eſlargis,
auec grande incommodité de celuy qui les
faiɔt : neantmoins s'il entend quelle choſe eſt
bien-voeillance : il faut qu'il croye, & face
croire aux autres ; que ce qu'il a faiɔt, eſt peu
au re-

au regard de la bône volonté qu'il a de beaucoup mieux faire : mais auffi eft-il befoin,
que tout ce qu'il en dira & fera, foit dit & fait
fans affetterie. Le contraire doit faire celuy
qui reçoit : lequel doit eftimer le bien-faict,
beaucoup plus qu'il ne peut valoir ; & faire
contenance , qu'il luy apporte commodité
plus grande, qu'à l'aduenture il ne faict ; ne
faifant au furplus aucun femblant de merite,
qu'il euft enuers le donneur : veu que la mé-
tion ou demonftration de merite, prefuppofe
que premierement on a faict au donneur, ou
bien ou plaifir; au parauant que d'en auoir
de luy receu : qui eft chofe bien odieufe. Et
toufiours aduiendra, que fi celuy qui faict le
bien , l'eftime moins, que celuy qui le reçoit
ne le prife : en la conuerfation & hantife de
fes amis & compagnons, & au maniement
des affaires publiques , il fe requerra vne
tres-grande bien-voeillance.

Chap. CL.

E don, ne doit point eftre appellé
don ; s'il ne part de la franche & liberale volonté, de celuy qui le dône : combien que celuy qui le reçoit fuft fingulierement vertueux, & digne

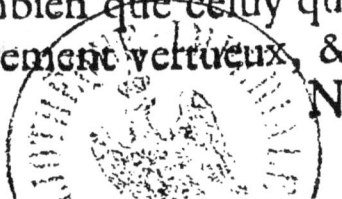

N

de plus grand bien: Car combien que l'homme vertueux, doiue veritablement estre de
tous honoré : neantmoins aucun n'est contraint ou necessité de luy rien donner.
Pource faut-il laisser à celuy qui donne, la
liberté de donner ce qu'il luy plaira ; & n'est
ne bon ny honneste, que celuy qui reçoit le
don, luy face loy ou paction aucune ; ne qu'il
estime peu le don, qu'il aura receu. De maniere, que mal aduisez, ou (à mieux dire)
bien éhontez sont ceux, qui ayans de liberale main receu quelque honeste present qu'on
leur a faict, ne s'en contentans, demandent
d'auantage quelque autre chose. Et est bien
employé à telles gens de rencontrer des don-
neurs d'espits & desdaigneux : & qui ne font
compte d'auoir perdu ce qu'ils ont ja donné.
Mais les personnes accortes & bien aduisees,
en tel cas ne regardent pas à ce que meriteroit bien cest impudët, ains à ce qu'il deuroit
faire : & luy accordent doucement & paisiblement, ce qu'il demande d'auantage : ou
bien s'ils ne peuuent demeurer cois ; ils luy
respondent auec quelque ingenieux & pic-
quant mot : comme fit Philippe Roy de Macedoine ; lequel ayant en vne grande & perilleuse bataille vaincu les Atheniens, & voulu vser de magnanime liberalité en leur en-

dfoit, réuoyant tous les prisonniers, sans leur
faire payer vn denier de rançon ; fut encores
par eux requis & instamment prié, de leur
rendre tout ce qu'on leur auoit osté. Ce que
ayant entendu le Roy Philippe, se retournât
vers quelques vns de ses amis, il dit : *Il semble*
aux Atheniens, qu'ils ont perdu au ieu des petits
enfans; puis qu'ils redemandent leurs espingles.
Comme voulant dire, qu'ils ne se recordoiét
pas ; comme la moindre commodité qu'il
plaist au vainqueur laisser & octroyer à ceux,
qui sont prins ou vaincus en bonne guerre:
doit estre receuë & estimee, pour vne grand'
grace.

CHAP. CLI.

VAND Xenocrates refusa les
cinquante talens, qu'Alexandre
luy auoit enuoyez en don; disant, qu'il n'en auoit point de
besoin: Alexâdre auec iuste raison s'en émer-
ueillant, respondit : *Xenocrates a-il point d'a-*
mis? Car toutes les grandes richesses du Roy Daire,
à peine ont esté à moy suffisantes pour faire des pre-
sens à mes amis. Et si Xenocrate eust respon-
du, que l'obligation qui luy en fut demouree,
& le soin qu'il eust eu de la garde & despense de tant d'escus, l'eussent empesché de va-

quer à choſes plus grandes : On luy euſt peu
repliquer ; Quant à la premiere, qu'ainſi cōme entre les obligations il n'y en a point de
plus honnorable, que celle qui procede de
la remuneration receuë à raiſon de la vertu
(& tele euſt eſté la ſienne enuers Alexandre:)
Auſſi ne ſe pouuant rendre contr'eſchange
plus conuenable à tel loyer, que les nouuelles vertueuſes operations : ceſte neceſſité de
vertueuſement operer, doit eſtre aimee &
embraſſee de toutes gens de bien:& non-pas
reiettee (comment que ce ſoit) pour choſe
mauuaiſe & rebutable. Quant à la ſeconde, de vouloir eſtre exempt de toutes les peines & empeſchemens, que les richeſſes portent auecques ſoy ; c'eſt bien peu de choſe,
& comme rien. Car touſiours eſtoit-il en ſa
puiſſance de s'en deſpeſtrer ; & de remunerer
auec les meſmes biens, la vertu des autres; ne
plus ne moins que la ſiéne en auoit eſté guer-
donnee. Et ſi pluſieurs hommes de grand
nom, n'ont pas voulu prendre les dons, qu'on
leur a offers : ils ne les ont pas refuſez, pource
qu'ils penſaſſent, que ce fuſt mal faiĉt de les
accepter : (Car auſſi faudroit-il conſequemment dire, que ce ne ſeroit pas bien faiĉt de
donner:)mais ils l'ont faiĉt, craignát que l'ac-
ceptation ne fuſt par le Prince, ou par les

bourgeois de la ville, prinſe en mauuaiſe
part : veu que dependant leur authorité
(fuſt, ou en republique, ou en principauté)
d'autres perſonnes ; il eſtoit beſoin peſer &
meſurer les choſes,ſelon la capacité d'autruy:
& de ce qui eſtoit par eux faict ſoubz publique authorité : il n'eſtoit pas honneſte qu'ils
en receuſſent priué ou particulier guerdon.
Et ſi Fabrice Romain ne voulut de Pyrrhe
Roy des Albanois,receuoir en don la rançon
des priſonniers Romains ; qui eſtoit veritablement choſe appartenante au public : il le
fit pour iuſte occaſion : veu qu'il n'auoit pas
eſté meu à deceler à Pyrrhe la trahiſon que
ſon medecin ſeſtoit offert braſſer contre
luy , pour l'amour de luy : mais pour luy
faire entendre , que la Romaine vertu n'a-
uoit pas appris à ſe venger de ſes ennemis,
par trahiſon & tromperie : Neantmoins encores pouuoit-il ſembler, que ce don euſt
plus toſt eſté payement de la commodité &
aduantage, que Pyrrhe en auoit receu ; que
demonſtration de la Romaine magnanimité. Mais tout ce que i'en ay dit cy deſſus,ſoit
dit pour les dons, qui ſe font pour honorer
la vertu : Car quant à ceux qui ſont faits en
intention de corrompre , ou la iuſtice,ou la
conſtance,ou la droite opinion de quelqu'vn:

ils ne fe doiuent pas appeller dons, ains mef-
chancetez, dignes d'eftre rigoureufement
punies. Et font tels dons bien aifez à con-
gnoiftre:pource qu'ils ne fe font,fors à l'heure,que ceux qui donnent,ont affaire,de ceux
auquels il font les prefens.

CHAP. CLII.

L E Prince, qui permet qu'aucun
de fes miniftres reçoiue de la
main de quelque autre Prince,
prefens de prix & d'importance:
faict (à mon aduis) vne grande faute : pource que (comme vont les affaires du monde)
pouuans varier les affeurances, & changer
les amitiez: ce miniftre, f'il eft fidele à fon
maiftre, ne peut eftre autre qu'ingrat enuers
l'autre Prince, qui luy aura faict le don : &
f'il luy en fçait gré, & le veut recongnoiftre;
comment fe pourra-il maintenir en la fidelité qu'il doit à fon maiftre? Tellement qu'en
toutes fortes, tels dons ne peuuent eftre permis par le Prince ,fans diminution de fa di-
gni.é.

CHAP. CLIII.

A VCVNS, n'ont pas fi toft receu vn don
ou prefent de leurs amis, que prompte-

ment & par le mesme messager qui l'a apporté : ils ne renuoyent le contre-present : ils ne
rendent la pareille : Ce qui ne me semble aucunement bon ne louable. Car combien
qu'il soit bien conuenable de recongnoistre
le bien, qu'on a receu d'vn amy ; & ne laisser
enuieillir l'obligation : toutesfois ne doit-on
pas si tost en rendre la remuneration : comme si on acheptoit quelque denree en vn
marché : Pource que celuy qui si tost le rend,
peut faire par ce moyen prendre soufpeçon
à l'amy, qui luy a faict le present ; qu'il a prins
en mauuaise part l'obligation, dont il l'a voulu charger en luy donnant : & souuent, celuy qui veut estre si curieux & comme ambitieux de se faire congnoistre trop recongnoissant ; en rapporte reputation d'homme
ingrat. Donques quand on a receu quelque bien-faict ; on le doit recongnoistre &
rendre à deux fois : La premiere, tout soudain, & incontinent apres que le don a esté
receu ; c'est à sçauoir, non d'autre present ;
ains de bon visage, & gracieuses paroles : par
lesquelles on face paroistre, que le present a
esté fort aggreable, à celuy qui la receu. La
seconde, doit estre d'vn autre present, lequel
neantmoins se face quelque temps apres, s'en
offrit l'opportunité : mais il faut qu'au moins

il égale, fil ne furpaffe en valleur le prefent
qu'on a receu : toutesfois faire contenance
& demonftration par celuy qui le rend, que
fon deuoir, & fon bon voloir, l'obligeoient à
mieux faire. Afin que le gré & la grace appa-
roiffent plus grands & plus beaux : & qu'on
voye que ce qu'on en faict, n'eft pas pour
entierement fatisfaire à l'obligation : mais
feulement pour monftrer, qu'on fe recongnoift obligé.

CHAP. CLIIII.

PLvs aggreable femble le bien-faict,
quand il eft receu de celuy, que le
deuoir obligeoit d'ainfi le faire; que
quand il eft faict par vn autre, lequel n'y
eftoit en rien tenu: Pource que de ce dernier,
ne reuient que le plaifir, que chacun communément peut auoir, d'auoir receu du bien
de la liberalité d'autruy ; & dont le receuant,
il refent ioye & confolation: Mais au premier, outre le plaifir du bien receu, on reçoit
encores grand contentement, de voir que
l'amy ou parent a faict ce, a quoy le befoin
de fon amy ou attenant, & le deuoir de l'a-
mitié le tenoient obligé.

CHAP. CLV.

O N ne doibt pas ceſſer, quand l'occaſion ſ'en preſente, de faire touſiours du bien à celuy; auquel on
en a deſia beaucoup faiƈt : pource
que(comme vulgairement on dit)par les nouueaux bienfais, ſont confermez les anciens.
Mais, ce qu'en cela eſt plus d'importáce, c'eſt,
que par ce moyen, les autres ſ'eſtudient à ſ'acquerir voſtre bonne grace : voyans que vous
ne mettez point de fin aux courtoiſies : que
vous faites à vos amis.

CHAP. CLVI.

Q V A N D on a faiƈt du bien & du
plaiſir à quelcun ; non ſimplement pour l'amour de luy ; ains
à cauſe de quelque qualité qui
eſt en luy:on ne peut pas proprement
ment dire, qu'on ait fait du bien à ceſt hom-
me-là, ains à ſadiƈte qualité. A ceſte cauſe, ſil
change de qualité, & vous ne continuez à luy
bien-faire, il ne ſ'en peut raiſonnablement
plaindre:veu que le changement de qualité,
ne procede pas de vous, mais de luy : & que

vous continuez tousiours le bon vouloir de
luy faire bien : sil eust continué de sa part à
tousiours estre celuy qu'au parauant il estoit.

Chap. CLVII.

CHacvn doibt souhaiter, que
les autres desirent de le secourir
& aider à son besoin, & de luy biē
faire, l'occasion sen presentant:
mais non pas vouloir, qu'aucun d'eux le mette en effaict: & soient sans luy iuges, de ce qui
luy sera vtile, ou dommageable: nommément
es choses, qui appartiennent à l'estat. Pource
qu'il est bien souuent aduenu, que quelcun
meu de certaine indiscrete amitié, s'est mis à
tenter des choses, & faire tort (hors de propos
& saison) à tel qu'il a iugé ennemy : que pensant aider & secourir, il a grandement nuit &
endommagé, à ceux ausquels il pensoit bien
faire. Donques ne suffit-il pas, de vouloir sim
plement faire plaisir: mais faut le vouloir faire en sorte, que celuy auquel il est fait, croye
qu'il en areceu bon aide & secours.

CHAP. CLVIII.

Eluy qui faict du bien , & de l'a-
uantage à vn mauuais homme,
fait beaucoup de grandes& lourdes fautes: car il ne nourrit & entretient pas seulement de son bien la mauuaitié d'autruy : mais encores luy donne-il occasion de deuenir plus grande & pire : De fait
quand vn meschant homme se void chargé
de bienfais:lors plus il s'efforce de se preualoir
de sa meschanseté;& esperant en tirer du profit;sa mauuaitié tous les iours rengrege. D'a-
uãtage, pource que quand on frequente auec
les meschans,& on s'accorde auec eux;il semble que par mesme moyen on preste quelque
consentement à leur meschansetéz : & par ce
moyen on en acquiert en fin mauuais nom.
Et finalement, au lieu que le bienfait d'euft
estre le guerdon de la vertu:il se fait commun
auecques le vice.

CHAP. CLIX.

Vand vn homme est conduit à telle
extremité , que toute sa fortune est
en branfle de tomber: quelque peu
de secours qui luy puiffe estre donné, voire

par ſes propres ennemis;eſt ſuffiſant,pour faire oublier , & pour abolir , toutes les offenſes
paſſees.Comme au contraire, quelque petite
commodité que ce ſoit, qui deniee luy ayt e-
ſté par vn amy,en telle neceſſité;eſt aſſez puiſ-
ſante pour effacer la memoire de tous les pre-
cedens bienfaiċts. Car quand au premier,il y
a deux choſes enſemble : chacune deſquelles
à part ſoy a grand pouuoir , pour l'effait de la
reconciliation : l'vne eſt le plaiſir & le bien,
faiċt au meilleur temps, qu'il ſe puiſſe faire:
c'eſt à dire,au grand beſoin,& en l'vrgente neceſſité : l'autre (& qui eſt de plus grande importance)eſt l'aſſeurance que prend celuy qui
recoit le bienfait,du bon cœur & de la bonne
volonté de celuy qui le fait ; pource qu'il a attendu à le faire en telle occaſion : qu'on void
clairement, que ſ'il euſt voulu , il ſe fuſt aiſément paſſé de le faire:dont de toutes pars reſ-
ſort vn ſigne de vray deſir d'eſtre amy. Quel
deſir ne fut onques reieċté ne refuſé , non pas
des plus nobles courages : & auſſi peu de ces
eſprits cruels & ſauuages : pource qu'il n'y a
homme ſi rude & fier, qui naturellement, &
en tout temps, ne ſoit bien aiſe d'eſtre aimé.
Quant au ſecond: il ſemble raiſonnable, que
l'homme affligé, ſe voyant en ſon deſaſtre,
meſpriſé & abandonné, par celuy, qu'il pen-

soit son bon amy: puisse faire plus que certaine coniecture: que tout ce qu'il a parauant receu d'amiable apparence, durant la bonne fortune, ce a esté pour quelque particuliere intention, plus tost que pour desir que peust auoir le bienfaicteur, de luy faire chose auantageuse & agreable : lequel desir & bon vouloir, est celuy qui plus oblige, au secours & plaisir que font les hommes les vns aux autres que le mesme bien qu'on fait: tant grand puisse il estre.

CHAP. CLX.

COmbien qu'à tout homme de bien, la conscience porte suffisant tesmoignage en soy-mesmes, de ce, dont il se doibt douloir, ou rallegrir : toutesfois ne se peut-il faire, que naturellement il ne se pleigne: quád il se sent estre blasmé de chose, dont il deburoit receuoir grand'louange : & pour raison de laquelle, encores de ceux mesmes, desquels ils meriteroi̅ét auoir support & secours: ils reçoiuent rebut & dommage. Car le sens & l'aprehension, ayát en nous ses mouuemens, auant le iugement & la raison: l'homme ne peut si tost en soy-mesmes considerer, que les hommes, ie dy, de bonne volonté, &

chargez d'obligation, ont maintesfois fait encores pis que cela. Et vrayement c'eſt œuure
pluſqu'humain, de tout à faict ſe deſpouiller
de tout reſentiment humain. Pource ne ſe
peut-il faire, que tout homme ne reſente
plaiſir & conſolation: quand il void & oit, que
ce qu'il a bien faict, eſt orné de condignes
louanges: mais auſſi au contraire, quand il entend, qu'il eſt contre toute raiſon & debuoir,
blaſmé & vituperé : il voudroit eſtre deuenu
plomb ou bois, à fin de n'en ſentir rien.

Chap. CLXI.

Vand on ne pardonne pas ſeulement, mais encores on faict du bié
& de l'auantage à celuy, duquel on
a receu quelque iniurieux outrage ſi ceſt iniurieux beneficié, a quelque point de nature,
pour recongnoiſtre, & quelque eſtincelle de
gentilleſſe de cœur, pour conſiderer, le bien
qu'on luy a faict: il ſera extremement hôteux
& repentant d'auoir eſté iniurieuſement outrageux : Et ne s'efforcera pas ſeulement d'a-
bolir la ſouuenance des vieilles iniures : ains
encores cherchera tous moyens d'aduancer
& accroiſtre ſes merites & la reuerence, enuers celuy, qui l'aura ſi doucement traité. Car

dira tousiours en son cœur : *si cestuy-là m'a fait*
du mieux qu'il a peu , quand ie ne luy ay fait que
mal : qu'en puis-ie attendre , lors que ie luy auray
fait du bien & du plaisir?

DE combien vn homme est par nature
obligé,à faire tout le bien & le plaisir
qu'il peut-àtout autre homme:il a esté
maintesfois disputé & discuté, par plusieurs
raisons peremptoires:Lesquelles ne voulant à
present rememorer, ie dy, que quand on n'en
auroit d'ailleurs autre argument : du grand
plaisir que chacun prend à voir ceux ausquels
il a fait du bien;suffit pour en faire certain iugement. Et combien que, au parauant que le
bien se face , il semble que plusieurs ne le facent pas de leur bon gré: neantmoins cela n'y
fait rien:& suffit assez,que tant se plaire,apres
qu'il est fait , à voir ceux qui l'ont receu : ne
vueille dire ou signifier autre chose : sinon,
que faire du bié à autruy, est œuure vertueux
& louable. Et combien que maintes personnes s'elargissent en bien-fais: non par desir de
bien faire, mais par ostentation, afin de faire
paroistre leur pouuoir : cela toutesfois ne me
nuit, & ne me desauance aucunement en

mon opinion : pource que ie ne cherche pas
maintenant l'occasion ne la raison, du plaisir
& contentement qu'on a , de voir ceux aufquels on a faict du plaisir & du bien , ou quel
doibt estre le bon plaisir, & le bon contentement : ains seulemét vueil-ie auoir ce dit, afin
qu'on entende, que puis qu'on prend si grand
plaisir, à voir ceux, à qui on a fait du bien : c'est
grand' merueille , comment chacun ne va
cherchant toute occasion, de bienfaire à autruy à toutes heures.

CHAP. CLXIII.

Vand il se presente occasion de
faire l'espreuue, de ceux qu'on
tient pour ses amis, il semble bon
de la faire : afin qu'on les puisse
congnoistre, & sçauoir de com-
bien on s'en peu asseurer. Mais de l'autre part
(comme dit Euripide) c'est chose fascheuse &
mauuaise, d'auoir mestier d'en faire l'espreuue : pource que ceste experience, fait necessaire consequence de besoin, & de la necessité
qu'on peut auoir du secours de son amy : qui
n'est chose, ne bonne, ne desirable. D'auantage, quand à ce besoin les amis satisferoient, à
ce que d'eux on auroit peu honnestement
esperer :

esperer : cela neantmoins seroit contraire à la
fin & droite intention de la bienueillançe : laquelle desire donner , & non receuoir plaisir
& secours. Mais sans cela , encores sçait-on
bien, qu'on ne peut à aucun faire demande,
de quelque chose que ce soit, auecques si grãde & si familiere priuauté : qu'il n'y faille , tai-
siblement au moins , mesler quelque qualité
de prieres : Et qui reçoit bienfait par prieres,
(comme dit le commun prouerbe,) il l'ache-
te plus cher qu'au marché ; & celuy qui le fait,
ne le sçauroit plus cherement vendre : Pource que celuy qui prie , se declare volontairement inferieur , & moindre , que celuy qu'il
prie : Et se sentir prié ; est la plus digne, & la
plus desirable superiorité & grandeur, qui auiourd'huy se trouue entre les hommes. A ceste cause, bien parla Cesar, apres la victoire en
Pharsalie obtenue contre Pompee : disant,
qu'il ne prestoit l'aureille plus volontiers , &
ne prenoit plus grãd plaisir, à autre chose que
ce fust : qu'à s'entendre prier. Et afin que les
hommes fussent induis & espoins, à luy venir
faire frequentes supplications : il donnoit à
chacun quasi certaine esperance d'obtenir
de luy, ce qu'il luy voudroit demander : combien qu'il luy eust esté capital ennemy.

O

CHAP. CLXIIII.

QVand les bienfaicts sont tels : que celuy
qui les a receus, puisse satisfaire à l'obligation qu'il en a, enuers celuy qui les a faicts;
il semble qu'ils soient, au moins doiuent estre
agreables à celuy-là qui les a receus. Mais
quand il n'en peut faire condigne remuneration & recongnoissance, ou par impuissance,
ou par quelque autre respect, qui l'empesche
de ce faire: semble, qu'au lieu d'en sçauoir gré
à celuy qui a fait le bien: il commencera à luy
porter haine : laquelle, de quelque personne
qu'elle vienne, peut porter grãd danger: mais
venant de la part du Prince; on ne peut euiter,
qu'elle ne porte bien grand dommage. Pource que voyant deuant soy, celuy qui luy a fait,
ou bien, ou plaisir: il luy semble, qu'il void vn
tesmoin, ou de son impuissance, ou de son ingratitude. Mais s'il aduient que celuy, qui a
fait ce bien au Prince, soit personne de qualité, & qui se pleigne de la tardiue recongnoissance ; il adioutera à la haine, certaine comme necessité de mal luy faire par le Prince:
lequel sera tousiours en crainte, qu'à chef de
temps, s'offrant l'occasion, ce bienfaiteur ne
decouure l'ingratitude, & se vége de la mau-

uaife fatisfaction. De maniere, qu'à tous gentilshommes, fera toufiours attribué à grandeur de courage, & à certaine feureté de fes
biens,& de fa perfonne;lors,que fe prefentant
l'occafion de gratifier, & faire quelque bon
fecours à fon Prince;il fera demonftration de
le faire,par vne vraye bonne volonté de le gra
tifier:& de recongnoiftre,comme grace à luy
faite par ce Prince,de le tenir toufiours(non-
obftant ce fecours ou bienfaict) pour fon hū-
ble feruiteur & obligé fubiect,en luy donnant
occafion de toute honnorable entremife.

Chap. CLXV.

N ne doibt point faire doubte, de
refufer à aucuns, quelques graces
ou bien-fais ; combien qu'ils ayent
beaucoup merité, de ceux-là qui leur refu-
fent,ce qu'ils leur ont demandé:pource qu'ils
ne les en ont pas congneus capables: & qu'ils
ont bien veu,qu'ils feroient vne grande iniuftice en leur ottroyant. Et fi d'auēture il femble à quelcun, que la force de l'obligation,
doibt plus auoir de puiffance , enuers les
cœurs genereux, & bien recongnoiffans
les biens & plaifirs qu'on leur a faits : que la
mefme iuftice: & à cefte caufe,celuy qui en

paſſe les bornes, merite bien d'eſtre excuſé: Ie
reſpons, qu'il ſe trompe, & dit choſe toute cõtraire, à ce qu'il pretend monſtrer : veu que la
recongnoiſſance & le gré du bien faict receu,
n'eſt pour autre cauſe, par eux louee & exal-
tee: ſinon pource qu'elle eſt vn reconfort: que
iuſtement a celuy, qui ſ'eſt trauaillé à bien-faire à autruy. Mais d'aimer & faire la iuſtice en
vn endroit, & vn iniurieux tort en vn autre:
c'eſt choſe qui ne ſe peut accorder en vne per
ſonne, qui deſire aller droit en beſoigne.

CHAP. CLXVI.

O N demande quelques fois des graces
en fait de iuſtice, leſquelles les ſages
Princes ottroyent pluſtoſt, pour ſatiſ-
faire à l'affection d'aucuns qui les requierent,
qu'à la dignité de quelques autres: & au contraire en accordent d'autres, plus pour la dignité de l'vn, que pour l'affection de l'autre.
Et cela ne ſe fait pas: pour cauſe que le Prince
ne ſache bié, que la dignité eſt de merite plus
grand, que l'affection : mais pource qu'il luy
conuient bien, faire la grace proportionnee,
aux qualitez de ceux, qui la luy demandent:
C'eſt pourquoy, à vn capitaine de guerre, on
ne doibt pas donner & permettre, ce qu'on

ottroyeroit à vne femme : ny au contraire à
vne femme, ce qu'on donneroit à vn capitaine. A ceste cause Epaminondas le Thebain,
ne voulut en aucune maniere, pour priere
que luy peust faire Pelopidas, son tref-vail-
lant capitaine, pardonner à vn ieune adolef-
cent : qui auoit fait quelque faute de ieuneffe:
& peu apres, meu de l'instante requeste, prieres, & larmes, d'vne ieune fille : il luy pardon-
na, considerāt, que telle grace estoit peu co n-
uenable à la dignité d'vn capitaine : mais propre & bien feante à l'affection de l'amoureu-
fe fillette.

CHAP. CLXVII.

Emble, que par certain moyen,
la recongnoissance & grace du
bienfait receu, doibue estre plus
estimee, que le bien & le plaifir faict. Pource que le bien &
plaisir qu'on faict, procede bien souuent de
l'abondance des richesses, & de la grande
puissance, qu'a celuy qui le faict : aussi bien
que du cœur liberal, & de l'esprit disposé &
enclin à faire plaisir & donner secours, à qui
en a besoin. Comme pareillement on void
beaucoup de bienfais, ouuertement fais, plus

par deſſein & intereſt particulier de celuy
qui les fait, que par ſa liberalité & courtoiſie:
De maniere, que peu ſ'en voyent, qui ayent
leur naiſſance de la vraye vertu. Mais la recognoiſſance & gré du bienfait, touſiours de-
monſtre le bon & gentil courage de celuy,
qui ſçait gré du bien qu'on luy fait: lequel bon
cœur, on dit auoir ſi grand' force, qu'encor
qu'il fuſt deſpouillé de tout pouuoir, & de
tout moyen: auec le ſeul bon vouloir, il peut
faire, ſuffiſant payement & ſatisfaction, des
plus grans biés, qu'on luy pourroit auoir faits.
De maniere, que ſi dõner & faire du bien, eſt
plus deſirable: le gré qu'on en ſent & ſçait, à
celuy qui l'a fait: eſt à l'auenture plus louable:
comme ne pouuant d'ailleurs proceder, ſinon d'vn bon cœur, & droitement vertueux.

Chap. CLXVIII.

LA recongnoiſſance & le gré, que la patrie
requiert de ſes habitans & citoyens, pour
tant de biens qu'ils ont d'elle receus: n'eſt pas
comme les autres recongnoiſſances: ou eſt
autre celuy qui reçoit, & autre celuy qui faiĉt
le bien: pource que la patrie, & les citoyens,
ne ſont qu'vne meſme choſe: & qu'elle ne
peut receuoir autre grandeur, que celle

qu'eux mesmes luy peuuent dôner. Parquoy
s'ils sont recongnoissans enuers elle: ils le sont
enuers eux-mesmes: veu que pour autre cause elle ne desire d'eux des bienfaits; sinon à
fin qu'eux mesmes en iouissent.

CHAP. CLXIX.

O N faict en egale proportion, plus
de compte de l'iniure, que du
bienfait: pource que le bienfait,
pour le plus, tend & ressort à l'accroissement des choses, que lon tient & possede: parquoy il semble, qu'on s'en peut aucunement passer: mais l'iniure tousiours oste & diminue la chose, sans laquelle l'homme perd
toute estime & reputation: qui est le point de
l'honneur.

CHAP. CLXX.

L'Emprunt de l'argent monnoyé, qu'on
prend de la main de l'amy, pour en receuoir plaisir, si les deniers empruntez sont bons
& de pois; est tenu & estimé cher: mais pour
peu qu'il y defaille de la bonté, ou du pois, ou
de la matiere: pour belle & bien forgee que la
monnoye puisse estre, si la pourroit-on chãger

à toute autre plus laide monnoye, pourueu
feulement qu'elle valuft le prix, qu'elle doibt
valoir. Le mefme aduient de la grace & de la
beauté, des paroles, & de la prefence des hom
mes: lefquelles, fi les fais f'en enfuiuent, font
veritablement bien eftimees: mais fi elles demeurét feules, & fans fuite d'effait, on les laiffe, & n'en faict-on compte : ains on aime
mieux vne laide & mal aggreable prefence:
& vnes lourdes & groffieres paroles, qui neat-
moins ayent fignifiance, & dont enfuiue l'effait & l'affeurance, de la chofe qu'on promet.

CHAP. CLXXI.

L eft bien plus ayfé (ce dient aucũs)
fe venger d'vne iniure : que de bien
recongnoiftre vn bienfait receu;
pource que n'eftant l'iniure accouftumee eftre faite, finon de perfonne hautai-
nes & aduantageufes : & le bienfait, (f'il a en
foy toutes les parties & conditions requifes)
finon de gracieufes, courtoifes, & bonnes
perfonnes : beaucoup moins de peine y a il à
douter les mauuais, qu'à fe parengonner &
egaler aux bons.

C H A P.   CLXXII.

COMBIEN que la recongnoiſſance du bien receu, ſoit beaucoup plus excellente & recom-
mandable, que la vengeance de
l'iniure : elle n'a pas toutesfois la force plus
grande. Ains d'ailleurs ne procedent toutes les perturbations d'eſprit, ſinon de ce, que
entre les hommes, les ſens & les affections
(qui ſont de beaucoup moindre dignité, que
l'entendement) ſont toutesfois de plus grande force. Parquoy ne ſe faut pas émerueiller,
de ce que la recongnoiſſance du bien-faict,
(laquelle, à la verité, procede de la ſeule raiſon, & ce long temps apres que le bien a eſté
receu, & que ja eſt refroidy le plaiſir, qu'on
ſentit en le receuant) nous émeut moins que
le deſpit, & la colere : pource que la colere
prouenant de l'iniure receuë, (laquelle eſt
preſente & prompte, & pleine du ſens de la
premiere apprehenſion) a bien grande force :
comme on peut clairement apperceuoir de
ce, que pour peu qu'elle vieilliſſe, elle diminuë en bonne part de celle impetueuſe vehemence, qui la piquoit en l'inſtant de ſa
naiſſance. De façon, qu'il n'eſt pas inconuenient : ainſi comme aucunes maladies (com-

bien qu'elles foient moins dangereufes) font
au malade plus penibles, que ne font quelques autres, qui le meinent à la mort : auffi
que la colere foit plus poignante, & de plus
ardent fentiment, que la recongnoiffance du
bien-faict : Combien que l'ingratitude (par
iugement vniuerfel) de tous les vilains vices,
foit le plus laid.

Chap. CLXXIII.

E ne fçay qui a plus faict de compte, de la recognoiffance du bien
receu, ou celuy qui a faict la loy,
qui chaftie les ingrats, ou celuy
qui ne l'a point faicte. Ce dernier peut à l'aduenture auoir confideré, qu'eftant le bien-
faict (auquel eft deuë la recongnoiffance)
chofe volontaire : volontaire pareillement
en doit eftre la recongnoiffance : afin qu'il ne
femble, que celuy qui recongnoit le bien
qu'il a receu, foit meu à la recongnoiffance,
plus toft par la crainte de la peine de la loy :
que par vne franche volonté, & genereux defir, de faire paroiftre, le gré qu'il fçait à fon
bien-faicteur, du bien qu'il a de luy receu :
Eftimant auffi (quant à la peine de l'ingratitude) qu'affez grande eftoit celle de l'infamie,

que porte de par soy, & à part soy, chàque ingrat. Mais les premiers imaginans, que l'ingrat ne pouuoit estre ainsi ingrat, s'il n'estoit monté au comble de l'impudence ; qui de sa nature est disposée à commettre fautes & vices de toute qualité ; estima par le moyen de la loy ; non seulement corriger vn tres-vilain vice : mais aussi pouruoir & remedier à plusieurs autres, ausquels se peuuét aisément addonner, ceux qui ja sont deuenus tout à faict eshontez.

CHAP. CLXXIIII.

Vis que la recongnoissance du bien receu, est tant honnorable vertu, & à la cité ou republique tant necessaire : il faut auoir soin, que non seulement soit recongnoissant, celuy qui a receu le bien : mais encores celuy, en la puissance duquel il a esté de le receuoir. Pource que quant au bien-faicteur, c'est tousiours luy mesmes, & n'a pas tenu à luy, qu'il n'ait faict du bien à cest autre ; ains luy a ja donné la plus grande & meilleure part du bien-faict, qui est la bône volonté : qui est la premiere & principale partie, & qui est la plus estimee en toutes choses, qui se font à l'aduantage d'autruy.

C H A P. CLXXV.

CONTRE l'ingratitude , furent en lieux
diuers faictes loix diuerses:entre lesquelles fut vne, qui permettoit retirer de la main
des ingrats , malgré eux, ce qu'on leur auoit
donné. Et les Atheniens en la loy des affran-
chis y pourueurent : ordonnans, que tout af-
franchy, qui se trouueroit mescongnoissant,
& ingrat enuers son patron & maistre,se peut
de nouuel par force reduire à la seruitude : &
le faisans retourner esclaue, luy souloient dire: *Puis que vous n'auez sceu bien vser de la fran-*
chise, soyez encores serf : voulans dire , que
l'homme libre & franc de corps & d'esprit,
ne deuoit en façon quelconque se laisser prédre à l'ingratitude : & s'y laissant prendre,
qu'il ne meritoit pas de demourer en sa liberté & franchise.

C H A P. CLXXVI.

L'Ingratitude est par nature haye
de toutes personnes ; côme estant
directement contraire à l'humanité : qui est naturellement pleine de bien-voeillance, de courtoisie : & de
tout ce que peut faire l'vn homme pour l'au-

tre;non à autre fin que pour faire plaisir. Pour
ce que tout ce qui est necessaire aux hommes, pour le trafic des marchandises; & pour
le profit qui l'accompagne; leur est donné &
estably par les loix: lesquelles, par leur authorité, font maintenir les pactions & les conué-
tions faictes entre les hommes; & tenir la balance egale à chacun : mais sans bien-voeillance & courtoisie ne se peuuent faire certains volontaires bien-faicts; lesquels embel-
lissent & honnorent la republique & la cité,
plus que le profitable trafic de la marchandise. Et combien qu'aduenant que ces bien-
faits ne soient agreez ne recongnus , par ceux
qui les ont receus ; tels ingrats ne soient pu-
nits par la loy: neantmoins ces non recongnoissans le bien qui leur a esté faict, sont chastiez par autre voye beaucoup pire : qui est,
qu'ils peuuent estre appellez ingrats : & leur
peut estre reproché le bien-fait; lequel sans
telle occasion, il n'est loisible par honneur, ie
ne dy pas reprocher, mais (qui moins est) seulement ramenteuoir. Bien est vray, qu'encores qu'il semble estre loisible de faire tel reproche ; non-pas ouuertement, mais par le
moyen de quelques paroles vn peu aigres &
piquantes : neantmoins plus est estimé, qui
plus doucement le faict : & en maniere que

l'amy en ſoit plus toſt incité à recongnoiſſance, qu'irrité à deſdain & deſpit. Comme fit
vn ſoldat Romain : qui apres auoir ſerui Auguſte Ceſar en pluſieurs grandes & perilleuſes batailles, conuenu en iuſtice, pria Octa-
uian de le defendre. Et voulant Auguſte donner la charge de ſa cauſe & de ſa defenſe à vn
tres-ſuffiſant Aduocat : le ſoldat luy monſtrât
les playes, qu'il auoit receuës combattant
pour luy, diſt: *I'allay en perſonne combattre pour*
vous, & n'y enuoyay homme pour tenir ma place:
Deſquelles paroles incontinent meu Auguſte, & loüant le ſoldat, qui librement luy auoit
ramentu, ce qui eſtoit de ſon deuoir, alla luy
meſme plaider ſa cauſe.

CHAP. CLXXVII.

SEMBLE, que la vraye marque
de la ville ou republique, qui merite de demourer franche, & librement viure, ſans entrer en ſub-
iection d'autruy : eſt de pouuoir ſouſtenir vne
guerre eſtrangere, auec ſes propres forces.
A ceſte cauſe, eſtans les Atheniens accuſez
& blaſmez par les Sarragoſſois de deux
choſes : l'vne, qu'ils ne leur vouloient plus
obeir, comme ils auoient au parauant accouſtumé : l'autre, qu'ils vouloient ſe faire

obeïr par plusieurs villes voisines , qu'auec
leurs forces ils auoient prinses & occupees:
Ils s'en excuserent, disans quant à la premiere, que la victoire de Marathon auoit faict
preuue, qu'ils estoient forts & puissans assez,
pour defendre , non soy-mesmes seulement,
mais aussi tout le demourant de la Grece:
quant à la seconde, que les villes par eux prinses & occupees, estoient de la qualité de celles, qui ne se pouuans defendre des armees
qui les alloient assaillir, estoient cause, non de
leur ruine seule , mais aussi des autres villes
voisines:pource qu'ou de prime arriuee, prinses elles estoient & occupees;ou elles faisoiét
capitulation & accord auec les ennemis ; De
maniere qu'à bonne & iuste cause elles pouuoient estre contraintes à obeir, à ceux qui
les pouuoient defendre : & de qui on se pouuoit douter, de receuoir offése par leur faute:
& que droictement elles ne pouuoient estre
appellees, villes, ne citez;non plus que les chasteaux & bourgs : pource qu'ils n'ont pas la
puissance d'exercer d'eux-mesmes, & sans le
secours d'autruy, les ciuiles operations, toutes
& telles, comme il appartient ; & que le tiltre
de ville ou cité requiert : qui est en somme de
se trouuer suffisante à se defédre par soy-mesmes, de quiconques la voudroit offenser : &

dedans foy, & entre fes citoyens, peut paruenir à la fin, la plus noble & la plus defirable en la compagnie des hommes.

CHAP. CLXXVIII.

LE vray bien de chaque chofe, qui faict partie d'vne autre, ne confifte pas en elle mefmes: ains a fon fondement en celle autre, dont elle eft partie. Parquoy les citoyens d'vne ville, qui de foy-mefmes ne fçauent congnoiftre, que le bien qu'ils ont en leur particulier, eft appuyé & fondé fur le bien public de la cité: le cognoiffent lors, que l'eftat eftant occupé par vn eftranger, ils fe trouuent chaffez de leur ville, fans auoir dequoy f'aider, ne ou arrefter leur pied: Ou au contraire, pendant que l'eftat fe maintient; f'il leur aduient quelque particulier defortune: toutesfois peuuent-ils encores efperer, de fe pouuoir aifément remettre fus, par le moyen du fecours public.

CHAP. CLXXIX.

AVcvns, combien qu'ils foient chargez du public gouuernement: ne fçauent toutesfois que c'eft que l'eftat. Parquoy f'imaginans, que l'eftat foit cefte region qu'ils poffedent: afin de ne laiffer gafter

les

les villages, chafteaux, palais, & autres belles
maifons, qui y peuuent eftre : ils font auecq'
les ennemis : qui font femblant de les aſſaillir, tous les plus mauuais accords & partiz
qu'il eſt poſſible. Mais ſ'ils entendoient bien
que le vray eſtat, eſt le gouuernement & l'authorité de la cité ; ils ne feroient pas ce qu'ils
font : ains auroient touſiours deuant les yeux
ceſte authorité qui les conſerue : Car ores
qu'ils perdent, villages, chafteaux, palais, &
autres beaux lieux : neantmoins la guerre finie, il eſt aiſé de les refaire & reparer : pourueu que la cité ſoit retenuë & maintenuë,
contre la force des aduerſaires.

Chap. CLXXX.

N void clairement, que la principale intention de la nature, en
formant l'homme, a eſté l'ame : &
que pour l'amour d'elle, elle a depuis creé les corps ; & autres choſes externes,
qu'on appelle, biens de fortune. A ceſte cauſe, aux villes, qui defirent eſtre bien reglees
& pollicees ; il faut tenir le meſme ordre : &
eſtimer les choſes ſuſdites, ainſi que nature
les a priſees. Car ſi ainſi on ne le faict ; & que
enuers les citoyens, ſoient en plus grand prix,

les biens du corps & de la fortune, que les
biens de l'efprit : on ne fera iamais rien de
bon, à l'effect de la iuftice, & de la police.
Toutesfois ne veux-ie pas par cela dire, que
on ne doiue auoir aucun foin, des biens du
corps & de fortune : mais ie dy, que toutes
les fois que ceft ordre fe renuerfe : & que
l'on faict plus de compte des biens naturellement moindres : on voirra fouuent en la cité
fort dangereux changemens, & pleins d'indignité & de dommage.

CHAP. CLXXXI.

EN quel nombre doiuent eftre les
habitans d'vne ville ou cité, qui
puiffe droictement eftre appellee ville, ou cité : on le confide-
re par deux moyens : dont l'vn garde le dehors, & l'autre a refpect au dedans. Celuy de
dehors, gift en la confideration de la puiffance des voifins ; & du nôbre d'hommes qu'ils
peuuent mettre aux champs en armes, pour
la venir affaillir : pource qu'il eft befoin qu'autant on en trouue en la ville affaillie ; & qui
fuffifent pour la defendre, & repouffer l'effort
& l'affaut de l'ennemy. Celuy de dedans fi-
magine, felon la qualité du gouuernement :
lequel, ou foit populaire, où chacun participe

egalement à l'eſtat; ou ſoit des plus grands &
plus apparens citoyens ſeparez du peuple : il
faut, qu'en toutes ſortes la multitude des habitans ne ſoit innombrable, & comme infinie; mais en tel nôbre, qu'ils ſe puiſſent congnoiſtre l'vn l'autre : Car ſils n'auoient bonne congnoiſſance l'vn de l'autre: iamais ils ne
pourroient faire bonne election des magiſtrats, qui ne ſont point creez par le ſort. Auſſi furent anciennement trouuez & mis ſus,
les feſtins, les ieux, & les banquets publicz
(outre l'intention premiere de rendre graces
à Dieu, & ſe repoſer apres les trauaux) afin
que les citoyens ſ'y retrouuans enſemble en
toute allegreſſe, euſſent moyen en ſe fre-
quentant, de ſe pouuoir voir, & plus interieu-
rement ſe congnoiſtre. Il eſt vray, que telle
ſimple congnoiſſance ne ſeroit pas ſuffiſante,
ſi on n'y en adiouſtoit vne troiſieſme; qui eſt,
que les citoyens ſoient gens de bien : Car les
meſchans ne ſeroient pas aiſément induis à
faire eſlite des bons, pour les faire magiſtrats.

Chap. CLXXXII.

PLATON dit, que les vrayes republiques
ſont celles; eſquelles tous les habitans de
la cité indifferemmét ſont receuz au gouuer-

nement : & que où cela ne fe faict, ne fe doit
nommer republique, ains fimple habitation
de ville ou cité : en laquelle vne partie des
habitans foit ferue, & l'autre partie maiftreffe. A cefte caufe, fi à vne ville ou cité, on veut
donner le droit nom de Republique : il faut
prendre l'extremité de deux gouuernemens;
defquels (comme les arbres de leur racine)
ont fourfe & origine tous les autres gouuernemens : & les meflant enfemble, faire en
forte qu'ils foient reduits à certaine mediocrité. Ces deux gouuernemens fe peuuent
prendre, des Perfes, & des Atheniens : du
premier defquels, eftoit trop attribué à la
puiffance & principauté d'vn feul ; du fecõd,
à la trop grande licence de plufieurs. Auffi
a-on veu en la mefme Grece, que les villes
d'Arges, & de Meffene, fe perdirent : non
pour autre caufe, que pource que leurs Roys
f'attribuerent trop d'authorité. Et au contraire la ville de Sparte fe maintint : pource que
fes Roys volontairemẽt retrancherent beaucoup de la leur : Et firent cummune la Royale authorité, auec l'aduis de vingt-huit vieillards, efleuz de la Spartaine nobleffe : lefquels
és affaires d'importance, auoient puiffance
pareille à celle des Roys : Neantmoins, femblant à leurs Roys, (qui eftoient bien fages)

qu'encores auec ceste adionction, la royale
authorité, demouroit trop largement am-
ple : ils y adiousterent (pour plus courte bride) la censure des Ephores : & par ce moyen
vindrent tous ceux de la cité à prendre part
du gouuernement public : pource que ce magistrat des Ephores se'slisoit de tout le peuple, par la voye du sort. Par ce moyen estant
le Spartain Royaume reduit à la mediocrité : il peust, non-seulement se conseruer,
ains aussi prester souuent secours & confort
à toute la Grece. Or qu'en la ville de Sparte
ce meslange, fut bien & sagement faict : en
appert de ce, que considerant la puissance
que les Ephores auoient ; elle semble auoir
esté fort populaire : & qui a esgard à l'authorité qu'auoit le Senat ; il la iugera auoir esté
Aristocratie : puis qui se met à imaginer la
Royale dignité ; il n'en peut auoir autre opinion, sinon d'vn tres-iuste & tres-ancien
royaume.

Chap. CLXXXIII.

EV x qui ont en main le gouuernement de la Republique : doiuent di-
ligément soigner; qu'aucunes choses
de celles, qui au parauant ont esté ordonnees

pour l'adminiſtration publique, ne ſoient
changees ou innouees: combien que le remuëment, & la choſe qu'on veut innouer,
ſoient de peu, & de petite importance : Non
pource que de toutes les petites choſes, les
conſiderant à part ſoy comme petites, on
doiue faire compte : mais pource qu'aucunes eſtans du commencement petites, peuuent à l'vniuerſel dommage croiſtre à de-
meſuree grandeur. Parquoy de tant plus pres
y faut-il regarder, que les hommes ſemblent
plus eſtre accouſtumez, à prendre comme en
ieu, les petites fautes : de façon qu'auant que
le danger & le dommage ſ'en apperçoiue; ils
ont ja faict fortes racines, qu'il eſt puis impoſſible, ou bien difficile de pouuoir arracher. De ceſt aduertiſſement ſe preualut Platon, pour les combats de lutte & autres ſemblables, & pour la muſique : Mais Ariſtote
en ſes Politiques le print, pour vne des plus
importantes occaſions, qui puiſſent faire mutation en l'eſtat : comme aiſéement ſe peut
congnoiſtre, par les exemples que luy meſmes en allegue.

CHAP. CLXXXIIII.

ES loix de la Republique des Candiots, (non pource qu'elles fussent ordonnees par le grand Iupiter, côme ils en auoient opinion : mais pource qu'elles furent tousiours singulierement louees & recommandees par tous les autres Grecs) deuoient necessairement auoir esté introduites, afin de mettre en vigueur dedans leur cité toutes les vertus : pource que s'en deuant ensuiure heur & aise entre leurs hommes : cela ne se pouuoit faire, auec vne seule vertu, ains auecques toutes : pource qu'il est necessaire, qu'à cest effect toutes y viennent ensemble. Il est vray, que fermement croyans, que les citez & les peuples de l'Isle de Candie, & leurs voisins deussent estre en discorde, & en guerre perpetuelle ; & que les accords & pacifications n'y demourassent seulement qu'auecques le nom : ils firent plusieurs loix militaires ; nourrissans & esleuans leurs enfans en certaine dureté, & rudesse telle, qu'ils sembloient n'auoir pensement & consideration, autre que de la guerre. Et firent en cela tout ainsi, que faict chacun ayant en sa possession beaucoup de belles choses à luy appartenans : lequel ayant principal be-

foin de l'vne d'icelles ; de celle-là faiȼt-il plus
grand compte, que de toutes les autres qu'il
peut auoir : combien qu'aucunes d'icelles
foient de plus grand prix & valeur ; que celle
dont il faiȼt fi grande eftime ; & de laquelle
feule il a fi grand foin. Mais ceux qui prindrent opinion , que les Candiots auoient
faiȼt toutes leurs ordonnances à la fin de la
guerre : les voulans imiter ; voulurent auffi,
non-feulement inftruire leur ieuneffe à la fatigue, & à l'exercice de la guerre ; mais encores exquerir des raifons pour monftrer, que
toutes les ciuiles operations tendent à la fin
de la guerre : Allegans & propofans entre
autres argumens ; que tout ainfi qu'en la
guerre intrinfeque & perpetuelle, qu'a l'hõme dedans foy-mefmes ; c'eft chofe tres-bonne & belle, que la victoire : & tres-mauuaife & laide, que fe laiffer vaincre ; ne plus ne
moins en aduient-il aux guerres, que font
les republiques & les citez : veu nomméc-
ment, que chacun void & fçait, que par le
moyen de la victoire , tous les biens de celuy qui eft vaincu , paffent en la difpofition
& poffeffion du victorieux. Dont aduient,
qu'en apprenant à fçauoir vaincre ; on aprend
pareillement à pouruoir à tous befoins priuez & publics : De maniere qu'ils conclurent,

que toute autre chose n'estoit rien, au prix de
l'estre victorieux. Ce qui n'est ne vray, ny honneste : pource qu'il peut aduenir, que la plus
puissante faction soit composee de meschans
hommes: lesquels emporteront la victoire sur
les gens de bien : & pource conuiendroit-il
regler & ordonner la ville, en la faueur des
meschans: Outre ce, que se vaincre soymesmes, n'est pas chose, qu'on puisse appeller tresbonne, ains plustost necessaire: aduenant depuis que la personne est deuenuë meschante.
Mais il ne se trouuera homme de sain entendement, qui vueille de bon deuenir meschât:
à fin d'auoir occasion, d'emporter vne victoire sur soymesmes. Qui plus est, celuy qui croi-
roit: que le plus excellent estat, qui puisse e-
stre en la cité, gist à combatre & à vaincre: par
mesme moyen deburoit croire aussi, que ce
fust chose tresbonne à l'homme, d'auoir mal,
à fin de se medeciner. Finalement, onques ne
fut veu aucun, qui faisant prieres à Dieu, pour
soy, ou pour autre: le priast de luy enuoyer occasion d'inimitié, & de guerre, à fin d'auoir
puisapres la victoire sur ses ennemis: mais plus
tost l'amitié, & la bienueillance de chacun,
afin de tousiours viure en paix. De mode que
la cité doibt bien auoir vrayement respect
& consideration à la guerre, & y pouruoir en

forte, qu'elle la fçache & puiffe bien faire,
quand befoin en fera : à fin de par le moyen
d'icelle, paruenir à vne bonne paix : mais non
pas iamais au contraire.

Chap. CLXXXV.

Vand vn grand eftat a donné trop
de credit à plufieurs de fes citoyens :
& il a conuenu, à caufe de la diuerfité des prouinces, & de la lointaine diftance
d'icelles : que maints d'entre eux ayent affez
longuement demouré dehors : & qu'ayans
long temps eu charge, ils ayent accouftumé
de commander : il eft impoffible, que retour-
nez en la ville, ils puiffent viure egaux aux autres : & qu'ils n'emploient le mefme fens & induftrie à vaincre leurs gens mefmes, qu'ils ont
au parauant employee à gaigner commandement & victoire fur les peuples eftrangers :
& que la ville ne fe rempliffe de feditions,
& guerres inteftines & ciuiles. Pour à ce
mal obuier, ou donner conuenable remede :
plufieurs fages hommes ont dict, ne fe retrouuer qu'vn feul moyen; dur (à la verité) quant
à foy : & malaifé à mettre en œuure : qui eft,
de bailler le gouuernement de l'eftat à vn
feul : pource qu'vn feul pourra bien regir vn

estat ainsi diuisé:ny autre,qu'vn seul, peuuent
balancer le pouuoir de plusieurs : & de sorte
les entretenir, qu'ils ne viennent point à esmouuoir vne guerre ciuile. Et en y donnant
tel remede ; il aduient, que la principauté est
superieure à la Republique : pource qu'en la
Republique se retrouuans plusieurs, egalement grands & puissans : ils par plusieurs
moyens se maintiennent,temporisans,& sou-
stenans l'vn l'autre : iusques à tant que quelcun d'entre eux,ou de plus grande valeur,ou
de plus grande fortune,s'attribuë par force,&
auec la ruine de plusieurs, la publique authorité, & la mette en la main d'vn seul: Lequel
ils veulent encores (au cas qu'il n'ait point
d'heritiers, que luy mesmes s'eslise & s'adopte
vn heritier ou successeur,pour le bien public:
pource que les citoyens ne pourroient autrement se maintenir en leur liberté: & faudroit
de nouuel venir à la sedition & aux armes: &
faire auecques crime,& sang respandu;ce que
paisiblement & doucement se peut faire par
eslection.

CHAP. CLXXXVI.

L'Homme est appellé, hôme; pource qu'il est pourueu de raison: combien qu'en soy il ayt plusieurs parties, qui ne sont pas raisonnables: toutesfois toutes, quand elles luy obeïssent, viennent, à cause d'elle, à faire raisonnables toutes leurs operations. Le semblable aduient aux citez & republiques : lesquelles sont sages par le moyen des hommes seulement, qui sont sages en icelles : & les autres qui ne sont pas sages, suffit qu'ils soient regis & conduis, par la sagesse & prudence de ces autres sages. Or sont les hommes sages, ceux, qui auec bonnes ordonnances ont pourueu à ce, que chose ne se face en la cité ou republique, qui ne soit dressee à la vertu, comme à sa fin & but principal. Parquoy ceux, qui veulent, que le but & intention d'vne ville ou republique, soit d'estre riche d'estre puissante, & de dominer les autres voisines citez, ne sont pas estimez sages: pource que toutes ces choses peuuent estre en vne cité sans vertu. Bien se peuuent-elles accompagner de la vertu: quand la raison entreprend de s'en preualoir, comme d'instrumens

pour paruenir, à ceſte vertueuſe fin: mais pour
faire but & fin, iamais gens de bien ne ſ'en
preüaudront. Ains il aduient ordinairement
comme par neceſſité; que ceux qui tiennent
les inſtrumens, propres pour paruenir à quelque fin, pour la fin meſme: ſe ſeruent auſſi des
vrayes fins pour inſtrumés: qui eſt choſe exor-
bitante & eſloignee de tout ordre & debuoir.
A ceſte cauſe ne ſuffit-il pas de dire, *i'ay touſ-*
iours le but & la fin deuant les yeux : mais faut a-
uoir la bône fin; Et cela encores ne ſuffit pas,
mais faut dire, *ie pourſuy la bonne fin par les bons*
moyens : leſquels bons moyens, par la plus
courte voye, côduiſent tous affaires à la bône
fin: & ſont en eux méſmes tels, que ſ'en reſou-
uenant (apres qu'on eſt paruenu à la fin) ils ré-
pliſſent l'eſprit de plaiſir: Comme au contraire, encores que la fin en fuſt bonne : ſi les
moyens auoient eſté meſchans : ils le rempli-
roient de douleur.

Chap. CLXXXVII.

Eux qui ont pour but, & fin de
leurs intentions, le plaiſir: pourroient enſemble auecques luy a-
uoir le vray bien; ſ'ils prenoient,
& apprenoient, la definition eſſencielle, du

bien,& du plaisir. Pource que l'vn & l'autre,
consideré en sa substáce, est vne mesme chose:& ne se peuuent separer,que par la voye de
l'intellect.Car le bien n'est appellé,bien,pour
autre cause : sinon pource qu'il est parfait en
soy-mesme:& n'est desirable pour autre chose, fors pource qu'il conuient auecques soy-
mesmes.Le plaisir semblablement,est appellé
plaisir:pource qu'il s'accorde auecques l'appetit, & l'appetit s'accorde auecques luy : à
cause qu'il conuient auecques soy-mesmes.
Mais pour ce que quand on dit,plaisir:les hõmes ne l'entendent pas ainsi:ains l'entendent,
quand la chose qui plaist,conuient auecques
soy mesmes,selon le sens:toutefois ne se peut
en aucune maniere auoir le plaisir pour bonne fin, entendu en ceste maniere : sinon par
ceux,qui ne sçauent faire difference, entre vn
homme raisonnable , & vne beste brute : &
lesquels n'ont en eux la moindre estincelle
de sentiment de raison.

Chap. CLXXXVIII.

LE plaisir est accompaigné des operations,
auec lesquelles il est ioint;& d'icelles préd
la qualité,de bon,& de mauuais. A ceste cause,quand on veut sçauoir la mesure, & la borne,iusques à laquelle l'homme se doibt lais-

fer aller au plaifir : (lequel plaifir n'eft autre
chofe, que ce fouef fentiment, & cefte grande
douceur, que l'on goufte par les fens:) qu'on
mefure & borne les operations. Tout ainfi que, quand on veut fçauoir, iufques ou
doibt aller le plaifir, que l'homme doibt
prendre & goufter, au manger, & au boire:
faut diligemment aduifer, combien il peut
manger & boire, pour fe maintenir fain: pource qu'en cela le plaifir ne doibt paffer la mefure, proportionnee à la fanté. Er ce qui fe dit
des plaifirs des fens corporels, f'entend auffi
de ceux de l'apprehenfion de l'efprit : Comme, fi vn homme prenoit plaifir à commander & dominer: & de la douceur de feigneu-
rier il fe laiffoit tirer à tout ce qui luy viédroit
en phantafie: ce demefuré plaifir du Seigneur,
tourneroit au grand defplaifir & dommage
de tous fes vaffaux & fubiects: mais fi en do-
minant, il fe conduit auec attrempance &
mefure: il n'y prendra autre plaifir, que celuy
que luy pourra donner le iufte & raifonnable
gouuernement : & toufiours voudra, que le
plaifir foit mefuré & guidé par la iuftice, &
non la iuftice par le plaifir. De maniere, qu'à
vouloir bien entendre, quel doibt eftre, le
conuenable, l'honnefte, & le raifonnable
plaifir : il ne fuffit pas de confiderer, ce qu'il

est enuers soy-mesmes:ny auoir esgard à l'accroissement, que de soy-mesmes il peut fai-
re:ains, comme i'ay dict, faut regarder à la
droicture de la chose, ou lon prend le plaisir : pource que toute chose a sa droicture &
sa fin. Mais pource que la plus grande partie
des hommes, de soy-mesmes ne pourroit pas
faire ce iugement : on le doibt apprendre
de ceux qui ont reputation d'estre sages :
& qui sçauent, & bien faire, & prendre
le conuenable plaisir, en tout ce qu'ils
font.

Chap. CLXXXIX.

A paix est chose tresprecieuse:
& ne doibuent les bons & bien
gouuernez estats tendre à autre
fin, que de repos & tranquilité.
Ce fut pourquoy les Lacedemoniens, &
les Atheniens, ce pendant qu'ils entretin-
drent entre eux celle si longue paix:auecques
bonnes raisons, en leurs festins & assemblees,
souloient dire l'vn à l'autre ces vers:

Soient voz lances tortillonnees,
De grandes toiles d'araignees.

LES ROMAINS semblablement,
& Porsena Roy de la Thoscane : en la
capitula-

capitulacion & accord qu'anciennement ils
firét les vns auecques les autres:en leur traité de paix, firent inferer vne claufe portant
defenfes : *Qu'aucun peuft manier ferremens,au-
tres que ceux deftinez au labeur de la terre*: Mais
toutesfois,nónobftant tout cela, veu que les
opinions des hommes font tant variables,il
né faut pas tenir la paix pour tant ferme &
bien arreftee:que apres elle ne puiffe enfuy-
urela guerre. Parquoy les fages hommes,
fçachans & cognoiffans beaucoup de chofes,aufquelles on ne peut pouruoir, & qui ne
fe peuuent apprendre en temps de guerre,
ont ordonné qu'elles fuffent apprifes au téps
de la paix:& n'ont pas pourtant laiffé (en faifon de loifir & de tranquillité) de munir &
fortifier leurs villes de fortes tours & murailles,de baftir des forts & chafteaux aux lieux
les plus idoines,& de tenir capitaines & foldats prefts & enrollez:à fin de n'eftre au befoin furpris &battus à l'impourueu.Veu auffi que par ces moyens,les fubieĉts & citoyés,
fe maintiennent toufiours en honnefte &
feur exercice ,lefquels autrement ne pourroient pas fi foudainement (le befoin puif-a-
presauenant) apprendre le meftier des ar-
mes:lequel ayans auparauāt & à loifir appris,
ils pourront puis au befoin hardiment exer-

Q

cer,& vaillamment combattre les aduersai-
res.Car (comme dit Platon , lequel en ces
propos, il conuient souuent alleguer) trop
heureux seroient les militaires instrumens,si,
hors de l'ordre &de l'ordinaire de tous autres
instrumens(lesquels ont besoin de maistre &
d'exercice)si tost qu'ils seroient en la main de
l'homme,ils pouuoient estre employez à bié
faire,& exercer la fatigue des armes.

CHAP. CXC.

TOVT estat(comme nous auons dit)
doibt sur tout desirer la paix , & par
faicts,& par paroles,en faire demonstration : neantmoins aux appareils militaires,il se doit monstrer belliqueux:&conside-
rer,que la paix non armee, est foible. Et ne
doit on prédre pour contrarieté ou cótradi-
ction,ce que ie dy,qu'il faut desirer la paix,&
neátmoins estre armé:puisque, n'estát chose
plusamie du repos & de la paix,que la sciéce,
& la speculatió:il sembla aux anciés bien côuenable & à propos,que la figure de Miner-
ue(Deesse des lettres & des lettrez)fust pour-
traite armee.

CHAP. CXCI.

COMBIEN que celuy qui assaut, face demonstration d'estre plus hardy , que celuy qui defend:toutesfois les anciens(pour monstrer qu'il failloit viure en paix:& encores qu'on fust forcé de combattre, il le failloit faire,nõ pour offendre,mais pour defendre) voulurent, que l'honneur deu aux vaillans hommes:fust donné aux defendans. A ceste cause , les Romains auoient de coustume, de mettre l'anneau militaire en la main gauche,non à la droite, qui auoit manié l'espee: pource que la main gauche estoit celle, qui auoit porté le bouclier: auec lequel l'homme se defend,sans en faire offense à personne.Semblablement les Spartains , souloient tousiours demander,si celuy qui estoit mort au conflict,auoit sauué son bouclier:sans faire aucune mention de l'espee. Pareillement, ce grand capitaine Epaminondas prochain de la mort, (au lict ou il gisoit malade de la playe,de laquelle il mourut) se fit apporter par vn de ses domestiques son pauois : & mourant,le tint tousiours embrassé:comme voulant rendre tesmoignage,que les braues & genereux actes par luy faits aux affaires

Q ij

des Thebaines guerres : auoient esté par luy
entrepris & executez, pour soustenir la paix,
& conseruer la Thebaine liberté , & non
pour faire aucune offense, à voisin ou autre,
quel qu'il fust.

Chap. CXCII.

LORS se peut-on bien apperceuoir, que
tous les citoyens d'vne bonne ville, viuent en paix, & en concorde, quand tous ont
mesme opinion de ces biens, qui sur tous autres sont vtiles & commodes à la vie humaine, & ausquels plusieurs peuuent participer :
& qu'il n'y en a vn seul, qui en ait seulement
soin pour soy-mesmes : comme pour exemple, quand les citoyés sont par ensemble d'ac
cord, d'estre gouuernez populairement, ou
soubs la puissance d'vn Prince, ou, que les
magistrats soient creez par sort, ou bien eslus
par suffrages : ou qu'on face ligue & alliance
auec aucuns pour l'offense de quelques voisins, ou pour la deffense des autres : neantmoins si faut il entendre & sçauoir, que la
vraye concorde est celle, en laquelle les gés
de bien conuiénent : pource qu'ayans tous les
bons citoyens mesme dessein, & mesme intention, aussi ont-ils mesme vouloir : Et (qui

plus faict à penſer) ayans fait l'habitude au
bien, iamais ne ſe deſtournent de leur bonne
volonté:Ou au contraire, les mauuaiscitoyés
ne ſe peuuét accorder, que pour petit eſpace
de temps:pource qu'eſtant leur fin & intention, d'auoir des choſes dont on peut tirer
profit, plus grande part que les autres, & des
deſpenſes, & des peines, moindre part : faut
qu'il en aduienne mal & dommage non ſeulement aux gés de bien, mais encores à ceux
qui ne vallent gueres . Parquoy ne peut la
concorde eſtre en eux durable: laquelle, encores que par crainte, ou par quelque particulier intereſt, elle duraſt quelque temps,
finiroit neantmoins bien toſt apres, à meſure
que ceſte crainte, & ceſt intereſt s'eſteindroit:
pource que touſiours ceſſant l'vn ou l'autre,
auſſi ceſſera la concorde.

Chap. CXCIII.

L auient par fois, qu'en vne guerre,
lógue, de grãs frais, & de peu de fruit:
l'vne & l'autre partie ſe laſſe, ſe faſche,
& s'énuye:toutesfois aucune d'elles, pour ne
ſembler eſtre plus foible, ne s'auance à mouuoir propos, & entrer en termes de paix.
Parquoy grãd eſt le bon heur de ceux, qui en

ces entrefaictes s'entremettent de parler, & faire quelque bõ traitté d'accord:pourceque pour aifément la cõclurre, il n'y eft befoin, ne de grande induftrie, ne de fubtil artifice: neãtmoins enuers le monde s'acquierẽt ces entremetteurs, hõneur & louange, & de ceux mefmes qui par eux fõt mis d'accord & pacifiez, ils reçoiuẽt honorables recõgnoiffãces.

CHAP. CXCIIII.

LEs ligues & alliances, ne font point à mefprifer:pource que par fois elles peuuent aux Princes & aux Seigneuries apporter grande & aduantageufe commodité, auenant l'occafion qu'en quelque bonne entreprife, les liguez & confederez fe ioignẽt auec eux.Mais auffi d'autre part, ne font elles pas à beaucoup eftimer:pource que l'intereft au ratoufiours plus de force, que l'obligation de la ligue.Et tout ainfi que la crainte de perdre & l'efperance de gaigner, font les deux premieres & principales occafions, qui font liguer & confederer les vns eftats auecques les autres:Auffi cefte mefme crainte, & cefte mefme efperance, aura toufiours au cõtraire, force & puiffance affez, pour les defioindre & deflier.

CHAP. CXCV.

'Ay congnu pluſieurs Princes &
Seigneurs, qui ont eſté inſaciables à
demander, lors qu'ils ont voulu
faire ligues & confederations auec leurs voiſins ou autres Seigneurs. Aucuns deſquels
l'ont ainſi fait, combien qu'ils ſceuſſent n'a-
uoir beſoin de tant demander : mais ſuiuans
en cela leur naturel, qui eſtoit de ne pouuoir
mettre fin à leur conuoitiſe : & les autres auſſi demandoient beaucoup, ne ſçachás, quelle eſtoit l'importance & le fondement de la
choſe, dont ils auoient beſoin. Ces deux natures d'hommes ne concluent pas volontiers
es affaires d'importance, ſi la grande neceſſité des temps ne les y incite, mais les premiers
font mal au cœur à tous ceux, qui auec eux
negotiét : & eſt leur inſatiable conuoitiſe cauſe, que tel, qui leur euſt accordé, ce qui leur
faiſoit beſoin, pour s'eſtre veu importuné de
demádes hors de beſoin, ne leur a pas ottroié :
ains a mieux aimé courir la fortune, aux
dangers qu'elle pourroit porter.

Q iiij

CHAP. CXCVI.

IL ne se fait ligue ou confederation aucune, qui se continue auecques telle ardeur
& affection, qu'elle a esté commencee. Parquoy, celuy qu'elle presse de plus prez que les
autres, ce pendant qu'au commencement le
feu y est encores, doibt soigner à ce, que les
prouisions necessaires à parfournir l'entreprise, qui s'est faite & desseignee, soiét sçeuës
& asseurees: pour ce que tous ceux qui deliberent de faire quelque belle chose, ne scauent pas imaginer, ce qui fait mestier pour la
mettre à fin. Dont aduient, que quand puis-
apres se descouure, ou despense à faire, ou
difficulté de l'execution, qui soit d'importance: ils se faschent, & commencent à se repen-
tir de l'entreprise: Qui plus est, encores s'en
trouuent-ils peu : lesquels, combien qu'ils
l'ayent preueue, la sçachent vaillammét soustenir, quand ce vient au fait: pource que les
choses sont vestues d'vne autre couleur, au
pensement, & à l'imaginatiõ, qu'elles ne sont,
quand elles se descouurent à la veuë: de maniere, que peu d'hommes sont, qui des deliberations de longue & perilleuse executiõ,
voeillent obstinément voir la fin. Pour-ce ne

se peuuent les ligues longuement mainte-
nir:encores qu'on y ait mis quelque bon ordre,& que les estas ou seigneurs liguez,soyét
touchez de quelque grande crainte . Mais
encores,sans cela,à peine pourroit-on croire
le grand dommage,que font certaines petites contentions, qui au long aller sourdent
entre les liguez. Lesqueles,pource qu'elles se
formét entre personnes de differente authorité,& de diuerses meurs & humeurs : bien
souuént deuiennent bien grandes, & suffisã-
tes pour rompre la ligue:Aumoins estre cause,qu'il sera si negligemment pourueu à toutes choses necessaires à l'entreprise liguee,
qu'elle ne reuscira,ny à propos,ny à la fin desiree.

CHAP. CXCVII.

NON seulement quand on veut faire ligue, mais aussi en tout autre
negoce,ou il faut venir en conuention,& faire compagnie auec autres, tous-
iours(si faire se peut)on doit auiser, de faire
conuention & accord auecques personnes,
qui soient d'elles mesmes assez entendues &
suffisantes, pour maintenir ce quelles voudront promettre:pource que quand on faict

ligue auec perfonnes foibles, ou de cerueau,
ou d'eftat: il faut quafi toufiours demourer en
doubte, que induis, ou par la legereté, ou par
la force, ils ne viennent à rompre & gafter,
tout ce qui a efté accordé auec eux. Par ce
moyen, eft-on toufiours fufpens de leur volonté & de leurs forces: Ou des forts & puiffans, vous ne doubtez, que la volonté.

Chap. CXCVIII.

I les ligues procedoient feulement (comme le plus fouuét on
en bruit, du commencemét de
toutes ligues) de la pœur, que les
côfederez peuuét auoir, d'eftre offéfez par vn
tiers, & partant, iufquesà ce qu'ils viffent l'ad
uerfaire fe remuër: ils ne fe deignaffét pareillemét mouuoir: il feroit bien aifé à celuy qui
verroit faire la ligue côtre foy, d'obuier au dô-
mage qu'il péferoit luy en pouuoir auenir: car
tât qu'il demoureroit en repos, fãs fe remuër,
(ce qui feroit en fa puiffance & volonté), il fe
pourroit tenir affeuré. Mais pource que les ligues, fe môftrét quelquesfois par dehors d'v-
ne apparéce, & par dedãs d'autre deffein: faut
que celuy, qui côgnoiftra ligue fe faire côtre
luy, ouure les yeux bien grãds, & auife princi-

palement à deſcouurir, ſi aucun Seigneur, ou eſtat fort & puiſſant, & qui ſeul n'ait occaſion de le craindre, fait ligue auec ſes ennemis: pource qu'en tel cas, il eſt vray ſemblable, que ſoubs ceſte confederatiõ y a quelque empriſe cachee, tendãt à autre fin, que à ſe defendre. Parquoy il fera ſagement, s'il donne ordre à ſes affaires, & y pouruoid d'heure, tout ainſi comme ſi on le debuoit aſſaillir. Et combié que l'intention de ce moindre faiſant ligue, ſoit veritablement afin de ſe defendre: neantmoins pource que le grand l'a faict afin de plus ſeurement offenſer autruy : on doit tenir pour certain, que toutes les deliberations ſe feront à l'intention de ce plus grand : & qu'on en debura, comme neceſſairement attendre vne guerre.

Chap. CXCIX.

Aire ligue auecques natiõs barbares & eſtrangeres, par conuoitiſe de regner ou imperer, eſt choſe vrayemét grãdement vituperable: pource que ceſte conuoitiſe procedant de bõ franc arbitre, peut eſtre aiſeement bridee & retenue. Mais ſi quelcun te vouloit faire la guerre, & tu n'auois autre moyen de te

defendre, sinon auec tel barbare secours:bié
sembleroit-il, que tu en deburois estre excu-
sé:Car en ce cas la force te guide, & non pas
la franche volonté. Et si aucun en cela merite blasme: veritablement c'est celuy, qui te
met en telle necessité.

CHAP. CC.

QV A N D vous voulez faire ligues ou confederations: vous faut croire, que tousiours plus fermes & stables sont celles,qui se
font auecques ceux qui vous creignent, que
celles que vous pouuez faire,auecques ceux,
qui ont quelque emulation, ou concurrence
auecques vous. Car ces derniers, estans pareils de force,peuuent sans danger faire rupture de l'accord:& le rompront toutesfois
& quantes qu'ils verront, que vous pourrez
faire sans eux,ou eux sans vous,quelque con-
queste:ou les premiers,creignans vostre despit & colere,vous garderont la foy. Aussi à
generalement parler, tousiours l'emulation
fera moins stable que la crainte: pource que
la crainte,est des choses à venir, & l'emulation des presentes: lesquelles, comme presentes, font l'ennuy, & le mouuement plus
grand.

CHAP. CCI.

TOVTES les fois que vous vien-
drez à faire conuenciõ ou accord
auec vn autre, qui soit forcé par
le peril, qui lors luy pend sur la teste, à prendre telles charges & cõdicions, que
vous luy voudrez donner : vous pouuez estre
asseuré:que si elles sont, ou trop pesantes, ou
trop vergoigneuses: si tost qu'il aura eschapé
le danger: il cherchera tous moyens de rompre l'accord:& les dures charges que vous y
aurez voulu aiouster. Parquoy doibt le Prince considerer : que s'il n'a les forces assez
grandes, pour faire creindre à ses alliez, rom
pans la conuention & la foy, d'en auoir de pi
res : aussi ne debura-til faire, tout ce que la
fortune pour ceste fois luy pourroit permettre: ains se retenir & moderer, à ce que luy di
ctéra la raison. Par ce moyen luy en reuien-
dra-til plus d'asseurance, & d'honneur, &
aux autres, plus de contentement,& plus de
bonne volonté de luy obeir:tant a de puissan
ce sur nos courages & espris,plus la douceur
& la courtoisie,que la rigueur & la force.

Chap. CCII.

DE ceux qui par vne extreme necessité ont esté contraints, à se rédre eux & leur estat, au Prince qui
les a assaillis: les aucuns, auant que
se rendre, ont cherché tous moyés de capituler & accorder auecques luy, par les plus auã-
tageuses conditions, qu'il leur a esté possible:
les autres, sans exquerir commodité, ny aisance aucune, (encores qu'ils l'eussent bien peu
esperer) se sont laissez franchement tomber,
ou la fortune les a guidez. Il est vray, que si
le vainqueur est mauuais, soiét les condiciõs
de l'accord tant honnestes & raisonnables
que l'on voudra : quelque promesse qu'il en
ait faite, si ne les entretiendra & obseruera-il,
qu'en tant qu'il luy viendra à gré & à plaisir: & s'il est bon, autant fera-il de soy-mesmes, ce qui sera conuenable & raisonnable,
comme au moyen de la paction. De maniere
que pour ceste cause les seconds demeurent
tousiours auec plus grand auantage: car ils
n'auront point fait d'accord, ou pour monstrer la confiance qu'ils ont, en la clemence & bonté du vainqueur, (ce qui a accoustumé d'estre agreable & plaisãt, mesmes aux

plus mauuais & rigoureux Princes)ou par
generofité & grandeffe de cœur,leur femblât
qu'ils feroient peu foulagez de plus ou de
moins de commodité , apres auoir perdu
l'eftat & le gouuernemét.Et cela fait,qu'outre la louange qu'ils en reçoiuent du monde:
encores ils en font plus aimez & gratifiez des
Princes magnanimes : & quelques fois les e-
meuuent à leur faire, plus de grace volontairement,qu'ils n'euffent faict par capitulatió
& paction:Pource,qu'aux hommes qui peuuent honorer & fecourir la principauté, les
fages Princes fe font toufiours efforcez de
faire congnoiftre,qu'ils les tiennét plus pour
bons amys,que pour loyaux fubiects.

CHAP. CCIII.

LA F O Y, a la vertu & la puiffance fi grande , qu'elle entretient fermes les con-
uentions & pactions, qui fe font entre les
hommes· Pource luy a-ton donné le tiltre, du fondement & de la conferuation
de toutes volontaires operations:comme au
contraire à la perfidie & infidelité,a efté baillé le renom d'eftre caufe, que tout accord &
toute bienuoeillance fe rompe & fe perde.
Et de là vient auffi , que la plus cuifante

& plus iniurieufe parole, qu'on puiffe dire à
vn homme, eft de l'appeller, *defloyal*, ou *perfi-
de*: parquoy ce n'eft pas grande merueille, que
quand mefmes on a anciennement donné la
foy aux ennemis: elle a efté inuiolablement
gardee: encores que celuy qui la gardoit, fut
bien affeuré de fa mort, comme fit Regulus,
& autres plufieurs Romains. Et encor on n'a
pas feulement faict compte, de la foy ouuertement & fpecialement promife, mais de la
fecrette & doubteufe: comme fit Scipion, lequel ayant pris en temps de guerre vn nauire
appartenant à certains Carthageois fort riches, dont il pouuoit tirer grād butin & grādes richeffes, pour ce feulement qu'ils fe di-
rent Ambaffadeurs, ils les laiffa aller faufs &
entiers, combien qu'il fçeuft certainement
qu'il n'en eftoit rien. Mais il aima mieux fe
laiffer tromper, que mettre en doubte la foy,
qui publiquement & vniuerfelement doit e-
ftre gardee à tous Ambaffadeurs de quelque
nation ou condicion qu'ils foient. Les Egyptiens, outre l'infamie dont eftoit chargé, celuy qui auoit rompu la foy, encores le punif-
foient de mortel fupplice. Et pource ne puif-
ie, finon m'efmerueiller grandement, des hō
mes qui ont efté fi inhumains, que de nombrer la rupture de la foy, entre les precepts
& regles

& regles de gouuernement d'estat:soubs ombre de ce,qu'à aucuns Princes a beaucoup fer-
uy & profité de rompre leur foy: comme s'il
fuft permis à celuy, qui n'a but qu'au profit,
de tuer, voler, & derober tout le monde; &
commettre à fon aduantage tous autres enormes & abominables vices;autant ou plus,que
la rupture & violation de la foy. N'y a homme qui recherché de fa foy,&l'ayant donnee,
s'il void qu'elle luy tourne à grande incommodité,s'il la veut obferuer & garder,qui veritablement ne foit tenté de la rompre: Toutesfois cefte incommodité fe doibt volontairement & patiemment fupporter;pour le refpect de tant de biens & commoditez, que les
hommes iournellement retirent de l'obferuation de la foy donnee:ne fe trouuant homme,
qui n'ait befoin des perfonnes fidelles. Mais
encores en ont les Princes plus de befoin,que
tous autres hommes: pource que fans la foy
& fiance qu'ils ont, de leurs miniftres & domeftiques : ils ne pourroient en leurs propres
chambres & litz demourer aucunement af-
feurez. Tellement qu'il n'y a chofe qui merite,ie ne dy pas, d'eftre moins pratiquee par
tous Princes: ains ie d'y, qui plus doibue eftre
reiettee & abhorrie de toutes perfonnes, que
de ne tenir & inuiolablement obferuer ce

R

qu'on a promis. Ce qu'eſtant quelquesfois
obſerué, auec le manifeſte dommage & danger de celuy qui l'auoit promis: ne luy apportera iamais neantmoins occaſion de ruyne: &
les dommages & dangers occurrens au cours
de ceſte miſerable vie (ou la variation des affaires, & la fortune ont ſi grande puiſſance)
doibuent par l'homme ſage eſtre courageuſe-
ment endurez & ſupportez: lequel auſſi debura croire, que tout luy ſera aiſeement remis
& reſtably:demourant ſur ſes pieds la foy,qui
eſt le vray fondement de l'eſtat.

CHAP. CCIIII.

RIEN ne reueille, maintient, & accroiſt tant la foy, que la foy meſmes,
pource qu'on ne ſe fie iamais à homme : auquel à cauſe de ſa loyauté & fidelité,
on ne porte amitié & reſpect: comme auſſi
iamais homme n'a eſté aimé & reſpecté d'vn
autre:que la nature ait ſouffert, qu'il n'ait reciproquement aimé & reſpecté, celuy qui
l'aime. De façon, que les meſmes choſes,
viennent à eſtre confermees & accreuës par
elles-meſmes; comme auſſi on void, que la
foy vient à ſe conformer & accroiſtre par la
meſme foy.

CHAP. CCV.

AMAIS homme ne doibt obliger sa foy, que premierement il ne sçache la cause : pour laquelle celuy qui le veut obliger, luy demande la foy. Ie dy cecy, pource que aucuns sont : lesquels, se laissent sottement astreindre à promettre, auant qu'ils sachent ce qu'on leur veut demander : neantmoins la foy donnee, en quelque sorte qu'elle soit donnee, semble auoir tousiours vn ie ne sçay quoy, qui fait noter d'infamie, celuy qui la rompt & viole. Et en a ton veu plusieurs, lesquels estans d'ailleurs diffamez de maints autres enormes vices, toutesfois se sont diligemment gardez, d'estre notez de ce vice d'infidelité, combien que par ce moyen ils peussent gaigner de grands biens & aduantages. Or s'il n'est pas loisible de rompre sa foy, sans grand blasme, encores qu'on en soit solicité sans sa faute, combien plus doibuent estre blasmez ceux, qui auec flateries & belles parolles, s'estudient à allecher les autres à se fier en eux : & ayans acquis ceste fiance, font puisapres tout ce qu'ils peuuent, pour reueiller en leurs confians quelque desir de nouuel.

leté : & apres les auoir mis en ceſt appetit,
les vont accuſer, ſe faiſans grands de leur
propre meſchanceté? Ie ne ſçay pas, de
combien le Prince, auquel tel ſecret a eſté
reuelé, leur doibt demourer obligé : puis
qu'eux meſmes ont eſté la cauſe & le commencement de ce remuëment. Bien doibt
veritablement le Prince auoir chere, la reue-
lation du ſecret de ceux, qui ont contre luy
coniuré ; toutesfois ne doibt-il par raiſon a-
uoir agreables ceux, qui ayans incité les autres à ſe ſouleuer : fils voyoient le traicté de
la coniuration reuſcir à quelque ſeur party :
prendroient prompte reſolutiõ de faire tourner eux, & la tromperie, à l'encontre du meſme Prince.

Chap. CCVI.

CESTE raiſon & concluſion n'eſt
pas ſimplement bonne, quand
on dict : *C'eſtuy là m'a eſté fidelle
en choſes petites : fidelle donc me deb-
ura-il eſtre en choſes plus grandes.* Pource que
les hommes, qui deſſeignent de tromper à
faict, cherchent (auant qu'entrer en maniement de choſes grandes) de parroiſtre accords & fidelles en choſes petites : leſquelles

leur eſtans commiſes, ils executent ſi bien,
& de ſi grande affection, qu'aiſément (à qui
y regardera de pres) on congnoiſtra, que
tout le maniement en eſt conduict par artifice; & d'autant en ſont les choſes plus ſuſ-
pectes. Car les hommes loyaux & fidelles
(encores qu'onques ils ne paroiſſent negligens, en choſe dont ils ayent pris charge) ne
mettent pas toutesfois egale peine, & diligence, à l'execution des petites choſes,
comme au maniement des grandes : & a-
pres les auoir conduites à leur fin & deſiré
effaict, ne ſ'efforcent pas de les faire paroiſtre : en la guiſe de ceux, qui au parauant
en ont faict deſſein. Doncques ſera-il bon
de conſiderer, non ſeulement les choſes
qui ſe font : mais auſſi la maniere, auecques
laquelle elles ſe font, la perſonne qui les
faict : les circonſtances, auecques leſquelles elles ſont bien ou mal executées. Ce
qu'entierement conſiderent les ſages & prudens hommes à fin de ſçauoir, de quant &
combien on ſe doibt fier, à ſes domeſtiques
& miniſtres.

R iij

CHAP. CCVII.

LE plus souuent, on ne peut, ne doibt se fier, aux paroles, & aux fais de ceux; qui poussez par l'ambition, se sont mis à la poursuite de quelque grande chose: de laquelle ensuiue le pouuoir de commander à autruy : Pource que l'excessiue conuoitise, apprend aux hommes à faindre & dissimuler toutes choses, pour paruenir à la fin de leurs desseins: à laquelle paruenus, ils ne veulent plus prendre la peine de faindre ou dissimuler: ains hardiment manifestent leur naturel: & le plus souuent les mesmes vices, qu'ils auoient pendant qu'ils viuoient en personnes priuees: ils les transportent, auec accroissement de malice & d'audace, au dommage public; Comme ceux qui auoient conuoité & appeté la grandeur, non pour brider leurs sensuels appetis; mais pour auoir occasion & moyen de les souler abondamment à leur plaisir.

CHAP. CCVIII.

LA foy publique vrayement est chose de grande importance: & doibt-on croire, que tout homme qui la donne, la doibt inuio-

lablement obferuer. Mais d'autre cofté, fe fier
de fa vie, & de fes biens & honneurs, à des
perfonnes, defquelles vous n'ayez autre affeü-
rance, que de leur foy:combié que vous ayez
d'ailleurs plufieurs bonnes & grandes occafions d'en auoir crainte auecques raifon, eft
chofe encores de plus grand pois & refpect.
Parquoy femble bon à ce propos de fe refou-
uenir, de ce que Philippe Roy de Macedoine
dit à Titus Quincius cheualier Romain:lors,
qu'en la compagnie des Etoliens fes ennemis,
il l'enhortoit, que de la nauire en laquelle il
eftoit, il luy pleuft defcendre en terre : fans a-
uoir crainte de chofe aucune. Auquel Philippe (fe refentant premierement de ce, que ce
Romain faifoit contenance de croire qu'il
euft peur) refpondit : *Ie ne craint que les dieux*
immortels: mais ie ne m'affeure pas en la foy de tou-
tes perfonnes: principalement quãd les vnes ne font
pareilles aux autres: quant on y voudroit pratiquer
quelque tromperie: A la verité, il fembla eftrange au Roy Philippe, d'eftre requis par Quincius, à fe mettre en tel hazard fur fa feule foy:
veu qu'il n'y auoit point de comparaifon de
luy Roy, auec Phaneas fimple citadin d'Eto-
lie, auec lequel (comme auec tous les Etoliẽs)
il auoit capitale inimitié.

R iiij

CHAP. CCIX.

'Hospitalité fut par les anciens tenue
eh grande reuerence; & estimee saincte & inuiolable, ne plus ne moins
que la foy. A ceste cause, plusieurs ayans eu
pour hostes en leurs maisons, ceux lesquels,
ou pour cause publique, ou pour quelque
particuliere occasion, ils hayssoient mortelle-
ment, se garderent bien d'en rien les offenser:
encores qu'ils en peussent esperer pour leur
particulier, grande seureté, & notable profit.
Car ils n'estimerent aucune commodité si
grande: que plus encores il n'ayent creu grãd
le blasme & le deshonneur, d'auoir violé la
foy deuë à l'hostellage: quand vn hõme souz
voltre sauuegarde se loge en voltre maison,
& soubs voltre fiance dort tout nu desſus
voltre lict. Parquoy, pour iuste que peuſt eſtre
le dedain & la haine, que vn hoſte portoit à
celuy, qui eſtoit loge en sa maison: ces bons &
sages hommes du temps passé, aimerent beau
coup mieux les refreindre & retenir: que vio-
ler & rõpre la tant eſtroite foy, & la seurté, en
laquelle doibt eſtre celuy, qui s'abandonnant
du tout à voltre misericorde & mercy; se viẽt
loger en voltre maison, & ietter entre vos
bras.

LE s fautes cõmiſes enuers les eſtrãgers, ſont tres-griefues & grandes:
pource que n'ayans les eſtrangers
ne parens ny amis, deſquels ils puiſſent auoir
ſupport ou ſecours; tous ceux qui oſent les
offenſer, ſe monſtrent de vil & laſche courage: Car tout homme genereux ne peut auoir
le cœur de faire mal à celuy, qu'il void & ſçait
de tous poins, beaucoup plus foible que luy:
Mais encores plus grande faute faict celuy,
qui offenſe ceux, qui en toute humilité ſe
ſoubmettent à ſa diſcretion: Car il ſe priue
d'vn bien grãd honneur; faiſant perdre à tous
ceux qui le congnoiſſent, l'opinion & la cõ-
fiance qu'ils auoient priſe, & veu prendre à
ſes meſmes ennemis; croyans que toutes &
quantes fois qu'en toute humilité (deſpouil-
lez de toute autre eſperance) ils recourroient
à ſa mercy & miſericorde; ils ſ'en retourne-
roient ſaufz, & deliures de tout mal. Laquelle opinion & confiance de clemence, pitié,
& bonté; eſt de ſoy-meſmes tant aiſee à ſe faire reuerer: que les hommes en ceſte baſſe
terre ne peuuent deſirer choſe plus grande
& plus excellente: veu que par le moyen d'i-
celle, ils ſe rendent comme eſgaux à Dieu;
pere benin & plein de toutes miſericordes.

CHAP. CCXI.

SOLON difoit, que l'eftranger feroit bien receu en la maifon d'autruy ; quand il en auroit au parauant recueilli quelques autres en la fienne : & qu'encores il auroit d'autant plus grand plaifir, en la courtoife hofpitalité qu'il fe verroit faire, quand il la congnoiftroit naiffante du fruict de fa deu anciere courtoifie. Il eft vray, que les gracieufetez & courtoifies, ne doiuent pas eftre faictes en intention, d'en receuoir contr'efchange ou pareille recongnoiffance : toutesfois comme on ne trouue point plus grande confolation, que de voir en celuy que vous aimez, vne reciproque amitié, & bien - voeillance enuers vous : auffi n'y a il chofe, qui plus agree que les fignes qui en font claire demonftration : entre lefquels ne tient pas le moindre lieu la courtoife hofpitalité, dont vfe vn amy enuers fon amy.

CHAP. CCXII.

LES Stoïciens vouloient, que les hommes fages, ne tinffent aucun pour eftranger, finon le vice ; & pource, quiconque arriuaft

en la cité, de quelque natiõ ou lieu qu'il peuſt
eſtre; qu'il y fuſt receu comme citoyen. Si
ceſte vſance eſtoit receuë en toutes les villes
du monde ; on mettroit bien plus grand ſoin
& induſtrie à ſ'acquerir de la vertu; quand on
en verroit ſi grand le merite & le guerdon:&
ſeroit en la puiſſance de tout hôme vertueux,
prendre pour cité celle de toutes, qui mieux
luy viendroit à gré : ains (à mieux dire)d'eſtre
citoyen de toutes villes.

CHAP. CCXIII.

M AINTES ſont les occaſions,qui
peuuent faire, qu'vn homme deuienne amy de l'autre. Mais la
plus grande, eſt celle qui naiſt de
la meſme amitié: laquelle a force ſi grande;
qu'au pois elle contrepoiſe ; ains emporte en
la balance toutes autres occaſions. Pource
que la vraye amitié,ſans attendre le bien-
faiét d'vn autre,a deſir d'en eſlargir: non pour
autre reſpeét, que de la bonne volonté,
qu'elle porte à celuy qui le reçoit. Parquoy
grande eſt la difference ; entre vouloir bien
à vn homme, à cauſe de l'amitié qu'on luy
porte ; ou à raiſon du bien qu'on a receu de
luy, ou qu'on en eſpere & attend : Car l'vn

regarde seulement le bienfaict, & l'autre n'a esgard ne consideration qu'à l'amy.

CHAP. CCXIIII.

TOVT ainsi que les bien-faits, seroient indigne occasion de bonne & vraye amitié indigne, qui ne seroit point accompagnee de bienfaits. Mais il y a grande difference, entre considerer vne chose comme cause, & la considerer comme effect. Parquoy mal seroit aduisé vn homme de noble courage, de seruir vn Prince, soubz espoir de recompense, & non en intention de faire (en le seruant) paroistre sa vertu. Comme aussi tout au contraire, mal feroit, non seulement le Prince, frustrant le bon seruiteur de condigne remuneration : mais aussi le seruiteur, ne desirant la recongnoissance, non comme occasion, mais comme effect, & tesmoignage de son seruice. Sans ce, qu'aimant bien le Prince qu'il sert, aussi doit-il estre desireux & curieux de son honneur : lequel il ne se peut acquerir, ne par effect, ne par opinion, s'il n'est digne remunerateur de la foy & du seruice de ses ministres & domestiques.

CHAP. CCXV.

VAND les anciens ont voulu
faire iugement de la precellence, des loix, de l'amitié, & de la
vertu : ils sont entrez en la consideration de sonder, lequel de ces trois apportoit plus de commodité & de secours aux
hommes. A ceste cause ils ont donné le premier lieu à l'amitié : pource qu'ils ont veu &
congneu, qu'il n'y a bien si grand, que l'amy
ne face à son amy, de bon gré, & de bonne
volonté : de maniere, que si bonne, vraye,
& ferme amitié estoit entre les hômes (comme dit Aristote:) il n'y auroit point de besoin
d'establir entr'eux aucunes loix. Mais pource
qu'ils congneurent, qu'impossible estoit, que
vraye amitié se retrouuast entre tous les habitans d'vne ville ou cité : ils inuenterent vne
chose, laquelle par le moyen de l'authorité &
puissance publique peust suffire en son lieu.
Or sont-ce les loix: qui commandent de faire, ce que la bonne amitié feroit bien sans
loix: lesquelles neantmoins sont moindres
que l'amitié : pource que l'amitié recerche la
volonté: & la loy, pourueu qu'elle soit obeye,
ne se soucie quelle est la volonté de celuy

qui luy rend l'obeiſſance. Bien eſt encores la
vertu volontaire; ne plus ne moins qu'eſt l'a-
mitié: & opere le meſme bien qu'effectuë la
loy: mais pource qu'elle eſt faicte principalement pour le vertueux , & vient à eſtre côme choſe propre à luy:elle demeure de beaucoup inferieure à ces loix: leſquelles n'ont
autre but que le bien public. De maniere,
que toutes ces trois produiſent vns & meſmes effects:eſtant le nom derober ou rauir
le bien d'autruy, autant effect de la vertu,
comme effect des loix, & de l'amitié; mais
entre elles la diuerſité ſe prend , de la diuerſité de leurs intentions & de la fin : laquelle
faict le vray iugement , & donne le vray nom
à toutes choſes.

CHAP. CCXVI.

LEs Stoiciens dient, que la vraye amitié
eſt celle des Sages : pource que n'y ayant
choſe au monde plus aimable que la vertu;
& ne ſe trouuant la vertu plus belle, , ne plus
ſtable, qu'a l'êdroit des ſages: ils ſont prompts
à ſentr'aimer , & perſeuerans en leur amitié:
qui ne diminuë, ne pour diſtance de lieux,
ne pour accident de fortune, qui puiſſe aduc-
nir, ne pour ſilence; ne pour choſe aucune

de celles, qui ont accouſtumé de rompre les
autres amitiez du monde : & comme les ſages ſont touſiours ſages ; ainſi par neceſſité
touſiours ils ſ'entr'aiment. Epicure, au contraire diſoit, que l'homme ſage ne recerchoit
pas l'amitié, comme amitié; mais comme
choſe qui luy apportoit du plaiſir : ſans lequel
les hommes ne ſe pourroient dire vrayement viuans : ains pluſtoſt eſtre vn recepta-
cle de crainte & d'ennuy. Parquoy (par l'aduis d'Epicure) l'amitié eſtoit choſe acciden-
telle, & qui n'eſtoit point recerchee pour l'a-
mour d'elle meſmes. Si ne pourroit-on dire choſe, plus dommageable au public, né
plus contraire àla verité : pource que (comme autre fois a eſté dit) les vertus plus grandes & plus recommandables, ſont enuiron-
nees de dangers, comme les roſes d'eſpines:
Leſquels toutesfois ne ſont refuis ne rejettez
des hommes de valeur (encores qu'ils leurs
deſplaiſent, & qu'ils ſoient touſiours accompagnez de la mort:) ains volontiers veuz, &
eſtroittement embraſſez.

Chap. CCXVII.

QVand on veut deſcouurir, ſi quelqu'vn
aime à cauſe de la vertu, ou pour autre

intereſt qu'il y pretende: il eſt fort aiſé de ſ'en
eſclaircir. Car l'amy qui aime pour le profit,
ores que pour vn temps il ſe couure & diſſi-
mule : neantmoins en fin, ſ'il ne reçoit l'eſ-
peré profit, il ne ſe peut garder de ſ'en plaindre : Où le vray amy ne ſe trouble ny altere
de choſe qu'il voye, ains en ſoy-meſme ſ'en
reſiouit & rallegrit. Et ainſi, (ores qu'il euſt
touſiours donné ſans rien receuoir, ſçachant
qu'il cueille le fruict de la vraye amitié (qui
eſt de n'eſtre iamais las, ains touſiours en volonté, de faire bien à ceux qu'on aime) il en
demeure bien content & ſatisfaict. Il ſe trouue vne autre ſorte d'amis, qui iamais ne ſe
deulent : & ſont ceux-là, qui aiment pour le
plaiſir qu'ils reçoiuent, de l'amiable conuerſation l'vn de l'autre : car ceſſant ce plaiſir,
ſans autres plaintes, petit à petit ils ſe ſeparent. De maniere, que de ces trois occaſions, pour leſquelles on ſ'aime & on ſe veut
bien : ne demeure que celle du profit, qui
ſe pleigne. Or entre tels amis, aucuns ſe
rencontrent, qui tant eſtiment le bien quel
qu'il ſoit, qu'ils font à leurs amis, qu'il eſt
tres-malaiſé de leur en rendre aggreable recompenſe : mais (qui pis eſt) ils font ſemblant de ce faire par honneſteté, & pour tel
le baillent du commancement : puis ſ'ils
voyent

voyent trop tarder la recompenſe ou remuneration par eux eſperee, ils deſcouurent
(auec manifeſte impudence) l'occaſion de
leur amitié, reprochans à leurs amis tous les
biens,qu'ils leur ont faits.Pour cela ne veux-
ie pas dire,que toute amitié qui a pour but
le bien & le profit, ſoit à regetter, pource
que ſans elle les citoiens des bonnes villes, ne pourroient pas bonnement conue-
nir enſemble:Mais ie dy, que ſagement fait
celuy,qui du commencement s'eſtudie d'entendre,à quelle fin aucun veut faire amitié
auecques luy.Et s'il s'apperçoit,qu'il le deſire
amy,pour le bien & profit, qu'il en peut retirer,ne le faudra pas fruſtrer de ſon intentió,
combien qu'il ne fuſt pour ſe pleindre,& ne
diſt mot,du defaut qu'on luy en feroit : Ains
tant plus modeſtement il s'y comportera,tát
plus il meritera d'eſtre recognu.Et qui n'aura volonté d'ainſi le faire, ſe garde bien de
contracter amitié auec tels amis:Car en la ciuile conuerſation,il n'eſt ne beau, ne bon de
receuoir bien ou plaiſir, de qui que ce ſoit,
ſans en rendre condigne recompenſe.

S

Chap. CCXVIII.

LE debuoir de l'amitié requiert, que l'amy s'efforce de prefter tout confeil, confort, fecours, & aide, à fon amy; lors qu'il le voirra en auoir le plus grand befoin: qui fera au téps du defaftre, & de la mauuaife fortune: s'y offrant volontairement, fans attendre qu'il en foit prié & requis. Car celuy qui de cefte façon, donne confort & fecours à fon amy: ne le donne pas feulement vertueufement: mais encores fait, qu'il eft vertueufement receu: oftant à fon amy vne certaine honte, & vne certaine crainte : qui toufiours accompagne la requefte & demande de fecours, ou plaifir: qui luy donne occafion de le receuoir aueq meilleur gré, & aueq meilleure volonté, de le recongnoiftre, & luy rendre la pareille.

Chap. CCXIX.

LA Plvs laide chofe qui puiffe auenir à vn gentilhomme, eft d'eftre de fa nature fuget à fe douloir & pleindre, de ce qui ne luy fuccede pas à fon gré & defir : Car fe pleignant, il monftre vn courage femenin: & confequemment digne d'eftre mefprifé:

où il monſtre, que, ne luy eſtant donnée la
recompenſe, qu'il cuide auoir meritée: il a
voulu vendre, & non pas debuoir exercer,
l'operation vertueuſe. L'homme viril &
vertueux, ne ſe pleint iamais de perſonne:
& moins encores de ſes amis: ains, en tant
qu'à luy eſt, il ſe garde de leur eſtre ennuyeux. Parquoy, bien parla ce vaillant
homme, diſant : *C'eſt aſſez, que ſeul i'endure:*
Car auſſi ne volut.il pas, que ſes amis fuſſent
en peine, comme il eſtoit: aimant mieux
donner à ſes bons amis, plaiſir, que faſcherie. Et encores qu'à vn homme de valeur,
ſe preſente quelquefois occaſion, de ſe preualoir de ſon amy, & l'employer à ſon beſoin : toutesfois il ne le requiert point, ſinon
en tant qu'il congnoiſt, qu'aueq peu de ſon
incommodité, il peut receuoir grand ſecours. Et ſi le danger, & la peine, eſtoyent
en ſa libre election, il diroit (comme celuy
vaillant homme, duquel nous auons cy deſſus parlé) qu'il voudroit ſeul eſtre en peine. Non pource que vn homme affligé,
ne doiue eſtre bien aiſe, voyant ſon a-
my prompt & preſt à ſouffrir partie de
ſon affliction, & le ſecourir : (car n'y a
point de conſolation plus grande, à vn
homme qui eſt en peine, que de recon-

gnoiſtre en ſon amy, vn ſi euident ſigne de
bonne amitié) : mais pource qu'au contraire,
la peine redouble à l'amy, & la faſcherie,
quand il ſe congnoiſt eſtre occaſion, que ſon
amy endure pour luy : & pource penſe-til patir moins, quand tout ſeul il ſent ſon mal.

CHAP. CCXX.

L'HOMME ſage & conſtant, & qui a fait
choix de bons & drois amys : ne fait ne
pleintes ne lamentations, auenant la mort
d'aucun d'iceux : pource qu'il ſçait bien, que
la mort d'vn homme de bien, & bon amy,
ne peut eſtre mauuaiſe. Et ſi quelqu'vn pen-
ſoit ou diſoit, qu'au moins il deburoit pleindre ſa particuliere perte, & d'icelle ſe douloir : il ſeroit bien fort trôpé : car il ſembleroit
en premier lieu, qu'il auroit aimé ſoy-meſmes, & non l'amy defunct : puis on ne peut
croire l'homme eſtre valeureux & de grand
cœur : qui pour ſon heur & ſon aiſe, pêſe plus
auoir affaire d'vn autre, que de ſoy-meſmes :
tellement que luy mourans, ou freres, ou
enfans : ou perdant biens & ſeigneurie : s'il eſt
conſtant & valeureux, il ne ſe doibt moins
eſtimer, qu'il faiſoit au parauant ſa perte : ains
pluſtoſt il doibt recongnoiſtre, que lors il a

large champ, pour monstrer sa valeur & vertu : sçachât que les grands & illustres hômes, par le passé se sont acquis gloire & renom immortel : non en viuant delicats & mignards, ains forts & constans, en tous perils & malaises. A iuste cause dôq Socrate reprenoit Homere: feignant, Achilles, fils d'vne Deesse, eleué & instruit par le sage Chiron, se getter par terre:& si douloureusement soy pleindre & lamenter: qu'vne vile & chetiue femmelette, ne pourroit faire vn plus grand doeil. Il se moquoit pareillement de ce, que le mesme Homere auoit introduit autres Dieux, se lamentans de choses, que les plus lasches & poltrons, non Dieux, mais hommes, porteroient bié paciemment. Et combien que les autres poëtes s'efforcent defendre Homere, disans qu'il parle par allegorie, & couure soubs telles fables des moult beaux & grands mysteres: toutesfois on ne les doibt pas en cela croire: Car l'exemple de tels mensongers comptes, corrompt les esprits des ieunes hômes, beaucoup plus que lon ne pense. Semblable faute fit Homere, faisant mal à propos rire les mesmes Dieux: quand ils virêt le boiteux Vulcan se haster d'aller, & cheminer à peine par la maison.

S iij

CHAP. CCXXI.

AVcuns sont si delicas , ou impatiens, que pour peu de faute, qu'ils trouuét en leurs amys & familiers, ils les deseigneigent, & soudain se departent de leur amitié & conuersation: Qui n'est pas bien fait à eux: veu qu'il est notoire, que tous hommes sont hommes, & consequemment subiects à faillir: & quand on en quittera l'vn pour vn vice, faudroit tost apres abandonner l'autre pour vn autre vice, qui se trouuera en luy: Mais quand on les congnoist faciles à se corriger, & amender leurs fautes, c'est bié mieux fait de les enhorter à l'amendement, que de les abandóner tout à fait. Voire encoresqu'ils fussent incorrigibles, & leurs vices fussent de ceux, qui ne souillent l'honneur, ne la dignité de l'homme : il les faudroit patiemment supporter: comme l'a enseigné Pythagore.

CHAP. CCXXII.

ON ne peut pas auoir beaucoup d'amis: toutesfois on dit, qu'en la multitude d'iceux , il se faut gouuerner comme au nombre d'estrangers, c'est à dire,

qu'il n'en faut pas tant auoir, qu'on ne puisse
commodément fournir à la despense : ne si
peu, que la maison semble demeurer, comme
seule & abandonnee. D'auantage consistant
l'affection de la ferme amitié, comme en vne
surabondance d'amour: elle ne se peut lier
qu'auecques peu de personnes : auecques
lesquelles l'amy fait compte de viure, & iour-
nelement conuerser, ce qu'on ne pourroit
faire auec beaucoup d'hommes. Bien peut &
doit la ciuile amitié, estre faite auec plusieurs
personnes ; ayant la republique, & la principauté, besoin de beaucoup d'hommes, liguez
& liez de certaine biéuœillance, les vns auecques les autres: combien que ceste ciuile a-
mitié, ne se mesure pas tant, par la bienuœillance de l'vn à l'autre des citoiens: que par la
publique necessité. Encores s'en trouue-til
beaucoup, qui de soy-mesmes ne sont gueres, ny amiables, ny aimables: ains qui donnét
& bien & souuent occasion d'estre haïs: qui
neantmoins sont supportez, & iouissent de la
conuersacion des autres; à cause des affaires
publiques.

CHAP. CCXXIII.

ON dit en vn commun prouerbe, que *ce-luy qui eſt grand ennemy, eſt encores grand a-my*. Toutesfois ſouuent aduient, que tout ainſi qu'aucuns hommes ſont de ſi douce & gratieuſe nature, qu'ils ne ſe peuuent cour-rouſſer: auſſi quelques autres ſôt de ſi peruers entendement, qu'ils ne peuuent eſtre autres qu'ennemis: & n'eſt poſſible, que qualité au-cune de bien ou plaiſir qu'on leur face, leur puiſſe amollir le cœur. De façô qu'auecques ces deux eſpeces d'hommes, celuy perd têps, qui s'efforce & eſtudie, de vaincre l'obſtince & rude nature des ſeconds, ou endurcir & irriter la douceur & facilité des premiers. Mais pource que les prouerbes pour le plus, ſont veritables: ſemble que le ſuſdit vueille dire, que ſe retrouuant aux vns plus qu'aux autres hommes, ceſte aptitude & prôptitude de faire tout ce qu'ils veulent: de maniere qu'ils ſont auſſi prompts à aimer comme à hair, & ſçauent cognoiſtre, & mettre en œu-ure, ce qui peut aider & nûire: on doit tels hô-mes rechercher d'amitié: pource que du peu de bonne volôté qu'ils portent à vn leur ami, il ſe faict vn tres-bon & profitable acqueſt.

CHAP. CCXXIIII.

A Vcvns font tant ardens en leurs defirs, & s'y trompent de telle façon:qu'il n'y a fi grand a-my,ne fi familier & domeftique, qui leur puiffe faire croire, qu'ils fe trompét. Si auecques telles gens, on ne procede fran-chement,& comme le requiert (ce femble) l'office d'humanité, & de la vraye amitié : la coulpe n'en doibt pas eftre attribuee, à qui leur tait la verité,ains à eux-mefmes, qui ne fe prefentent pas,pour en entendre le reme-de.Le moyen de fe les retenir amis, eft , ne defaillir en tous moyens d'honnefteté, & de complaire au commencement à leurs volon-tez,au moins mal qu'il fera poffible & atten-dre que la chofe de foy-mefmes commence à fe manifefter, & lors parler, & fe declarer:& on en fortira à quelque bonne fin.

CHAP. CCXXV.

C E qu'on a couftume de dire, que ce-luy qui a les premiers amis abandó-nez au befoin, ne fera iamais fidelle aux feconds, ny aux autres fuiuans:n'eft pas

touſiours vray: car on a par fois veu auenir le contraire: & que, ou pour amender la
legereté: ou pource quils ont aux ſeconds a-
mis, trouué plus de conformité: ils ont auec
eux fait & nourry vne amitié fort honnorable;tellement qu'il ne faut iamais regetter ou
meſpriſer la bienuoeillance, d'homme quelconque qui l'offre. Bien eſt vray, qu'en ceſte
& toutes autres choſes, qui dependent de la
foy d'autruy: on y doibt proceder auec telle
prudence & bon auis: que quand ores ils
changeroient de volonté, & d'amitié: leur
changemét ne peuſt porter aucune nuiſance.

Chap. CCXXVI.

E ſe faut pas esbahir de ce, que
aux plaiſantes compagnies, qui
ſe font pour recreation : & pour
ſe rallegrir & reſtaurer des trauaux & ennuis paſſez: on fuit les
perſonnes faſcheuſes, & rioteuſes, & difficiles:
pource qu'il y a bien grande differéce, entre
l'aſſemblee & conuerſation, qui ſe fait pour
le plaiſir: & celle qui eſt faite, pour traiter &
capituler affaires d'importance. Aux aſſemblees de plaiſir, & de ioyeux paſſetemps, on
ne demáde que des hómes gaillards, eueillez,

rians,& gais,& s'y appellent volontiers,encor
qu'on n'ait pas grande côgnoiffance & amitié aueq eux : pource que l'efprit de tout hôme eft grandement recreé, oyant & voyant,
chofe plaifante & agreable , à l'aureille , & à
l'œil. Et fi à bonne & iufte caufe,les hommes
graues & aufteres(eftans couftumieremét valeureux & fages) doibuent eftre plus fans cô-
paraifon recherchez & defirez,de ceux mef-
mes(dy-ie)qui aiment & quierét la gaie plai-
fance:cela s'entend pour le temps qu'ils ont à
deliberer, & donner auis,de chofes grádes &
importantes:qui s'offre(à la verité) en la plus
gráde part de noftre vie.Car quát à la recreation,ainfi comme elle eft requife,pour dôner
quelque peu d'intermiffiô & relafche,aux pe
nibles & ennuieux trauaux,dont cefte vie eft
iournellement chargee : ainfi doibuent eftre
pour quelque peu de téps relaiffez , ceux qui
feuerement les confeillent. Pour peu de téps
(di-ie): pource que qui les relaifferoit pour affez lôg temps: peu apres il les voudroit laiffer
pour tout iamais:tant inconftante eft noftre
nature , & gliffante à s'abandonner à toutes
plaifantes chofes.

CHAP. CCXXVII.

QV'o n doibue auoir des biens, & des he-
ritages, dont on puiſſe retirer quelque
bon & honneſte moyen de viure : outre ce
que la nature nous en enſeigne:encores l'a-
ton peu voir en toutes les anciennes republiques: leſquelles firent tout debuoir, de ſemõ-
dre leurs citoyés à en auoir. De fait ils y pourueurent par la voie de loy: ordonnans qu'aucun ne fuſt receu & admis au gouuernemét
de la cité: s'il n'auoit autant de biens, qu'il e-
ſtoit requis pour eſtre enrollé, & eſcrit au liure des cens : & ſuiuant ceſte forme, les citoyens Rommains, croſſoyent en dignitez &
honneurs, à meſure qu'ils croiſſoient en biés
& en cens. Mais au contraire, comme c'eſt
bien & ſagement fait, de donner aux hommes quelque aiguillon, pour les eſpoindre à
gaigner du bien, & s'enrichir de poſſeſſions
& de patrimoine : auſſi ſeroit-ce fort bonne
prouiſion, ſi par les loix & ordonnances il e-
ſtoit pourueu à ce, qu'on ne peuſt s'enrichir
& accroiſtre en biens, outrageuſemét, & ex-
ceſſiuement, ſans compas ne meſure. Car
quand on permet aux hommes, de tout faire
ſelon leur vouloir:ils entrét en vn appetit: le-

quel à cauſe de ſon imparfection, outrepaſſe
iuſqu'à l'infiny : & par iceluy conduis & guidez, vont, par changes, & marchez, que bõs,
que mauuais, à augmenter & accroiſtre leurs
richeſſes, en vne infinité, à eux meſmes in-
congnuë.

CHAP. CCXXVIII.

LA cité, & la republique, doit eſtre riche:
mais il y a grande difference de dire, que
la cité, ou republique, eſt riche : ou de dire,
que les citoyens ſont riches. S'il ſe pouuoit
faire, il ſeroit bon de donner ordre, à ce que
les citoyens ne fuſſent ne trop riches, ne trop
pauures : mais euſſent mediocres facultez.
Pource que des grãdes richeſſes, naiſſent les
deſirs de choſes nouuelles : cõme ils naiſſent
encores de la pauureté, nõ toutesfois de celle pauureté volontaire, qui procede du zele
de religiõ: pource qu'elle eſt treſſainĉte: mais
de celle qui eſt hors de noſtre vouloir. Semblablement les artiſans : ſi toſt qu'ils deuiennent fort riches: font patir diminution, à l'art
auquel ils excellent: cõme auſſi, s'ils ſont pauures, à cauſe des grans ſecours dõt ils ont beſoin : ils ne font ouurage qui vaille : & (qui
pis eſt) deſplaiſans de leur pauureté, ils

ne font compte d'enseigner à leurs enfans &
disciples la parfection de leur art.

Chap. CCXXIX.

Eluy auquel proprement conuient le nom de riche, n'est pas
l'homme, qui plus a de deniers
& d'argent content: ains qui a
toutes choses necessaires & cõ-
modes pour sa nourriture,& pour mener vne
vie aisee. Et n'en pouuoit Aristote faire preuue,par plus bel & propre exemple , que par
celuy de la fable de Midas : lequel n'ayant
souhaité que de l'or, s'apperceut par la mort
qui luy en auint , que l'or n'est pas ce qui
nourrit l'homme.Mais pource que du commencement la necessité induisoit & incitoit
les hommes,à changer auecques l'or,les meu
bles & les marchandises,dont les vns auoyét
abondance, & les autres disette : ils prindrent la mesme necessité pour donner la mesure,& faire l'estimation,aux choses,qui deuoient estre changees: car selon ce qu'il en
auoient plus ou moins de besoin, ils les esti-
moient plus ou moins: & par ainsi se donnoient les vns aux autres moindre ou plus
grande recompense , tant que ce qui estoit

baillé proporcionnémét,fuſt egal à ce qui e-
ſtoit receu.Et afin que plus aiſément ſe peuſt
faire, ceſte proportionnee meſure & egalité,
en fin fut trouué, & mis en vſage le denier.
Non pource que la nature ait donné au me-
tal ſi grande prerogatiue ,que ſeul il ſuffiſe
pour eſtre,(comme il a depuis eſté) & meſure,& gage de toute choſe, qui entre les hommes peut eſtre eſchangee : ne permettant la
nature,que les choſes d'vne eſpece,ſe puiſſēt
egalement meſurer & eſtimer, aueq les choſes d'vne autre eſpece : mais ou a defailly la
nature, la loy a fourny & remply. Et à ceſte
cauſe,le denier en langage Grec, vaut autant
à dire,comme la loy. De maniere,qu'à l'abō-
dance des deniers , on peut bien donner nō,
de richeſſe legale;mais de naturelle,non:cō-
bien que la naturelle ſoit la vraye richeſſe:&
celle qui en tout temps peut apporter à l'hōme les commoditez dōt il a beſoin , pour l'aiſance de la vie:Auſſi ſeroit le Roy,ou Prince,
ou autre potentat , bien mal-auiſé :lequel e-
ſtant bien garny d'or & d'argent , ſans autres
municions & prouiſions: penſeroit eſtre bien
riche : comme il s'en apperceuroit bien toſt,
ſi ſes ennemis venoient mettre le ſiege,
deuant la ville , ou place , en laquelle

il se seroit enfermé. Doncques est-il besoin,
qu'vn Prince ou potentat face d'heure prouision, & munisse les villes & places fortes, de
toutes choses necessaires à la vie des hommes, & des cheuaux, & à soustenir vn siege,
& qu'il en amasse le plus qu'il pourra; car tát
plus il en aura, moins aura-il de besoin d'employer à la necessité, son argent pour en ache
ter. Pourtant ne veux-ie pas dire, que les deniers contens, & en quantité, ne soient bons,
& necessaires, à tous Princes & Potentas, qui
ont charge & gouuernement d'estat: pource qu'ils fournissent à infinies necessitez &
besoins, quád on les peut & veut despendre,
& employer bien apoint: & vrayement peut-
on dire (comme aussi plusieurs on dit) que ce
sont les nerfs de la guerre & des estats. Mais
bien veux-ie dire, que ne seruans les deniers
que pour acheter, & se pouruoir de toutes
choses necessaires à la vie, & à la guerre: de ces
choses doit-on faire plus graud compte, que
des deniers mesmes.

Chap. CCXXX.

LEs hommes de basse ou mediocre condition, combien qu'ils portent enuie à la
fortune des riches, ne laissent pas pourtát de
la suyure

la ſuiure, ſ'efforçans de ſe les rendre amis; afin
de participer en quelque choſe de leurs richeſſes. Ce qui aduiét, pource qu'aux eſprits
des hommes, plus a de force & de puiſſance
la neceſſiteuſe indigence, que la rongearde
enuie: à cauſe que l'enuie eſt des choſes, qu'ils
peuuent attendre; & la neceſſité des choſes
preſentes, & deſquelles on ne ſe peut aucunement paſſer.

Chap. CCXXXI.

O N dit en vn commun prouerbe,
que mieux vaut, que voz amis ſoiét
apres voſtre mort heritiers de voz
biens: que vous viuant ayez beſoin
de leur demander part, de ceux qu'ils poſſedent. Il eſt certain, que le bien & l'aduantage des richeſſes, conſiſte en l'vſage, & non
en la poſſeſſion: & qu'elles ne doiuent eſtre
deſirees à autre fin, que d'en vſer, & les employer. Mais auſſi faut-il conſiderer, qu'on
n'vſe pas moins d'vne choſe, en la conſeruant
pour la neceſſité qui en pourra aduenir: que
quand on en vſe, & on l'employe, pour vne
preſente neceſſité. Parquoy voyant, que les
deniers contens peuuent ſeruir à l'homme de
bouclier, contre les aſſaux de fortune; qui ſans

T

eux luy pourroient faire grande offenſe; c'eſt
bien faict d'auoir ſoin de les conſeruer: mais
non de les garder ſi exactement & eſcharſe-
ment; que penſant eſchapper vn inconuenient, on aille tomber en vn autre plus grãd:
comme faict celuy, qui eſpargne ce qui luy
eſt neceſſaire, pour la conſeruation de ſa vie,
& de ſon honneur. Tant eſt, que ce que ie
vous en voeil dire, c'eſt, que comme faire
compte de deniers, eſt choſe laide & ſotte:
auſſi faire reſerue de deniers pour ſ'en ſeruir
au beſoin à venir, eſt tres-bien & ſagement
faict: Et ſi d'auenture la mort ſuruenoit, auãt
ce beſoin aduenu: celuy qui auroit faict la
reſerue de quelque mediocre ſomme de deniers, mourant ne ſe deuroit pas donner grãd
peine, à qui ils pourroient demourer apres
ſon deces: pource que le ſoucy ne luy en
pourroit pas apporter grand ſoulagement:
mais bien il luy ſeruiroit, ſi viuant il ſe donnoit garde, d'en rien (par le mauuais ordre
qu'il donneroit à ſes affaires) incommoder
ſes amis.

CHAP. CCXXXII.

G Racieuſe fut la reſponſe, que fit ce vaillant homme à celuy, qui luy vouloit faire entendre; que l'inconſideree & deſordon-

nee defpence qu'il faifoit, procedoit de l'a-
bondance des biens qu'il auoit, quand il luy
dift : Donques par cefte mefme raifon, vn
cuifinier qui auroit grande abondance de fel,
en deuroit beaucoup mettre en toutes les
viandes qu'il appareille. Ce que i'ay dit, non
pour donner à entendre, qu'vn homme riche, & qui a de grands moyens, doiue faire petite defpence : (car mal feroit le riche,
qui fans occafion fe tiendroit trop chiche)
ains pour monftrer, que l'affluente abondance de biens, ne doit pas eftre caufe, que
celuy qui les poffede, les efpande & defpen-
de outre mefure,& fans confideration.

Chap. CCXXXIII.

L'auaricieux, qui n'ofe defpendre
le bien qu'il poffede, on peut veritablement dire : *Le, bien que tu as,*
n'eft pas à toy ; non-plus que celuy que
tu n'as point : & viens par ce moyen à eftre extre-
mement pauure ; combien que tu n'ayes autre foin
& eftude, que de deuenir bien riche. Et dient les
Stoiciens, que la pauureté procedant du befoin qu'on a des chofes neceffaires à la vie : les
hommes qui poffedent les plus grandes facultez, viénent à eftre plus pauures, que ceux

qui ont peu de biens. Pource que ceux qui
possedent beaucoup de choses, ont tousiours
besoin de beaucoup d'autres ; afin de maintenir ceste grande quantité, de celles qu'ils
tiennent. A ceste cause disoit Caton, parlant comme pauure ; que plus aisé luy
estoit de trouuer quelque bon & prompt remede, au besoin & defaut de biens , qu'il
auoit; qu'au besoin & defaut des plus riches.
Et encores adioustoit , que la pauureté luy
estoit à grand secours & soulagement; comme celle qui luy rédoit bien aisee l'abstinence de maintes vicieuses commoditez: & luy
apprenoit à supporter beaucoup de mesaises,
non congnus ny endurez par les riches. Tellement que quand on luy vouloit reprocher
la pauureté, comme vice : il respondoit, que
les plus riches que luy, ne sçauoient que c'e-
stoit, besoin , ou indigence ; & que s'ils l'eussent sceu, ils eussét aussi fait demóstratió d'e-
stre plein de bónes mœurs, à l'egal de luy. Ad-
ioustât encores, qu'au lieu des biés, qu'eux &
leurs semblables vsoient & employoiét à leur
plaisir & contentement: il vsoit & employoit
soy-mesmes; s'estant enuers soy-mesmes rendu tel, que facilemét il pouuoit (sans aller cercher des moyés hors de chez soy) se preualoir
de soy mesmes, pour se cóplaire & contenter.

CHAP. CCXXXIIII.

LE menu peuple, pource qu'il n'a pas l'entendement pour comprendre la raison
des choses qu'il void faire; ne de sçauoir ce
qui est conuenable à l'honneur & au profit
public, faict comme les petits enfans; qui
font tout ce qu'ils voyent faire aux grands
& plus aagez : Parquoy s'il void les grands,
auoir peur; il commence à trembler de fra-
yeur : & s'il les void entrer en colere ; il se
courrouce tout aussi tost . Et par ainsi, contr'imitant & suiuant tousiours les opinions
& sentimens des autres , il n'a en soy aucun
arrest. D'auantage ce populasse vit selon son
sens, qui le plus-souuent va muant sa volonté, de l'vne en l'autre extremité: Dont aduient, que ceux-mesmes qu'hier le peuple
poursuiuoit à mort; auiourd'huy (changeant
par quelque accident la haine en compassion) il les cherche pour les aider & secourir
en leurs aduersitez par tous moyens possibles : & se declare ennemy de ceux, qui les
veulent offenser. A ces causes mal est aduisé
celuy, qui met sa fiance en la faueur populaire : & qui s'en entend preualoir, de plus
qu'il ne suffit, pour soustenir certains premiers impetueux assaux de la fortune, & à

T iij

prendre temps pour recueillir ses forces, &
à se pouruoir de secours, auec lequel il se
puisse puis-apres defendre, non seulement
sans le support du peuple, mais encores il puisse (si besoin est) tenir ce mesme peuple en
bride : toutesfois & quantes que par pitié ou
bien-voeillance d'vn autre, ou par quelque
autre apparente occasion, ce peuple (suiuant
son inconstance) pensera à se reuolter contre luy.

CHAP. CCXXXV.

QVAND on a laissé prendre authorité au peuple, on peut de luy esperer grands secours : mais aussi d'vn
autre costé on en doit craindre grands
maux & dommages : à cause de la grande
puissance & force qu'a le peuple, au moyen
de la grande quantité d'hommes qui se mettent & accordent ensemble : non pource qu'i-
ceux mesmes particulierement à part soy,
vaillent tant pour aider ou nuire ; mais pource qu'vnis & ioints, ils font comme les gout-
tes de l'eau és concauitez de la terre ; ou peu
à peu s'assemblans & vnissans, en fin elles engendrent vne grosse veine & source d'eau,

CHAP. CCXXXVI.

LEs peuples sont tous de la mesme nature
des eshontez & effrontez, lesquels n'ont
point de moyen entre la crainte & l'audace;
ains sont tousiours accompaguez de l'vne
ou de l'autre; de maniere que tousiours ils
craignent, ou font craindre les autres : &
quand ils on forces suffisantes pour se faire
craindre, ils sont tres-cruels: comme au contraire quand ils sont les plus foibles & crain-
tifs, ils sont fort lasches & couards. La raison est, pource que là où ne peut entrer vigueur & grandeur de courage; il est impossible qu'il y entre generosité : laquelle seule
ayant respect à l'humanité; & à l'honneur; à
de coustume de se monstrer plus gracieuse
& plus benigne; d'autant qu'elle a sur les autres, plus de preeminence & d'authorité.
Mais les lasches de cœur tousiours sont en
crainte; ne trouuans en chose que ce soit suffisante asseurance : à ceste cause despouillez
de toute humanité, iamais ne sont saouls de
mal faire.

T iiij

PLATON enseigne, comment d'vn bien petit commâcement, s'auança l'effrenee licence du bas peuple, contre les riches & les nobles, & comme de là vint puis-apres l'estat populaire. Pource que du commancement la populasse n'estoit en rien participante aux magistrats, & gouuernement des affaires d'estat: ains volontairemét obeissoit aux loix, & à ceux qui auoient les charges publiques. Mais peu à peu aux theatres & aux festes, aux ieux, & autres assemblees publiques, ou elle souloit demourer coye, & en crainte d'offencer les Seigneurs; elle commença à s'esbaudir & resueiller, plus qu'il ne luy estoit ne bien seant ne conuenable: & à hautement & effrontrémét s'escrier, & faire autres signes hardis d'allegresse, és choses qui luy venoient à gré & à plaisir; non autrement que si elle eust eu aiguë & droitte intelligence, pour en sçauoir bien iuger. Les nobles & grands Seigneurs, supporterent ce premier & petit iugement, aux choses d'allegresse & de plaisir: & de là ensuit que ce menu peuple entré en opiniõ de soy-mesmes, ne se peust plus retenir, qu'il ne s'efforçast d'in-

terpofer encores fon decret, aux affaires fe-
rieufes,&negoces d'importance.Comme ordinairement il aduient,qu'vn homme ne fe-
prefume & croit pas pluftoft idoine & fuffifant pour bien iuger des chofes;(encores qu'il
ne le foit pas) qu'aufli toft il deuient eshonté
& effronté en tout:il penfe eftre fçauant &
braue:& ne tient plus compte de fçauoir ne
de valeur,qu'autre puiffe auoir:ains s'accroift
& auance tellemét en fon effronté deshonte-
ment;qu'il mefprife les loix, le ferment qu'il
a prefté aux magiftras, & Dieu mefmes.

Chap. CCXXXVIII.

I L n'eft ne raifonnable ne conuenable, ne felon l'ordre de la nature, ne
felon les ciuiles ordonnances : que
ceux qui font efgaux ou fuperieurs en force
ou en biens, foient pareillement efgaux ou fuperieurs en dignité: pource que le plus fouuét
on void aduenir, ñ les plus puiffans & les plus
riches, ne font pas acóptez entre ceux, qu'on
eftime les plus fages. Parquoy,les hommes de
baffe condition , combien que vnis ils foient
en vne ville plus forts & puiffans que les nobles, à raifon de la multitude : ils ne font pas
pourtant pour leur eftre egalez & rendus pa-

reils aux honneurs & aux dignitez:leur eſtans
de beaucoup inferieurs,de prudence,& d'ex-
traction de ſang.

CHAP. CCXXXIX.

Out ainſi que le nom de l'egalité,
quand il eſt bien prins & bien entendu, eſt la plus vtile choſe, que
puiſſent auoir les cõpagnies des
hommes : auſſi, quand il eſt mal prins & mal
entendu, eſt-ce la plus dangereuſe & pernicieuſe choſe, qui s'y puiſſe rencontrer. Et ſe
dit celà, pource que la pluſpart des hommes
croit, que l'egalité en la cité, eſt, quãd l'vn
des citoyens, n'eſt en choſe aucune auantagé
plus que l'autre. Et quand il aduient, qu'en la
diſtribution des choſes appartenãs au public,
l'vn en prend plus grande part que l'autre : ils
diẽt que ceſtuy-là gaſte la compaignie : &
plus toſt que l'endurer, ils mettét toutes choſes en confuſion. Mais ceux-là n'entendent,
pas, que veut dire egalité : & qu'il ſoit vray,
qu'on conſidere que la Republique ne donne pas touſiours, ains qu'aucuneſfois elle
prend des citoyens : comme quand elle a beſoin de deniers, & fait vn impoſt general :
pour lequel, faiſant payer plus à l'vn,& moins

à l'autre, felon les facultez de chacun : n'y a
homme qui puiffe dire, que telle taxé & quo-
tifation, ne foit raifonnable & conuenable:
combien qu'elle foit inegale:neãtmoins cefte
inegalité , eftant faicte à la proportion des facultez de chacun citoyen:eft tenue pour tref-
iufte & equitable. Cefte mefme proportion
fe deuft obferuer, en la diftribution des magiftrats , & autres publiques dignitez : en les
donnant felon la proportion de la fuffifance
& prudence des bourgeois: comme ordinairement on fait aux republiques Ariftocrati-
ques; & comme auffi on l'obferue en l'eflection de quelques magiftrats aux populaires
& Democratiques : lefquelles, bien qu'elles
tiennent comme pour loy de les debuoir
creer par la voye du fort:toutesfois congnoiffans que du fort yffent fouuent de fottes &
lourdes aduentures ; auffi ont-elles fouuent
temperé la rigueur de cefte loy ; & procedé
par election , à la creation des Ambaffadeurs,
& des magiftrats , requerans plus particuliere
congnoiffance & experience : comme des
capitaines de guerre,& des Iuges pour adminiftrer la loy & la iuftice. Et par ce moyen
viennent à recongnoiftre, que l'egalité n'eft
pas entre eux prife & confideree,en la maniere,& en la fignifiance qu'ils la doibuent pren-

dre:& qu'encores ils ont quelque respect
& esgard, à la valleur , & aux merites des
hommes.

C H A P.   C C X L.

VELQVES aduis & sentimens
sont l'vn à l'autre contraires : &
neantmoins l'vn & l'autre vrays
quand ils sont bien prins , & selon l'intention de ces valeureux
hommes, qui les auront proposez & alleguez.
Entre lesquels me souuient de deux, que ie
vous vueil icy ramenteuoir: l'vn est, que le public gouuernement ne doibt rien craindre,
moins que les pauures: car ils n'ont pas acoustumé de chercher autre chose, que quelque
petit moyen de s'entretenir,& sustenter la vie:
l'autre est, qu'il n'y a hommes en vne republique, que lon doiue plus doubter, que les pauures. Auec la premiere opinion s'accorde Aristote: disant que les troubles des estats, ne procedent pas de gens, qui ne vueillent seulemét
que viure: ains d'hommes ambitieux, & desireux de choses grandes. Auecques la seconde
Platon : lequel eust tousiours si grand doubte
de la pauureté ; que pour en descharger la
Republique: il voulut, que tous biens fussent

cõmuns:& diftribuez puis apres,felon ce que
chacun en auroit befoin. Or eft-ce chofe biē
affeuree, qu'on ne doibt iamais auoir doubte
des pauures bourgeois d'vne ville:ce pendant
qu'ils fe peuuent preualoir de leurs arts & exercices : & qu'ils trouuent dequoy auoir du
pain. Car eftans nourris & efleuez en baffes
penfees,& toufiours occupez à faire leurs petits profits:ils ne fçauent, & moins ont de loifir,de penfer à chofes grandes. Mais quand ils
ne peuuent plus exercer leurs meftiers:ou biē
en les exerçant ils ne trouuent plus qui leur
donne, dequoy auoir du pain : ou encores ils
font forcez de payer, pour daces & tributs,
plus qu'ils ne gaignent : ils f'accorderont aife-
ment & viuront enfemble,& apprendront de
la neceffité, ce que d'eux mefmes il n'euffent
pas appris:c'eft à dire, qu'excedans de beaucoup en multitude & en nombre, ceux qui
ont l'eftat en main:auffi ont-ils les forces plus
grandes: Et partant pourront droictement efperer, d'eftre plus idoines & baftans à offenfer les autres,qu'à eftre par autres offenfez.De
maniere, que les gouuerneurs des eftats &
Republiques , ont à craindre les riches, pour
leur naturel: & les pauures, pour l'imprudence de ceux qui manient les affaires : pource
que la prouifion & munition des viures , & le

foin d'empefcher, que les bourgeois & fubiets
ne foient foulez & accablez d'exceffiues im-
pofitions & exactions: appartient à ceux mefmes qui gouuernent.

CHAP. CCXLI.

IL eft fans doubte, que toutes les
fubuentions faictes aux pauures
par chreftienne charité, font bonnes & recommandables. Mais
auffi faut-il bien aduifer, en cuidant chárita-
blement & chreftiennement fe comporter
enuers les indigens & neceffiteux: qu'on ne
donne matiere & nourriture à la pareffe de
plufieurs fayneants: qui du tout fe confiants
aux aumofnes des bonnes & charitables perfonnes, fe tiennent tout le iour les bras croi-
fez, & les mains ioinctes, fans vouloir rien faire: lefquels, outre ce, qu'ils delaiffent le labeur,
art, ou induftrie dont ils pourroient bien viure, & d'autant profiter au public: ils priuent
encores les vrays pauures, des fubuentions &
aumofnes, qu'on leur pourroit faire plus aduantageufes & grandes: fi ces fayneants ne
mengeoient leur pain.

CHAP. CCXLII.

Ntre les citoyens d'vne ville, ou
subiets d'vn estat, se trouuent aucuns de bonne paste:lesquels,pour-
ueu que prouision se face en temps
& lieu, des choses necessaires à la cōmodité
& aisance des bourgeois: demeurent à plain
satisfais: & encores sont contens,que qui que
ce soit des citadins,qui se trouue propre pour
la faire:la face,ou auec eux,ou sans eux,à leur
bon plaisir. Mais aussi il s'en trouue d'autres,
ausquels cela ne suffit pas: & bien qu'ils desirent, que la cité, ou Republique auance en
toute prosperité: toutesfois ils veulent estre
seulz, & ceux, par le moyen desquels elle reçoiue cest heureux aduantage & aduance-
ment. Les premiers peuuent estre dits tres-
bons citoyens: pource que leur fin & intention principale,est le bien public.Les seconds
ne sont pas bons : encor qu'ils facent demonstration,de vouloir(auec honneste desir) aider & secourir de tout leur pouuoir la patrie:
pource qu'ils ne peuuent raisonnablement
vouloir seuls,tout faire & tout manier:ains est
necessaire, que ceux qui prennent ceste opi-
nion:empeschent & destournēt de bien faire

tous les autres,qui autant ou plus qu'eux ſont
idoines,pour bien gouuerner les affaires:Qui
eſt choſe mauuaiſe,& prouenant d'vne racine
de treſmeſchante ambition : de laquelle procedent puis apres, les enuies, les malueillan-
ces,& toute diabolique operation:tellement
qu'aux conſeils, où tels perſonnages ſe trouuent, on contredit aux choſes propoſees: non
pas par bon zele,ne pource qu'elles ſemblent
aux contrediſans autres que bonnes:mais par
vn eſprit de contradiction, encores qu'elles
ſoient tresbonnes.Ariſtides,voyant que The-
miſtocles eſtoit couſtumier de formellement
contredire & ſ'oppoſer à tous ſes aduis : afin
que la Republicque n'en receut dommage:
il les faiſoit propoſer au conſeil par quelque
autre bon citoyen,& ne ſe ſoucioit pas,qu'vn
autre en euſt l'honneur,& la louange. Aucũs
ſ'efforcent de faire,ainſi que faiſoit Ariſtides:
mais c'eſt à vne autre fin : pource qu'eſtant
queſtion de quelque doubteux & perilleux
negoce,ils veulent demourer en toute ſeureté & le faiſans propoſer par vn autre ſ'ils
voyent qu'il ſoit trouué bon: lors ils ſe decla-
rent:mais ſ'ils le congnoiſſent mal pris, & mal
receu: ils ſe t'aiſent ſans aucunement ſe decouurir: & finement ſe dechargent du mal
& du danger,qui leur en pouuoit aduenir.

CHAP.

Chap. CCXLIII.

GENTIL & valeureux personnage, n'est pas bien seant de se venter & glorifier, qu'il n'a iamais rien attenté ou executé, contre l'honneur & le bien public: pource qu'auecques peu de peines, il peut en cela auoir plusieurs compaignons. Mais il se doibt souuenir, que la valeur, & la vraye vertu, ne consistent pas seulement en l'abstinence du mal : mais aussi en l'operation du bien. Car ceux qui dorment, encores ne font-ils mal à personne.

Chap. CCXLIIII.

COMME chasque citoyen en sa ville, doibt desirer estre pareil aux autres, en grade & en authorité: aussi doibt-il s'estudier de leur estre superieur en merites : car le faisant ainsi, il n'aura iamais faute, ne d'honneur, ne de l'amitié de ses concitoyens : pource que le voyans aimer & estimer la patrie, sans doubte ils l'aimeront : & le congnoissans valeureux & vertueux, certainement ils l'honnoreront.

Y

Et qui fçaura bien conioindre ces deux chofes enfemble; outre la reputation qu'il en ac-
querra, il viura vne heureufe vie : veu qu'à la
plufpart des hommes, fi elle en a l'vne, l'autre
luy defaut: & peu en void-on, qui ne f'efforcent d'eftre fuperieurs d'authorité, plus toft
que de merites, laquelle authorité, fi toft
qu'elle eft par eux acquife, ils pratiquent &
emploient à l'endroit de leurs propres amis:
& tiennent leur grauité & grandeur enuers
eux:comme f'ils craignoient fe faire tort,& fe
priuer du refpect qui leur eft deu, fi en familiere conuerfation, ils fe rendoient priuez
& efgaux à eux, comme parauant. Encores f'en trouuent aucuns, qui eftans fans
vertu, fans fçauoir, fans entendement, font
fi fots, qu'ils eftiment, auecques le grade, auoir
receu la vertu, & le fçauoir. Et telle forte d'hommes, eft grandement à fuir, comme ceux, qui fans iugement à toute heure veulent faire parade, de leur grade & authorité, peruertiffans & confondans toute
ciuile qualité.

Chap. CCXLV.

IL est quasi impossible, que les bourgeois d'vne ville, qui en leur republique ont gousté quelque douceur de cōmander: vueillent puis apres se reduire à l'egalité d'obeir, comme les autres citoyens. Pource que, outre ce qu'il est dangereux, de se rendre egal à ceux, enuers lesquels vous auez vsé de commandement: encores est-ce dure chose, de se voir de superieur deuenir compagnon. A ceste cause, en vne cité diuisee & partialisee, quand ils voient, qu'on y veut faire quelque reformation necessaire, iamais il n'y veulent consentir: sils ne sont pource faire, ou forcez, ou trompez.

Chap. CCXLVI.

IL n'y a en ce monde chose digne de reprehension & de blasme, tant qu'vn homme né noble: qui pour se descharger d'enuie, ou de peine, laisse à se gaigner en la ville, dont il est citoyen: bon nom, auec grade & authorité. Car il fait deux fautes ensemble: quand il manque à sa propre dignité: & abandonne sa patrie: veu nommé-

V ij

ment, que la peine & l'enuie font de telle nature; que le temps (quand on chemine par le
fentier de la vertu) non feulement les amoin-
drit, ains les efface & ofte du tout: & la renommee, & le los de la vertu, vont toufiours en
croiffant; f'acquerans d'heure à autre fplen-
deur & beauté.

CHAP. CCXLVIII.

FAIRE vne indignité n'eft pas à
dire, commettre vne mefchanfeté : ains par fa propre faute, faillir
à f'acquerir l'honneur : qui droictement fe roit propre & conuenable, à celuy
qui faict cefte faute; Et au contraire, faire vne
mefchanfeté, n'eft pas faire faute à f'acquerir
honneur : ains commettre faute, qui ne foit
pas conuenable à l'homme de bien. Pour la
patrie (quand il en eft befoin) fe peut faire
quelque mauuaitié ou indignité; mais pour
elle, ne doïbt iamais le bon citoyen, faire chofe de foy mefchante. Car par gens de bien, ne
doibt eftre tenuë pour patrie; celle qui a befoin, que fes citoyens foient ou deuiennent
mefchans.

CHAP. CCXLVIII.

V A N D en la cité se trouue quã-
tité d'hommes industrieux, qui
comme à l'enuy l'vn de l'autre, &
à qui mieux mieux, s'occupent
en diuers exercices: c'est vn grãd
bien pour le public, & vn grand aduantage
pour le priué : pource que par le moyen des
daces & imposts, se maintient le public en richesse; & par les mestiers & artifices, les priuez deuiennent tres-riches : & d'auantage
par ce mesme moyen, est chassee d'entre les
hommes l'oisiueté: cause de tous les maux du
monde. Les Nabathees, peuples voisins aux
Sabees, auoient vne loy, par laquelle, quiconques auoit augmenté ses facultez, en re-
ceuoit honnorable guerdon, & qui les auoit
diminuees, estoit puny & chastié. Qui estoit
la cause: que les poltrons & fayneants, sçachãs
la punition establie par la loy: s'efforçoient
de sçauoir faire quelque chose: Et par ainsi,
estoit osté cest indigne exemple, de demourer tousiours oiseux : qui a esté introduit par
hommes lasches de cœur, & de leur nature
nonchalants & paresseux : lesquels neantmoins se sont trouuez en si grand nombre, &

V iiij

ont ſceu ſi bien faire: qu'ils ont peu faire croire à la pluſpart des hommes: qu'à la nobleſſe
de race, & ancienneté de ſang, bien conuient
de demourer tout le iour les mains à la cein-
ture: allegans, que ceſte oiſiueté les fait differens du menu peuple, qui eſt en continuel
trauail. Comme ſi on n'y euſt peu trouuer autre difference; ſçauoir eſt, par tant d'honnorables vertus, recherchées & requiſes aux nobles perſonnes: Sans ce que les villains ſe fuſſent veus (ô laide & villaine choſe!) en perpetuelle action, & fatige des arts qu'ils exercent
& les gentilshommes demourer tout le iour
aſſis & acroupis, comme femmes: & (qui pis
eſt) la pluſpart du temps veautrez ſur la plu-
me. Toutesfois ainſi va le monde: & void-on,
que les nobles ſe laiſſeront tomber en miſere,
& mendicité, plus toſt qu'ils ſ'appliquent à faire choſe quelconque, qui leur puiſſe tant peu
que rien empeſcher les mains.

CHAP. CCXLIX.

VI par impuiſſance delaiſſe à faire
choſe, dőt il eſt obligé tenir compte,
ne merite pas d'eſtre pour ce encoul-
pé & blaſmé! mais qui par pareſſe, ou par nonchalance, omet à la faire: ceſtuy-là, en façon

du monde, ne s'en peut excuser. Car la negligente paresse est volontaire: & procede, ou du
peu de soin qu'on a, d'apprendre & entendre,
ce qui est bon & honneste à faire : ou l'enten-
dant & congnoissant, par certaine mignardise & delicatesse, delaisser à le faire : laquelle
faict les hommes, chetifs, lasches de cœur, paresseux, & tardifs à leur propre bien, prenans
à grande peine & fascherie, de vaincre vn bié
petit malaise. Et ceste est la faute, en laquelle
(par mauuaise accoustumance) se laisse en-
cheoir la plufpart des nobles : la plus honteu-
se, & la plus dangereuse, qu'aucune autre qui
se commette en ce monde. Car quant à ceux
qui gouuernét, ou qui ont des estats, peu souuent aduient, que de leur delicatesse, & de
leur nonchalance, & oisiueté, ils ne sentent, en
leurs corps, & en leurs esprits, grandes punitions, & fortes peines.

CHAP. CCL.

E v x, qui ne veulent souffrir, ne
peine, ne malaise, deuiennent es-
claues d'eux mesmes : pource
qu'ils ne peuuent aller en aucun
lieu, ne faire chose si petite, qu'ils n'ayent be-

foin de grande quantité, d’auantcoureurs, &
autres miniftres. Et l’excufe, qu’ils mettent
en auant à ce propos, difans: *Ie donne à plufieurs*
perfonnes moyen de viure: n’eft ne bonne, ne
vraye; car plufieurs leur donnent veritablement dequoy viure. Veu qu’ils ne fe fçauroiét
conduire & gouuerner en leurs affaires, fans le
fecours de cefte grande quantité d’hommes;
lefquels neantmoins fe pourroient bien conduire & viure fans eux, faifant chacun d’eux
quelque honnefte exercice, & viuant (comme la nature enfeigne) de mediocre moyen.
Ie ne dy pas, que ce ne foit bonne chofe, à vn
Seigneur de grade & de qualité, d’auoir beaucoup de feruiteurs, quand il a facultez fuffi-
fantes pour les nourrir: mais ie voudroye que
le maiftre en fit eflite, & qu’il choifit & retint
ceux, qui pourroient fatisfaire à la dignité
& à la charge, en laquelle ils feroient par
luy aduancez : pource que par ce moyen
mieux feroient entendus & maniez, les publics negoces, & les leurs particuliers. Mais le
grand nombre de feruiteurs & miniftres,
qu’ils retiennent à leur feruice : font pour
apprefter le manger & le boire, accommoder les veftemens , nettoyer & parer
les maifons de la ville & des champs com-

me ſi la quantité & richeſſe , des meubles ſeruans à couurir la table & le lict ; & le
nombre des hommes , (& non leur ſuffiſance & valeur) fuſſent les inſtrumens propres
pour conclurre les affaires , & pouruoir aux
neceſſitez publiques. Et vrayement eſt-ce
choſe ridicule, de ne pouuoir voir en la maiſon d'vn Seigneur; entre cent hommes qui le
ſeruent, qu'vn ou deux qui luy puiſſent faire
office & ſeruice conuenable en quelque bon
affaire : & encores , ſi c'eſt vn, ou ces deux ſ'y
trouuuent, de voir qu'ils ſeront les plus mal
traittez & recohgnuz de toute ſa maiſon.
Mais paſſons nous pour ceſte heure de rame-
teuoir , la miſere des bons ſeruiteurs : & par-
lons du malheur des meſmes Seigneurs; leſquels , à cauſe de la commodité qu'ils reçoiuent de leurs ſeruiteurs & miniſtres, deuiennent fayneans & nonchallans de telle façon;
que ne pouuans ſupporter aucune honnorable fatigue , endurent eux-meſmes la punition de leur miſerable pareſſe. Scipion voyát
en ſon armee vn Tribun, mignard & delicat
outre meſure;faiſant trainer apres ſoy vn grád
chariage de meubles & de valets : & encores
de certains gráds vaiſſeaux de pierre, ſeruans
à faire rafreſchir le vin , & quelques viandes,
qu'il aimoit à manger froides , luy diſt: *En fin*

tu feras incōmode à la patrie, & à moy pour trente iours feulement, que tu as à prendre la folde:
mais à toy pour toute ta vie : puis que de toy-mef-
mes tu t'es faict indigent & neceſſiteux, de tant de
hardes & fuperflus meubles.

CHAP. CCLI.

S EMBLE, que les hoimmes tant
eſtimans la nobleſſe, comme ils
l'eſtiment : deuſſent autant priſer
les moyens, par leſquels elle s'acquiert. Pource que noz anceſtres l'ont acquiſe, par trauail, par perilleuſes empriſes,
& par s'eſtre accouſtumez, (tant pour le regard de l'eſprit, que du corps) à vne honnorable patience : à l'aide de laquelle ils ont peu
endurer chaud & froid, & vaincre les paſſiõs
& affections de l'eſprit. Neantmoins nous
voyons maintenant tout le contraire : car les
plus nobles, viuent oiſeux : & ſont nourriz &
eſleuez auec telle mignardiſe, & laſcheté de
corps & de courage, qu'ils ne peuuent ouïr
parler (tant s'en faut que faire preuue) de
choſe, qui leur puiſſe apporter tant ſoit peu
de peine ou de faſcherie : & toutefois ne laiſ-
ſons nous pas de touſiours magnifier, & auoir
en la bouche, ceſte noſtre nobleſſe : ſans rou-

gir de honte, que l'occasion d'icelle soit tant
contraire à noz mœurs, & façons de viure.

L'EMPEREVR Tybere voulant
couurir l'ignobilité de Curcius
Ruffus: Il me semble (dist-il) qu'il
est né de soy-mesmes. Ce qu'ayant
dit, il ne meit pas seulement vne honneste
couuerture, sur le defaut de noblesse estant
en luy: mais encores luy donna-il plus grand
loz, que s'il eust peu luy ramenteuoir la splendeur de ses parens & predecesseurs. Pource
que le disant engédré de soy-mesmes, il vouloit signifier & faire entendre, que celuy qui
engendre, & celuy qui est engendré, sont
comme vne mesme personne : & par ainsi
redoubloit-il la louange de cest homme de
bien : qui apparoissoit plus grande, d'autant
que ce premier fondemét d'honneur, qu'ont
les nobles de la vertu de leurs peres, auec la
bonne education qu'ils en ont prise: à luy
auoit esté besoin de le prendre de sa propre
vertu : & ainsi venant la continuation de la
mesmes, d'où le commencement auoit pris
naissance: bien pouuoit-on dire, auec sa louä-
ge infinie, qu'il sembloit estre engendré & né
de soy-mesmes.

CHAP. CCLIII.

THEOGNIS ancien & renommé Poëte, difoit, que conuerfer auec les gens de bien, eftoit certain exercice de vertu. Et ce difoit-il, pource que la conuerfation ne pouuoit eftre, fans quelque conformité d'actions, entre ceux qui conuerfoient enfemble. Et veu que des bons ne viennent à proceder que chofes bonnes : neceffairement ceux qui domeftiquement & familierement vfoient, de leur compagnie & conuerfation, f'accouftumoient aux exercices vertueux : Comme auffi ne peut vn mauuais homme longuement demourer en lieu, ou fe facent actions & exercitations, du tout contraires aux fiennes.

CHAP. CCLIIII.

IL y a difference, entre eftre vertueux, & eftre de bonnes mœurs : pource que bien moriginé pourra eftre quelqu'vn, lequel neátmoins ne fçaura pas la caufe de fes bonnes mœurs : comme il aduient aux enfans bien moriginez : qui à caufe de leur bas aage ne font pas capables de raifon. Pareillemét le menu peu-

ple, esleué soubs bonnes coustumes,& nourry soubs bonnes loix, faict vne habitude de
se plaire en bonnes operations, sans en sçauoir la raison. Mais ce n'est pas ainsi du vertueux: Car on ne recherche pas en luy seulement ceste bonne habitude, & ceste bonne
volonté, qui est au bien moriginé: mais on y
recherche d'auantage la congnoissance & la
raison de ses vertueuses operations. De sorte,
que la vertu est vne chose composee, de bonne accoustumance, & de bonne raison: seruant la bonne coustume en cela: tout ainsi
que sert au teinturier, qui veut teindre vne
escarlate, la peine qu'il prend à preparer le
drap,& à le nettoyer: auât qu'il le face bouil-
lir en la graine d'escarlate. Car ceste purgation & preparation est cause, que le drap em-
boit si bien la couleur, que pour tant qu'on
le manie ou mouille puis-apres, iamais il ne
se deteint: Où si on eust voulu aussi tost appliquer, la couleur sur le drap, sans la susdite
preparation, la couleur n'en eust gueres du-
ré belle & viue. Ainsi aux hommes, la raison
trouuant en l'ame ceste preparation de bonne education: elle s'y vnit de maniere, qu'elle
la faict incontinent deuenir vertu: estant la
vertu vne ferme conionction de la raison
auec les bonnes mœurs, tout ainsi que les

bonnes mœurs ne font qu'vne accouſtumance d'exercer bonnes operations, ſans en ſçauoir la raiſon.

CHAP. CCLV.

A vertu, de ſoy-meſmes, eſt ſi bône, qu'en quelque lieu qu'elle ſe
mette, ſoit par ieu, ſoit à bon eſ-
cient : touſiours elle produit de
fort bons effects. Et entre ſes louanges, ceſte-
cy n'eſt à laduenture pas la moindre, que
meſmes ſon ombre profite beaucoup: pource que celuy qui veut paroiſtre vertueux
(combien qu'il ne le ſoit pas) ſ'aide de ſon
ombre: & ores qu'il ne doiue eſtre eſtimé
comme vertueux; neantmoins on ne doit
pas laiſſer à l'aimer: veu que ce pendant qu'il
ſ'entretient en l'opiniô de paroiſtre vertueux;
il faict meſmes operations & effects de vertu,
comme ſ'il l'eſtoit: dont au public, & aux
gens de bien en particulier, reuient ſoulagement & commodité. Parquoy ce ne ſeroit
que bien faict, quand quelqu'vn faict ſemblant d'eſtre homme de bien; de faire auſſi
ſemblant qu'ainſi on le croit; plus toſt que de
luy en faire reproche, & en meſdire. Car ce
n'eſt point mal faict, ſi de deux choſes qui cô-

uiennent à la vertu ; c'eſt à dire , d'eſtre tout
à faict vertueux, & de faire operations corre-
ſpondãtes aux actions du vertueux ; on preuue celle , qui ſert au profit à autruy ; & qu'on
laiſſe celle, qui ſeule mẽt luy profiteroit. Mais
quand on void vn homme faire le papelard,
& feindre d'eſtre homme de bien, tout expres, pour paruenir à ſon deſſein, d'eſtre ſeurement meſchant : lors on a grand' peur de
luy ; & ne ſe peut faire par raiſon, qu'il ne ſoit
de tous hay. La peur procede de ce, que le
congnoiſſant auoir intermis les vices, (auſquels chacun le ſçauoit addõné)contre ſa volonté : il eſt aiſé à croire , qu'apres en auoir
longuement & feintement ieuſné ,les repre-
nant, il deuiendra deux fois plus meſchant
& vicieux qu'il ne ſouloit eſtre . La haine
vient,de ce qu'on void, que de la vertu (choſe de ſoy tres-bonne, & qui ne ſe doit pratti-
quer qu'en tout bien) on abuſe ſi indigne-
ment ; qu'on la faict ſeruir d'inſtrument, de
pouuoir plus de mal faire.

CHAP. CCLVI.

LA vertu , n'eſt pas ainſi appellee des hõmes , par tiltre ſingulier : ſinon pource
qu'elle n'eſt pas commune à tous les hommes : Car ſi commune elle eſtoit à tous, elle

se pourroit aussi acquerir & gaigner, par ceux qui sont lasches de cœur, & par les ignorans: & neantmoins on void, qu'elle n'est obtenuë que par homme d'entendemét & de valeur: lesquels, se trouuans en peine & en danger, ne se perdent pas: ains vont tousiours considerans en eux-mesmes, que les hautes & difficiles entreprises, commencent tousiours par trauail & par peril; & le plus souuent finissent par bon loyer & los glorieux. Mais encores qu'il ne leur en reuint autre chose: si leur est-il à voir, qu'assez ils en ont de recompense; & de faict sont fort contens, d'auoir eu bons & hauts desirs; & pour paruenir à leurs grands & vertueux desseins, auoir employé toute leur puissance & valeur.

CHAP. CCLVII.

CELVY se peut droitement appeller vertueux, & valeureux: *Cuius animum, nec prospera fortuna statu suo effert, nec aduersa infringit*; c'est à dire en François : *Qui pour la bonne fortune ne s'est iamais esleué, ny enorgueilly, ne pour la mauuaise abbaissé & failly de cœur:* Et qui n'attend point que l'aduenture luy donne moindre, ou plus grand cœur : ains est

est toufiours prest (quoy qu'il aduienne) de
faire demonstration de fa vertu. De faict si la
fortune luy est fauorable, & le faict riche, il
faict les actes de tout vertueux homme, qui
est abondant en biens : & si elle luy est contraire, il souftient ses affaux auec telle affeurance, qu'il faict paroistre à chacun, que la
generosité de cœur, procede du cœur mefmes:& non de la prosperité, ou de l'aduersité,
qui se presente à luy.

CHAP. CCLVIII.

COMBIEN que les vertus ne foient
contraires l'vne à l'autre, neátmoins
pource qu'à cause de la diuersité des
subiects, il y a entre elles diuersité: il a esté besoin, qu'il y en eust vne, de finguliere dignité
& prerogatiue sur toutes les autres. Celle-là
est la prudence, laquelle pouuant conioindre le present auec l'aduenir, & confiderer
de combien vne vertu peut faire bonnes operations, fans empefchement de l'autre : vient
auffi à maintenir vne perpetuelle concor-
dance & correfpondance entre elles. Car
pouuant aduenir que fe trouuant vn courageux homme, irrité & prouoqué de iufte haine, à fe vanger d'vn tort receu, l'animofité

X

l'euſt peu eſpoindre à battre ou combattre
ſon ennemy : ſi la prudence (qui eſt mieux
aduiſee, & qui touſiours preuoid l'aduenir)
ne l'en euſt demeu & empeſché : pource que
le preſent eſt maintesfois nuiſible & dommageable, à ce que l'homme deſire ; & l'aduenir bon & ſecourable. Or ceſte prerogatiue & preeminence ſe trouue, non-ſeulemēt
aux vertus morales : mais encores en tout ce
qui eſt cōpoſé de choſes diuerſes, qui ſe peuuent ou doiuent enſemble traitter & conduire. Car chacune des parties n'ayant autre office, que celuy appartenant à ſon operation,
opereroit le plus ſouuent au dommage & de-
ſauantage de l'autre : & conſequemment à
la ruine & perdition de ſoy-meſmes : veu
que ſe perdant l'vne des parties ; le tout ſ'en
iroit en deſtruction ; & la partie ſuſdite auec
luy : Comme on verroit aduenir aux vertus
corporelles ; ſi la nature n'vſoit de ſa preeminence ſur tout le corps, que l'eſtomach (n'a-
yant eſgard qu'à ſoy-meſmes) pourroit par
fois appetter & cuire plus de viande, que le
foye ne pourroit conuertir en ſang : & par ce
moyen viendroit en peu de temps à ſe corrompre & perdre, enſemble auecques tout
le corps. Mais ſ'il faut entrer en ceſte conſideration, & de pres y aduiſer en choſe aucu-

ne; c'eſt principalement au maniement &
gouuernement des affaires publiques : auquel i'ay veu pluſieurs magiſtrats porter grād
dommage & nuiſance, non-ſeulement aux
autres gouuerneurs & magiſtrats : mais encores à la choſe meſmes, qu'ils deſiroiēt eſtre
maintenuë ſur toutes autres : Comme ſont
en pluſieurs lieux les Treſoriers & receueurs,
commis à la recolte des reuenus des com-
munautez ſubiectes : auſquelles, ne voulans
ottroyer relaſche & ſur-attente, de quelque
petit eſpace de temps, à payer ce qu'elles peuuent deuoir ; ils les laiſſent entrer en intereſt :
& ſont cauſe, qu'en vſures (à chef de temps)
ſe deſpend autant, que pouuoit monter le
ſort principal ; & bien ſouuent d'auantage, à
leur grand dōmage, & de la choſe publique.

Chap. CCLIX.

L A plus grande part de la ſageſſe de
l'homme, conſiſte en pouuoir, par vigueur d'eſprit, preuoir les choſes à
venir : car la congnoiſſance des preſentes, eſt
bien aiſee à chacun. Parquoy Ariſtote en ſes
Politiques a dit, diffiniſſant quel d'entre les
autres, eſt l'homme digne par nature de dominer, que c'eſt celuy, qui par l'intelligence

peut preuoir. Ce qui a esté fort bien dit: veu
que si les choses nuisibles & dommageables
ne se fussent peu preuoir ; & ne se fust peu
l'homme armer d'heure contre icelles : il ne
luy eust pas esté possible d'y resister : consideré qu'elles viênent quasi tousiours accompagnees de tant diuers accidens, & auec si
profondes racines; qu'il seroit impossible de
les arracher & oster : & si c'eust esté chose aisee à faire; la sagesse ne meriteroit nom de si
grande louange. Auecques l'œil donques,&
auec la lumiere de la sagesse, se faict rampart
& defense contre les aduersitez à venir; nommeement aux choses qui dependent de nostre franche volonté: & ou lon se garde d'i-
celles,ou pour le moins (si mieux on ne peut)
on les combat auec raison.

Chap. CCLX.

COMBIEN que les choses à venir,
preueuës par les hommes, doiuêt
par bien apparentes raisons aduc-
nir,ainsi qu'elles ont esté p̃eueuës:
toutesfois pource que les presentes sont de-
uāt nos yeux, & se touchent quasi de la main:
bien souuent elles ont eu force, d'attirer les
mesmes hommes sages, à plustost prendre la

prochaine fatisfaction ; qu'attendre la plus
lointaine. Et de là eft aduenu, que maints
valeureux & cheualeureux hommes, fe font
laiffez efchapper des maints plufieurs hônorables victoires : feftans voulus accommoder aux perfonnes qui eftoient pres d'eux:lef-
quelles faifoient plus de compte,de ce qu'elles touchoient & voyoient , que de tout ce
que pouuoit faire congnoiftre par la lumiere
de la raifon , le plus fage homme du monde,
& le plus entendu à la preuoyance des chofes à venir.

CHAP. CCLXI.

LEs hommes fages doiuent toufiours en
leur efprit f'efmerueiller, non des richeffes, & de la puiffance des principautez & des
eftats : ains des bonnes formes , & des bonnes ordonnances , auec lefquelles ils fe gouuernent:& defirer que la cité, ou republique,
foit regie par vn bon Prince : toutesfois,quel
qu'il foit, l'endurer : & fe garder (entant qu'à
eux eft) d'onques, ne par paroles, ne par faits,
luy donner occafion de pis faire.

CHAP. CCLXII.

L'HOMME sage est tenu de rendre compte, de beaucoup plus d'operations, que les autres, qui sont moins sages & moins aduisez. Et pource, ou ces derniers sont blasmez seulement; quand ils ne donnent point de remede & de secours, aux maux & dangers qui se presentent à veuë, & sont prests à nuire: ces premiers meritent d'estre repris, de ce qu'ils ne les ont pas preueuz; & n'y ont pas remedié d'heure, auant qu'ils fussent aduenus. Car qui ne preuoid point, n'est pas sage : & qui preuoid; & par crainte, ou par negligence ne donne remede ou empeschement au mal qu'il a preueu : ne doit pas seulement perdre le nom & la reputation d'vn homme sage; ains encores est digne d'estre estimé, homme foible & bas de cœur.

CHAP. CCLXIII.

S'IL aduient, qu'on voye faire à vn homme, qui tousiours a esté reputé sage, quelque chose, qui en apparence semble moins que digne de luy : on ne la doit pas soudain interpreter pour follie : ains

croire, que là deſſouz eſt caché quelque bon
effeĉt & d'importance, ou que la neceſſité du
temps, ou à l'aduenture la choſe meſme qu'il
negocie, requierent qu'ainſi ſe face : comme
ſouuent ſeſt trouué; apres qu'on en a eu bien
recherché les raiſons; & iugé & aprofondy
tout le faiĉt enſemble, ſans ſ'arreſter à l'exterieure apparence.

Chap. CCLXIIII.

LEs ſages hommes, ne veulent & n'entendent iamais, que par leur obſtination les
affaires de leurs amis, ou du public, en rien
empirent. A ceſte cauſe, quand ils ne peuuent paruenir au plus grand bien, ils ſe contentent du mediocre. Et ſi d'auenture par la
faute des plus grands & des plus puiſſans, il
leur aduient quelque mal, iamais on ne les
entend, ne plaindre, ne crier, contre Dieu, ne
contre les hommes : car ce ſont traits de perſonnes trop paſſionnees, & peu prudentes.

Chap. CCLXV.

AVoir volonté de faire, & diſpoſition
pour ſçauoir faire : neantmoins auoir encores la patience d'attendre, que quelque

bonne occafion fe prefente pour pouuoir
bien faire ; eft chofe qui faict bien paroiftre, la prudente fageffe de l'homme. Car
l'homme fage , fçachant & congnoiffant
bien , que l'occafion naift hors de luy, &
fans luy; fçait bien auffi, qu'il fault l'attendre à venir. Et fi quelqu'vn veut executer
fon deffein , & effectuer fon intention , a-
uant l'opportunité du temps, & l'occafion:
ceftuy - là n'eft pas fage : & entreprend de
faire chofe , qui ne peut refortir à bonne
fin : Et ceux qui fe vantent, de fçauoir faire
venir l'occafion ; monftrent bien qu'ils ne
fçauent , que c'eft proprement à dire l'occafion. Car quand par ingenieux & indu-
ftrieux moyens on peut faire naiftre quelque
chofe ; c'eft art, & non-pas occafion : venant
l'occafion toufiours de dehors noftre pouuoir & vouloir: Et encores que quelque fois
elle fe mefle, auec ce qui eft en noftre volonté & puiffance : elle eft toutesfois differente,
& de differente raifon. Vray eft, que les fages & valeureux hommes, quand elle eft venuë, la font comme fienne; & f'en fçauent
bien approprier : & le monde, pour le regard
des louanges & de l'honneur, à bon droit la
recongnoift comme propre à eux: pource
que veritablement l'occafion a befoin du iu-

gement de l'homme, pour la sçauoir prendre
en temps oportun:car autant nuit l'auance &
l'anticipation, comme le retardement.

CHAP. CCLXVI.

A Vtant nuit de vouloir prendre l'occasion trop verte,comme de la laiffer trop meurir. Les hommes qui
ont l'esprit prompt, subtil, & aigu,
& sont impatiens de leur nature, font faute
au premier : pource qu'à peine apperçoiuent
ils l'ombre d'icelle, qu'incontinent ils ne se re-
muent,& ne courent pour la prendre:& pensans embrasser le corps, ils n'en embraffent
que l'ombre, & ainsi demeurent trompez.
Ceux qui ont l'esprit lourd, tardif, & pesant,
faillent au second : pource qu'estant l'occasiõ
de sa nature viste & soudaine ; ils ne sont pas
capables de la congnoistre en si brief temps:
& l'ayant congnuë,la prendre au poil, & l'ar-
rester.Pource void-on,que l'vne ne l'autre de
ces deux especes d'hommes, n'est idoine ny
conuenable à manier choses grandes & diffi-
ciles.Au maniement desquelles qui se voudra
rendre propre:sera besoin qu'il ait l'esprit for-
mé & ferme, à preuoir les choses à venir; & à
la patience d'attendre ce qui aura esté preueu.

De tels hommes, à la verité, il se trouue peu:
pource que la pluspart n'ont la patience d'attendre que l'occasion soit venuë, ains eux-
mesmes la veulent forcer & haster de venir:
Qui est vouloir vne chose impossible: veu
que la fortune depend en tout & par tout de
soy-mesmes:& pource necessairement la faut
il attendre. Bien nous conuient, auant qu'elle
vienne, de nous rendre idoines à la receuoir:
& quand elle est venuë, de la sçauoir aussi cōgnoistre, & congnuë la prendre, & hardiement embrasser. Car encores y a il des hommes, qui estans propres pour la receuoir, &
bien la congnoissans, quand elle est venuë,
sont neantmoins si couardz & lasches, qu'ils
ne l'osent prendre & embrasser.

CHAP. CCLXVII.

LA fortune n'a point tant de puissance en
nos actions: que les hommes de valeur
n'y vueillent encores auoir bonne part:de maniere,que cela procede de lascheté & de bassesse de cœur, quád on se remet du tout à son
arbitrage; & quand on ne peut rire,sinon lors
qu'elle fait bon visage: ne pleurer,fors quand
elle tourne le dos. Ou au contraire, les hommes de valeur, sont tousiours en contention

auec elle: & de tout leur pouuoir s'efforcent
faire congnoistre, qu'encores qu'elle se puisse
mesler aux choses exterieures : neantmoins
elle ne peut aucunement penetrer en l'inte-
rieur de nostre esprit, si nousmesmes ne luy
donnons entree, & autant que nous voulons.
A ceste cause, on a souuent veu que les hommes sages (combien qu'ils ayent esté par elle
esleuez à grands estats, & dignitez) ne se sont
ia pourtant enorgueillis : ains ont vescu, & se
sont maintenus, en si grande modestie, douceur, & humanité:comme si elles eussent esté
personnes priuees, obligees à rendre compte
de toutes leurs operations. Et au contraire,
quand tels hommes ont esté par elle reduis à
misere & calamité,voire mesmes conduis à la
mort:ils ont rendu le dernier souspir auec telle constance & magnanimité: que par les gés
de bien,ils ont esté plus honnorez en leur desastre, qu'en leur plus grande prosperité. De
sorte,qu'encores que la fortune peust faire les
riches & les pauures à sa deuotion (comme la
pluspart des hommes en a opinion,) mesmes
les grands seigneurs,& les petits compagnós,
ainsi qu'il luy plaist : neantmoins est-il en
nous en tout temps, de faire paroistre les signes de nostre vertu : & par nostre propre
valeur, plus que par sa faueur, nous faire

demourer perpetuellement louez & honnorez.

CHAP. CCLXVIII.

LA fortune ne se peut dresser, ne renger à
noftre volonté:mais qu'elle se puisse corriger par gens d'esprit, qui s'y voudront employer, & qui se sont acquis l'art de se sçauoir
preualoir de ses faueurs; on le void par le ieu
des cartes, & des dez : ou les plus experts, &
qui mieux entendent la pratique, gaignent
ceux qui moins y sçauent: ie dy,en egale fortune : ains ose-ie dire, qu'encores en beaucoup moindre fortune. Toutesfois ne se faut
il pas fier en l'art tout seul : & encores ne faut
il mettre toute son esperance en la fortune:
mais si on en veut tirer de beaux & bons
fruicts,il les faut ioindre tous deux ensemble.
Et pource que l'art est tousiours en la puissance,de celuy qui le possede,& nõ pas tousiours
la fortune:il faut que celuy qui a l'art,attende
que la fortune luy vienne : puis quand elle est
venue,qu'il s'aide de l'art:car quand elles s'accompaignent l'vne l'autre: l'vne redouble les
forces de l'autre. Et pource bien disoit Aga-
thon:*La fortune,aime l'art:& l'art, la fortune.*

CHAP. CCLXIX.

AVcvns sont si amoureux de leur propre suffisance, qu'ils se ryent oyans quelcun disant, que la fortune n'a point d'authorité ne de puissance, sur les actions des hommes: & aucuns autres se defient tellement de soy-mesmes, (ou pource qu'ils ont peu de courage ou pource qu'ils voyent tant & tant de person nes, de peu de valleur & de merite, tant heu-reuses & bien fortunees) qu'ils ne peuuent croire, que l'industrie & le trauail de l'hom-me puisse à rien valoir : ains pensent, que tout le bien & le mal qu'on void en ce monde, viét d'vne bonne, ou d'vne mauuaise fortune. Mais combien qu'il fust bien aisé à monstrer, que l'vne & l'autre de ces deux opinions est fausse: neantmoins s'il faut faillir, mieux vaut faire faute auec les premiers: pource que tous-iours ils sont industrieux & diligés: & en tout mauuais succes, ils redoublent leur industrie; comme ceux qui pésent, que tout le mal pro-cede de leur peu d'auis, & de prudence: & nó pas de la fortune. De façon, que s'ils ne sont paruenus à bonne fin, de leurs desirs & inten-tions: au moins se feront-ils exercez, comme gens de bon cœur, & de valeur. Et encores

l'homme diligent & induſtrieux, ne doibt riē
attendre ſinon que la fortune luy vienne: car
eſtant venue, il ſcait commēt il ſe doibt gouuerner auec elle: mais c'eſt à celuy qui n'a
point d'induſtrie, d'attendre, que la fortune
vienne : & que venue elle face tout pour luy:
ains faut-il encores qu'elle face, que ſe gou-
uernant à l'aduenture, il paruienne à quelque
bien. Ce qui gueres ſouuent n'aduient, & aduenant, c'eſt ſans la louange & honneur de celuy auquel il aduient: & auec exemple pernicieux à la republique: pource qu'il peut oſter
aux citoyens de la ville, & aux ſubiets de la
republique , la volonté de deuenir induſtrieux.

Chap. CCLXX.

IL eſt tant malaiſé d'accoupler enſemble en vn meſme ſubieᶜᵗ, l'induſtrie
& la bonne fortune: qu'il ſemble quaſi impoſſible de le pouuoir faire. Pource que
quand on dit vne choſe eſtre aduenuë par for
tune, ſans ce qu'on y ait employé n'induſtrie
ny artifice ; & quand on dit qu'elle a eſté faite
par induſtrie & ſage conduite, ſans ce que la
fortune y ait rien meſlé du ſien: il ſemble, que
comme la deſcription de l'vne eſt repugnāte

à l'autre : auſſi y auoir certaine repugnance,
qui empeſche, que toutes deux ſe trouuent
en vne meſme perſonne. De maniere, que rares ſont ceux, qui ſe congnoiſſans bien fortunez, & voyans que leurs affaires (ſans leur ſoin
ou induſtrie) ont bien ſuccedé : vueillent ſçauoir que c'eſt que l'induſtrie, ny vſer d'aucune artifice pour la chercher : comme au
contraire rares auſſi ſont ceux, qui ayans acquis tout leur bien & moyen auecques ſoin
& grande peine, puiſſent aucune choſe eſperer de la fortune. Les premiers, comme abandonnez par elle, demeurent à la diſcretion de
chacun, qui a volonté de mal leur faire : & les
ſeconds, delaiſſent maintes honnorables entrepriſes, pour ne vouloir tenter choſe aucune, qu'ils ne voyent plus qu'aſſeuree.

Chap. CCLXXI.

I les choſes pouuoient eſtre faites, ou ſeulement par la fortune,
ou par noſtre ſeule volonté : il y
auroit peu de peine à les conduire & gouuerner : car ou nous ſe-
rions entierement : guidez par la fortune : ou
en tout conduits par noſtre aduis, ainſi qu'il
nous viendroit à gré. Mais pource qu'il faut

faire vn comble de la fortune & de la volon-
té:auſſi faut-il auoir grande patience & grãd
iugement pour enſemble les accorder. Et
nous pouuans preualoir, de noſtre induſtrie,
& de noſtre volonté(pour mener à fin deſiree
aucun de nos bons deſſeins) tant qu'il nous
plaiſt,& nõ pas de la fortune : il faut touſiours
aller l'eſpiant,& la flattãt, & iamais ne ſ'obſti-
ner à vouloir choſe, qu'on congnoiſſe eſtre
par elle deniee,ny au contraire,onques la laiſſer & negliger,quand elle ſe preſente à noſtre
faueur.Mais pource que ſe preſentant,elle va
quaſi touſiours couuerte, & paſſe fort viſte,
ſ'efforceant (tant qu'elle peut) d'alterer les iugemens des hommes. A ceſte cauſe, en la
meſme choſe que tu verras,qu'elle a determiné de te vouloir donner : quand tu congnoi-
ſtras qu'elle te l'offrira, voire par moyen autre que celuy,dont elle t'auoit premierement
faiɛ̄t monſtre : ne faus pas à la ſeconder, &
touſiours la ſuyure à la trace, & demeurer
touſiours attentif pour congnoiſtre le changement , duquel elle aura voulu vſer pour
t'aider : car ainſi le faiſant, elle ne ſ'en pourra
onques aller, ne paſſer ſi viſte, que tu ne ſois
de ta part auſſi prompt à luy aller au deuant,
& la retenir.

C H A P.

CHAP. CCLXXII.

C'EST la couſtume des ieunes gens, & de
tous ceux qui n'ont pas experiꝫmenté l'in-
conſtance, & la varieté de la fortune, de tenter hardiment toutes entrepriſes : mais ceux,
qui par les choſes par eux faites l'ont eſprou-
uee, ceux-là (dy-ie) la craignent : & n'entreprennent choſe quelconque, ſans grande cõ-
ſideration. Encores ſemble-il, que ceſte hardieſſe (outre le reſpect de l'aage) procede de
la diuerſité des complexions : car les aucuns
ſont impatiés, & prompts à s'expoſer aux d'ã-
gers : les autres, lents & tardifs, & mieux adui-
ſez. Et encores que ces derniers, au maniemẽt
des affaires, ſemblent proceder auecques plus
de raiſon : neantmoins les grandes conqueſtes
& les ſignalez faicts d'armes, ont le plus ſouuẽt
eſté veus, faicts & effectuez par les premiers.
Pource qu'il ſemble, que la promptitude, &
la hardieſſe s'accordent, & cõuiennent mieux
auec la fortune : & partant, qu'elle plus vólon-
tiers ſe trouue en leur compaignie. Les autres
ont trop de choſes à mettre enſemble : voulans, que les hautes entrepriſes & grandes,
ſoient raiſonnables, & neantmoins ſeures,

Y

CHAP. CCLXXIII.

L n'y a chose plus mal asseurée, que la puissance & l'authorité, qui n'est pas soustenuë de ses propres forces, & qui depend de la vie, & de la fortune d'autruy: ce qu'on a veu & prouué en plusieurs lieux: specialement, & le plus-souuent en la ville de Rome, à l'endroit des neueuz, & autres parens ou amis des Papes: lesquels montans en grandeur plus haute, qu'ils n'ont peu d'eux mesmes maintenir, en fin sont demourez pauures, & sans honneur & reputation. Où au contraire, si les hommes rencontrans ainsi la fortune fauorable, sont tels qu'ils se sçachent preualoir de la fortune d'autruy, pour accommoder leurs affaires: ils ne se maintiennent pas seulement, sans perte ne diminution: mais encores la louange, qui premierement sembloit commune à eux, & à ceux qui leur auoient donné confort & ai-de, demeure particuliere à eux seuls. De façõ que ce n'est pas tousiours la faute de la fortu-ne, si entree en la maison de quelque homme elle n'y est pas demouree: ains de celuy, qui n'a pas eu l'esprit & l'adresse de l'y retenir.

CHAP. CCLXXIIII.

EVX qui veulent sçauoir, quelle pourra estre en quelque chose leur fortune: ils se mettent de prinsaut, nõ seulemét à la tenter : mais encores la mettent ils deuant la matiere, en laquelle ils la veulent esprouuer, & n'attendent pas qu'elle soit bien appareillée. Parquoy, si ce sont Princes, qui desirent sçauoir, si en faict de guerre leur fortune sera, ou bonne, ou mauuaise: ils dressent des armees, & se mettent au hazard de la victoire, ou de la desconfiture, en quelque braue entreprise. Si ce sont personnes priuees, ceux qui aiment la marchandise, achetent denrees à reuendre : ceux à qui plaist le gouuernement des affaires publiques, se font pouruoir d'offices & d'estats; & ainsi en toutes autres vacatiõs, chacun se prẽd à cequ'il aime: puis il aduient, qu'à chacun iustement est permis, de s'en louer ou plaindre, selon le succes. Mais les autres qui n'entreprennent rien, & ne se hazardent en rien de crainte de perdre, ne se doibuent plaindre que de soy-mesmes. Car comment se pourroient-ils douloir de la fortune; & dire, *elle ne m'a pas donné la victoire*; s'ils ne se sont pas remuez pour combatre, n'icelle tentee en maniere que ce soit? Certainement il n'est pas possible, que de rien on face quelque chose : & est bien vray ce que cestuy-là dit : *La fortune peut bien quelquefois estre mauuaise : mais la lascheté, & la paresseuse fayneantise, est mauuaise eternellement :* & n'en peut, ne par fortune, ny autrement, rien venir de bon.

CHAP. CCLXXV.

C'EST veritablement le fait d'vn sage homme, de sçauoir mettre borne à la trop grande abõdance de faueurs, que la fortune luy presente : mais pource que peu se trouuent de tels hommes il aduient que plusieurs se perdent & ruinent, pour vouloir trop embrasser : comme encores font quelques autres, pour n'auoir assez dequoy se maintenir. Ce qui n'aduient pas seulement, en la conqueste des païs, terres, & seigneuries, & mesmes des estats : mais aussi des facultez & richesses des personnes priuees : dont les aucunes eussent esté bié-heureuses, si elles se fussent peu contenter d'vne honneste mediocrité. Où s'estans mis en peine d'amasser des biens en quantité desmesuree : ils en ont fait venir enuie à quelcun

plus fort qu'eux;qui les leur a oſtez à viue for-
ce:ou n'ayans ſceu ou peu auoir le ſoin requis
à les conſeruer,apres les auoir acquis;la grande quantité en a fait le fais ſi lourd & peſant,
que ſa peſanteur,l'a iettee par terre.

CHAP. CCLXXVI.

N ON ſeulement ſage , mais encores
bien fortuné, eſt reputé celuy, lequel
tenant toute choſe,qui de ſoy eſt bõne,pour bonne,où qu'il la troue, la prend &
ſ'en donne ioye au cœur, allegrement, & indifferemment. Car ainſi faiſant, il vient à a-
uoir en infinis lieux fort grande abondance
de biens : leſquels ſ'ils ne ſont par autres tenus
pour vrais biens ; cela procede de leur faute.
Comme on void aduenir en certains perſon-
nages:qui n'eſtiment pas biens, les biens eſtãs
hors du pays naturel de celuy qui les poſſede:
& encores aucuns autres, leſquels n'eſtiment
pas biens,les biens meſmes eſtans en leur patrie:& pource qu'ils ne ſont pas tels qu'ils les
voudroient bien: ne ſelon leur gouſt & appetit,ils les refuſent, & n'en veulent point. De
maniere, que le defaut de iugement eſt cauſe,
qu'ils n'ont pas beaucoup de biens:& non pas
la faute des biens , qui pour eſtre en grande

abondance efpars en diuers & differens lieux,
ne doibuent pour celà eftre en moindre e-
ftime.

CHAP. CCLXXVII.

ERNICIEVSE chofe eft certainement, & de trefmauuais exemple, aux villes, & aux Republiques;
de voir, que les hommes lettrez &
fçauàns, & eftimez excellens perfonnages,
mefprifent les ignorás & non fçauans: pource
(dient-ils) que ces fimples & ignorans, ne font
point d'exemple, & n'y a perfonne qui fef-
meuue, de ce que dit ou fait vn homme idiot
& ignorant : Où les fçauans, font aifément
croire ; que fi les raifons (qui font en faueur
de la vertu) fuffent bonnes : elles efmou-
uroient plus toft ceux, qui font accouftumez
à contempler, & rechercher les raifons, pour
congnoiftre les occafions & les caufes de toutes chofes; que les autres qui ne font pas propres à telles fpeculations. Parquoy, viennét ils
à faire dommage, à la cité, & à la republique;
tant par ce qu'ils font eux-mefmes, que par ce
que plufieurs autres apprennent de leur exéple, faifans leurs mefmes actions. A cefte caufe difoit Ariftote, qu'entre tous les Philofo-

phes Epicuriens, Eudoxe feul auec la temperance de fa vie, faifoit plus de mal, qu'auecques toutes les raifons qu'il allegoit:car voyás
les hommes qu'il eftoit fort attrempé & mo-
deré en toutes fes actions, & toutesfois qu'il
parloit & efcriuoit en la faueur de ceux, qui
menoient vie voluptueufe & intemperee : ils
ne pouuoient croire, qu'il vefquit ainfi, fans
ce que grande force de raifon, l'euft induit à
ce faire. De maniere, que les Princes, pour le
bien public, doibuent prendre garde à tels
perfonnages, & ne les fouffrir: veu que par ce
moyen font venues les herefies, lefquelles
ruynent le monde; & oftent aux Princes mefmes leur authórité & leur eftat. Mais retournant à noftre propos, quant aux mœurs & à
l'intelligence, on void que ces hommes fçauans font en fi grand nombre, qu'on ne les
peut aucunement reduire, à faire & à parler
bié. Parquoy fi entre eux f'en trouue quelcun
obftiné en fes mauuaifes mœurs, & en fon
impieté, on le doibt punir : non feulement
pour la mefchanceté qui eft en luy:mais pour
le mauuais exemple, & la mauuaife doctrine,
qu'il a donné à beaucoup d'autres, par fon
moyen induis à mal faire.

Y iiij

CHAP. CCLXXVIII.

COMME c'eſt faiƈt de ſage homme, de preuoir les deſordres, auāt
qu'ils aduiennent : auſſi eſt-ce
faiƈt d'eſprit mal aduiſé, & peu
prudent, apres les auoir preueus, de les laiſſer
tomber ſur ſa teſte, pour l'opinion qu'on peut
auoir, d'eſtre fort & ſuffiſant aſſez pour en venir à bout. Car au combat, le pluſſouuent
plus vaut la fortune que la vertu : mais à euiter
le mal preueu, plus a de vigueur la prudence,
que la fortune.

CHAP. CCLXXIX.

L'HOMME ſage, auant ſe mettre
à faire choſe, qui porte peril : diſ-
court iuſques à la fin, le plus grād
dommage, qui luy en puiſſe adue-
nir : & ſ'il ſe trouue aſſez fort pour le ſouſtenir,
il y entre de hardy courage : pource que ſ'il le
faiſoit autrement, tout ce qu'il auroit commencé, luy reuiendroit à plus grand mal. Cela ſe congnoiſt, non ſeulemēt aux guerres, lors
qu'elles ſe font hors de ſaiſon, ou auec ſuperbe
deſpenſe, ou auec quelque autre deſordre, qui
ſoit cauſe, que l'entrepriſe demeure impar-
faite : mais encores en toutes les autres aƈtiōs,

tant publiques que priuees : ou on ne peut
fuffifamment declarer, combien plus a de
puiffance aux efprits des hommes, le moindre contentement prefent ; que le plus grand
bien, que peut la prudence, & la raifon, preuoir pour l'aduenir.

CHAP. CCLXXX.

L Es fages hommes, n'ont pas voulu, qu'entre les amis feulement,
vne chofe mauuaife euft puiffance, d'abolir plufieurs chofes : mais
encores qu'entre les ennemis, vne chofe
bonne par plufieurs chofes mauuaifes ait efté
fuffoquee & effacee : Pource n'ont ils auffi
iamais laiffé à dire bien (quand l'occafion f'en
eft offerte) de la vertu ou induftrie, en laquelle l'ennemy a excellé.

CHAP. CCLXXXI.

L 'Excellence gift à faire les chofes grandes, & non à faire les petites. Parquoy,
qui defire d'eftre loué & renommé comme
excellent homme : ne doit pas, à toute legere
occafion qui f'offre, fe trauailler & confommer : ains attendre à f'employer aux feules

grandes & hautes entreprifes; qui de tous
font tenues & reputees pour excellentes &
fingulieres.

CHAP. CCLXXXII.

Vi a le cœur grand, & eft appellé à quelque honorable entreprife;en laquelle il ait moyen
de faire paroiftre fa valeur: il
doit aggreer la femonce,& hardiement s'employer à l'execution d'icelle. Pource que cet-
te hardieffe redouble la force, quãd ce vient
à l'action; & par fon moyen toute difficulté
eft furmontee: Encores aduient-il quelquefois, que ces hardis entrepreneurs, ce pendant qu'ils font en l'action, s'emerueillent de
foy-mefmes; comme ceux qui ne fe fuffent
iamais promis tant de valeur de foy-mefmes
à beaucoup pres; ny creu quel fecours donné
à l'homme valeureux, cefte impetueufe ardeur de la hardie operation : laquelle eft feule & vraye maiftreffe de toute difficile entreprife. Où au contraire, ceux, qui fe defient
de foy-mefmes, ou qui defirent fuir& euiter
tout malaife; fe priuent de cefte impetueufe
hardieffe; & confequemment de tout bon
fucces : pource que fans icelle, toute chofe fe
faict froidement; & celle lente froideur eft

cause, que les aisees entreprises deuiennent
mal-aisees & difficiles:& que le plus souuent,
ou elles ne sont commencees, ou sont quit-
tees & abandonnees, aussi tost que com-
mancees.

CHAP. CCLXXXIII.

IL n'y a peine aucune à sçauoir en
general, ce que tous hommes doiuent faire, pour le bien & auancement de soy-mesmes : ains si communément s'en sçauent les regles vniuerselles; que iusques aux gens des villages, ils en
ont exemples & prouerbes pleins d'enseignemens. Mais toute la peine gist à les mettre en
œuure : car l'œuure porte auecques soy, deux
fort grandes difficultez: l'vne desquelles procede de la passion de l'esprit, qui gaste & corrompt le iugement, pour bon qu'il soit: à
cause que tousiours il desire ardemment, &
ou trop ou peu, de destourner, ou auoir, la
chose qu'il veut, ou qu'il ne veut pas. L'autre
vient de ce; qu'estans les particuliers en grãd
nombre, & de diuerses humeurs; ils ont besoin d'vne longue experience, auant qu'ils
sçachent choisir, ce qui leur est le meilleur:
& outre cela congnoistre le temps, & l'occa-

fion qui en ce temps le faict trouuer meilleur : pouuant aifément aduenir, que ce qui
de foy feroit bon, à raifon des circonftances
deuiendroit mauuais. Parquoy ne fe faut
point esbahir, que plufieurs hommes fçachent beaucoup de chofes en general; &
neantmoins que peu f'en treuuent, qui les
fçachent bien mettre en œuure : Car fçauoir
brider & refreindre, les paffions & affections
humaines, qui font prefentes; & faire iugement entre plufieurs chofes femblables, &
qui ont quafi mefme vifage, pour difcerner
les meilleures d'auecques les pires : ce n'eft
pas chofe que chacun puiffe faire.

CHAP. CCLXXXIIII.

QVAND l'hôme eft reduit à ce point
que, quoy qu'il face, foit qu'il demeure debout fans rien faire, foit
qu'il mette la main à l'œuure, toufiours il eft
preffé de mefme peril; il doit toufiours mettre la main à la pafte : veu qu'auffi bien demourant oifif, il demeure enuironné de mefmes accidens, qui le tiennent en mefme dâger ou remuant les mains, il pourra rencontrer chofe qui le fauuera, & ne la trouuant
point, au moins aura-il ce contentement, de

feftre mis en tout deuoir de la chercher, &
d'euiter le peril.

CHAP. CCLXXXV.

TELLE neceffité les hommes
par fois font conduits par la fortune : que f'ils vouloiét employer
du temps à fe confeiller, & demourer fichez en la confideration du peril,
auquel ils fe trouuent, en attendant meilleure occafion, ils fe trouueroient accablez &
vaincus, du peril qui les menaffoit. Parquoy
en tel cas, faudra fe feruir de la hardieffe plus
que de la prudence : pource qu'aux foudai-
nes occurrences, en elle plus qu'en autre, a
accouftumé de fe trouuer le moyen du falut.

CHAP. CCLXXXVI.

NEORES que la neceffité foit vn
poignant efguillon, pour efueiller
les hommes à bien faire : toutesfois
quãd ils fe trouueroient fuperieurs
de neceffité, & inferieurs de vertu ; la neceffité en ce cas ne leur pourroit pas dõner grãd
aduantage. Bien pourroit-elle de beaucoup
feruir à ceux, qui eftans efgaux de vertu auec
leurs aduerfaires, outre ce feroient fuperieurs

de neceſſité: pource qu'entre ceux qui ſont
d'ailleurs pareils, tant ſoit peu d'auantage
faict trebucher la balance. Au ſurplus les ai-
guillons de la neceſſité & de l'honneur, ſont
propres à eſtre receus en l'eſprit de ceux ſeulement, qui ont quelque valeur: car en ceux
qui n'en ont point, ils ſont plus toſt occaſion
de faire paroiſtre leur laſcheté & baſſeſſe de
cœur.

CHAP. CCLXXXVII.

QVAND vne choſe ſe faict, non
à la fin d'elle meſmes; mais afin
de par icelle paruenir à vne autre: ceſte-cy prend ſon plaiſir
& la dignité de celle autre; qui
eſt occaſion que ceſte-cy ſe faict. Parquoy le
vray iugemẽt des choſes que l'on void faire,
doit eſtre faict & fondé, ſur la congnoiſſance
que l'on a de la fin d'icelles: de maniere que
voyant faire à vn autre quelque petite & baſſe choſe; on ne doit pas ſoudain iuger l'eſprit
de celuy qui la faict, ſelon la baſſeſſe de ce
qu'il faict: ains faut premierement conſiderer & ſçauoir, ſi celuy qui faict la choſe petite & baſſe, faict compte d'icelle comme petite & baſſe: ou bien ſil en faict cas au reſpect

d'vne autre, à laquelle plus grande il vueille
paruenir, par le moyen de ceste petite : & si
on congnoist qu'il la face seulement à la fin
d'elle mesmes, on luy pourra lors donner le
blasme, que merite la bassesse de la chose par
luy faicte. Mais s'il la faict, pour paruenir à
vne autre plus grande ; il ne fault point d'esgard à ceste premiere ; ains à la seconde, qui
est la finale, & la principale. Comme se peut
donner l'exemple de seruir ; qui de prime face, & à droictement & simplement le considerer, semble chose basse, & de bas & lasche
courage : Mais si vn simple & bas soldat, se
met à seruir au fait de la guerre, en intention
de si bien faire, qu'il puisse deuenir Capitaine : lors ce seruice deuient chose honnorable ; veu qu'il sert, afin d'apprendre à commander. Et toutesfois cela se doit entendre
des choses, lesquelles ores qu'elles semblent
tendre à mauuaise fin, neantmoins de soy ne
sont point mauuaises. Car quand elles seroiét
de soy mauuaises : on ne s'en doit iamais seruir ne pour elles par soy, ne pour instrumens,
qui puissent conduire à bonne fin : Comme,
aucun ne se doit mettre à voler & à desro-
ber, pour quelque occasion que ce soit : &
desrobant, ne peut estre excusé pour dire ;
Ie desrobe, pour subuenir aux pauures ; ou pour

exercer actes de liberalité : Pource que le larcin
est mauuais de soy : & n'y a circonstance ny
occasion, qui le puisse rendre bon. Mais si vn
homme bien riche, s'appliquoit auec vn extreme soin, à tenir luy mesmes le compte,
& faire la recepte, iusqu'à la moindre partie
de son reuenu : combien que chacun iu-
geast cela estre indigne, & mal conuenable
à vne si grande richesse : neantmoins quand
on cognoistroit, qu'auec ce bon mesnage il
feroit dessein, de monter à plus haut degré :
ou que sans ceste soigneuse diligence, il ne
sçauroit maintenir son train : il ne seroit pas
seulement hors du blasme ; ains encores seroit-il digne de grande louange : comme celuy, qui pour la conseruation, ou augmentation de son bien, & de sa dignité, ne refuit,
ne refuse les ennuyeux trauaux ; & qui ont
accoustumé d'estre exercez & soustenus, par
personnes de peu de valeur.

Chap. CCLXXXVIII.

ENCORES que les vertueuses operations de soy soient tres-plaisantes : si
n'est-ce pas pourtant à dire, qu'elles
se recherchent, à l'occasion du plaisir qu'on
y peut auoir : comme aussi ne font mesmes

les

les actions naturelles: ains seroit sottement
parlé, si on disoit, que le boire & le manger,
& les embrassemens charnels, se recherchas-
sent, pour le plaisir qu'on y prend ; plus tost
que pour la conseruation de soy-mesmes, &
du genre humain: qui est la fin ordonnee par
la nature à toutes telles actions : & en font
preuue tous ceux, qui veulent viure selon
raison.

CHAP. CCLXXXIX.

V A N D vn homme veut faire
quelque operatiō, & est en mesme temps combattu de diuers
respects, tous estans de diuerse
espece: c'est chose quasi impossible de reso-
luemēt sçauoir, lequel de tous ceux-là deu ou
peu mouuoir, à faire telle operation. Pource
que des raisons induisans aux actions humaines, à raison que pour la plus-part elles sont
peu certaines: mal-aiseement se peut donner
regle certaine : ains faut bien souuent y employer plus d'auentureuse fortune, que de
bon aduis. Si ne faut-il pas pourtant s'y laisser aller à l'abandon : ains y distinguer & ordonner le mieux qu'on peut, en considerant
les quantitez & qualitez d'icelles, les effects

Z

pires ou meilleurs qui en peuuent aduenir,
la neceſſité des temps, l'authorité des perſonnes, la circonſtance des lieux, & autres ſemblables : leſquelles combien qu'elles ſoient
de ſoy meſmes aſſez mal-aiſees: neantmoins
ſe rendent-elles aſſez commodes à ceux, qui
y veulent bien penſer & aduiſer : leſquels,
quand ils n'en retireroient autre fruict: aumoins ſont-ils bien aiſes de les auoir preueuës, & en portent plus aiſément puis-apres,
tout ce qui en peut aduenir.

Chap. CCXC.

E s operations, auſquelles la prattique & l'experience eſt requiſe, ne
ſe peuuent, ne bien, ne ſeurement
accomplir : ſinon apres les auoir
par pluſieurs fois faictes, & par ce moyen
ſ'eſtre acquis vne certaine lumiere, pour faire bonne coniecture, de ce que raiſonnablement conuiendra, au point qu'on les veut
mettre en action. Pource qu'on peut bien
ſçauoir, en general, que la vaillance, eſt vne
affection d'eſprit, tenant le milieu, entre l'audace & la timidité : & que c'eſt vne habitude
& diſpoſition de courage, par laquelle ſont
accomplies, & quand, & où, & comment,

& combien, il est de besoin, les actions des
hommes vaillans : mais de sçauoir, entre si
grande varieté d'accidens, qui les accompagnent, ce combien, ce quand, ce comment,
& cest où ; sans auoir acquis ceste lumiere,
c'est chose comme impossible. Car ceste lumiere, ne vous donne pas seulement la clarté, pour vous pouuoir descharger du fais de
tels accidens : mais encores vous donne la
fermeté & constance de pouuoir soustenir
les difficultez, qu'ils apportét auec eux. Pource disoit Aristote, à ce propos, parlant du medecin : qu'autant valoit sçauoir appliquer vn
remede vniuersel de l'art, à ceste maladie
particuliere ; cóme il faisoit d'estre medecin,

Chap. CCXCI.

AV x ciuiles operations, la practique est la principale maistresse,
de ce qui se doit faire : car qui auroit seulement esgard à la raison,
il demoureroit confus. Et combien que la
practique ne soit pas repugnante à la raison :
neantmoins a-elle vn different moyen, de
l'intelligence des affaires. Soyez ce pendant
aduertiz, que si quelqu'vn, pour apprendre
ceste practique, vouloit luy mesme faire l'ex-

perience de chacune chose; outre ce qu'il ne
pourroit pas recouurer du temps à suffire, encores seroit-il bien empesché d'en venir à
bout. Pource qu'il y a certaines practiques,
lesquelles on ne pourroit auoir, sans mettre
tout l'estat en danger. Parquoy il suffit d'a-
uoir pres de soy, des hommes prattiqz & ex-
perimétez aux affaires d'estat; & vser de leur
experience, & de leur conseil. Car c'est assez;
quand aux negoces qui se presentent; & qui
ont quelque ressemblance & similitude, auec
autres pareilles choses parauant traittees en
la republique, ou en la ville; où le doute s'offre: on a l'aduis des persónes experimétees &
rompuës, aux affaires & difficultez ciuiles. Et
de telles personnes, peuuent les Princes (au
moyé de leur grandeur & puissance) auoir
tousiours bon nóbre à leur commandement.

CHAP. CCXCII.

ELVY qui plusieurs fois s'est exercé
en quelque malaisee entreprise, n'a
pas seulement découuert ce qu'elle
peut estre en soy-mesme: mais aussi ce que
elle est, estant coniointe auec diuers accidés,
qui peuuent en diuers temps, la faire deuenir, quasi de diuerse nature. Parquoy aduc-

nant qu'il se doiue employer en l'operation
d'icelle ; congnoissant l'estat auquel elle est,
au point qu'il doit commencer à operer : il
s'y employe resoluëment de toutes ses forces.
Où au contraire celuy qui n'en a point faict
de preuue, & n'en a aucune experience : encores que d'ailleurs il fust bien disposé à faire
quelque bonne chose ; neantmoins faut-il
qu'il y voise à tastons, & auecques l'esprit suspens & douteux : & pourtant il n'y employe
pas la moitié de celle vigueur, & de celle bône disposition qu'il peut auoir ; & que luy
mesmes voudroit bien y employer. A ceste
cause quand les sages Princes ont eu à traitter malaisez & difficiles negoces, il les ont
tousiours faict manier par hommes experts,
& entendus aux affaires. Et combien que les
hommes ne naissent pas auec l'experience,
& partant soit besoin d'en faire preuue, auant
qu'ils ayent faict essay de leur suffisance : ils
en vsent toutesfois à leur commodité, les es-
prouuans en choses petites, afin de s'en asseurer. Et s'ils sont pressez par quelque prompte
occasion de les commettre incontinent au
maniement des choses grandes : ils les y mettent accompagnez de ceux, qui les ont maintesfois maniees.

Z iij

Chap. CCXCIII.

Vand pour executer quelque bône affaire, il sera besoin de sçauoir,
quel en sera l'art, & quel l'vsage:
qu'on se mette plus diligemment
en peine d'en sçauoir la practique, & le bon
moyen d'en vser: car en fin les operations se
font des choses particulieres: & autant en
semblable cas, faict-on de compte des vniuerselles, comme elles peuuent apprendre
à bien s'accommoder aux operations particulieres.

Chap. CCXCIIII.

C'Est chose de bien grande importance,
& à laquelle on doit beaucoup auoir d'é-
gard, d'auoir plus grande, ou moindre disposition, qu'vn autre, en vne mesme operation:
car celuy qui l'a plus grande, plus aisément &
mieux s'en acquitte. Et se peut l'homme veritablement dire, bien disposé à faire quelque
chose, quand soudainement & promptement il apprend & comprend, ce qu'on luy
en enseigne: & pour peu qu'vn autre luy en
apprenne, il y en adiouste & trouue assez de
soy-mesmes: & d'auantage a le corps & tous

les membres difpos, pour bien executer, ce
qu'il a bien compris en fon efprit. Où au contraire, ne fe pourra pas dire propre & bien
difpofé, celuy qui difficilement & auecques
peine comprend; & apres qu'il a tard appris,
toft oublie : & qui encor n'a corps ne membres bien difpos, pour mettre à deuë execution, le peu qu'il en a retenu. Mais auecques
tout cela, fi à la difpofitiõ (pour bonne & grãde qu'elle foit en luy) il n'adioufte la peine &
affection d'apprendre, & l'exercice & operation de ce qu'il a appris : il ne fera iamais
rien qui vaille. Comme pour exemple, fi
vn homme fe trouuoit fort propre à eftre
coufturier; & il ne fe mettoit à tailler des
accouftremens, & à les coudre, iamais il
ne feroit bon coufturier. Et encores que cela foit vray, pour le regard des difpofitions,
qui touchent aux vertus de l'efprit : toutesfois ce qui en eft icy traiété, touche feulement les dipofitions, appartenans aux offices, & exercices ciuils : aufquels on doit
auoir gand efgard, & grand foin. Car fi en
la cité, ou Republique, eftoit à chacun
baillé l'exercice & la fonction de l'eftat, auquel il eft propre & difpofé, & duquel il eft
capable : tous les affaires & eftats publics feroient bien conduits & adminiftrez. Et de-

uroit ce soin & ceste consideration proceder
du public, comme chose appartenant au profit & aduantage public & vniuersel : & que le
public auec son authorité aisément peut faire executer.

CHAP. CCXCV.

C O M B I E N que la raison soit celle, qui veritablement deust persuader aux hommes, de faire ce
qui leur est proposé à faire selon
leur deuoir : neantmoins aucunesfois elle n'a
pas les argumens si clairs, que la capacité de
chacun soit suffisante pour les biens prendre;
où si elle en a d'assez euidens, il ne se trouue
aucun qui les vueille ouir & bien prendre:
pource que plusieurs sont tant amis de leur
interest particulier, qu'ils ne se veulent laisser
persuader chose, qui les y puisse empescher.
Parquoy quand on vient à auoir affaire auec
telles gens ; si on leur veut alleguer quelques
argumens, il les leur faut accoustrer auec des
robbes propres à leurs corps : pource que
quand on se voudroit arrester à la nuë raison
du vray & de l'honneste, ils n'y donneroient
aucune audience : ains tiendroient celuy qui
leur voudroit faire ceste persuasion, pour sot,
ou mal aduisé. Ce qui est plus dangereux

auec les Princes, qu'auec les Republiques:
pource que cependant que les choses tardent
à sortir à leur effait; les emulateurs peuuent
prendre tel aduantage; que combien qu'à la
fin succede,ce que par le Prince a esté preueu
& predit;toutesfois il ne leur fait aucune nuisance. Car iamais ceux, qui ont les aureilles
du Prince ouuertes; n'ont faute de moyen de
se sauuer: principalement si le Prince aura e-
sté de mesme aduis auec eux.

CHAP. CCXCVI.

C OMME sont diuerses & differentes
les vertus & forces des medecines:
& comme on a de coustume de di-
uersement les appliquer, selon les humeurs
& complexions des malades, n'estant conuenable l'vne à celuy, auquel l'autre sera
propre & bonne : Ainsi diuerses & differentes estans les raisons,qu'on a coustume d'alleguer à ceux, que l'on veut induire & persuader à faire vne ou autre chose:elles se doiuent
pareillement pratiquer & appliquer diuerse-
ment, selon la diuersité de l'intelligence, &
de la qualité des hommes, & ainsi qu'on les
congnoist conformes à leurs esprits & capa-
citez. Parquoy, ne se faut point esmerueiller,
que quelque raison semble à l'vn legere & ri-

dicule: qui à l'autre semblera si forte & de si
grand pois (à cause qu'elle sera proportionnee
à son intelligence) qu'elle l'induira à faire chose de grande importance. De façon,
que celuy qui aura pris peine de sçauoir &
congnoistre, les naturels appetis de ceux, a-
uec lesquels il a des affaires à traiter: plus aisement conclurra les choses malaisees, auec
eux: que ne fera les bien-aisees vn autre, lequel n'aura voulu ou sceu prendre la peine de
descouurir & congnoistre, leurdict naturel
desir.

Chap. CCXCVII.

A VCVNS considerans l'amitié,
qui debuoit estre en ceux, qui
gouuernent la Republique ou
la cité, & croyans que tous ils
soient d'aussi bon cœur, comme
eux mesmes sont: ne se peuuent tenir de redire les raisons, qui ont meu quelcun à tenter
choses nouuelles: mesmes racontent, les
moyens, l'ordre, les forces, qu'il auoit. Et les
raisons ont par fois tel fondement d'honnesteté, & telle force de persuader; que bié souuent elles trouuent quelcun de ceux qui escoutent, qui en est gaigné & persuadé, &

penſe à les tenter de nouuel : ne ſ'eſtonnant,
ne des dangers, ne des diſgraces, ou ce premier eſtoit tombé. Toutefois n'eſt-ce pas bié
faiƈt, non ſeulement en affaires d'eſtat, qui
trainent apres ſoy vn ſi grand intereſt : mais
auſſi en quelque petit negoce que ce puiſſe
eſtre, de dire les raiſons des parties aduerſes,
ſi la neceſſité n'y contraint. Neceſſité ſ'appelle, quand elles ont eſté propoſees par autre,
ou quand chacun en a congnoiſſance, ou
quand elles ſont ſi fauſſes, ou ſi ſottes, que les
recitant, elles eſmeuuent ceux qui les eſcou-
tent, à riſee, & à moquerie, plus toſt qu'à autre
choſe. Ageſilas, à ceſte cauſe, voulant deſcouurir le tort, que Lyſandre vouloit faire aux
deſcendans d'Hercules : & faire entendre au
peuple, que les vrays deſcendans d'Hercules,
n'eſtoient pas ceux qui deſcendoient de ſon
ſang & de ſa race, ains ceux qui imitoient ſa
vertu : tirant ſon argument, de ce qu'à Hercules ne furent pas attribuez les diuins honneurs, & il ne fut pas mis au nombre des
Dieux, pource qu'il fuſt deſcendu de leur
race, & de leur ſang : ains pource qu'il auoit
exercé les vertus diuines. Pource, dy-ie,
Cratide, l'vn des principaux des Ephores, ne
voulut, qu'il les recitaſt, ou les fiſt entendre
au peuple, ains fut d'aduis, que enſemble

auecques Lyſandre, elles demouraſſent enſe-
uelies : combien que Lyſandre les euſt eſcri-
tes, & bien au long eſtendues, en vne fueille
de papier. Ie me ſuis maintesfois trouué au
conſeil d'affaires, ou i'ay veu les hommes
changer d'opinion, oyans reciter par leurs a-
mis, quelle eſtoit la puiſſance des aduerſaires.
Tombans les amis par inaduertence en ceſt
erreur : pource que ceux qui par artifice tombent en erreur ſemblable, comme par fois il
aduient, demeurent grandement louez.

Chap. CCXCVIII.

Q Vand vne choſe eſt de ſoy-meſmes raiſonnable : aucun ne ſe doibt aduancer à
la faire, meu de l'exẽple d'vn autre qui l'a faite, ains ſeulement à cauſe qu'elle eſt raiſonnable. Pource que, ce qui eſt conforme à la
raiſon, ſe doibt faire ſans inuitation & ſans
exemple : n'ayant l'exemple force pour autre
cauſe : ſinon pource que celuy, que l'on allegue pour exemple, eſt en opinion, d'auoir fait
toutes les choſes qu'il a faites, auecques raiſon, & par raiſon. Et par ce moyen l'exemple,
prend ſon fondement ſur la raiſon, & non la
raiſon ſur l'exemple.

CHAP. CCXCIX.

QVAND on veut faire croire aux hômes, chose qui de soy est vraye, &
neantmoins semble incroiable: Aristote enseigne, qu'il en faut mettre en auant
vne autre, laquelle semblablement, au parauant qu'on en eust eu certain aduis de la verité, sembloit incroyable:& neantmoins a depuis esté trouuee veritable. Nous en auons
exemple de celuy : lequel ayant dit au conseil
d'Athene, que les loix auoient besoin de loix:
tous les Atheniens commencerent à rire, & à
se moquer de luy : Et incontinent il leur respondit: *Il n'y a que rire ne que moquer, en ce que ie*
vous ay dit: car auant que vous eussiez sceu, & co-
gnu par experience, que le poisson de la mer (qui
naist & vit en l'eau salee) a besoin de sel pour estre
conserué & gardé : & que les oliues desquelles on
fait l'huile, pour estre au goust plus aggreables, ont
besoin de ce mesme huile, vous vous en fussiez aussi
bien moquez : neantmoins, sçachans ores qu'ainsi
est vous ne vous en ebayssez ne moquez.

CHAP. CCC.

VNE certaine aigre contradiction, qui se rencontre entre ceux qui parlent & raisonnent ensemble, est infiniement ennuieuse: pour-ce que le plus souuent elle est faite par aucuns qui de leur nature sont difficiles & dedaigneux, & d'aucuns autres, qui sont superbes & ambitieux, & trop curieux de se monstrer sçauans & bien entendus. Ces derniers, pour peu d'esperance qu'ils puissent auoir, d'estre estimez & louez de ceux, qui les escoutent raisonnans & contredisans, se soucient peu d'encourir en la haine & male-grace de ceux ausquels ils contredisent:& les premiers, contens de complaire à leur naturel, n'ont respect ny à la louange, ny à la haine. Mais puis que nous sommes entrez en ceste consideration: faut entendre, que la hardie & obstinee contradiction, n'est pas celle, qui donne louange, & opinion d'intelligence:ains celle qui se fait bien à propos. Parquoy celuy qui desire honneur & louange, ne se doibt pas opposer, & contredire à tout propos, ains seulement à ce qu'il cognoistra faux,& par ce moyen il pourra de sa contradiction, reporter victoire &

louange. Car en la contradiction , y a deux
confiderations, l'vne de la chofe, & l'autre de
la perfonne. Quant à la perfonne on luy doit
toufiours porter refpect , fans la negliger &
d'efeftimer. Quant à la chofe:on la doit contredire auecques raifons , ou fortes, ou bien
apparentes : & non auec tous argumens, qui
pour foibles qu'ils foient, fe peuuent neantmoins alleguer. Et gardant ceft ordre , il en
aduiendra , que celuy mefmes auquel on
contredira , ne voudra point de mal au con-
tredifant : & mefmes le contradicteur , ne
fera pas feulement , par tous ceux qui l'or-
ront difputer en fes contradictions , tenu
pour fçauant & bien entendu : mais auffi fera bien veu & bien venu en toutes bonnes
compaignies , & chery comme difcret &
courtois.

CHAP. CCCI.

QVAND on deuife ou difpute , la plus
vraye contradiction eft celle, qui en rai-
fonnant naift en l'efprit du contradicteur, qui
neantmoins voudroit bien , ne trouuer &
n'auoir que côtredire , ains defireroit pluftoft
tout le contraire. Or quand on veut , que la
contradiction foit trouuee bonne, ne faut pas

faire ainſi que font quaſi tous ces importuns
querelleux & langagers: leſquels incontinent
qu'ils oyent vn homme parler, tout ſoudain
ils penſent & recherchent quelques moyens,
de luy repugner & contredire : mais plus toſt
faire le contraire; c'eſt à dire, penſer comment
ils pourront conſermer ce qu'vn autre dit.
Et ſi, auec ceſte intelligence, naiſtra en l'eſprit
de l'eſcoutant quelque repugnance ou oppo-
ſition, il la pourra tenir pour bonne, & hardiement la manifeſter: pource que ſi du tout elle
n'eſt vraye, au moins ſera telle ſi vray ſemblable, qu'il en viendra à bout à ſon honneur: où
le malin eſprit de contradiction, fait le plus
ſouuent alleguer des raiſons de contradctiõ,
ſi impertinentes & ſi foibles, qu'elles font
iuger le contrediſant, homme de petit iugement, & outre meſure deſireux de debat &
contention.

Chap. CCCII.

Qvelques hommes, au commencement
principalement, qu'ils s'appliquent à la
profeſſion de quelque art, ſans diſtinction des
perſonnes auec leſquelles ils parlent, s'eſtudient de faire venir à propos, des matieres
dont on parle, quelque choſe de celles, à
l'eſtude

l'eſtude deſquelles ils ſe ſont de noïuel appli-
quez, afin de faire paroiſtre, qu'ils y entendēt
quelque choſe. Ce qu'à l'endroiĉt des hommes lettrez, fait vn effait tout contraire: pource que, telles gens, penſans les faire esbahir,
les font rire: tellement que, ce qu'à eux comme apprentis, ſemble bel & nouueau: aux lettrez & experts reuient, comme choſe ordinaire & vulgaire. Mais ores que lon y parlaſt
de choſes d'importance: c'eſt grande folie, aux
deuis, auſquels ſe trouuét pluſieurs hommes
ſans lettres, de ſubtiliſer en argumens, & pour
l'approbation d'iceux, alleguer les opinions
des doĉteurs. Car ceux qui les entendent, les
dedaignent, & prennent à contrecœur: tellement qu'auec leur telle quelle ſuffiſance, ils
ne gaignét autre choſe, ſinon, que ce qui euſt
pleu à l'ordinaire, deplaiſt ainſi extraordinai-
rement auancé.

Chap. CCCIII.

L Es courtes paroles, quand elles
ſont garenties de l'obſcurité, apportent grande louange, & donnent grande authorité, à celuy qui
les prononçe, & grand ſecours & plaiſir, à celuy qui les eſcoute: car les eſcoutāt ainſi cour-

tes il n'a pas seulemét meilleure memoire, de
tout ce qu'il a ouy:mais en estant la conclusiõ
peu esloignee de l'exorde: il peut(comme qui
void le tout d'vne œillade) en faire aisé iugement.
Ioint que la brieueté, deliure l'hôme de
celle suspension d'esprit, que l'on porte: auecques deplaisir, oyant vn lõg discours de paroles, duquel on attéd & desire la fin. Et encores
le deliure de l'ennuy qu'il peut auoir, d'ouyr
dire par plusieurs fois vne mesme chose : à
quoy sont subiets pour la pluspart les grands
causeurs, & longs harangueurs: lesquels d'aduantage ont ce vice, que depuis qu'ils ont cõ-
mencé à parler, n'est possible de les faire taire.
Qui plus est , celuy qui briefuement parle,
donne par son court propos, certain tesmoignage de son bon iugement:& qu'il sçait bié,
laissant toutes choses superflues , trouuer &
choisir celles, qui de plus pres appartiennent,
à la matiere dont il est propos:& donnant aux
aureilles dé ceux qui l'escoutent, vne pure &
nette intelligence du discours de ses raisons
(ainsi qu'il est besoin de faire en la brieueté:)
il se fait paroistre d'esprit libre , & amy de la
verité.

CHAP. CCCIIII.

GRAND refpect doibt-on auoir, à ce qu'on parle, mais encores plus à ce qu'on eſcrit : pource que quand, ou la neceſſité, ou l'affection, contraint vn homme à dire choſe mal ſeante, ou nuiſible à luy ou à autre : il peut eſperer, que par l'oubliance, ou par la mort de celuy, qui a ouy la parole, & encores en la niant, il en pourra eſchaper ſans mal ou peril. Mais l'eſcriture, quelque bon ou matuais ſubiect qu'elle contienne, demeure pour perpetuel teſmoignage de la volonté, de celuy qui l'a eſcrite.

CHAP. CCCV.

LEs Stoïques vouloient, qu'aux paroles (encores qu'elles ſignifiaſſent choſes laides & malhonneſtes) on ne peuſt rien remarquer ou reprendre de ſale, & villain. Parquoy, ils ſe donnoient grand merueille de ceux, leſquels debuans nommer les choſes par leurs propres noms, en auoient honte, & en demandoient licence ou pardon à ceux qui les debuoient eſcouter. Cōbien que ceux

A a ij

là mesmes parlans puis apres de quelcun, qui
auoit estranglé son pere, ou couppé la gorge
à sa mere) qui toutesfois sont les plus meschás
& abominables crimes, qu'homme puisse cõ-
mettre) le dissent & declarassent librement,
sans honte, & sans licence ou excuse. A quoy
on pourroit bien respondre, qu'il y a grande
differéce, entre faire comptes, en propres termes, des choses l'asciues, & faire recit des choses meschantes & execrables : veu que les
meschantes portent auecques soy terreur &
abomination si grande : qu'il n'y a danger aucun, ne que celuy qui les recite, ne que celuy
qui les escoute, tombe en volonté de les faire : Et tout le contraire aduient aux choses las-
ciues : lesquelles combien que l'honneur cõ-
mande à chacun de les fuir de tout son pouuoir, neantmoins pource qu'elles portét auecques soy vne certaine qualité de plaisir, auquel les hommes sont naturellemét enclins,
on n'en oit pas plustost parler, qu'aussi tost il
en vient aux oyás vn certain charnel appetit :
s'il n'est par honnestes paroles restraint & e-
steint. Parquoy celuy qui les racõte (si ce n'est
quelque effronté villain, ou eshonté bouffon)
tant pour oster l'opinion à ceux qui l'escoutét
qu'il soit en rien esmeu par ce qu'il en dit, que
aussi afin de ne les esmouuoir : il en fait l'ex-

cufe, ou recite les chofes par paroles couuer-
tes, & autres que les propres. Dont aduient,
qu'en fon difcours appliquant paroles hon-
neftes (& non les propres & fignifiantes) à la
matiere de laquelle il parle : les efcoutans ne
font pas fi toft piquez de ce plaifir; auquel, fans
ceft empefchemét la nature mefmes les euft
efpoints. Le femblable efchet des chofes qui
font mal au cœur: lefquelles, defguifees par pa
roles autres que les propres, ou excufees par
honnefte moyen ; retiennent l'apprehenfion
des efcoutans; qui les laiffent couler, fans y arrefter leur penfement : car fans cela, il leur en
pourroit venir mal au cœur. Toutesfois, qui
voudroit fouftenir l'opinion de ces Stoiqués,
pourroit bien dire, que quand les autres hommes, fe feroient habituez & accouftumez à
l'honneftetè, & à la victoire de foymefmes, de
telle fermeté & conftance, que ces philofo-
phes de Stoique fecte: n'y auroit homme, qui
par dis, ne par fais, les peuft epoindre à chofes
lafciues, ny faire reffentir leur cœur & leur e-
ftomac, de chofes vilaines, puantes, & fales.

C H A P.   C C C V I.

Q Vand on parle de chofes notoirement
mauuaifes, ou mal faites : & on les veut
fouftenir ou defendre ; elles en deuiennent

pires:car outre la male façon qu'elles ont, celuy qui s'efforce de les defendre, y adioute encore vne odieuse impudence. Mais que dy-ie
de les defendre & souftenir? Ains aucunes
font si villaines & deshonneftes, mefmes à
nommer:que tout homme de bien, en fa plus
grande colere, aime mieux à fon domm'age
les taire,que feulement en dire le nom. A cefte caufe à ce ieune homme mefchant, & de
perdue efperance,fut faite refponfe:que combien que d'vne part il fuft trefmalheureux, il
eftoit d'autre part bienheureux; c'eft affauoir,
pource qu'il ne pouuoit (par homme quel
qu'il fuft, au moins qui euft quelque honte)
ouyr fe reprocher, & ramenteuoir en face,
les enormes vices, dont il eftoit chargé &
blafmé. Auffi la crainte & la vergongne,quád
elle fe void aux ieunes gens, leur acquiert vne
grande grace & recommandation:Comme il
aduint à Demetre, fils de Philipe Roy de Ma-
cedoine:lequel oyant accufer fon pere au Senat de Rome, de villains & execrables vices,
rougit bié fort, à caufe des ords & fales noms,
qui entroient en l'accufation de fon pere : &
contre lefquels il n'euft pas (tant il fe trouua
honteux) la hardieffe de repliquer & refpondre, pour fa defenfe. Ce que le Senat print
de fi bonne part, & le reputa à fi certain figne

de la vertu de ce ieune Prince : que pour ce seul respect, par leur iugement, Philippe fut enuoyé absouls:& voulurent, que par leur decret il apparust ; qu'il n'entendoient pas par iceluy, auoir tant donné absolution à Philippe pere:que respecté & recongnu la modestie & la vertu de Demetre fils.

Chap. CCCVII.

LEs Stoiques(comme lon dit)procedoient finement en leurs deuis & conferences: car ils prenoient tousiours vne conclusion ou proposition,qui fust de tous receuë: comme, *qu'aucun ne peut, en maniere que ce soit, estre esclaue, ou serf.* Mais pour en faire preuue & demonstration, ils allegoient des choses, desquelles il falloit necessairement conclurre, que pour n'estre point serf, il estoit besoin de n'estre point homme. Car ils disoient, que pour estre tel, il falloit egalement mespriser & negliger la mort,& la vie,la peine ennuieuse, & le doux plaisir. Mais qui faict aussi peu de compte, de l'vne de ces choses, comme de l'autre : il luy est aussi aisé, de n'estre point homme,comme de n'estre point serf:n'estant point homme,bien hardiement pourra-il dire,qu'il ne sera point serf.

CHAP. CCCVIII.

Arler, au plaisir & contentement de ceux qui escoutent; a quelque fois plus seruy; que faire chose, qui tournast à leur profit. Aussi a-ton veu, que les hommes, lesquels gouuernans la Republique ou la cité, ont tousiours recherché tous moyens de s'en faire maistres, neãtmoins, en tous les propos, qui en ont esté tenus, ont tousiours dit, qu'ils feroient tout ce qu'ils pourroient, pour entretenir la liberté. Et entretenans le peuple de ce doux nom de liberté, ont tellement auancé soubz main, qu'en fin ils sont paruenus à la fin de leurs intentions. Car chacun n'est pas idoine & suffisant pour congnoistre, ce que les hommes ont en la pensee, & desseignent en leur entendement. Et combien que par fois, on decouure des mauuaises operatiõs, & façons de faire qui deplaisent, pourueu que la parole soit bonné & aggreable au peuple: on excuse les actions par la necessité des temps: en faisant croire, que plus elles deplaisent aux mesmes auteurs, qu'à tous ceux qui en portent la peine & le dommage.

CHAP. CCCIX.

ON peut eſtre grandement trompé par les paroles, & par les offres que font tous les iours les hommes l'vn à l'autre:pource que ſemblable eſt le langage de celuy qui veut, & de celuy qui ne veut pas faire ce qu'il dit & promet: Encores ſe trouuent aucuns, qui offrent & promettent auec aſſez bonne volonté de tenir leur parole: mais ils ne voyent plus toſt au viſage la difficulté de la tenir, qu'ils ſ'en retirent arriere. Pource ne faut-il aux choſes difficiles donner ferme creance,ſinon à ceux, qui par l'experience ont eſté trouuez aux affaires gens de grãd cœur : où bien quãd on croit, que quelque grand & particulier intereſt,de celuy qui parle & promet, le peut mouuoir à porter le malaiſe, ou la deſpence, ou le peril, qui pend à l'execution de la promeſſe. Il ne ſe faut pas haſter de croire les autres. Et combien que la bien-vueillance ſeule, ſans autre intereſt, ait par fois produit des bien grands effects : neantmoins le plus ſouuent elle ſe trouue gliſſante & inconſtante.

CHAP. CCCX.

ES chofes feintes & non vrayes,
qui fefpanchent par lés bouches,
& par les aureilles des peuples,
prennent force & accroiffemét par
deux moyens : c'eft à fçauoir, par celuy qui
les veut & fçait feindre, & par ceux qui les
oyent dire. Celuy qui en faiᵭ la premiere
feinte ; pour mieux en eftre creu, fe garde
bien de dire chofe, dont la verité puiffe eftre
bien toft congneuë. Des autres, aufquels ces
menfonges font diᵭés, vne partie les croit, &
les croyant les redit, & faiᵭ croire à d'autres:
vne autre partie fait femblant de les croire, &
voyant que ceux aufquels elle les faiᵭ entendre, en font leur profit, & les croyent: par
le moyen d'icelles (qu'elle augmente encores, auec nouuelles raifons) elle met le Prince, ou les gouuerneurs de la cité ou republique, en la haine de leurs fubieᵭs ou citoyens. A cefte caufe ceux qui gouuernent,
ores qu'ils fçachent, que ce qui fe dit eft faux,
doiuent prendre garde & defcouurir, fi ceux
qui les ont controuuees, & les autres qui ont
faiᵭ femblant de les croire, en peuuent retirer quelque aduantage ou profit: & f'ils trouuent qu'ainfi foit, faire tel compte de la men-

fonge, & y pouruoir auec telle diligence &
foin comme fi c'eftoit chofe vraye.

CHAP. CCCXI.

C Evx qui mentent , bien que
par fois ils deguifent fi dextrement le menfonge, qu'ils le font
reluire & fembler plus beau que
la verité : neantmoins quand ils font de pres
obferuez & efpiez, font bien aifément dé-
couuerts. Car, outre ce qu'il eft neceffaire,
que le menfonge en beaucoup de fortes foit
difcordant d'auec la verité : encores le menteur, prend toute peine poffible à bien de-
guifer fa menfonge, entant qu'il fe void de
pres obferué & efpié feulement, & non plus.
Parquoy, quand le Prince ou gouuerneur,
aura befoin de faire vne chofe , & en faire
paroiftre vne autre : il ne doit pas defcouurir
à fon miniftre qui la conduit, le fecret de fa
penfee : ains le laiffer croire la chofe eftre
telle, comme elle luy a efté commandee. Car
le croyant ainfi , il monftrera en priué & en
public, mefme vifage & mefme parole : & le
Prince ne fera en danger de voir fon entreprife découuerte, par l'obferuation qui fera
faicte de fon miniftre la maniant.

CHAP. CCCXII.

POVRCE qu'il n'eſt pas poſſi-ble, qu'vn homme deguiſant ar-tificiellement ſon naturel, puiſ-ſe longuement demourer diſ-ſemblable à ſoy-meſmes : pour ce, dy-ie, ſe peut aiſément congnoiſtre la na-ture de tout homme, pour peu de peine & diligéce qu'on y vueille mettre. Car ce qu'on faict contre ſa volonté, dure autant que dure le reſpect, qui contraint à l'action : Ains ce-luy meſmes qui par diſſimulation & feinte, faict quelque choſe : lors meſmes qu'il a de-ſigné de faire la feinte operation : ſ'il ſe pre-ſente quelque peu d'occaſion, qui ſeurement le puiſſe faire ſortir de la fiction, & ſuiure ſon naturel : ſoudain il ſ'oſtera le maſque. Et, où la nature eſt vraye maiſtreſſe, pour faire faire à l'homme indifferemment, en tout lieu, & à toute heure, ſes actions & operations : la fi-ction (pour eſtre violentee) eſt quelques fois forcee (pour fine & accorte qu'elle ſoit) de quitter ſon operation : & neantmoins elle a couſtume d'accompagner toutes ſes actions, d'vne ſi manifeſte affectatió : qu'elle n'eſt pas ſeulement découuerte; mais encores fait-elle mal au cœur de ceux qui l'ont découuerte.

CHAP. CCCXIII.

A difference, qui eſt entre la verité
& la menſonge, eſt principalement
ceſte-cy : c'eſt à ſçauoir, que la verité marche touſiours accōpagnee de toutes les
preuues & de tous les argumēs, qui font pour
ce qu'on dit eſtre vray : A ceſte cauſe le vray
diſant, interrogué reſpond promptement &
ouuertement ; tellement que tous ceux qui
l'oyent, ſen vont contens & ſatisfais. Au contraire, il eſt impoſſible, que la menſonge
(pour cauteleuſe & finement déguiſee qu'elle puiſſe eſtre) ne ſoit diſcordante auec le
temps, les lieux, les perſonnes, & autres circonſtances qui l'entourent : & ſuffit, qu'en
vne ſeule elle ne ſoit trouuee accordāte : pour
en decouurir la fauſſeté. Ce que conſiderant,
ie me ſuis maintesfois émerueillé (ie ne me
vueil amuſer à parler, de la ſottie & impudé-
ce de ceux, qui font meſtier de dire les menſonges : qui peu d'heures apres auoir aſſeuré
la fauſſeté controuuee ; deſcouuerts menteurs, remportent vne vilaine tache en leur
honneur) de la folle audace de ceux, qui ayās
commis crime ou delict capital, ſe viennent
rendre priſonniers ; nomméement le mal

estant encores tout recent ; & dont la preuue
(pour asseuré menteur que puisse estre le cri-
minel)est encore fresche & claire.Car quand
le crime est enuieilly, le prisonnier peut estre
excusé, ne se souuenant , & ne respondant
pas à propos des circonstances: comme aussi
le iuge, à raison de la mesme vieillesse, est
empesché de luy faire pertinens interroga-
toires.

CHAP. CCCXIIII.

LA verité, de soy-mesmes a grande force:
mais encores a-elle besoin de temps &
de loisir, pour faire ces preuues.Car quelquefois le faux prend vn visage tant ressemblant
celuy du vray, que s'il rencontre vne personne, ou negligente, ou souspeçonneuse : il ne
laisse au vray quasi aucū bon & asseuré moyē
de sa defense. Toutesfois,si celuy qui escoute (quel qu'il soit) vouloit faire office de bon
iuge : & auant que se laisser persuader par l'v-
ne des parties, tousiours entendre les raisons
de l'autre : il n'y a cautelle si bien palliee, ne
tromperie si bien composee; qui se peust defendre & soustenir contre la verité. Mais rares sont ceux,qui aux compagnies,escoutans
parler l'vn & l'autre, ne se laissent gaigner,ou

par l'eloquent difcours de la chofe dite, ou
par l'authorité de celuy qui la dit, ou par fa
propre paffion: Qui eft (comme chacun
fçait) vne chofe bien l'aide : veu que par raifon aucun ne fe doit renger à croire chofe
qu'il oye : iufques à ce qu'en fon efprit, il ait
meurement balancé & examiné les raifons
de l'vne & de l'autre partie;& faiɩ iufte comparaifon & eftimation d'icelles. Et fi d'aduë-
ture il fembloit à quelqu'vn, que ce tant diligent & profond fcrutin & examé de raifons,
appartient aux iuges ordinaires des caufes &
proces : ceftuy-là certainement auroit grand
tort ; car en tel cas chacun eft competent iuge : & i'ay congneu beaucoup d'hommes;
qui, pour pour auoir prefté l'oreille aux ca-
lomnies; & negligé la peine & la diligence
de bien rechercher la verité , ont faiɩ des
lourdes fautes, & perdu des bons & loyaux
amis.

CHAP. CCCXV.

ENCORES que ce nom de Men-
teur, foit propre à ceux, qui par vne
certaine vanité, & iaɩance de foy-
mefme, fe vantent d'auoir faiɩ, en-
certaines entreprifes hōnorables, chofes aufquelles iamais ils n'ont penfé, fans ce que de

leur menſonge il reuienne dommage à aucun : neantmoins il eſt ſi aiſé à vn homme,
d'entrer, de ceſte ſimple vanité de paroles, à
faire vaine la ſubſtance des choſes : que les
menteurs doiuent eſtre, non ſeulement tenus pour gens de neant ; mais encores rigoureuſement diſciplinez. Car on peut faire certain argument, que quand quelqu'vn ſe met-
tra à dire par vanité vn menſonge : plus toſt
il ſera eſpoint à le dire, en eſperant acqueſt
de choſe ſolide, & de bon fruict. Et combien
que les menſonges de ceſte qualité, ne ſoient
pas proprement appellez, menſonges : toutesfois pource qu'elles prennent ſourſe de celles
de la vanité : ceſte ſource doit auſſi eſtre cha-
ſtice : pource qu'elle eſt de ſoy ſi meſchante,
que n'ayans les hommes choſe, que plus ils
eſtiment, & à laquelle ils ſoient plus naturellement enclins, que le ſçauoir : & n'eſtant
le ſçauoir autre choſe, qu'auoir congnoiſſance des choſes , & des cauſes pourquoy & cõme elles ſont : celuy qui de propos deliberé
vient autrement à les raconter : vient de ſa
part, & par ſa malice, à gaſter & fruſtrer le
plus grand deſir qu'ayent les hommes ; & le
plus precieux don, qui leur ait eſté donné par
nature : pource que par le moyen du menſonge, il introduit l'ignorance : qui eſt, ne
ſçauoir,

sçauoir, & n'entendre pas les choses, telles
qu'elles sont à la verité. Mais quand le mensonge, outre le mal & l'empeschement qu'il
faict, à l'intelligence des choses ; se mesle parmy les negoces, que les hommes traittent &
manyent l'vn auec l'autre : d'autant plus en
croist le mal & le danger, que plus il se va
meslant parmy plus nobles subiects. Et de là
void-on aduenir, que quand le mensonge est
receu aux conseils : & entre ceux qui ont le
soin & le gouuernement du public : il donne
bien souuent occasion de la ruine de l'estat:
Ne plus ne moins qu'ouurent le chemin à la
perte du nauire, ceux qui seruent le Nocher
de bourdes : & qu'vn patient malade est cause de sa mort mesme, disant choses fausses au
medecin ; duquel il doit esperer le recouure-
ment de sa premiere santé.

CHAP. CCCXVI.

LE mensonge, procede de crainte ou
de vanité : & la crainte & la vanité procedent de lascheté de cœur.
Aussi void-on, que les bourdes,
pour le plus, sont auancees par personnes de
neant : comme, par valets, par femmes, par
enfãs, & par leurs semblables : Qui par crain-

te de petit mal, ou moindre dommage, nyent
ce qu'ils ont faict; ou s'efforceans monstrer
autres qu'ils ne sont, afferment auoir faict
choses, qui onques ne furent par eux mises à
effect. Mais les hommes francs & valeureux,
ne font l'vn ne l'autre:comme ceux qui d'vn
costé ne sçauēt que c'est de crainte;& de l'autre ne se payent point de mines & d'apparēce:
ains veulent le vray & le ferme, qui est la vertu au dedans enclose:pour laquelle maintenir
& la verité; ils exposeroient (quand besoin
en seroit) volontiers leur propre vie.

Chap. CCCXVII.

Vand les choses sont affer-
mées, auec certaine promptitude & efficace; encor que celuy qui les afferme, soit en opinion de planteur de bourdes, &
de peu de foy:neātmoins semble que de ceste
promptitude & vehemence, naisse tousiours,
si non la persuasion, à tout le moins la suspen-
duë, & comme doubteuse creance, qui ce
pendant empesche, qu'on ne croye le contraire. Car il n'y a si grand & desloyal menteur, auquel il n'aduienne par fois de dire
quelque verité, au moins pour quelque in-

tereft qu'il y peut auoir. Parquoy ce n'eft pas
merueille, fi aucuns, qui auoient ferme propos, de iamais ne croire à telles gens; fe laiffent neantmoins quelquefois gaigner & perfuader par eux; vaincus de la promptitude
& vehemence, dont f'aident ceux, qu'ils
oyent ainfi parler.

Chap. CCCXVIII.

AV x confeils, & affemblees qui
fe font, pour prendre aduis de
certains affaires : la premiere cõfideration qu'on doit auoir, eft
de fonder meurement les raifons qu'on oit
alleguer, fi elles font bonnes ou mauuaifes;
pour le regard de l'affaire, fur lequel fe prend
l'aduis du confeil. Puis quand elles font clairement congneuës pour bõnes; ne faut point
auoir d'efgard à la perfonne qui les a dictes,
pour bonne ou mauuaife qu'elle foit. Ains
les bonnes raifons d'vn mauuais homme,
doiuent toufiours eftre plus prifees, que les
mauuaifes d'vn homme de bien: pource que
le confeil f'affemble, pour entendre les raifons de ceux qui y font appellez; & non pour
faire recerche, de la bonté ou mauuaitié des
vns & des autres. Vray eft, que quand aux

raiſons, n'y a pas grande clarté : lors eſt-il bon
d'auoir quelque reſpect aux perſonnes, qui
donnent le conſeil : principalement ſ'il ſ'y
traitte de choſes faſcheuſes & perilleuſes ; &
qui touchent meſmes à ceux-là qui les conſeillent ; pour porter ou tout ou partie de la
faſcherie & du peril : combien que tout le
fruict en reuienne, non à leur particulier profit ; ains à celuy de la cité, & du public.

Chap. CCCXIX.

QVAND entre pluſieurs perſonnes, ſe delibere & prend conſeil,
de faire ou ne faire pas quelque
choſe : & ſe trouuent les aduis
diuiſez en deux ou trois parties ; ceux qui ſont
d'vn aduis, ne doiuent pas incontinent blaſmer & meſpriſer les autres aduis, comme
vains & nuls ; & en mal dire, comme ſ'ils le
vouloiét encores gaigner par le meſpris d'autruy. Car ainſi faiſant, ils rendroient les deliberations mal-aiſees : & donneroient à ceux
qui ſe verroient ainſi meſpriſez, matiere ; où
parauant ils ne diſputoient que de la choſe ; de
diſputer, & de la choſe, & de l'honneur. Parquoy, c'eſt vne generale reigle, pour tous
ceux qui ont à ſe trouuer en deliberations de
conſeil ; de ſ'accouſtumer à ouïr & ſupporter

patiément tous les aduis & opinions des autres deliberans au confeil ; afin que les autres
puiffent & vueillent mutuellement ouïr &
fupporter les leurs en patience & equanimi-
té : Ains ne faut pas feulement s'accouftumer
à tollerer & porter doucement, la varieté &
contrarieté des opinions ; mais encores pa-
tienter au caquet & babil inutile (s'il faut
ainfi dire) de plufieurs, qui n'a en foy, ny opinion, ny chofe bonne. Et encores (qui n'eft
pas chofe de moindre peine & fafcherie) fe
refoudre à prefter paifible audiéce à plufieurs :
lefquels n'ayans aucune chofe à adioufter, à
ce qui par les autres a parauant efté dit, neátmoins ils fe penferoient negligez & peu eftimez, fi on ne les laiffoit redire, voire par plufieurs fois repeter, les raifons & les chofes
ja parauant dictes & propofées. Et d'auantage, à d'autres qui encores s'y rencontrent :
lefquels n'ayans refpect ne confideration
de ceux aufquels ils parlent, ont, fi grande
volonté de babiller, & d'enfeigner tout
le monde, qu'ils fe mettent à vouloir particulierement declarer, iufques aux mots
& termes des chofes dont on parle : Tout
ainfi comme s'ils eftoient maiftres regentans
en vne efcole ; & auoient à endoctriner &
pollir, des perfonnes qui rien ne fçeuffent.

Chap. CCCXX.

L E conseil a esté trouué, pour les choses qui sont en doute:parquoy il n'est
point besoin, de mettre en deliberation de conseil, vne chose qui de soy est toute claire & euidente: ains la mettre en execution, tant plus promptement & soudainement, que plus de soy elle apparoist, & se
manifeste bonne & profitable, sans aucun
secours, de discours,ne d'argumés, ne de raisons, ne de consultation precedente.

Chap. CCCXXI.

T O v t e mauuaise deliberation,
oultre le mal que de soy-mesme
elle faict;de tant encores deuient
elle pire, qu'elle donne occasion,
qu'il s'en face encores d'autres semblables.
Car ne pouuans les choses demourer seules,
ains estans l'vne à l'autre liees, comme les
chainons d'vne chaine, il aduient, que celuy
qui ja en a faict vne mauuaise, pour la maintenir, luy en baille en suitte vne autre pareille. Parquoy tous ceux qui ont à deliberer en
assemblee de conseil,se doiuent bien garder,
de ce que plusieurs dyent, que iamais on ne
doit penser, qu'à vne seule chose. Car neces-

fairement (comme n'agueres a esté dit) l'vne
fuit l'autre, & les faut (fi poffible eft) toutes
preuoir : Car qui faict autrement, tombe en
maintes difficultez : lefquelles puis-apres il
trouue d'autant plus mal-aifees, que moins il
les a preueuës.

Chap. CCCXXII.

AVCVNS, foit qu'ils parlent, foit
qu'ils efcriuent, declarent leur aduis fi obfcurément, qu'on n'en peut
tirer ne clair ne refolu fentiment.
Ceux qui à faute de fçauoir, ainfi le font, font
bien aifez à congnoiftre : & , à la verité, ont
plus de befoin de compaffion, que d'accufation. Mais les autres, qui le font par ambition & defir d'eftre reputez fages : voulans
(qu'en quelque forte, que puiffe fucceder la
chofe, dont on parle) faire croire qu'ils l'ont
preueuë, & comme deuinee; ceux-la (dy-ie)
font dignes de toute reprehenfion. Car le
bon confeil fe mefure par les raifons, qui font
au confeil propofees; & non des effects qui
f'en enfuiuent : lefquels peuuent aduenir encores hors de toute raifon : & neantmoins aucun n'eft tenu de rendre compte, de ce qui eft
faict fans raifon. Eftant l'aduis, de celuy qui
donne confeil, affez fuffifant; fi de tant que

pour lors a efté difcouru & entendu, par luy,
il a efté meu à dire, ce qu'il a penfé appartenir
à l'vtilité prefente.

CHAP. CCCXXIII.

L peut bien aduenir, qu'vne chofe
confideree à part foy, & pour foy-
mefmes, foit bonne & defirable: laquelle puis-apres cõfideree & conferee, auec
ce qui en peut aduenir, foit mauuaife & re-
gettable. Parquoy aucun ne fe doit laiffer gaigner, à l'efperãce du bien feul, dont faict mõ-
ftre la chofe prefente, pour aifé qu'il foit à
conquerir: ains d'auantage doit confiderer, fi
à ce bien y pourra auoir fuitte de quelque
mal, qui furpaffe ou égale le bien. Or eftans
les hiftoires pleines des dommages qui font
aduenus à plufieurs, à faute d'y auoir penfé:
i'en allegueray vn feul exemple, congneu de
tous ceux de noftre temps: fçauoir eft, qu'ayãt
le Roy de Frãce eu cõfideration, de la guerre
qu'il auoit contre le Roy d'Efpagne: il penfa deuoir receuoir vn grand fecours, d'vn
grand nombre d'Alemans appellez à fa folde: mais il ne confidera pas le grand domm-
mage, qui luy en deuoit aduenir d'vne autre part : les laiffant familierement conuerfer & hanter auec fes peuples François,

partie defquels eftoient ja d'eux mefmes affez
difpofez, à receuoir la mauuaife doctrine, &
les herefies, que tenoient les Alemans:& pour
raifon defquelles auoient leurs Princes &
peuples, peu au parauant coniuré, & prins les
armés contre leur propre Seigneur. De maniere, qu'il eftoit aifé à penfer, que plus grand
pouuoit eftre le dommage à venir, que le fecours prefent, des Alemans, comme clairemét depuis il apparut: car il fallut que le Roy
appointaft le differend de la guerre meuë, entre luy & le Roy d'Efpaigne; auec toutes telles conditions, qu'il pleut audict Roy de l'Efpaigne luy donner & prefcrire, veritablemét
affez rudes, & bien efloignees des efperáces,
qui auoient efté occafion de faire la guerre.

Chap. CCCXXIIII.

Vand celuy qui regardera iouër, en-
tendra auffi bien le ieu, que celuy
qui iouë, le regardant iugera toufiours mieux du ieu, que celuy mefme qui
le iouë. Pource que le iouëur eftant toufiours
preuenu &paffionné, d'efperance de gaigner,
ou de crainte de perdre : il ne pourra faire
droit iugement de la conduite de fon ieu. Le
femblable aduient, à celuy qui donne confeil,

aux choses ausquelles il n'a aucun interest:
car il en donne tousiours meilleur aduis, que
celuy auquel elles touchent : pource qu'en
parlant sans affection & sans passion, il prend
tousiours le party plus honnorable : où celuy
qui y a interest , le plussouuent preuenu de
son sens, & de crainte : encline volontiers de
la part, d'ou il espere plus de profit. Il est certain, qu'apres la deliberation faite, l'interessé
prendra plus grand' peine de pouruoir aux
choses necessaires pour la defense de son bié,
quand on aura resolu , qu'il le faut defendre.
Toutesfois il y a grande difference , entre e-
stre disposé à pouuoir faire ; & auoir volonté
de sçauoir faire : encor que le iugement soit
bon, pour congnoistre au vray, ce qui se doit
faire.

Chap. CCCXXV.

CHACVN (quelque grand & capable
entendement, qu'il puisse auoir) peut
donner meilleur iugement ou aduis,
des choses trouuees par vn autre, que de celles de son inuention:pource qu'estant l'esprit
ia las & trauaillé, & comme saoul de l'inuention;il ne peut auoir cest aigu iugement, qu'il
auroit s'il en estoit tout frais & nouueau, à en

entendre le difcours. Ioint que celuy qui les a
trouuees, leur porte vne affection d'amour
comme paternelle, qui luy corrompt le fain
iugement. Pource void-on que les hommes
fages, laiffent pour vn temps repofer ce qu'ils
ont efcrit : afin qu'eftant refroidy ce premier
plaifir, qu'ils auoient pris, à l'inuention & cô-
pofition de leur ouurage, ils en puiffent droitement & fainement iuger,& changer,ofter,
& adiouter, plufieurs chofes, qu'ils auront
efleuës pour bonnes.

Chap. CCCXXVI.

SEmble bon, de quelques fois fe
confeiller foymefmes ; quand celuy qui fe confeille à foy, eft capable des raifons & argumens que
fon efprit luy enfeigne: mais auffi fil ne f'en
trouue capable: il fe confondra pluftoft, qu'il
ne fe refoudra. Et la confufion pourroit bien
puis apres eftre occafion de luy faire perdre
cefte promptitude & hardieffe,procedant de
la refolution de celuy-mefmes, qui de fa volonté & de fon aduis entreprend quelque
chofe à faire. Dont eft né vn doubte entre fages & entendus hommes ; que puifque cefte
promptitude tant neceffaire à l'effait des cho-

ses, que lon veut bien & droitement faire, se peut perdre par le moyen de la diuersité des aduis & opinions, qu'on oit en vne assemblee de conseil : il vaudroit mieux, que telles gens ne prinsent point aduis d'autre conseil; ains suiuissent leur fortune, suyuant leur propre deliberation & sentiment.

CHAP. CCCXXVII.

ON dit communément : que ceux qui ne considerent que peu de choses, concluent au conseil promptement : & au contraire, que les autres qui ont esgard à plusieurs & diuerses choses, n'ont aucune resolution. Ces derniers, pource qu'aucune de nos operations ne peut estre, sans auoir entour soy maints respects : s'ils se veulét accorder à tout ce qui leur semblera digne d'estre respecté, peu ou point les pourra-on voir conclurre. Mais les premiers, lesquels, ou pour auoir trop d'affection, & d'ardent desir, ou peu de iugement, discourent grossement & lourdement, commenceront assez, & n'acheueront gueres. Tellement que pour bien faire, il faut, ne s'arrester à toute chose, ne s'enhardir à toute chose: ains penser, qu'en fin cestuy-la est bien conseillé, qui se met à faire

entreprise, & des dix parts requises pour en
bien venir à chef, il en a les six à sa faueur: car
les quatre qui en restent, se pourront quasi
seurement esperer, par l'aide des six qui sont
en sa puissance.

CHAP. CCCXXVIII.

TOUT homme, qui a renom de sage, & bien entédu aux affaires, doit
prendre peine, quand aux conseils
ausquels il assiste, est determinee & arrestee
chose, moins que conuenable & raisonnable,
de faire aumoins paroistre, qu'il n'en a pas esté
d'aduis, ains y a contredit ouuertement: pource qu'à luy, plus tost qu'à autre de moindre
sçauoir, & experience, s'en donnera tousiours
la coulpe & le tort. Et ne vaudra l'excuse,
dont aucuns se cuident couurir, disans: *Ie n'y*
voulu pas contredire, congnoissant tous les autres
du conseil de contraire aduis au mien: & que ce
m'eust esté vne honte, de me voir tondu de mon o-
pinion, si ie l'eusse proposee: car beaucoup plus
seur & plus louable sera, en vne republique,
ou aupres d'vn Prince, d'estre estimé prudent, que puissant.

Chap. CCCXXIX.

Ev souuent aduient, que les hommes soient si sages, quand il se sont laissez surprendre du desir de quelque grand' chose (pour doubteuse & malaisee, qu'elle soit à obtenir) qu'ils vueillent receuoir conseil aucun au contraire : ne croire (quoy qu'on leur remostre) que vrayement il leur sera malaisé, & comme impossible d'y paruenir. Ce que font quelques vns parauenture par finesse : pource que sils faisoient semblant d'en auoir doubte, il leur sembleroit par ce doubte, oster le cœur aux ministres, & les rendre lasches & couards à l'effectuer: consequemment estre d'eux mesmes occasion, qu'on n'en peust pas bonnemét venir à bout. Mais ils sont pour la plusfpart trompez par leur affection, qui les aueugle, & ne permet, qu'aucune raison leur semble bonne, fors celle qui se conforme à l'effait de la chose par eux desiree. Et ne sçauroit-on bonnemét exprimer, combien ceste passion est nuisible, en tous maniemens de grâds affaires. Et si cela estoit ramenteu & remonstré, en temps encores propre pour y remedier: neantmoins on auroit opinion, que la ramenteuâce seroit procedee, ou de peu de cœur & de courage à se maintenir en grands & malaissez affaires, ou de peu d'amour & d'affection de s'y vouloir employer.

Chap. CCCXXX.

Viconques delibere & prend conseil en chose, qui a de toutes parts grande difficulté: depuis qu'il en a pris vn party auec resolution, & l'a commencé d'executer: il doibt oublier tous les autres, qu'il a laissez: Pource que s'en ressouuenant, il ne feroit autre chose, sinon rompre & alentir ceste vigueur d'esprit, necessaire à bien executer les grandes entreprises, auec la constance requise aux choses malaisees & difficiles. Car il doibt fermement croire, qu'en tous les autres partis qu'il a laissez, pour soy arrester à celuy qu'il execute: il eust trouué des difficultez plus grandes, que celles qui luy font peine au party qu'il a choisy.

Chap. CCCXXXI.

AVx choses, l'execution desquelles (soit que promptement elles se facent, soit qu'on en retarde l'operation) n'augmente en rien leur mauuaitié, semble que peu serue de iouyr du benefice du temps, pour en attendre & differer l'exploit, ains en pareil party, qu'il vaudra mieux l'anticiper, & haster l'executiõ: mais quand on congnoist assez de mal en la prompte execution, & encores pis en celle qu'on pourroit delayer: il ne faut differer d'y chercher quelque bon remede: veu qu'en tel cas, ce ne seroit pas iouyr du benefice du têps, ains le perdre tout à fait, en laissant croistre le mal: auquel mieux vaut obuier & remedier d'heure, quand il commence à faire paroistre sa malice, qu'attendre qu'il croisse plus grand: car au commencement, estant toute chose naturellement plus foible & debile, elle est aussi plus aisee à combatre, & à domter.

Chap. CCCXXXII.

LEs ieunes gens, pource qu'ils ont le sang chaud, & qu'onques ils n'ont esté trompez par la fortune, s'arrestent plus volontiers aux cõseils, qui ont en soy plus de magnificêce, que de seureté. Au contraire les bons vieillards, tant à cause de leur nature ia refroidie, que de l'experience que par le long cours de leurs vies ils ont acquise, d'auoir en vain essayé d'executer plusieurs choses, dõt ils n'ont sceu venir à bout: plus volontiers se prennent aux plus seurs partis, qu'aux plus magnifiques. Or est-ce

eſt-ce choſe certaine, qu'il ne ſe faut pas du
tout attendre à la fortune: mais auſſi ne la faut
il pas tant craindre; ains penſer, qu'il ſuffit
pour la preuoyance, que les choſes qu'on entreprend, ſoient fondees ſur certaines bonnes raiſons. Car tout homme qui a intention,
de faire quelque bonne choſe : doibt ſe mettre à l'auenture & au hazard: & croire, qu'on
ne peut pas, de tout ce qu'on entreprend, voir
vn ſeur euenement. Et que ſi on ſe vouloit arreſter, à ce que peut faire la fortune contre
noſtre deſir & vouloir; iamais on ne feroit
aucune entrepriſe. Car quelquefois elle empeſche, non ſeulemēt l'execution des choſes,
que nous deſirons obtenir, lors que nous en
auons la plus grande eſperance, & apparence; mais encor nous vient-elle oſter les ia obtenuës, aux lieux ou il nous ſembloit d'en e-
ſtre mieux pourueus, & plus aſſeurez.

CHAP. CCCXXXIII.

Q VAND on a vne fois prins bon
conſeil ſur quelque affaire (pourueu que noũueaux accidens n'y
ſuruiennent) il faut promptement mettre en execution, la deliberation qui en a eſté faicte. Car ce n'eſt

que perdre temps, de vouloir de nouuel a-
uoir confeil fur mefme chofe : veu que pendant qu'on demeure fur les confultations, on
ne peut & ne doibt rien faire. A quoy faut
bien foigneufement prendre garde : car il y a
des hommes, lefquels n'ofans auec ouuerte
contradictiõ empefcher l'expedition de quelque negoce : l'empefchent foubs mains, en
propofant au confeil confiderations diuerfes:
afin qu'auecques le temps, qui ce pendant fe
paffe, puiffe auffi paffer l'occafion d'executer,
ce que parauant auoit efté deliberé & ar-
refté.

Chap. CCCXXXIIII.

LA plus grande partie des fautes,
qui fe commettent aux deliberations de confeil, procede de ce,
que les hommes fe laiffent trop
gaigner à l'affection prefente : laquelle (pour
peu qu'elle foit fecondee par la fortune) femble qu'elle ait quafi toufiours plus grande
puiffance, que le plus grand & plus fort refpect, qui fe prefente pour l'aduenir. Pource
void-on, que pour fe venger de quelque péti-
te offenfe, que lors on aura receuë, ou pour
deftourner quelque foible crainte, ou pour

iouyr de quelque brief contentement qui
s'offre:on oublie tout le danger & le dommage,& tout le bien & profit, qui en peut aduc-
nir:Et si lors quelcun en vouloit faire ramenteuance ou remonstrâce ; il ne seroit pas ouy.
Ainsi plus a de puissance enuers les hommes,
vne legere affection,qu'vne bien forte raison.
Parquoy, ceux qui veulent estre estimez sages, se doibuent accoustumer, à sçauoir imaginer & preuoir les choses à venir : & à se les
mettre deuant les yeux auec tel sentiment
& apprehension: comme s'ils les voyoient de
leurs yeux, & les touchoient de leurs mains.
Par ce moyen,on viédra à combattre,de sens,
contre sens:mais auec d'autant plus grand secours de l'aduenir ; que plus il aura la raison
pour compaigne.

Chap. CCCXXXV.

L'Irresolution, procedant de la difficulté
des affaires, qui se presentent, merite d'e-
stre en quelque sorte excusee : mais non pas
celle, qui vient de l'opinion, ou de l'obstina-
tion, ou de la lourdise des hommes. Car il y
en a de tant ennemis de l'incômodité:qu'encores qu'auecques raison ils doibuent appe-
ter la chose,qu'on met en deliberation: neât-

moins eſtonnez de la fatigue & du malaiſe,
qui touſiours accompaigne les conqueſts:de-
meurent ſuſpens & doubteux, ſils ſe doibuét
mettre en debuoir de la conqueſter. Les autres ont l'eſprit ſi ſubtil, qu'à toute choſe qui
leur eſt propoſee, ils trouuent raiſons contraires: leſquels eſtans (comme ſouuent il aduiét)
peu courageux: iamais (ſi ce n'eſt par neceſſité) ne reſoudront aucune choſe: & ne leur de-
faudront iamais raiſons, pour couurir & de-
guiſer leur naturelle timidité: laquelle aura
touſiours plus de puiſſance ſur eux, que la raiſon, ou l'experience, d'auoir maintesfois tré-
blé en vain. De là ſe peut apperceuoir, que le
bon entendement ſeul, ne fait pas les hõmes
vaillans: ains le cœur & la hardieſſe de mettre à execution les choſes, que le ſubtil eſprit
leur a fait congnoiſtre bonnes, combien que
difficiles & malaiſees. Et ceſte prompte hardieſſe, encores qu'elle deuſt eſtre meilleure,
eſtant acquiſe par vne vertueuſe habitude,
comme celle qui directement procede de la
raiſon: neantmoins, pource que les hommes,
pour le plus ſuiuent ce, à quoy les conduit
leur naturelle inclination : c'eſt aſſez, qu'en
ceux, auec leſquels on a à negocier, elle ſoit
naturelle.

CHAP. CCCXXXVI.

OMBIEN que tu congnoiſſes qu'vn homme, auec lequel tu frequentes, & te trouues en compaignie, ne te vueille point de bien: ce n'eſt pas pourtant à dire, que tou-tes les fois qu'il parle, ce qu'il dit, ſoit par luy dit expres, à fin de te nuire ou incommoder. Mais les hommes peu ſouuent conſiderent la choſe de laquelle on parle: mais trop la per-ſonne qui parle: parquoy ſ'il t'eſt amy, il con-fermera toûſiours (ſans y penſer autrement) par ſon opinion, ce que tu auras dit & propo-ſé. Toutesfois ſi la choſe propoſee ſera de cel-les, qui ne luy ſont pas agreables, encore que ce que tu en auras dit ſoit raiſonnable, & en-core à ſon aduantage: il ne le deignera eſcou-ter: Qui eſt choſe fort pernicieuſe, tant pour le particulier, que pour le public. Car, où les hommes donnent teſmoignage & authorité aux choſes, & non les choſes aux hommes: là ne peut auoir lieu, ne raiſon, ny autre bonne choſe.

Cc iij

CHAP. CCCXXXVII.

VAND ton ennemy, aux con-
seils, ou autres assemblees, meritera d'estre publiquement repris, de ce tu ne doibs iamais
prendre la charge : car le plus souuent il aduiendra, que la pluspart de ceux qui escoute-
ront le blasme, croiront que tu sois meu à ce
faire, plustost par haine que par iustice. D'ad-
uātage, estant tout homme ennemy, conuoiteux de faire, que celuy auquel il veut mal,
paroisse trois fois plus meschant qu'il n'est :
souuent il brouille & confond le faux auecques le vray : & pour peu de faux, qu'vn autre
(qui enclinera au support & à la defense de
ton aduersaire) congnoisse meslé auecques
le vray : il met en doubte, auec ce faux, tout
ce qu'il y a de verité. Ioint, que quand on oit
reciter, les choses par autre mal faites : si en les
racontant on apperçoit en celuy qui parle,
tant soit peu d'animeuse affection : ceux qui
l'escoutent sont plustost esmeus contre celuy qui les a dites, que contre celuy qui les a
faites.

Chap.   CCCXXXVIII.

C E pendant qu'on prend conseil sur le fait de la guerre, qui penseroit bien aux accidens, qui accompaignent la perte d'vne bataille, ou d'vne ville, tascheroit plus tost à s'asseurer d'eux, que d'elle : à fin de ne se laisser battre, domter, ou vaincre, par aucun moyen : car qui est celuy, qui considerant qu'apres qu'il aura esté vaincu, son ennemy mesmes receura honneur de sa misere, & de sa honte : & qu'en sa presence il orra en despit de luy raconter l'animosité, & les brauades d'autruy, & se moquer de son imprudence & couardise, & qu'il doibue patir tant de maux & de dommages, que souffre ordinairement celuy qui a esté battu & vaincu en guerre : qui determinément ne prenne resolution, de vaincre, ou de mourir?

Chap.   CCCXXXIX.

H O M M E S se trouuent, qui en aage de maturité, se maintiennent & viuent en guise de ieunes. De maniere, que qui voudroit d'eux faire coniecture selon l'ordre de l'aage, & dire : *Puis que maintenant ils sont hommes, ils auront sentiment d'hommes* : il s'abuseroit. Parquoy, en telles

Cc iiij

gens, & en tous autres, auec lesquels on veut
negocier, faut considerer les mœurs, & façons
de faire presentes, & à la forme qu'ils tiennent en l'execution & maniement de leurs
choses propres: car de là se fait quasi tousiours,
vn certain & asseuré iugement. Doncques,
toutes les fois que nous verrons, vn homme
desia aagé, en tous ses aduis & conseils se mô-
strant violent & soudain, & tousiours suyuant
l'affection & la passion, de laquelle il est espoint : nous pourrons tenir pour chose asseuree, que cestuy-là, se pouuant legerement departir de ceste passion, & se retourner à autre
desir, auiourd'huy dira vne chose, & demain
vne autre, à ceux auec lesquels il se trouuera.

CHAP. CCCXL.

PVIS que, ou il n'y a point de puissance de commander, ne se peut
mettre à deuë execution, cō qui a
esté proposé & arresté au conseil: &
partant que le commander est la vraye & es-
fencielle proprieté de la principauté, & le discours & le cōseil (encores qu'ils facēt paroistre
la droiture & la bōne intention des discourās
& cōseillans) n'ont en soy ny authorité, ne ma
iesté d'Empire: le Prince doit assister aux con-

feils, afin de faire par le moyen de fon auctorité & puiffance , executer ce qui y aura efté determiné. Ne doit auffi le Prince fuir de fe confeiller ; comme font aucuns ; pour l'opinion qu'ils ont, qu'autant diminuent-ils de leur authorité & puiffance, qu'ils conferent & communiquent auec autres, leurs affaires & entreprifes : Qui eft neàntmoins vne tres-mauuaife opinion , & tres-fauffe perfuafion : veu que par le moyen du côfeil leur puiffance & grandeur f'accroift & furhauffe , & encores deuient plus ferme & plus ftable. Pareillement ne doit le Prince (ainfi que i'ay veu faire à aucuns) hayr les confeillers , fi d'auenture il aduient, que ce qu'ils ont confeillé ne reuienne à bonne fin : veu que les confeils ne valent, que tant qu'ils font approuuez par le Prince : & il ne les peut trouuer bons , f'il n'eft meu des mefmes raifons, qui ont meu les confeillers , qui les ont donnez. De maniere, que l'erreur du iugement ayant efté commun à tous ; le blafme & la coulpe ne doiuent pas tomber fur vn feul. D'auantage, voyans les fages, que des bons confeils ordinairement naiffent les heureux effects : ils n'ont pas voulu , que les chofes fuffent par les euenemens iugees bonnes ou mauuaifes ; ains leur a fuffi, que les confeil-

lers tinssent compte de la raison qui les auoit
meuz à donner le conseil : laquelle aussi,
estant bonne, est suffisante pour seruir d'excuse à tout mauuais succes. Signifiant quelquefois le mauuais succes, la bonne ou mauuaise fortune de celuy, duquel le bon iugement,
a esté vaincu par elle. Et ceste fut la cause,
pour laquelle les Carthageois ne punissoiét
point leurs capitaines des mauuais & sinistres
euenemens des guerres : mais ouy bien, si la
raison qui les auoit meuz à combattre, estoit
trouuee autre que bonne.

CHAP. CCCXLI.

ES choses hardies & perilleuses, ne
doiuent pas estre mises en deliberation de conseil, auec capitaines &
gens de guerre ; qui soient pour les entrepré-
dre & executer, à quelque prix que ce soit;
encores qu'entre eux se trouuassent des hommes propres à ce conseil: car les y appeller, ne
seruiroit à autre chose, sinon à leur en faire
quitter l'entreprise & le hazard, ou à en faire
croistre les difficultez : Et les capitaines &
gens de guerre, qui suiuent les Princes, pour
affectionnez & fideles qu'ils soient, fuyent
volontiers les dangers, quand il peuuent, dis-

ſimulans toutesfois de ne les craindre ne fuir.
A quoy les conſeils (ſils y fuſſent appellez)
les pourroient plus émouuoir : auſquels on a
de couſtume de diſcourir & ramenteuoir,
toutes les difficultez & les dangers, qui ſe
preſentent en l'execution de quelque bon
affaire : & aiſément refroidir & deſtourner
leur plus ardétes volontez. Pour cela ne vueil
ie pas dire, qu'en tous bons & grands affaires,
il ne ſoit bon de prendre conſeil & aduis des
ſages : Ains ne font les hommes de valeur
aucune choſe, de laquelle ils ne ſe conſeillent
premierement, au moins à ſoy-meſmes, quäd
ils ne trouuent autre de meſme valeur, auec
lequel ils la puiſſent ſeurement examiner &
determiner. Pource que telle choſe à tels
hardis & de grand cœur, ſemblera bien aiſee,
& de faire ; qui à d'autres moins courageux
ſemblera difficile & à laiſſer : Car aux conſeils on ne peut faire monſtre ouuerte des
cœurs & courages, comme des raiſons ; con-
ſiſtans ceſtes-cŷ en paroles, & ceux-là en faits.
Mais quand on pourroit encores faire monſtre du hardy courage ; ſi ne le pourroient recongnoiſtre autres que ceux, qui auroient la
meſme diſpoſition, & qui ſeroient accouſtumez & rompuz à meſmes penſemens.

Chap. CCCXLII.

QV A T R E chofes (ce dit Thucydide par la bouche de Pericles) doit
auoir vn bon confeiller: c'eft a fçauoir, qu'il congnoiffe ce qu'il eft
bon de faire: qu'il le fçache bien dire & dif-
courir: qu'il foit amy de la republique : &
qu'il ne fe laiffe iamais gaigner par prefens,
& par offres de deniers : Car celuy qui congnoift les publics affaires, mais ne les fçait bié
declarer, eft tout tel, comme f'il ne les con-
gnoiffoit point : & qui les congnoift, & les
fçait bien dire, mais eft de mauuais vouloir
vers le public, ne dit pas tout ce qu'il entend,
luy eftre bon & profitable : Finalement, qui
congnoift les affaires, les fçait bien expofer,
& aime la republique, f'il eft combattu par
l'auarice, demeure foible à faire toutes les
bonnes chofes, & pour de l'argent, eft fort aifé à deftourner, à faire toutes les mauuaifes.
Ariftote veut, qu'vn homme, pour eftre rendu capable du public gouuernemét, ait trois
qualitez: c'eft à fçauoir, qu'il foit exercé en
tous actes de vertu, & de iuftice, requife en
l'eftat auquel il fe trouue, qu'il ait vne dexterité & difpofition certaine à bien faire, &
bien mettre à effect toutes bonnes chofes:

(car on void beaucoup d'hommes de bon
esprit, & bien entendus aux affaires, mais
peu qui puissent mettre la main à l'œuure,
pour mener à bon effect, ce que tresbien ils
entendent:) & qu'il aime l'estat, du gouuernement duquel il est chargé. Thucydide
parlant des affaires de son temps, auquel on
faisoit plus grand compte du conseil, que de
l'execution : au lieu de la dexterité, & de la
bonne disposition à bien operer, met le sçauoir bien dire, ce qu'on entend bien. Et la
quatriéme qualité par luy requise, est en substáce comprise en la premiere : Car celuy qui
est accoustumé & exercé aux actes de vertu:
iamais ne se laisse corrompre, ne par presens,
ne par argent. Mais pource qu'en ce temps
là, la corruption estoit frequente & fort dangereuse : il estoit besoin d'en faire expres-
se mention, comme d'vne qualité principale, & separee de toutes les autres.

CHAP. CCXLIII.

CEVX, que le Prince desseigne
d'eslire pour ses conseillers, faut
qu'entre plusieurs autres bonnes qualitez, ils ayent ceste-cy
tres-speciale, & d'eux bien chere tenuë: c'est à

ſçauoir, qu'ils ſoient tellemét amis de la verité, & du bien public: que quiconques de ceux
qui ſe trouuent au conſeil, propoſe choſe qui
appartienne au bien public, ils ſe diſpoſent
à bien entendre ſes raiſons , & à y conſen-
tir, ſils les trouuent bonnes & conuenables.
Ce que i'enten dire pour quelques conſeillers, qui ſe moquent de toute bonne propoſition faicte au conſeil, de laquelle ils n'ont
pas eſté inuenteurs , & obſtinément y re-
pugnent & contredient. A découurir & congnoiſtre telles gens, le Prince n'aura pas grád'
peine: pource qu'il peut, auant que de ſ'en
aider, en faire de grandes preuues: Mais encores que ce luy fuſt peine, il la doit patiemment porter, d'autant plus que l'vn de ceux-
là, eſt le plus ſouuent ſuffiſant, pour le mettre
en grand danger, & en grande peine: pource
qu'ils ont l'eſprit fort ſubtil, il ſçauent tellement perſuader ce qu'ils veulent , que ſi le
Prince n'eſt bien aduiſé: ils luy feront croire,
tout ce que bon leur ſemblera.

CHAP. CCCXLIIII.

QV I veut bien conſiderer, & faire ſeur
iugement de quelque choſe: ne la doit
pas conſiderer, ce pendant qu'il eſt en la paſſion d'vne autre, & qu'il prend ceſte-cy, có-

me pour remede & medecine de celle-là:ains
en faire l'examen & la recherche vers elle
mesmes, & regarder & bien peser, ce qu'elle
peut estre; non lors seulement, mais en tout
temps, & auec tous les accidens, qui ont
accoustumé de l'accompagner : Et par ce
moyen, soit qu'il la conseille à vn autre, soit
qu'il en delibere pour soy, & à part soy : iamais il ne se trompera.

Chap. CCCXLV.

TOVT ainsi, que qui voudroit par son
seul aduis faire toute chose, pourroit
estre reputé plus glorieux que sage:
aussi ne faut-il pas, ne rechercher ne receuoir
le conseil de toutes personnes; ains de celles
seulement, qui sont tenuës & estimees sages,
& ont autres-fois manié telles choses, que
celles qu'on met en deliberation;& qui ordinairement sont presens aux publics affaires
qui se traittent, & sont bien informez de
toutes les particularitez qui les accōpagnent:
car vne bien petite variation, ou faute d'intelligence, pourroit aussi faire vne bien grande
variation, ou vne bien grande faute, au negoce dont on delibere. Et encores seroit-il
besoin, qu'ils eussent (si possible estoit) à cou-

rir la mefme fortune: afin qu'ils entendiffent,
qu'à eux toucheroit à patir du mal, & iouyr
du bien, prouenant de l'effect du confeil que
ils auroient donné.

CHAP. CCCXLVI.

AVcvns font fi ambicieux, & fi
peu entendans au maniement
des affaires, qu'ayans à faire quelque negoce d'importance : pour
ne faire chofe qui leur ait efté confeillee, ou
à laquelle foit neceffaire le iugement & l'aduis d'vn autre : ils fe mettent à y operer par
voyes eftranges & extraordinaires. Tellemét
que, où ils pouuoient feurement auoir l'honneur de l'executer & mettre à bonne fin, par
le bon confeil d'autruy : voulans neantmoins
(auec peu de iugement) auoir la louange,
d'en auoir efté les feuls confeillers : ils n'en
ont en fin eu, ne l'vn ne l'autre : Et d'auantage n'ont fceu congnoiftre, que la vraye louã-
ge des honnorables operations, ne gift pas à
fçauoir comme elles fe deuroient : mais en
l'authorité, & en l'habitude de les pouuoir, &
de les bien faire. Et les Princes ayãs pres d'eux
des gens de confeil, pour cela ne diminuent
en rien leur dignité & authorité ; ains d'au-

tant

tant l'augmentent & accroissent. Car si le
conseil ostoit quelque chose, à la grandeur
des Princes & grands Seigneurs : les anciens
grands & valeureux monarques, n'en eussent
iamais voulu auoir.

CHAP. CCCXLVII.

E L V Y qui demande conseil,
doit non seulement estre appresté, pour patiemment escouter, tout ce qui luy sera dit &
proposé ; pour sur ce prédre son
conseil & sa resolution ; mais encores luy
mesmes rechercher & proposer maintes choses, afin d'estre à plein informé du faict ; puis
se mettre à diligemment considerer, tout ce
qu'il aura ouy. Car si l'vne de toutes ces choses luy defaut, il ne fera deliberatiõ ne determination qui vaille.

CHAP. CCCXLVIII.

C E v x qui dient, que le Prince cherchât
aduis de conseil, ne se doit pas conseiller à ses principaux ministres : sont, ou trop
modestes, ou peu amiables. Car plusieurs
choses ne font pas du commencement monstre du mal, qui auecques le temps peut proceder d'elles. Et ne pouuât le Prince, à cause

des grans affaires dont il eft chargé, auoir
l'œil par tout: fi celuy qui congnoift quelque
chofe de fes affaires, à quoy il faille pouruoir,
ne l'en aduertit d'heure, il merite grand blafme, pour ne dire chaftiement. Et ce d'autant plus, qu'il eft bien aifé à vn familier &
& domeftique du Prince (encores qu'on ne
luy en demande pas fon auis) le faire tellement venir à propos, qu'auec bonne grace,
fans arrogance, & auec deuë reuerence
enuers luy, il luy decouurira ce qui eft neceffaire qu'il fçache, pour y donner ordre, & y remedier. Auffi eft auec l'effait, fans parole, affez interpellé par le Prince, à luy dire fon auis, ce miniftre & domeftique feruiteur, dy-ie, qu'il a eleu, pour eftre
pres de fa perfonne, en office, & grade honnorable.

Chap. CCCXLIX.

IL y a grande difference, entre mettre en confideration, & contredire:
Car celuy qui contredit, declare
auec certaine odieufe repugnance,
qu'il eft feul qui entend les affaires dont on
parle: & par fon obftinee contradiction monftre qu'il veut eftre creu en fon opinion, &

par icelle auoir le deſſus. Où au contraire, qui
met en conſideration, eſt plein de reſpect, &
ne cherche à diuiſer & ſuſpendre la deliberation, ains luy ſuffit que celuy qui demande
& attend le conſeil, la face bonne, & en ſoit à
ſon contentement ſatisfaict apres qu'il luy
aura propoſé, & mis deuant les yeux, tout
ce que par inaduertence, ou par autre occaſion, il pourroit n'auoir par conſideré. Or d'a-
uertir le Prince ou le magiſtrat, de ce principalement qui luy pourroit nuire, ou luy-ap-
porter dommage, c'eſt choſe deuë, & ſeure, &
le fait d'vn miniſtre prudent. Mais vouloir
obſtineement conteſter & contredire (côme
font aucuns) eſt vn importun office, & dangereux, & le fait d'vn homme, qui n'entend
pas que c'eſt de principauté, & qui veritablement gaſte plus qu'il n'accommode, les
affaires.

CHAP. CCCL.

EMBLE, que peu ſouuent a-
uient, que ceux qui touſiours
ont eu la fortune bonne, puiſſét
auoir le conſeil bon : pource que
le bon conſeil procede de l'experience qu'on a peu auoir, de la varieté
& variation de pluſieurs choſes : & la
bonne fortune prend nom & force de là

continuation du bon ſuccez des affaires, ſans
ce que celuy qui en reçoit le bien & l'auantage, y mette rien du ſien. A ceſte cauſe, ſemble que les bien-fortunez (encores qu'ils le
puiſſent faire) ne fichent & n'arreſtent gueres leur penſement, en ce dont ils n'ont iamais eu beſoin: & cela eſt en l'induſtrie & bõ
gouuernement de ceux, qui ont ſceu euiter
ou ſupporter les grands & perilleux accidés
des mondains negoces. Deſquels, ſi encores
par fois ils ſõt picquez & eſmus: c'eſt à la façõ
de ceux qui oyét repreſenter quelque trage-
dië: leſquels, combien qu'au point du recit
du mal ou mal-heur auenu, à Roy, ou Roy-
ne, ou autre perſonne ſignalee, qui en a paty,
ils en ayent quelque douloureuſe compaſ-
ſion & commiſeration: neantmoins ſi toſt
que la farſe eſt acheuee, auſſi toſt finit le dou-
loureux penſement, qu'ils auoyét ouuert, les
oyans pleindre & deplorer leurs defortunes.

CHAP. CCCLI.

AVx eſtats populaires, les hommes
de la plus baſſe condition, & de
chacun deſquels à part ſoy, on ne
feroit ne miſe ne recepte: tous enſemble font maintesfois des ſages, & ma-

gnifiques deliberations.Et femble que l'exēple,que ce fagē vieillard bailla à fes enfans,
pour refpeſt de force, fe puiſſe auſſi en eux
verifier & approprier, pour refpeſt de pru-
dence:c'eſt à ſçauoir,que tout ainſi que plufieurs petites vergettes ioinſtes enfemble,
font malaifees à rompre, & font de grande
force.Auſſi portant chacun d'eux en com-
mūn quelque parcelle de vertu & de prudence,ils pourront faire refortir d'eux aſſem-
blez & ioins, vne grande vertu & vne grande prudence.Et encores ont-ils vn autre biē
grand auantage, qui eſt qu'eſtant tout ce
peuple reduit à la forme d'vn feul homme,
qui a pluſieurs entendemens, pluſieurs memoires,grand nombre d'yeux,grande quantité de mains,il peut toufiours eſtre en aſtiō:
combien qu'il y ait des membres qui vœillēt
dormir,& demeurer oifeux.

Chap. CCCLII.

Vcvns faillēt aux aſtions,pour trop
fouuent changer d'auis:& aucuns autres pour demourer trop obſtinez,en
ce qu'ils ont vne fois determiné de faire.
C'eſt chofe certaine, que pour toute occurrence qui peut furuenir,il ne faut pas chan-

ger de propos:comme font les premiers, qui pour ce sont blasmez de legereté, & de peu de constance: Ioint que par fois la perseuerance a de coustume, de cacher quelque mauuaise deliberation. Mais aussi quand la difficulté croist en sorte, qu'elle porte peril euident:celuy, qui en tel cas ne prendroit nouuel auis, creignant d'estre appelléleger & inconstant, pourroit bien estre nommé imprudent & mal auisé. Car la prudence ne gist pas en vne obstinee volonté, de faire vne ou vne autre chose: mais entre plusieurs differentes choses, que la fortune presente, au chois des meilleures & plus commodes, pour faire paruenir l'homme au but de ses desseins.

Chap. CCCLIII.

N dit communémét, que pour faire vne bonne deliberation, il faut auoir du temps:pource que la precipitation de sa nature est aueugle & imprudente:& qu'en peu d'heure on ne peut pas auoir prest,tout ce qui est necessaire à faire vne bonne deliberation.Mais auecques le temps,encores faut-il ioindre vne autre chose, qui n'est pas de moindre importance:

qui eſt, qu'il faut que le bon Conſeiller ſe deſ-
pouille de toute paſſion d'eſprit, ſpeciale-
ment de haine & rancune, de la colere, & de
l'amour:pource que l'affection, (où elle eſt
grande)n'aueugle pas moins le iugement en
vn long eſpace de téps, que la precipitation
en vn plus court.

CHAP. CCCLIIII.

A fin de la deliberation, c'eſt le
profit : Dequoy Marc Tulle Ci-
cero s'eſmerueille, diſant par ſon
aduis, que ſi l'hoſtilité en debuoit
eſtre le but, au moins qu'elle n'y pouuoit bié
marcher, ſans la compagnie de l'honneur.
Or cela a-til dit aux Offices:mais depuis aux
Particions(liure, qu'on dit auoir eſté par luy
eſcrit en ſa vieilleſſe) ayant par l'experience
acquis plus grandes cognoiſſances des affaires, il mit l'vtilité ſeulle pour fin de la
deliberation: comme auſſi auoit fait Ariſtote denant luy. Et ainſi peut-on voir, que
l'on n'a point conſideration de l'honneur,
pour y paruenir par la voye de la deliberation, mais ouy bien par vn autre moyen.
Car quant à la deliberation, il ſuffit de conſyderer, ſi la choſe propoſee ſe doibt faire, ou

non:& le compte qu'on en fait, procede de
ce qu'on auise, si elle se trouuera bonne &
profitable, pour l'augmentation ou conseruation des choses, que ia on tient & possede.

CHAP. CCCLV.

IA MAIS l'homme ne se doibt
reculer & distraire de l'incommodité, qu'il souffre pour ceux
desquels il a desia receu, & peut
de nouuel recepuoir, grands biens & commoditez, comme ont tousiours fait, & font
encores tous les iours, ceux qui sont estimez
sages,& comme aussi au contraire, ne font
pas ceux, qui ne sont pas si sages & prudens,
qu'ils deussent estre, qui n'ont rien deuant les
yeux, que les choses presetes:& pource, pour
se deliurer de quelque petit desplaisir, ne se
donnent peine de perdre l'amitié de tels
hommes, qui peu apres pourroient estre occasion, de leur salut, & de leur grandeur. A ceste cause, Hybreas sage citoyen de la ville de
Messala en Carie, en souriant souloit dire à
Entydian, homme fort bon & vtile au gouuernement de la ville, mais de nature rude &
difficile:*Entydian, tu ez vn mal necessaire à la
Cité:pource que autre bourgeois de Messale,ne peut*

viure auecques toy, qu'auecques peine & ennuy:
neantmoins fans toy:aucun Bourgeois ne peut vi-
ure:Et cela difoit-il,pource que la valeur de
Entydian eftoit telle,que par luy & fa prudéce,eftoit fouftenue vne gráde partie du gouuernement de la ville.

CHAP. CCCLVI.

Q V A N D le mauuais gouuernement
a commencé à prendre pied, par le
moyé du peud'épefchemétqu'y ont
donné,ceux qui fe trouuét les plus
forts:le peu de citoyens bié entendus , & de
bon nom , qui fe rencontrent auec eux au
maniemét des affaires,n'eft pas fuffifant pour
fouftenir & combatre le defordre .Parquoy
ce gouuernement ne leur fert d'autre chofe,
qu'à leur faire receuoir blafme des fautes
d'autruy:D'autant qu'ils fe trouuent en vn e-
ftat difgracié & malheureux.Car s'ils cótre-
dient au mal,fouftenu par la volonté & par
la puiffance,de ceux qui font les plus forts:ils
font en danger d'eftre par leurs compagnons
mefmes ruinez:s'ils demeurent coys, il faut
que tous enfemble ils foient tranfportez, là
où le mauuais gouuernement les pourra porter . Dé forte,que en la main & puiffance
d'autruy,gift leur honneur & leur vie.

CHAP. CCCLVII.

AVCVNES FOIS ceux qui gouuernent, font des grādes fautes:
& puis nous sommes ebahis des
mauuais effaicts qui en ensuy-
uent: où nous-nous deburions estōner, s'il en
auenoit aucun, qui fut bō. Tresgrand & tres-
puissant fut anciennement l'estat Rommain,
& ne pouuoiét les Holādois (ores qu'ils fussét
forts & vaillans, & angariez, & fort mal traittez par les Rommains) se couër de dessus leur
col, le ioug de leur empire. Toutesfois estans
ainsi mal menez & cherchans tous moyens
de se descharger de ce tant cruel empire, ils
furent encores plus despitez, voyans que les
Rommains gouuerneurs de leur pays de Ho-
lande, pour pleintes qu'ils peussent faire,
ne cessoient de les surcharger de iour à autre: mesmes cependant que les Empereurs
estoient diuisez, & combattoient l'vn contre
l'autre, tenans les Rommaines forces ailleurs
occupees; auec patente diminution de leur
grandeur. Aussi alloient ces gouuerneurs par
ce moyen tous les iours augmentans le mes-
contentement, qu'auoient les Holandois
deleurs cruautez & rapines redoublees: Où

au contraire contens des vieilles charges, ils
se debuoient bien garder de leur en mettre sus des nouuelles, au moins iusques à ce
que l'empire fust reüny. Ce que toutesfois
ils ne firent, ains se monstrerent si impru-
dens & mal-aduisez : qu'au mesme temps
qu'ils faisoient ce mal , & ce desplaisir
aux Holandois, ils leur donnoient aussi occasion de s'en venger:car en faisant la leuee
& les rolles des soldas, ils laissoient les mal-
contens les vns auec les autres,&sans respect,
deuiser & conferer ensemble , de l'auarice,
extorsions,paillardemens,& autres insuppor-
tables vices de ces gouuerneurs, & des capi-
taines:lesquels faisans & commandans les le-
uees des soldas,(qui est chose de soy-mesme
fascheuse & griefue à porter) la faisoient encores plus ennuieuse, & moins supportable:
y enrollans les vieillars , & les impuissans &
inualides, à fin de tirer deniers de leurs
mains,pour leur congé & deliurance:& (qui
encores estoit plus d'esplaisant & mal aisé à
souffrir)ils y enrolloient des ieunes enfans,
des plus beaux & gentils qu'ils pouuoient
choisir,à fin de pouuoir plus aiseement souler
leur sales & desordonnez appetis . A ceste
cause, tel despit & si grand desdain s'al-
luma entre ceux de la prouince de Holáde:

que ioint à leur ancienne mauuaife volonté,
il les mit en vn ouuert defefpoir. Parquoy
s'eftant fait chef de la rebellion, vn nommé,
Ciuil, homme de grãd cœur, & de lignage il-
luftre, il fit aux Romains de grands dommages, & en fin deliura les Holandois de leur
obeiffance.

CHAP. CCCLVIII.

NON feulement au gouuernement
domeftique, mais auffi en celuy
des publics reuenus, entre autres
faut auoir deux confideratiõs principales: L'vne de retrancher toutes defpen-
ces fuperflues pour petites qu'elles foyent.
Car celuy qui les continue & multiplie, au
bout de l'an congnoift aifeement la tromperie, dõt eft abufé celuy qui croit, qu'õ ne doit
pas tenir cõpte, du peu qui fe depéd, ou à chaf
que repas, ou à chafque fois, ou à chacũ iour.
L'autre, de tirer fruit & profit du pays, de tous
les coftez & moyés poffibles: & ne faire pas cõ
me plufieurs font, qui n'en retirent pas feulement tout ce qu'ils peuuent: mais encores
du peu qu'ils en ont tiré, n'en reçoiuent pas
grand aduantage, ou pource qu'ils ne le fçauent pas gouuerner, comme ils deuroient,

ou le confōmant hors temps & faifon,& autrement qu'ils ne deuroient.Si ne faut-il pas
pourtant auoir moindre foin,de fe preualoir
de ce qui eft ia acquis,qu'on a eu de l'acque-
rit:le reuoyant fouuant,& le diftribuant en
temps & en lieu oportuns:& fouuent faifant
compte du reuenu,&de la defpenfe du tout.
Car quád vne fois on fe deregle de façon,que
la defpenfe excede la recepte:& qu'on prend
le chemin,de toucher au fonds & en coup-
per pour la neceffité: ce fonds s'en va bien
toft en ruine:ne voulant la raifon,que ou pre
mierement n'a fuffy le plus,puiffe puis apres
fuffire le moins,quád on a ouuert le chemin
à l'appetit & au defordre,lequel ayant efté v-
ne fois ouuert, eft malaifé, voire impoffible
de puifapres le refermer.

Chap. CCCLIX.

A V x gouuernemens des eftats:les
petites fautes, qui quafi infenfi-
blement & de moment en moment viennent à croiftre, font
plus dangereufes(cōme dit Ariftote) que les
plus grandes & plus apparentes. Car les plus
grandes, à caufe de leur euident dommage
emeuuent les efprits des hommes à y pour-

uoir: & les petites rendent negligens, ceux
aufquels elles touchent:& petit à petit s'augmentent tellement : que , tout ainfi qu'vne
fiebure ecthique, elles accouftument & en-
durciffent l'homme au mal, fans s'auifer de fa
maladie, finon bien tard, & lors qu'il n'y a plus
de moyen d'y remedier. Et ce qu'icy nous di-
fons du gouuernement des eftas, auientfem-
blablement aux gouuernemens des maifons
priuees:& l'occafion de la tromperie & de
l'abus procede (ce dit Ariftote) de ce, qu'en
confyderant feulement & fimplemét ce peu
de mal (qui neantmoins de iour en iour vient
à croiftre):on ne peut penfer , que iamais il
puiffe porter grande nuifance . Ce que con-
fyderé en foy-mefmes, pourroit eftre vray:
mais auffi faut-il croire, que ce que ce petit
mal ne peut faire en vne fois , beaucoup de
ces petits maux le ferôt à plufieurs fois, & que
ce petit torrent accreu de plufieurs petis
ruiffeaux,fera en fin vne bien grande & groffe riuiere.

Chap. CCCLX.

Quand plufieurs fe trouuent à faire
enfemble vne mefme chofe : ores qu'ils
ayent egale puiffance,il eft toutesfois necef-

ſaire, que ce pendant qu'ils la font, l'ordre les
rende inegaux, & qu'entre eux il engendre
differens grades: monſtrant qui doibt eſtre, le
premier, le ſecond, le tiers, & ainſi des autres:
Car on ne peut appeller ordre: ſinon ou il y a
premier & ſecond, & autres ſuiuans degrez.
D'auátage, on ne peut dire, qu'vne choſe có-
poſee de pluſieurs parties & diuerſes, ſoit vne,
ſi elle n'a vne forme, qui commande à toutes
ces parties, & ait puiſſance de les tenir vnies,
& entre elles proporcionnees. Ce qu'on peut
voir, nó ſeulemét aux corps naturels: ou ma-
nifeſtemét apparoiſſent les diuerſitez des parties, & la ſuperiorité de l'vne ſur l'autre, mais
encores en toutes compaignies & aſſemblees
d'hommes. Et en celà, n'y a aucune difference, entre l'eſtat populaire, & le regne, pource
qu'en tous deux ſe void & decouure l'ordre,
& le grade de ſuperiorité, Vray eſt, qu'ils different en ce, qu'en la royauté, n'y a qu'vn
chef, & en la republique y en a pluſieurs.
Toutesfois ces pluſieurs, ſont ſelon leurs ordres conioins en vn meſme vouloir, qui eſt
le chef de tous les membres, & ordonneur
de toutes les choſes, qui ſe doibuent pour le
public, mettre à deuë execution.

CHAP. CCCLXI.

LEs pensemens des hommes, iamais ne passent d'vne en autre extremité, si soudainement qu'on pourroit bien penser, ains s'y acheminét de degré en degré, & de pas en pas : Et combié que la volóté soit franche & libre, & qu'il semble que par certain moyé elle puisse faire tels saults: cóme il luy plairra: neátmoins en ses vouloirs, elle vse de certain ordre, ou pource qu'elle aussi a vn ordre, ou que les choses qu'elle veut, ont pareillement entre elles quelque ordre. De maniere, que l'homme de ce que premierement on a voulu, peut aisement congnoistre, ce que puisapres on pourra vouloir: & quand il le voudra empescher, mieux le pourra-il faire, ce pendant que le second vouloir est encores imparfaict, qu'apres qu'il est du tout arresté.

CHAP. CCCLXII.

ENtre les bonnes ordonnances, que auoient les Romains, ceste-cy en estoit l'vne: que non seulement ne permettoiét-il pas, qu'aucune assemblee de beaucoup

beaucoup d'hommes se fist , sans publique permissiõ, de se pouuoir assembler:mais éncores vouloient-ils, qu'il y eust tousiours quelcun, qui par publique authorité fust leur chef. Et si ceste ordonnance estoit obseruee en vne Republique, en laquelle tous les citoyēs parricipoient du mesme estat: que debura faire le Prince, qui seul a le gouuernement de tout? veu que les peuples sont, comme la mer, subiects à tous vents: & entre eux est tousiours meslé quelcun, qui voyãt quelque bonne occasion , ne failliroit point à la prendre, & s'en preualoir. Mais encores sans le danger qui y est , pour en toutes choses garder la publique authorité, entre gens sages & entendans les affaires de l'estat, ceste ordonnance tousiours sera trouuee bonne.

Chap. CCCLXIII.

AVcvns croyent, que le plus grand magistrat d'vne ville ou republique, est celuy, qui peut mettre en execution, & ramener à effait les plus grãdes choses:sans consyderer, s'il y a par dessus luy vn superieur magistrat, duquel depende son autorité. Pour exemple, à Venise, qui prend garde aux grans effaits, procedans du conseil

Ee

des dix, (lequel en vn besoin peut faire oster
la teste au Duc mesmes) iugera que ce soit
vn supreme magistrat,& se trompera:Pource
qu'en vne Cité ou Republique , le supreme
magistrat est celuy, qui peut creer les autres
magistrats:Et les creer,ne signifie autre chose,que leur donner partie de sa puissance , &
de son authorité:d'autant que tout ce qu'ils
font, est faict soubs l'authorité & la puissance,de ceux qui les ont creez . Qu'il soit ainsi,
qu'on regarde aux citez & prouinces gou-
uernees soubs principauté:& on verra,que le
Prince n'est pas du nombre des priuez &
particuliers magistrats,qu'il ne donne aucunes sentences à l'ordinaire, ne fait procez ciuils ne criminels,pour grandes & importantes qu'en soient les occasions.Bien cree-til les
magistrats,qu'il commet à ce faire; Toutesfois aucun ne voudra nyer,que le Prince (o-
res qu'il ne face,ce que font les magistrats é-
lus par luy)ne soit cognu & reueré de chacun
comme le premier fondement de tout l'e-
stat.Le semblable aduient à Venise du grand
Conseil:lequel encores qu'il ne face, ce que
faict le Conseil des dix, le Conseil des qua-
rante,& le Conseil,qu'ils appellent,des Pre-
gats:ce n'est pourtant à dire, qu'il ne soit le
principal & supreme magistrat de la Cité:

puis que par le moyen de ſon election, tous
ces autres magiſtrats peuuent faire ſi grandes choſes.

CHAP. CCCLXIIII.

Vis que la Republique n'eſt autre
choſe, que l'adminiſtration de la
Cité, il eſt beſoin, que de toutes ſes
parties, n'en reſte aucune ſans adminiſtration: tout ainſi qu'au corps humain,
ne doibt eſtre partie aucune, qui ne participe
de la vie. A ceſte cauſe, il a fallu, qu'en la Cité
les magiſtrats fuſſent en nombre : n'eſtant
conuenable, que le ſouuerain magiſtrat, (encores que par deuers luy ſoit la ſupreme authorité) ait le particulier ſoin de toutes choſes. Car il euſt eſté beſoin, que (pour exemple) en l'eſtat populaire , le conſeil
(qui eſt le ſupreme magiſtrat) euſt touſiours
eſté occupé en audiences: & partant n'euſt-il
peu ouyr, ne reſoudre tant d'affaires ſurue-
nans en la cité. De maniere qu'il a eſté neceſſaire de donner ordre, à ce que ceſte autorité
du ſupreme magiſtrat (ſans ce toutesfois q̃ elle ſouffrit en ſoy meſmes aucune diminutiõ)
fut eſparſe en pluſieurs parties: & que puiſſace

fuſt donnee à certain nombre d'hommes, é-
lus & choiſis entre les autres, d'ouïr & determiner telle choſe, & à certain autre nombre,
telle autre. Et ces hommes auſquels fut baillee ceſte puiſſance & autorité, furent ſem-
blablemét appellez, Magiſtrats, eſtans creez,
ou par election, ou par ſort, ſelon la qualité de
la Republique qui les creoit. Et par ce moyé
ces moindres magiſtrats, ſont comme ra-
meaux, de ce gros arbre, qui eſt le ſupreme
magiſtrat: c'eſt à dire, que tous ſont de meſme ſubſtance, nourris & ſouſtenus d'vne meſme racine. De là vient, que quiconques eſt ſi
hardy de entreprendre ou attenter, contre le
moindre magiſtrat de la republique, ou Cité:
il eſt atteint de felonnie, & de crime de leſe
maieſté: pource que la Republicque eſt of-
fenſee & bleſſee, par l'offenſe & leſion de ce
magiſtrat, ne plus ne moins que l'homme ſe
dit bleſſé, par l'offenſe & bleſſeure du moindre de ſes mébres. Auſſi la Republique chaſtie & punit plus aigrement, celuy qui a offen
ſé le moindre citoyen, conſtitué en dignité
de magiſtrat, que celuy qui a offenſé le plus
grand & le plus vertueux homme de la ville,
n'eſtant point magiſtrat. Et tant que ceſt ordre eſt exactement obſerué en vne Republique, elle ne peut faillir à ſe bien porter: Où au

contraire,quand il y a plus de danger,d'offenser vn priué citoyen,que le magiftrat:lors elle
fe porte trefmal,& ne merite plus le nom de
vraye Republique.

Chap. CCCLXV.

POVR faire bonne election des perfonnes,qui doibuent eftre efluës aux
plus grands offices & magiftrats : les
electeurs debnroient prefuppofer,que la Republique fuft bien malade:&pour petite faute que luy pourroit faire celuy,qui doit eftre
eflu au Magiftrat,(qui eft côme fõ medecin)
elle pourroit tôber en trefgrand danger. Car
par ce moyen,on ne feroit point d'election,
pour gratifier vn ou autre, du magiftrat qu'il
ne meriteroit pas:ains toufiours on recher-
cheroit gens fuffifans,& de merite, & de va-
leur:veu qu'on n'a pas moins affaire de gens
de valeur en repos de paix,qu'en trouble de
guerre.Pource que la paix,de fa nature negligente &malfoigneufe,laiffe quafi infenfible-
ment tomber la Cité ou Republique en bien
grans def-ordres , qui ont de couftume de
puif-apres fe defcouurir en temps:auquel les
plus valeureux & les mieux entendus, auec
toute leur induftrie & diligence, n'y peuuent

remedier:où parauant, qui y euſt prins garde
d'heure, & les euſt peu preuoir, il euſt eſté bié
aiſé de s'en ſauuer.

CHAP. CCCLXVI.

EN toute Republique, en laquelle tous
ſubiects ou citoyens fuſſent gens de
bien; chacun de toutes ſes forces
s'emploieroit à s'exempter & s'excuſer, de faire la charge de magiſtrat. Pource qu'il n'y a
hôme, qui eſtant ſeur d'eſtre bien gouuerné,
(c'eſt à dire, de receuoir tout ſecours, aide, &
confort de ceux qui gouuernêt) aimaſt mieux
s'ocuper au maniemêt des affaires publiques,
que prendre le contentement, que ſe ſçauét
dôner les bons & excellens eſprits, en l'obſeruation & conſiderarion des mirables biens &
beaux effaits, qui iournellement nous ſont
preſentez, par noſtre Dieu, & par la nature.
Mais au côtraire aux Republiques, eſquelles
les hommes ſont pour le plus ambicieux &
meſchás, le peu qu'il y a de gens de bien, doit,
non pas recuſer les magiſtrats, ains par tous
moyens hôneſtes, & non contraires aux loix
& à la vertu, les re chercher, & s'eſſayer de les
auoir. Pource que delaiſſans à ce faire, ils laiſſent tomber la Cité ou Republique, & eux-

mefmes, au plus grãd mal & mal-heur, qui fe
puiffe imaginer: qui eft, de fe voir foubmis &
fubiects à l’adminiftration des mefchans.

CHAP. CCCLXVII.

’E s t chofe certaine, que la bône ou
mauuaife façon de faire, de ceux qui
fôt en magiftrat, fert beaucoup à faire plus ou moins afpre, ce qui fe doit cõmander. Toutesfois aucuns magiftrats font fondez fur loix tant feueres & rudes; que d’aucun
elles ne peuuent eftre exercees, fans le grand
mefcontentement de ceux, contre lefquels
elles s’exercét. Et pour ce que la plufpart des
hommes, a plus defgard à la perfonne, qu’au
magiftrat, il auient, que plufieurs fe lafchent
à croire, qu’auffi tôft que la perfonne feroit
hors du magiftrat, tout auffi toft cefferoit la
feuerité du magiftrat. Et auec cefte opinion,
ils s’efforcent vrayemét, auec le peril de leurs
propres perfonnes de changer celle, qui tient
le magiftrat. A quoy eftans paruenus, apres a-
uoir mis la mefmes puiffance en autre main:
ils trouuent, que ceux aufquels ils l’ont de
nouuel baillee, enufent auec mefmes rigueur,
que ceux qui au parauant la tenoient: & s’apperçoiuent d’auoir changé les perfonnes, &
non pas le gouuernement. De maniere, qu’il

Ee iiij

eſt beſoin, à tels remueurs de meſnage, pour
ſe garder d'eſtre trompez, auant s'appliquer à
faire aucun changement, qu'ils conſyderent
& auiſent bien diligemmétiſi c'eſt par le magiſtrat, ou par les perſonnes, ou par tous les
deux enſemble, qu'ils ſe ſentent offenſez. Et
apres auoir bien congnu, & entendu ce qui
en eſt, lors qu'ils ſe mettent à changer, ce tát
ſeulement, qui eſt cauſe de tout le mal: A fin
que de nouuel ils ne tombent, au meſme voire encores pire danger, que celuy duquel ils
auoient penſé & creu, ſe pouuoir deliurer par
tel changement.

CHAP. CCCLXVIII.

N a veu quelques magiſtrats, qui,
ayans (ſelon leur deuoir) vſé de treſ-
grandes rigueurs, contre ceux qui
faiſoient entrepriſe, ou autrement
delinquoient à l'encontre de l'eſtat: ſe ſont
acquis grande authorité, & engendré grand'
creinte de ſoy, enuers les plus forts citoyens.
Dont eſt quelque fois auenu, que deſirans les
Princes, ou les Republiques, oſter de la Cité
quelque autre vice, approchant du crime de
leſe maieſté, ils en ont donné la charge au
deſſuſdit magiſtrat: ou bien luy meſme, au

moyen de sa grande autorité, l'a prise de par
soy: Ce que du commencement a esté ap-
prouué, & receu comme bié fait; mais depuis,
par succes de temps, on a decouuert, qu'il a
porté grand & nuisant dommage. Pource
que cela a mis les hômes en desespoir: à cause
que tout ainsi, que ceste rigourcuse punition,
qui se fait pour chaftier vn vice, que tout le
monde tient pour abominable & meschant,
engendre louange & honneur, à tel seuere
censeur: aussi la pareille qui se fait, pour punir
vices plus legers, & qui quelque fois se commettent par humaine fragilité, plus que par
vicieuse habitude, ne faisant aucune distin-
ction entre vice & vice, ains les mettant tous,
en vn pois, & en vn reng: engendre vne si
forte haine, en l'esprit & au cœur des citoyés:
qu'elle quasi tousiours est occasion, qu'aux
premieres occurrences qui s'offrent de pouuoir seurement prendre les armes, il se leue &
crée vn magistrat necessaire à la Republique,
& pource de tous bien desiré & respecté.

Chap. CCCLXIX.

LA diuersité des hommes, fait ¡a diuersité
des fins: & la diuersité des fins, fait la diuersité des Republiques: & la diuersité des

republiques, fait la diuersité des ordres, & des loix: lesquelles, comme elles conseruent la republique, aussi les magistrats faits par la republique, conseruent les loix, prenãs toute peine d'y faire obeyr les citoyens. Parquoy ne faut pas que les magistrats soient dõnez à autres, qu'à hommes du mesme ordre, & qui ayent les mesmes fins: Car autrement les loix ne seroient pas obseruees & obeyes à leur diligéce, ains, à cause de l'authorité que porte auecques soy le magistrat, ils ne laisseroient passer aucune occasion, qui à eux se presentast, pour nuire & faire dommage à l'estat.

Chap. CCCLXX.

CEvx, qui promus & esleuez à quelque honnorable estat ou magistrat, veulent que cest estat ou magistrat, incontinent les face riches, estimãs ne pouuoir sans grãs biés, hõnorablement assez maintenir leur dignité: apprennét de Phocyon les moyẽs de sagemét s'y cõduire: Lequel estát en son téps le citoyé, de la plus grande reputation de la ville d'Athenes, & plus qu'aucun autre employé au maniemét des affaires, & à l'administratiõ des plus grãds magistrats; neantmoins estoit fort pauure. Ne pour auoir tant de fois esté Capitaine general d'armees, ne de tant de vi-

ctoires par luy obtenuës, contre les ennemis
de l'Athenienne republique , il ne reporta
onques autre loyer, que la conscience, & la
louange d'auoir bien fait . S'imaginant , que
la pauureté de soy n'estoit pas vice, & ne debuoit point estre estimee mauuaise en son endroit: ains qu'elle luy debuoit seruir d'orne-
mént: & de tesmoignage de son integrité, &
de sa bonté. Ie ne dy pas, qu'vn homme pouuant auoir vne dignité, auec les profits & cō-
moditez, qui ont accoustumé de l'accompai
gner: les doibue refuser: Bien dy-ie, que ceux
qui l'ayans, se mettent en danger de perdre, ce
qui proprémét & principalemét touche, & ap
partiét, & cōuient, à la dignité: font cōtenáce
d'hōmes mal cōgnoissans & entendás, ce qui
est de leur office. Et à plusieurs de tels officiers
qui tousiours se pleignét de ce, qu'ils ne reçoi
uent pas des autres ce qui leur est deu, selō la
dignité de leurs grades: on pourroit bien demander , si eux ont donné à la dignité & au
grade qu'ils tiennent, tout ce qui leur appartient, & qu'il est en leur libre puissáce de leur
dōner, pour se faire paroistre dignes de tel
grade. Ce que n'ayans faict, ils n'ont point
d'occasió de se pleindre, si les autres les payét
en la mesme mōnoye, qu'eux mesmes sōt par
soy-mesmes payez. Ains aucuns d'eux doib-

uent bien rendre graces à Dieu, & à la paciẽ-
ce de celuy, qui estant leur maistre, les permet demourer en estat & dignité, si mal trai-
tee & accoustree par eux, & dont ils font si
mal leur debuoir.

CHAP. CCCLXXI.

COMBIEN que l'on nomme
citoyens de la mesme Republique, ceux qui ont entre eux pareil & esgal pouuoir: toutesfois
il a conuenu, que selon leurs ordres, maintenant les vns commandassent &
maintenant ils obeissent. Et ores que ce commandement soit fondé sur bonnes & vrayes
raisons: neantmoins on a tousiours creu & iugé, qu'il valoit mieux les taire & celer aux particuliers citoyens, tant à fin que chacun s'accoustume à croire, que le magistrat ne com-
mandera, sinon choses bonnes & honnestes,
que pource qu'aucunesfois la raison n'est pas
si claire, que chacun la puisse comprendre.
A ceste cause s'aioignit au magistrat ensemble auec l'autorité de commander, la force,
pour se faire obeïr, autrement seroient aucuns
trop grans inconueniens, si les subiects & les
soldats eussent peu demãder le pourquoy, es

chofes qui leur euſſent eſté commandees par
les magiſtrats, & par les Capitaines, qui ſont
auſſi comptez entre les magiſtrats : & ne ſe
fuſt iamais faire aucune execution des affaires, que tard, & ſans fruit, & auec peu de reputatió: Sans le mauuais exemple, & les diuers & grans perils, auſquels lé bien public
auroit eſté ſoubmis.

Chap. CCCLXXII.

POVRCE qu'aux magiſtrats appartient le ſoin de faire obſeruer les
loix: il eſt beſoin qu'ils aiment &
qu'ils entendent leſdites loix: pour
ce que les aimans, ils ont conſequemmēt en
haine tous ceux qui les negligent & meſpri-
ſent, & s'en rendent treſdiligens gardiens &
conſeruateurs. D'auantage, les ſubiects en ce
cas ne ſe peuuent pleindre des magiſtrats: ſe
congnoiſſans punis & chaſtiez par des perſonnes obeiſſantes à la meſme loy. Et cela
meſmes ſe prattique en tous les arts: deſquels
on ne donne iamais le ſoin & la charge, ſinon à ceux qui les aiment & entendent : cōme de la Muſique, on ne donnera oncques la
charge, fors à celuy qui ſçait chanter, & qui y
prend bien grand plaiſir . Et font ttef-mal,

ceux qui sans ceste consideration, donnent
ou creét les magistrats. Mais pource qu'on a
accoustumé de bailler les magistrats indistin-
ctement & sans discretion à toutes personnes,
on n'y a plus d'esgard: Ains les Princes bien
souuét (côme si auec le magistrat ils pouuoiét
dôner la vertu) elisent à ce des personnes, qui
pour tout autre respect leur sont cheres, plus
que pource qu'ils les sçachét propres & idoines, à bien cômander & gouuerner: & (qui pis
est) en plusieurs estats & republiques les magistrats & offices se vendét à beaux deniers cô-
tés. De maniere, que l'on peut bien dire, que
les richesses sôt plus estimees, que la vertu ne
la valeu r: & partant il semble, que chacun se
rende excusable, cherchât par quelque moyé
que ce soit, à y paruenir. Et ne peut valoir ce
que dient aucuns Princes: *Ie ne baille les estats*
& offices qu'à personnes habiles & suffisantes: cô-
bien que i'en retire de l'argét: Puis que clairemét
se void, que la vertu (qui de soy-mesme est si
pretieuse) est soubmise à vn marché, & tro-
querie de deniers contens, & que sans ceste
adionction, on n'en faict mise ne recepte. A
ceste cause, ne se faut-il pas esmerueiller,
de ce qu'on oit dire à aucuns (bien que fauf-
sement, & auec vne meschante enuie) que
l'honneur & la vertu (à la comparaison des

deniers contens) valent peu de chofe.

CHAP. CCCLXXIII.

VN homme quelque fois aura vne excellente vertu, laquelle neantmoins
fera couuerte & comme effacee, par
certain vice, qui fe trouuera en luy, tellemét
qu'on ne s'y pourra pas bonnement ne du
tout fier. Ie ne dy pas que cefte vertu ne puiffe encores eftre vtile, s'exerceant auec & côtre ce vice: mais ie dy, que ce vice auec le
temps pourra eftre caufe, qu'ô ne fera aucun
exercice de cefte vertu: comme il en eft auenu à vn homme: qui en foy a efté bon & iufte:
mais de fa nature fi creintif, que s'il a deu
donner quelque iugement, contre perfonnes
qu'il ait redoubtees, il a quitté la iuftice, pour
fe tenir à la feureté. Parquoy en elifant les ma
giftrats, il ne faut pas feulement confyderer
les vertus, des hommes qu'on veut choifir:
mais auffi prendre garde, aux vices & defaux
de nature qu'il peut auoir, s'ils font affez fors
pour en empefcher l'exercice. Car par fois fe
prefentent fi perilleufes occafions, que qui
voudroit en la vertu de telles gens commettre & fier vn eftat, n'en pourroit attendre que
la ruine.

Chap. CCCLXXIIII.

Ve les offices & estats aux bien ordōnees Republiques, ne doibuent estre baillez, ne pour trop long, ne pour trop court espace de temps, la raison le nous enseigne. Pource que le long temps oste l'esperāce d'y pouuoir paruenir, aux autres qui par leurs merites & valeur, y peuuent pretendre: rend le plus souuét ceux qui les administrét, glorieux & insolés: & leur donne matiere (s'ils sont dehaut & hardy courage) de penser à remuer mesnage: & le brief temps à peine donne -til loisir, d'expedier vne partie de ce qu'on doibt faire, & de la mettre à deuë execution.

Chap. CCCLXXV.

Es principaux bourgeois d'vne ville, lesquels ne refusentpoint les moindres offices, monstrét que la ciuile esgalité leur est agreable: & par ce moyen s'acquierent grande louange & reputaciō enuers les mediocres citoyés & enuers le Prince mesmes. Pource qu'il semble à l'vn, quils ne dedeignēt chose aucune,

qui

qui foit commife à leur charge:& aux autres,
de pouuoir auec dignité, fouftenir (moyennant l'honnorable compaignie) leur hôneſte
mediocrité. Outre ce, qu'en toute choſe
(pour petite qu'elle ſoit) tout hôme vertueux
& valeureux, peut faire quelque preuue de
ſa vertu: & ce luy eſt plus grande louange
d'eſtre tel, qu'il puiſſe donner reputacion à la
choſe, à laquelle il s'employe, pluſtoſt que
d'en receuoir d'elle.

CHAP. CCCLXXVI.

QVAND' on pourroit commettre des hommes aux gouuernemens des citez ou republiques,
leſquels enſemble fuſſent bôs,
& d'eſprit aigu & ſubtil : certainement cela
vaudroit beaucoup mieux, que de les auoir
tant ſeulement bons, & de mediocre entendement. Mais pour ce que peu ſe trouuét au
monde, qui viuent bien diſciplinez, & qui ne
ſe laiſſent prendre aux vices, que leur preſente la nature: pource ne ſont les hommes
d'aigu & ſubtil angin, ſi bons & propres au
gouuernement des villes ou Republiques,
comme moins habiles & idoines, à la conſeruation de la ciuile égalité. Et pource que l'ai-

Ff

guë subtilité d'esprit procede de la colere, ils
sont naturellemēt prōpts à se colerer & courrousser, & pour peu de chose entrent en colere: Sans ce, qu'ayans opinion de beaucoup
sçauoir, mal volontiers se peuuent-ils accorder auecques ceux, desquels ils n'ont pas grāde opinion: Où ceux qui sont de moyen angin, se cōgnoissās auoir plusieurs pareils en sēs
& sçauoir, & suyuāt leur bon naturel, inclināt
au flegmatique: ils supportent commodemēt
les accidens qui suruiennent: & quand ils se
trouuēt en vn estat bien ordonné, & reglé de
bōnes loix (car ils ne sont pas biē propres à en
faire & instituër des nouuelles) ils les maintiennent bien lōguement. Ce que toutesfois
se doit entendre, de ce qui le plus souuēt ad-
uiēt, pource qu'entre ces flegmatiques encores en a-tō veu aucuns fort ambicieux, & qui
(ores qu'ils eussent l'esprit bas & demis) ont
neantmoins eu des gaillards desirs: & principalement s'il leur est auenu, d'auoir esté ri-
chement & fauorablement esleuez: au moyē
dequoy se soit nourrie en eux vne certaine arrogance, & hardiesse souuent plus grande
qu'aux autres. Car estant la matiere, dont tels
hommes sont composez, plus grossiere & plus
dure, elle vient à faire en eux, les desirs plus
fors, & les appetits plus fermes: & eux (à cau-

ſe de leur graſſe & groſſe nature) moins i-
dones à preuoir ou congnoiſtre les perils,
pour les deſtourner & euiter.

CHAP. CCCLXXVII.

AVCVNS (à la verité, ont fort bon eſprit, & ſçauent beaucoup de bonnes
choſes: mais pource qu'ils ne croient
pas, q̃ les autres ſoit en eſprit, ſoit en ſçauoir,
ſoiét à égaler à eux, ils ne ſont ne bós, ne propres à adminiſtrer magiſtrats; ains encheent
ordinairement en deux fautes manifeſtes. La
premiere deſquelleseſt, qu'ils s'éleuét en certain orgueil odieux & inſupportable, & leur
ſemble, qu'ils ſurpaſſent tous autres de beaucoup. La ſeconde eſt, que ce pendant qu'ils ſe
font croire, qu'hóme ne peut paruenir a bien
prédre & entendre, ce qu'ils ont imaginé eq
leur phátaſie, ils deuiennent negligens, & ne
ſe ſoucient de faire tous les appreſts, neceſſaires pour bien executer les affaires d'importã-
ce. Parquoy dit-on communement, que celuy-là eſt vrayement ſage, lequel n'eſt pas ſeulement ſçauant & bien entendu: mais encores croit, qu'il y a grand nombre d'autres citoyens qui ne ſçauent & entendent rien
moins que luy. Pour ce qu'ayant telle opiniõ,
il pourroit meurement à toutes choſes qui

font befoin,& confequemment n'eft iamais
pris à la defpourueuë.

CHAP. CCCLXXVIII.

S EMBLE que la nature, à chaque
condition d'hommes , ait donné
quelque bien en contrefchange
de quelque defaut, qui fe trouue-
ra en eux: comme, à qui elle a baillé la tardi-
ueté à commencer, à ceftuy-là elle aura aufli
donné l'obftinacion, à continuer & parfaire
l'œuure: comme contrepefant la negligence,
auec la perfeuerance. Pareillement, à ceux
qui de leur nature font prompts & haftifs,&
qui(à caufe de leur impaciéce) s'auancent de
faire les chofes hors de faifon , elle a baillé la
hardieffe:par le moyen de laquelle ils ont aucunesfois mis à fin chofes merueilleufes.
Toutesfois toutes telles extremitez font vicieufes aux magiftrats, & en la charge des
affaires publiques:pource qu'il n'y faut pas,
ne tant auancer le temps & l'occafion, qu'on
les laiffe couler fans s'en preualoir, ne tant
arrefter à fe remuër , qu'à peine on y puiffe arriuer à temps. Et cela foit dit pour ceux
qui font toutes chofes,par inclination de nature: Car quand on les fait par prudence, au-

cunesfois il aduient bien de s'estre hasté, autresfois mieux d'auoir retardé.

CHAP. CCCLXXIX.

VICONQVES administre magistrat, ne doit aucunement prendre
presens, ne receuoir dons : pource
qu'vn cœur genereux ne les peut re
ceuoir, sans resentir en soy certain desir d'en
sçauoir gré, & les recongnoistre en temps &
lieu. Et ce desir entre naturellement au iugement, & le peruertit : & y entre par certaine
secrete voye, de façon que encores qu'on le
vœille, on ne s'en peut, ny apperceuoir, ne
garder. Aucuns s'en veulent excuser, disans :
Ie ne pren point de presens, que de ceux du costé
desquels ie congnoy estre le droit & la raison :
Toutesfois cela ne peut les excuser : Car outre ce qu'il est fort malaisé d'auoir telle congnoissance, deuant que le iugement soit donné : Debuant la iustice estre, la plus droite,
la plus claire, & la plus syncere & entiere o-
peration, qui se face entre les hommes : &
encores se debuant faire le iugement entre
deux personnes, qui sont de contraire opinion : le magistrat, non seulement auec les
faits, mais encores auec l'apparence doibt

oſter & fuyr le moindre ſouſpeçon, de toute
particuliere affection. Qui plus eſt, procedāt
la iuſtice, & l'adminiſtration d'icelle, de l'authorité & puiſſance publique, & eſtant le Iuge miniſtre public, il ne doibt s'aſſeruir à aucune particuliere obligation: autrement il feroit par la iuſtice vn particulier miniſtere de
ſon profit: meſmes il la feroit moyenner ſon
propre intereſt.

CHAP. CCCLXXX.

SI les hōmes eſtoient iuſtes: il eſt ſans
doubte, qu'ils n'auroient que faire
d'eſtre forts & vaillans: pource qu'ils
n'auroient point d'occaſiō de cōbattre lesvns
les autres: & ſe contentant chaſcun d'eux, de
ce qui iuſtement luy appartiendroit, ils vi-
uroiēt ſans querele, en repos & en paix. Mais
ſi d'autre part les hommes eſtoient tous bōs
amis enſemble, ils ne auroyent aucun beſoin de iuriſdiction ne de Iuge: pource que ſās
loy, & ſans ſtatut ou ordonnance naturellement l'vn amy ſecourt l'autre à ſon beſoin: &
s'aide auſſi du bien de ſon amy, comme du
ſien propre. De maniere, que l'amitié eſt
d'autant plus grande & plus excellente que
la iuſtice, que la iuſtice eſt plus grande & ex-

ellente, que la force & la vaillance . Car
n'ayant esté la distribution de la iustice par le
magistrat, trouuee pour autre raisõ fors pour
faire que les citoyés, auec l'autorité de la loy,
s'aydent & secouret l'vn l'autre: l'amitié & la
bienueillance, naturellemét & sans force fõt
le mesme effait, & n'y a maistre aucun qui le
leur enseigne: Ains auec si grande volõté, que
sans comparaison plus agreable est la prõpti-
tude de faire le biẽ & le plaisir, que n'est le biẽ
& le plaisir mesmes, pour grand qu'il puisse e-
stre

CHAP. CCCLXXXI.

L'HOMME iniuste, n'ayant ne regle
ne cõpas, qui bride ses affectiõs des
profits & des honneurs, qui doiuét
estre distribués en cõmun il en préd
tousiours plus grãde part, que les autres à luy
égaux: & des peines & des dangers, la moindre. Mais que dy-ie des égaux à luy? Il tient a-
uecques chascun, de quelque estat & condi-
ciõ qu'il soit, tout vn & mesmes stile, de façõ
qu'il se hait luy mesmes; pource qu'ayãt des
desirs disproporciõnez, sans aucune mesure
ne téperamét de raisõ : il est en soy-mesmes
plein de cõtrarietez, & auiourd'huy veut vne
chose, demain vne autre. Parquoy au moyen
Ff iiij

de ceste contrarieté, il est moins puissant en l'execution du mal qu'il desire faire: & partāt ne peuuent de luy proceder, ne pour soy, ne pour autruy, choses qui soient bonnes: & des-quelles on se puisse contenter.

CHAP. CCCLXXXII.

I L y a des choses, qui de soy-mes-mes ne sont pas bonnes: mais par l'occasiō de certaines autres cho-ses, deuiennent bonnes & souhai-tables. Comme pour exemple, aucun ne de-sire que les hommes se battent, & se naurent, afin que le Medecin & le Chirurgié ayent oc-casion de les guerir: ne qu'ils plaident l'vn contre l'autre, a fin que le Iuge ait cause de leur donner vne sentence: mais ouy bien, puis qu'ils sont malades, & en differend, demande ton des personnes, qui les puissent guerir, & accorder. Doncques viennent le Medecin & le Iuge, à estre hōnorez par necessité, pour ce qu'on n'a point besoin d'eux, sinon par la necessité: ne pouuant apparoir pire signe en vne ville, bien assise, & en bon air, que de la voir necessitee d'auoir abondance, de Me-decins, & de Iuges: pource que de l'vne part elle monstre l'intemperance & corrompuë forme de viure, de tous les citoyens, & de l'autre, la conuoitiſe qu'ils ont, de rauir le bien l'vn à l'autre, & le brauer. L'exercice de la guerre pareillement, n'eſt pas choſe de ſoy digne de l'affection d'vn homme de bien : & ſi quelcun en faict compte, ce n'eſt que pour reſpect de la paix. Car au maniement des publics & ciuils affaires, on doibt ſeulemét appeller, art, de ſoy-meſme digne d'eſtre affecté & ſuiuy, celuy qui aux hommes donne congnoiſſance, ſuffiſante à les faire bien & lõguement viure en repos & en bonne paix.

CHAP. CCCLXXXIII.

VOIR bon appetit, & auoir trop d'appetit, ſont choſes qui ſe contrediſent : pource qu'eſtant le bon appetit, choſe bonne & moderee, & le trop grand appetit, choſe mauuaiſe & immoderee ou exceſſiue, ils ne peuuent aucunement s'accorder enſemble. Parquoy celuy, qui ſe met à deſirer quelque choſe, auec trop grand appetit, ne peut droictement iuger, ce qui luy eſt bon d'y faire, veu qu'à bien iuger la prudence eſt neceſſaire. Mais elle ne pourra pas faire ſon office, ſi l'appetit n'eſt bon & droit : lequel auſſi ne peut

eſtre tel, ſinon auec bonne habitudé. De maniere, que s'aimant l'homme ainſi qu'il faict:
il eſt bien malaiſé de luy brider ſa concupiſ-
cence, & le garder d'errer és choſes, dont il a
deſir, & dont il faict compte. A ceſte cauſe,
l'homme ſage en tous negoces d'importance
qui luy ſuruiennent, recherche touſiours le
conſeil de ſes amis: comme auſſi les ſages
Princes ont touſiours voulu auoir gens de
conſeil aupres d'eux.

Chap. CCCLXXXIIII.

PLVSIEVRS ont opinió, que ceux
qui touſiours ont eſté bons, ſans
prouuer par ſoy meſmes quels ſont
les moyens de mal faire: ne peuuét
eſtre auſſi bons iuges, comme ceux qui ont
quelquefois encor eſté mauuais & vicieux.
Laquelle opinion n'eſt, ne bonne, ne veritable: Car ſi vn hôme doit ſouſpeçóner des fau
tes d'autruy ſelon la coniecture de celles, que
luy meſmes a faites: il apparoiſtra bien cault
& ſubtil, à l'endroit de perſonnes à luy ſébla-
bles, c'eſt à dire, mauuaiſes & vicieuſes, comme il eſt, ou autresfois a eſté: Mais quand il
viendra à auoir affaire auec gens de bien, il ſe
monſtrera ſot & imprudent: quád on le voir-

ra fe defier d'eux, en chofes, ou ils ne voudroient aucunemét faire faute. Pource que la
malice ne peut auoir force pour cõgnoiftre,
& foy-mefmes, & la bonté: ou au contraire la
bõté a force affez, pour congnoiftre & foy-
mefmes, & la mauuaitié. D'auantage les gens
de bien font contrainɛts de vouloir mal aux
mefchans doublement: c'eft à fçauoir, comme à ceux qui font de foy-mefmes odieux,
& comme à ceux qui toufiours font quelque
mal & nuifance aux bons. Parquoy, fi on dõne
les magiftrats, & les gouuernemens aux gens
de bien, ils fçauront bien congnoiftre & difcerner les mefchans: & feront toute diligéce,
de les empefcher de mal faire, ny à eux, ny à
autres.

CHAP. CCCLXXXV.

AVcvns dient, que les mauuais hommes
deuenus bons, font meilleurs iuges, que
ceux qui toufiours ont efté bons. Mais (à la
verité) chofe ne fe peut dire ne plus fauffe, ne
plus indigne: (car à ce compte il faudroit, que
tout homme qui voudroit fçauoir, que c'eft
d'eftre bon, deuft par neceffité auoir premierement efté mauuais & mefchant. Doncques ne nous debuons-nous point departir
de l'opinion de ceux qui dient, que le vray

iugement du bien, procede d'vne bonne habitude, & couſtume de bien faire: car l'homme aduit & accouſtumé à ſe plaire au bien & à la vertu, ſans peine aucune incontinent que le mal & le vice ſe preſente deuant luy, il le congnoiſt, & le deteſte, comme choſe qui deſtruit le bien & la vertu. Tellement qu'il n'eſt point beſoin, que les bons, pour congnoiſtre la mauuaitié, ayent fait eſſay & eſpreuue d'elle en eux meſmes, ains eſt aſſez, qu'ils la voyent & congnoiſſent en vn autre: Car s'il eſtoit vray, que les contraires ne ſe peuſſent congnoiſtre, ſans les prouuer en ſoy meſmes, le ſemblable auiendroit generalemét en tous contraires. Parquoy ne pourroit auſſi l'homme noble, congnoiſtre que c'eſt de la nobleſſe, s'il n'auoit auparauant eſté villain. A ceſte cauſe, bien pouuons nous tenir pour vray, ce que dient les Mathematiciens, que le droit iuge ſoy meſmes, & encores le tortu ſon contraire: & ce qu'ils dient encores, que le vray donne le moyen, non ſeulement de faire congnoiſtre ſoy-meſmes, mais auſſi de reſpondre à tous les argumens, qui ſe peuuent propoſer & alleguer, pour faire croire le menſonge.

CHAP. CCCLXXXVI.

LEs Iuges anciennement, par toutes les citez de la Grece, estoient tenus, auât qu'ils
peussent donner aucun iugement: prester le
serment à la Deesse Vesta, comme vierge: laquelle n'eust pas souffert d'ouir sentence ou
iugement, qui n'eust esté semblable à sa puri-
té & candeur. Pource faisans leur serment, ils
iuroient: qu'ils ne donneroient (en tant qu'en
eux seroit) iugement, autre que pur, vray, &
iuste. Et y adioutoient ces mots; *en tant qu'en*
eux seroit: pour môstrer la difficulté des iugemens: eu esgard à tant de circôstances, qui les
viennent tousiours accompaigner. Donques
promettoient-ils, que si la iustice par eux ad-
ministree, n'estoit trouuée si pure & si entiere,
comme on eust bien peu la desirer: au moins
de toutes leurs forces s'estoient ils employez
à la rendre telle.

CHAP. CCCLXXXVII.

COMME en l'administration de
la iustice, sont blasmez, voire
haïs, les rigoureux & cruels iuges: aussi au contraire sont prisez

& aimez, ceux qu'on congnoist benins & hu
mains: & qui toutes fois qu'ils le peuuent fai-
re(toutesfois sans vser d'iniustice)recourent
volontiers à la douceur, & à l'equité. I'ay dit,
sans vser d'iniustice, pource qu'estant l'equité
comprise soubs le genre de la iustice : elle ne
se peut bien pratiquer, si on se depart de la iustice: mais bien en se departant de la rigueur
des loix. Ce qui ne se fait pas en toutes choses
(car les loix seroient superflues & illusoires)
mais aux cas, qui accidentellement suruiennent en nos particulieres actions, & ausquels
les loix estans generales & vniuerselles, n'ont
pas peu considerer aucunes particularitez, qui
neantmoins sont bien considerables, estás de
grande importáce. A ceste cause, pour dóner
quelque moderatió à l'aspre rigueur des loix,
fut introduite l'equité, à fin d'y pouruoir par
la raison, & en tels cas corriger ceste vniuerselle rigueur de la loy: Non pas pour faire iniustice, par le iuge commis à l'exercice de la
iustice: Mais a fin qu'à telle occasion il fist, ce
que le mesme legislateur eust faict, s'il y eust
esté presét. Ou pource que l'equité tousiours
corrige l'excez: pourtant est-elle tenuë pour
gracieuse & benigne: Toutesfois ne se depart
elle de ce fondemét, duquel la loy escripte a
prins son origine: qui est ce iuste desir, auquel

chacū felō fes qualitez eft foubmis:& duquel
auffi l'equité reueftuë , amende les chofes,
aufquelles on trouue, que la loy à defailly.

Chap. CCCLXXXVIII.

LE s chofes manifeftement mauuaifes,
ne deburoiēt eftre par aucun defenduës
en iugement:a fin que les hommes mefchás
fuffent d'autāt plus efpouuétez & deftournez
de les faire. Ie dy manifeftement mauuaifes,
pource qu'aucunes femblent eftre telles, qui
neantmoins ne le font pas: & à celles-là faut
legitimement dōner quelque remede: A fin
qu'à l'occafion d'icelles rien ne fe face cōtre
la iuftice,ains qu'ō s'efforce de la manifefter,
& d'efclaircir ce qui eftoit doubteux.Et com
bien qu'aucuns foyēt d'opinion,que les mefchans peuuent eftre defendus par les bons:
alleguans à cefte fin l'exemple de Toxines,lé-
quel reprins par quelcuns de fes amis, de ce
qu'il eftoit allé en iugemét pour plaider &
defendre la caufe d'vn mauuais hōme,refpō-
dit,qu'il l'auoit fait,pource que les bons n'ōt,
point befoin d'Aduocats qui les defendent:
Mais il faut entendre encores ce, que
luy mefmes refpondit à vn autre, le blaf-
mant de ce qu'il eftoit allé aux prifons,

viſiter vn priſonnier nommé Ariſtogitõ, qui eſtoit, vn treſ-meſchant homme : *Ie l'ay fait, diſt-il, pource qu'on ne le pouuoit aller voir en lieu aucun : auec plus grand bien pour le public ; & auec plus grand plaiſir, pour les gens de bien : qu'en celuy auquel ie le ſuis allé viſiter.* Parquoy de la réſponſe de ceſt homme de biẽ & d'honneur, peut-on apprendre, que les defenſes & les viſites, ſe font bien ſouuent par acquit, & pour ne nier d'homme à homme l'office & le naturel debuoir de ciuile humanité : plus que pour faueur ou ſecours, qu'on deſiraſt porter aux meſchans, qui ſont ſouſtenus & viſitez. Parquoy, de ces bons defenſeurs & viſiteurs, toutes telles choſes eſtoient faites, auec tel reſpect, que (comme dit le prouerbe) *Inſeruiebant populo & ſcenæ* : c'eſt à dire en François : *Ils s'accommodoient à la comedie , & au peuple qui la voyoit & oyoit.*

Chap. CCCLXXXIX.

LEs meſchans hommes, s'ils congnoiſſent leur meſchante & vilaine condition : viuent vne treſ-malheureuſe vie : Car ils ont vn continuel remors de conſcience, qui les afflige. Pour ce void-on que telles gens cherchẽt touſiours ioyeuſes compagnies, & choſes plai-

plaifantes:par le moyen defquelles ils fe puiffent fouftraire de foy-mefmes,& de leurs rô-
geârs penfemens. Mais s'ils ne s'apperçoiuét
point du mauuais eftat auquel ils font: encores font-ils plus mal-heureux,& en pire degré que les premiers:d'autant que par la ftu-
pidité de leur entendement,ils ont perdu la
difpofition,de pouuoir ou debuoir iamais deuenir bons:laquelle difpofition neantmoins
(encores que foible)demeure toufiours à l'endroit des premiers.

Chap. CCCXC.

LES mauuais hommes ont puif-
fâce de mal faire: & encores qu'ils
ne le facent,tât n'eft agreable aux
gens de bien,de les voir fans au-
cun mal faire,qu'il leur eft ennuyeux de pé-
fer, qu'ils le peuuent faire : C'eft doncques
chofe miferable (fans autre mal auoir)de voir
toufiours deuant fes yeux vne perfonne, qui
fans creinte de reprehenfion, toutes les fois
que bon luy femblera, pourra nuire, & faire
mal:& feble quafi impoffible,qu'elle fe puiffe abftenir de le faire. Pource que fçachant,
que les gens de bien ne fe peuuent accorder
auec elle,il faut qu'elle leurs porte mauuaife

Gg

volonté : & congnoiſſant que tous les gens
de bien s'accordent enſemble, encor faut-il
qu'elle les creigne. Or de ſe pouuoir ſauuer
des mains, de qui hait, & creint, & a puiſſance de mal faire:il y a plus à eſperer de la fortune, que de la raiſon.

Chap. CCCXCI.

A Vcvns, pour excuſer leurs
vices, dient : que l'honneſte, &
le deshonneſte, ſont mots con-
trouuez par les hommes : & que
la nature, quant à l'effait, n'a en ſoy ne l'vn, né
l'autre. A ceux-là, combien que mieux con-
uint le foit que la reſponſe : (puiſque aueques
telle impudence ils s'efforcent oſter le fondement, ſur lequel eſt appuyee la bonne &
vertueuſe vie) on pourroit demander : pour
quelle raiſon les choſes mal faittes ſont ſui-
uies de la vergongne, & la vergongne de la
rougeur, qui monte au viſage? Il eſt certain,
que la honteuſe rougeur procede d'vne affection naiſſant en nous, non par election ne
volóté, ains par nature. Ce qui nous eſt enſei-
gné par les enfans : leſquels (comme dit Ariſtote) viuent plus ſelon la nature, que ſe-

lon ce qu'on leur peut apprendre : & les
void-on, incontinent qu'ils oient seulement
quelqu'vn disant quelque villaine parole,
rougir en visage : Qui est vn argument &
signe manifeste, que l'honneste & le deshonneste, sont choses appartenans à la nature.

CHAP. CCCXCII.

PEv d'hommes se trouuët si meschás,
(encores qu'ils ayent de grans vices)
qu'ils ne se cognoissent bié les auoir :
mais encores, qu'ils ne fussent bien contens
de ne les point auoir. Parquoy ne se faut il pas
ebahir : s'ils prennent toute peine à eux possible de les cacher & couurir : & encores si on
les void les blasmer, comme s'ils n'estoient
point en eux. Mais (comme i'ay dit) cela se
doibt entendre pour la plus grand' part. Car
se trouuent des hommes, qui impudemment
(meschans qu'ils sont) osent louer les choses
meschantes : & d'autres encores plus meschás
qui les blasment & vituperent : non pour ce
qu'ils les croient meschantes : ains seulement
afin que trouuans quelqu'vn, qui amiellé de
leurs belles paroles se fie en eux : & par ce
moyen ils le puissent plus aisément tróper. Et
ceux-là sont de la derniere espece de mes-

chanceté:puis que ne leur.estant pas suffisant
le mal,encores veulét-ils que le biē leur serue
d'instrument , pour auancer le mal mesmes:
tellement qu'en leur endroit ,le bien, aussi
bien que le mal, est chose mauuaise .Or lais-
fant,de ce que ie dy,plusieurs exemples , que
ie pourroye alleguer de diuers vices : seulement ie feray icy mentiō de l'auarice de Cras
sus: Auquel il sembla,que tout ce que les autres auares Romains pourroient amasser,
diminueroit d'autant le monceau de richesses,que son insaciable cupidité d'auoir desi-
roit entasser:Tellement que pour demourer
seul auaricieux,& empescher tous autres de
beaucoup assembler de biens: en tous lieux
ou il se rencontroit, il blasmoit infiniement
l'auarice:s'efforceant mōstrer par tous moyés
à luy possibles,qu'il n'y auoit au monde vice,
ne plus vilain,ne plus dommageable:& outre
ce, beaucoup d'excellentes vertus reluisans
en luy,furent par luy conuerties,& tournees
en vices,ne les exerceant à autre fin , sinon
pour en augmenter ses grandes facultez &
richesses.

CHAP. CCCXCIII.

POVR CE que le Prince est par fois necessité de s'aider d'hommes, si non du tout meschans, au moins qui ne valent guieres (car de meschans, tout à fait iamais il ne se doibt seruir, si grande necessité ne l'y force:) il doibt penser & consyderer, que tels hommes oncques ne luy seront fideles, par affection honneste: Car s'il en auoit autre pensement, il seroit par soy-mesmes trompé: Combien qu'il vid sortir de leur bouche des biens honnestes paroles:& de leurs mains, quelques actions tendans à bien. Pource faut-il, qu'il se les oblige, & rende fideles, par le moyen qui leur est propre, c'est à dire du profit : & leur faisant congnoistre par effait, qu'ils ne peuuent d'autre, quel qu'il soit, esperer plus grande commodité que de luy: pource que s'ils trouuoiēt vn autre, qui leur fist plus grand aduantage, qu'ils ne pourroient esperer du Prince : ils le pourroient tout en vn coup ruiner. Mais à fin que les gens de bien d'autrepart, n'entrēt en despit & desdain, voyans ceux cy aggreez du Prince; Il doibt auec certaine dexterité, faire cōgnoistre aux gens de bien, que la pu-

blique neceffité, & non fon election & franche volonté, le contreignent à ce faire. Parquoy, combien que quelque fois ils fe voient
egalez (quant au profit) aueques les mefchans: toutesfois ne fe verront-ils iamais pareils, quant à la fiance, & priuauté. Lefquelles
deux qualitez, font beaucoup plus grandes, &
de tant plus eftimees, & tenues en compte,
que tout le profit.

Chap. CCCXCIIII.

OMBIEN que le Prince ait par fois
pres de luy des mefchans hommes:
afin que ils luy aident à cognoiftre &
chaftier leurs femblables: Toutesfois il fe
doibt aueq eux, auec telle confyderation, cō-
porter, quant à les fauorir & enrichir: que lon
ne puiffe cognoiftre, que tels mefchans foiét
aupres de luy, en plus grand grade, & en plus
grande faueur, que les gens de bien: ne defirer pluftoft, foubs telle principauté, la fortune
des mefchás: que celle des fages & vertueux.

CHAP. CCCXCV.

BIEN auisé doit eſtre le Prince, à l'endroit de ſes eſpions : leſquels ſeroient tenus pour gens de neant: ſ'ils ne faiſoient ce vil & malheureux exerciçe. Car afin de ne perdre, ou tout, ou partie, de la faueur, & du profit qu'ils en tirent: telles gés ont touſiours de couſtume (ainſi que les mauuais artiſans) d'entretenir, voire augmenter le mal, là où ils trouuent quelque peu d'alteracion: & encores les corps ſains, ils les font deuenir malades. Pource qu'ils ſont pour le plus ſi malicieux, & vſent de ſi grands artifices, au rapport & auertiſſement de ce qu'ils decouurét: que ſi le Prince eſt de ſa nature ſouſpeçonneux, ou s'il ſe rend negligent à rechercher d'ailleurs, la verité de ce qui ſe paſſe : il demoura le plus-ſouuent imbu & perſuadé, de choſes toutes fauſſes.

CHAP. CCCXCVI.

C'EST aſſez, que les Princes donnent aux eſpions du bien & du profit : ſans leur bailler des honneurs: & les auancer (cóme

Gg iiij

font aucuns)aux plus grands offices & magiftrats de la Republique,ou cité.Car il n'eſt ne
cõuenable,ny expediét,de bailler toutes choſes,pour toutes choſes:mais faut auec cõſyde-
ratiõ & meûr iugemét,congnoiſtre & diſcer-
ner,ce dequoy chacun eſt capable.Parquoy,
ayãs telles gens vne fois ſouillé leur eſprit,de
ce villain exercice d'eſpie:il n'eſt ny hõneſte,
ny raiſõnable,que le Prince deſ-honnore ſes
magiſtrats de leur preſence: ne que les bons
citoyens,qui touſiours ont bien & honnora-
blement veſcu, ſoient contraints de les auoir
pour compagnõs en l'exercice des magiſtrats.
Encores dient aucuns,que les eſpions portét
plus de nuiſance que de ſecours:& que les e-
ſtats qui ont affaire d'eſpies, ne ſont pas bien
gouuernez:pource que les Republiques bié
ordonnees,& qui en toutes choſes correſpõ-
dent à ſoy-meſmes, ont peu de beſoin d'eſ-
pions:veu qu'il n'y a aucune meſchante entrepriſe,que le bon ordre,& le bon gouuernement ne decouure de ſoy-meſmes. Mais
où les Princes,ou par mauuaiſe police,ou par
mauuaiſe accouſtumance ſont contraincts
preſter l'aureille aux eſpies:il faut conſequé-
ment qu'en brief eſpace de temps ils ſe rendent odieux à tous leurs ſubiects:& qu'ils paſ-
ſent vn gouuernement plein de deſpis & de
dangers,

CHAP. CCCXCVII.

E Prince, en maniere que ce soit, ne doibt adiouster foy au raport d'vne seule espie: Ains (nommeement quand le temps luy en donne la commodité) il se doibt efforcer d'auoir, du raport fait par l'espion indice & tesmoignage par quelque autre voye: veu que bien souuent ces raporteurs de nouuelles, ou se peuuent abuser, ou y proceder par malice, cóme telles gens sont volontiers de mauuaise intétion. Ioint, que la gráde haste qu'on a de preuoir, & pouruoir aux affaires, conduit quelquesfois les Princes à faire des lourdes fautes: ausquelles il est puis-apres malaisé de pouuoir remedier.

CHAP. CCCXCVIII.

V A N D de mal-heur, en vne ville ou Republique se rencontre quelque mauuaise coustume: elle s'y appriuoise de façon (comme si elle estoit nee auecques les citoyens) qu'ils ne s'apperçoiuent & ne s'auisent point, combien elle est mauuaise & pernicieuse: & si d'auenture ils en sont aui-

ſez, ou par auertiſſement d'autruy : ou pource
qu'il leur ſoit encores demouré tant d'aduis,
que d'eux-meſmes ils l'aient peu conſiderer,
& s'en apperceuoir : il leur faut endurer vne
extreme peine, auant qu'ils la puiſſent ou
rompre ou amender : pource qu'ils n'ont pas
à combattre contre ſoy-meſmes : mais auſſi
contre tous les hommes & contre toutes les
choſes, qui ſe trouuent auoir part, intereſt, ou
adionction, à ceſte meſme couſtume. Parquoy venans à bout de leur intencion : il faut
qu'ils ſe ſeparent, & de ſoy-meſmes, & de
tout le monde : ne debuans plus eſtre ceux-là
qu'auparauant ils eſtoient. Les Candiots ne
ſceurent comme rendre teſmoignage, & declarer combien vne mauuaiſe couſtume eſt
eſpouuantable : ſinõ en faiſant inſerer en leurs
ordonnáces, que toutes & quantes fois qu'ils
vouldroient faire vne execracion ou grande
malediction à leurs ennemis : ils leur ſouhai-
taſſent, & introduiſiſſent s'ils pouuoiét quelque meſchante couſtume en leurs villes, &
entre leurs peuples. Ne voulans par cela autre choſe faire entendre, ſinon qu'ils euſſent
vn mal, qui touſiours demeuraſt dedans eux,
&, en guiſe de fiebure ecthique, ils ne le ſen-
tiſſent, & ne s'en apperceuſſent, iuſques à ce
qu'il les euſt du tout cõſommez. Et ceſte exe-

cracion,que faiſoyent les Candiots,ſouhaitãs
la ruine de leurs énemis, fut miſe en pratique
par Xerxes,à l'encontre des Babyloniens:lors
que deſpité contre eux (apres les auoir dom-
tez par la force des armes) pour leur donner
vn extreme chaſtiemét: il ne les fit, ne ſeruir,
ne mourir:ains leur oſta les armes,& tous autres vertueux & honneſtes exercices:& comme s'il les euſt veincus tout expres,à fin de les
mener aux nopces: ordonna, qu'il ne s'a-
muſaſſent à autre choſe, qu'à chanter, dan-
ſer, & baller; leur donnant licence de prat-
tiquer & frequenter auec toutes femmes : &
ſe contenter de toute ſorte de plaiſir & reſ-
iouiſſance, qui leur ſeroit agreable. Cela
fut ſuffiſant, pour en peu de temps rendre
effeminee & inutile, celle grande ville iadis
tant floriſſante & renommee. Et paſſant
ceſte couſtume, & maniere de viure, de pere en fils, par tous les citoyens de Baby-
loine, elle les tira tous, iuſques aux derniers
de leurs races, en manifeſte perte & ruine:
Où ſi Xerxes les euſt chaſtiez du flayau,
dont on a de couſtume de punir les veincus ennemis: bien que les peines en euſſent eſté plus rudes & plus cruelles: neantmoins, elles euſſét pris fin tout en vn coup:&
ne ſe fuſſent pour ſi lõg téps perpetuees,cóme

ces plus douces, qu'il leur donna. Et sert tout
cela à l'interpretation, de ce que disoit Socrates: c'est à sçauoir, que l'aduis de Menander,
& de Perdicas, estoit, *Qu'il falloit vouloir bien
à ses amis, & faire mal à ses ennemis* : Et disoit
Socrates, qu'on ne pouuoit bonnement faire
mal à ses ennemis, si on ne faisoit dommage
& diminution, aux qualitez conuenables
à leur soustenement & entretenement. Parquoy estãt la vertu la propre qualité de l'hõme, pour bien le soustenir & entretenir: il e-
stoit besoin, pour luy faire vn biẽ grand mal,
de le faire deuenir vicieux : Ce que ne feroit
iamais aucun bon Prince, ny autre homme
faisant compte de l'honneur. Mais retournãt
aux mauuaises coustumes, & manieres de viure, ceux qui y sont accoustumez, ne veulent
point ouir parler, de les chãger ou amender,
encores que l'eschange & amendement leur
apportast bien grãdes commoditez. Ce que
se peut cõgnoistre, par l'exemple d'Vnon: lequel nourry & eleué aux coustumes, & façõs
de faire des Romains: lors quil se vid fait Roy
des Parthes, il voulut pratiquer auec eux, aux
accœils & audiéces, celle humanité & courtoisie, qu'il auoit apprise & accoustumee à
Rome. Et pource que telle façõ de faire fut
trouuee nouuelle & estrange par les Parthes,

auec lesquels leurs Roys auoient accoustumé, de hautement & superbement se comporter: ceste humaine courtoisie de Vnō, fut
par eux prise & interpretee pour bassesse &
lascheté de cœur: & fut tost apres priué du regne.

CHAP. CCCXCIX.

Eluy qui mesdit d'autruy n'en
reporte en fin autre loyer, fors
que, comme il desprise celuy duquel il dit mal, aussi tous les autres viennent a le mespriser, & dire le mal
qu'ils congnoissent en luy. Et pource que le
mesdisant, n'est tenu de faire preuue, du mal
qu'il raporte d'autruy, il amplifie à son plaisir
la moindre apparence de faute, par luy re-
marquee en celuy, dont il veut dire mal: se
confiant en la nature quasi vniuerselle des
hommes, tousiours plus prompts à croire le
mal que le bien. Mais si ces mesdisans estoiēt
obligez (comme on fait aux accusations, qui
sont introduites par deuant les Iuges, & les
magistrats) de prouuer par bons & suffisans
tesmoignages, leur mesdisance: ils demoure-
roient le plus souuent enfoncez au mesme
mespris, auquel ils s'estoient efforcez enfon-
drer les autres.

CHAP. CCCC.

L A crainte de la mesdisance, a eu quelques fois tant de puissance, sur les esprits de plusieurs gens de bien & d'honneur : qu'aucuns d'eux ont par fois delaissé à faire beaucoup de choses : qui eussent apporté grand profit au publiq, & particulierement à eux. Parquoy pouuons-nous bien dire vraye celle sentence, qui dit : *Que tout ainsi que la hardiesse renforce ceux, qui ont mauuaise intencion : aussi la nature creintiue & vergongneuse affoiblit ceux qui sont de bon esprit, & l'emploient à bonne fin.* Parquoy quand vn homme se trouue en bonne disposition, ou de faire, ou de dire, ou d'escrire, quelque chose bonne : il ne s'en doibt point abstenir pour creinte de ceux, qui sont prompts à mesdire de tout ce qu'ils voient : car si chascun faisoit ainsi : iamais on ne feroit, ne diroit, n'escriroit rien de bien : eu esgard à la grande quantité de mesdisans, qu'il y a au monde. Ains, quand il n'y auroit autre chose, qui peust induire les hommes à ce faire : la végeance, que telles gens meritent, les y deubst pousser : Pource qu'ils n'ont en eux chose qui plus les

puiſſe tourmenter, que de voir vn autre, faire, dire, ou eſcrire, choſe de prix : Et par ce
moyen plus euidemment appert leur peu de
ſçauoir : & le grand deſir qu'ils ont de mal
dire. Car quand le blaſme, & la reprehenſion,
ne touche point à choſes ſubſtancielles &
importantes : touſiours elle retombe ſur
la teſte du blaſmant repreneur : & le fait incontinent congnoiſtre, ou pour meſdiſant,
ou pour ignorant. Et combien que les moindres fautes des hommes, faiſans, diſans, ou
eſcriuans, puiſſent eſtre reprinſes, aueq quelque apparence de raiſon : neantmoins par
ceux qui vrayement entendent & ſçauent,
elles ſont legerement pardonnees. Pource
que la difficulté de bien faire, & l'attencion
qu'il faut emploier aux choſes grandes, aſſez
aiſément excuſent, enuers les ſages & diſcre-
tes perſonnes, les fautes commiſes es moindres.

Chap. CCCCI.

LEs eſcriuans, poëtes, ou orateurs
meſdiſans, ſont plus volontiers, & a-
uec plus grande attencion, veus & leus :
que ne ſont ceux qui flatent. Et combien
qu'aux vns & aux autres, la meſdiſan-

ce, & la flaterie, soit vice: toutesfois il semble,
que la mesdisance se peut excuser & couurir
auec quelque apparence de vertu: se monstrant le mesdisant, d'esprit libre & franc, &
de courage vertueux, estant pompt à blasmer
le vice. Ioint encores qu'il semble à chascun,
qui fait contenance de haïr & blasmer les vices d'autruy, pouuoir par ce moyen couurir
& cacher les siens, si d'aduēture il en a de semblables: ou faire plus clairement paroistre ses
vertus, si tant est qu'il en ait aucunes, contraires aux vices, qu'il blasme en autruy. Ou
au contraire la flaterie, fait demonstration
d'vn esprit seruil: & celuy qui void, oid, ou lit
des flateries, ne peut sans colere & indignation sentir, qu'à personnes de peu de vertu, &
de moindre valeur, soient attribuees les louā-
ges deuës, aux hommes excellemment vertueux & valeureux.

CHAP. CCCCII.

MESDIRE en presence, & picquer
par forme de gausserie, vne personne
de bas cœur: fait estimer foible celuy
qui gausse & mesdit: mais si en ce faisant il
s'adresse à personne de valeur, c'est chose biē
dangereuse: & se rencontre quelque fois
la

la valeur en gens, dont on n'euſt iamais eu ceſte opinion. Et ne vaut de dire, comme aucuns ont de couſtume: *Ie gauſſe & raille ſeulement auec mes amis: auec leſquels ie ſuis en ſeureté.* Pource qu'en tel cas les amis ont occaſiõ de ſe pleindre doublement: & à cauſe du meſpris, ſur lequel eſt fondee la piquante morſure du railleur: lequel a force aſſez d'emouuoir quelque perſonne que ce ſoit, à deſpit & indignation: & pour raiſon de l'amitié: de laquelle ou ils deburoient attendre tout plaiſir & conſolation: ils reçoiuent au contraire (contre tout debuoir) deſplaiſir & ennuy. Ce fut pourquoy: lors que Penandre Tyran d'Andracie, voulut en gauſſant demander à vn ieune garſon (duquel il abuſoit laſciuement) s'il eſtoit point encores gros de ſon fait: ceſt adoleſcẽt print ceſte villaine & mordante demande à ſi grand deſpit & deſdain, qu'oubliant toute la priuauté & amitié, qu'il auoit euë aueques luy: il s'eſmeut à luy oſter l'eſtat & la vie. Bien adonques fut dite ceſte ſentence: *Aſperæ facetiæ, & quæ multum ex vero traxere: acrem ſui memoriam relinquunt*: c'eſt à dire en François: *Les aſpres brocards, & qui de plus pres approchent de la verité: laiſſent au cerueau de ceux auſquels ils s'adreſſent, vne aigre memoire deſoy.*

Hh

CHAP. CCCCIII.

CEvx qui mefdifent des perfonnes abfentes, & beaucoup efloignees: lefquelles, ou par authorité, ou par priuauté & familiarité, ils pourroient honneftement admonefter, & reprendre de leurs vices en leur prefence: s'ils dient vray, ils fe monftrent vrayement mefdifans, & non conuoiteux de l'amendement de ceux, dont ils mefdifent: puis qu'ils ne leur dient pas à eux mefmes: s'ils mentét, ou dient chofes fauffes, ils ne fçauroient faire chofe au monde pire, & plus deteftable.

CHAP. CCCCIIII.

POVR paroles de mefdifance, on ne doit proceder contre aucun: en la maniere qu'on pourroit faire, s'il auoit fait quelque malefice. Car en fin, les paroles ne poignent outre mefure, fors les efprits des femmelettes, & des perfonnes de bas courage. Ains les mefdifances, comme elles font follement auancees: auffi (comme les autres vanitez) font elles de peu de duree. Parquoy dy-ie, que celuy-là ne feroit, pas demonftration d'entendre, que c'eft d'vn hom-

me magnanime & de bon cœur:ne combien
vaut la fermeté des vertueuses actiõs:qui croi
roit la vanité des paroles , dites , par hommes
langars & causeurs: estre suffisante, pour l'a-
bolir,ou pour l'affoiblir.

CHAP. CCCCV.

A V C V N S piquez des mesdisan-
ces, & mordãs brocards de leurs
aduersaires:aimét mieux se mettre en dáger, pour euiter ce blaf-
me,qui ne peut que bien peu durer;que diffe-
rant quelque peu de temps , prendre la seure
vengeáce de leur vaine raillerie & mesdisance. Ceste faute est grandement nuisible , en
maintes actions que font les hõmes, à l'enuie
l'vn de l'autre: mais aux guerres encores d'a-
uátage:& d'autát plus,que là il va de la sauueté,ou de la perte de l'estat.Merueilleux fut en
cest endroit l'exéple de Fabius Maximus : lequel peust auec patience attendre la bonne
occasion du cõbat:& endurer les mauuaises
paroles & mesdisáces,qu'õ semoit de luy:auf-
quelles il ne respõdoit rïé autre chose:finõ qu'
il estimoit,celuy qui creignoit les mesdisans,
plus lasche & poltrõ, q̃ celuy qui fuioit deuát
les énemis:pource q̃ cestuyci fuioit les coups:
& cestuy-là fuioit les paroles.Marius encores

Hh ij

en semblable occasion sceut bien tenir bon;
& rabattre aueq la pointe de son esprit les paroles de son ennemy:lequel pour le faire sortir hors de son camp : & le tirer au combat à
son auantage : luy disoit : *Si tu es ce Marius, ie*
dy ce grand Capitaine que chascun t'estime: sor de-
hors, & vien au combat aueques moy , maintenãt
*que ie t'y semon & appelle.*Et Marius luy respõ-
dit:*Mais toy,si tu es si vaillant Capitaine, comme*
tu t'en ventes : & si tu as si grande enuie de com-
battre aueques moy, comme tu en fais le semblant:
force moy de venir au combat. Par ce moyen,
rendant paroles pour paroles:il demoura fermé & clos en son camp:iusques à ce qu'il vid
son oportunité & auátage: qu'il en sortit, cõ-
battit,& reporta la victoire.

CHAP. CCCCVI.

S I la mesdisance n'est pas excusee:
mesmes en la bouche de ceux,qui
iniustement offensez,semblét iustement mesdire de ceux,qui leur
ont fait l'offense : tant moins sera-telle excusee en ceux,qui n'ayans receu aucune offense,mesdisent par vne certaine habitude,qu'ils
ont faite de reprendre & blasmer les actions
de toutes personnes:venans à propos en tous

deuis & raiſonnemens, auſquels ils ſe rencõ-
trent. Mais elle eſt, en vn homme ſuiuant les
armes, choſe laide outre meſure: pource qu'il
ne peut donner argument & indice de ſa laſcheté & bas cœur, plus grand que ceſtuy-là:à
cauſe que le courage genereux, aueq lequel
eſt coniointe la hardieſſe; deſdeigne de mal
parler d'autruy: Ains quand il veut mal à
quelqu'vn:il luy fait entendre aueques les armes, & non aueques les paroles:comme font
les femmes: leſquelles n'ayans autre moyen
de ſe venger:elles ont de couſtume, & ſe licé-
cient, de dire tous les maux du monde, de
ceux qui les ont offenſees. A ceſte cauſe, Mé-
non, renommé Capitaine du temps du Roy
Daire, oyant vn de ſes ſoldats, qui(à l'auenture penſant luy faire grand plaiſir) enorméme-
ment meſdiſoit d'Alexandre: luy bailla vn
grand coup d'eſpee:& luy diſt: *Ie te paye, afin
que tu combattes: & non pas afin que tu diës mal
d'Alexandre.*

CHAP. CCCCVII.

NE faut iamais, ſinon auec bien grãd
reſpect, dire aucun mal de ſon Prin
ce, ou le blaſmer en maniere que
ce ſoit:encores que par fois il face des choſes,

toutes autres que ne veut la raison. Non
que ie voeille dire, que les actions du Prince, ne puissent ou ne doibuent estre mesu-
rees à la mesure des autres : & estimees bonnes ou mauuaises, selon ce qu'elles sont bien
ou mal faittes : mais pource qu'estans les citoyens des villes, & autres sugets du Prince,
obligez par leur debuoir, de tenir leur Prince en lieu de pere : ils doibuent consequemment vser enuers luy, de toute filiale pieté : laquelle ne peut estre congnuë aueq meilleure
preuue, qu'en supportant gracieusement ses
fautes : & en s'efforceant de les faire paroistre
faux : ou si tant on ne veut ou on ne peut faire pour luy : à tout le moins s'en taire, & n'en
parler point. Pource que toutes fois & quantes qu'il luy sera rapporté, qu'vn autre aura
licencieusement mal parlé de luy : il se pourroit bien mettre en tout debuoir d'en faire
resentir le mesdisant, veu qu'estāt la licēce de
dire, coustumiere de tirer apres soy la licence
de faire : le Prince ne voudroit pas estre prins
au despourueu : à ceste cause, il pourroit à
l'aduenture chercher le moyen de son asseurance : anticipant la ruine de ceux, qui auroient commencé à mal dire. Mais (à la verité) le Prince (soit bon, soit mauuais) mais
qu'il ait pourueu au maintenement de

l'eftat, de forte qu'aifeement il ne puiffe receuoir dommage: il ne fe doibt en rien fou-
cier, des mefdifances du monde. Car s'il eft
bon Prince: fes bônes actions feront fuffifan-
tes pour eftouffer la mauuaitié du mefdifant:
s'il eft mauuais: il ne doibt pas vouloir, auec
le chaftiement du reprencur & blafmeur
du mal fait:faire croiftre l'occafion, d'en mef-
dire encores d'auantage.

CHAP. CCCCVIII.

LE defdain, & la paffion de la prefente rancune, a fi grande puiffance fur les hommes: (côme ailleurs
a efté dit) que le defpité recourt à
ceux, qu'auparauant il haïffoit à mort. A cefte caufe aucun ne doibt perdre l'efperance,
qu'il ne fe luy puiffe offrir quelque fois occa-
fiô de faire, que auec ceux mefmes, qui toufiours luy ont voulu mal, il ne puiffe vn iour
reuenir en grace:& qu'ils ne luy vœillent biê;
(foit que, ou la fortune, ou l'induftrie, face
naiftre les diffenfions) pourueu qu'il fçache
choifir l'opportunité, & le temps propre, pour foy prefenter à la reconciliation.
Ce qu'on a veu fouuent aduenir, non feulement entre bourgeois & bourgeois, & entre

ville & ville voisine : mais encores en autres
lieux, est maintesfois apparu bien clairemét:
Ou, pour vne petite dissension aduenuë entre amis : ils se sont laissez deuenir les Princes
mesmes leurs ennemis : laissans prendre à vn
tiers, ce qui entre eux estoit en debat ; combien que ce tiers n'eust point de plus dignes
qualitez que les autres : & seurement fust
pour leur estre tost apres ennemy. Toutesfois ne peut-on faire, ne plus temeraire, ne
plus vergongneuse determination, que celle-
là : à l'encontre de laquelle, & de ses semblables, les hommes sages se doibuent opposer:
& pouruoir à choses de telle importance, a-
uec ferme deliberacion de ne se laisser veincre, par quelque courte impetuosité, de laquelle puisse naistre briefue victoire : mais
consyderer ce qui pour vn long temps pourra reuenir au bien & profit commun : ou au
moins ne pourra iamais apporter aucun particulier dommage.

CHAP. CCCCIX.

SEMBLE qu'vn despit, ou vne cole-
re, ait force si grande : qu'elle puisse a-
bolir & effacer la souuenance de tous
les biens & plaisirs du passé : en quelque

nōbre & grandeur qu'ils puiſſent eſtre. Ceux,
qui ſouſtiennent ceſte propoſicion, alleguent
pour leurs raiſons: que, qui reçoit biē ou plaiſir d'vn autre, ne doibt auoir conſyderation
d'autre choſe, que du cœur & courage de celuy, duquel eſt procedé le biēfait: lequel courage, quand il eſt bien & droitement diſpoſé
enuers aucun: iamais ne ſe peut tourner à luy
faire tort, ou offenſe aucune. De maniere,
que ſi apres le bienfait d'vn homme, de luy-
meſmes puis apres vient l'iniure: de là peut-
on faire comme aſſeuree coniecture, que le
bienfait ne proceda onques de bonne volō-
té: ains de quelque intereſt, qu'y preten-
doit le bienfaiteur; & conſéquemment on ne
luy en deibt ſçauoir gré ne grace, ny en reſentir aucune obligatiō. Mais les autres, qui plus
ſainement diſcourent, dient, que les opinions
ne ſe doibuent iamais fonder ſur vne ſeule a-
ction: & que puiſque nous ſommes hommes,
ne pouuans viure aueq les affections ſi bien
purgees, que maintesfois nous ne tombions
en maintes fautes, contre noſtre volonté: il
n'eſt pas conuenable, que nous mettions vne
ſeule faute en contrepois de pluſieurs bonnes
actions: Ains debuons attendre plus d'vne
faute, auant que nous declarer ennemis: ne
plus ne moins qu'auons deu attendre plus

d'vn bon effait, auãt que nous declarer amis.
A ceste cause, ceux de Platee, accusez & blafmez par les Thebains: respondirent à propos,
cõme nous disons: c'est assauoir, qu'vne faute seule par eux faitte, meritoit pardon: eu efgard au grand nombre des belles operations,
auparauant par eux & leurs peres effectuees,
pour le seruice des Thebains. Et combiẽ que
les Thebains repliquassent, que ces Plateans
meritoyent encores plus aigre chastiement:
pour estre, de gens de bien, deuenus meschãs:
La replique n'en estoit, ne vraye, ne bonne:
pource qu'ainsi que l'habitude ne se forme
pas, par vne seule bonne operation: aussi ne
se perd-elle pas, par vne seule mauuaise a-
ction. De fait, les loix, pour ceste consideration, punissent les premieres fautes de legeres
peines: Ioint que (comme a esté dit cy dessus)
plusieurs choses peuuent induire l'homme à
faillir vne seule fois.

CHAP. CCCCX.

COMBIEN que iamais on ne louë
ou approuue, celuy qui fait tort à autruy: neantmoins celuy qui par necessité, ou par la male auanture, est induit à
le faire: merite plus d'excuse, que celuy, qui

en sa prosperité se met à faire tort, & offense
à son voisin. Pource que le premier contreint
par le besoin, fait ce qu'il voudroit bien point
ne faire: mais le second estant en bonne disposition: & ayant beaucoup de moyens de
contenter ses appetis, sans faire tort à personne: faisât le tort & l'offense: il ne peut nier qu'il
ne les face par mauuaise volôté, & par vn appetit desreglé.

CHAP. CCCCXI.

A PRES l'offése qui se fait à Dieu:
ne se fait iniure plus grande, ne
plus perilleuse, que celle qui est
faite aux gens de bien: pource
qu'on ne peut offenser vn homme de bié: que
l'iniure à luy faite ne serue de treslaid exemple: à cause du mespris & peu de compte, qui
se fait de la vertu: outre ce, qu'on doit tenir
pour chose asseuree, que Dieu en fera la vengeance: pource que chascun se despite, voyât
mespriser & negliger les hômes semblables à
soy: & qu'aucun ne ressemble tât à Dieu, que
l'homme de bien. De là Platon tire vn argu-
mét: que côme on void que Dieu aime & fait
côpté, des persônes, & des choses sacrees, qui
representét son image: Aussi doit-on croire q̃

l'homme de bié (lequel luy reffemble mieux, qu'aucune autre chofe) luy eft grandement agreable:& au contraire l'homme mefchant, odieux & defplaifant fur toute autre chofe.

CHAP. CCCCXII.

COMME c'eft fait de fage homme, de diffimuler l'iniure faite, par les plus grands, & les plus puiffans: auffi eft-ce fait d'homme magnanime, de la remettre & pardóner. Et ne doit-on doubter que ce faifant on puiffe acquerir reputatió d'hóme lafche & couärd: ne que les hommes à cefte occafion deuiennent plus hardis à luy mesfaire: car il eft bien aifé de congnoiftre, quand vn homme par vertu & magnanimité, o met la vengeance du tort qu'on luy a faict: & quand il ne la veut faire, par poltronnerie & lafcheté: veu que le vertueux n'a point faute de moyens, pour faire paroiftre fa valeur, en maintes a-ctions plus induftrieufes & excellentes, que ne pourroit eftre celle de la vengeance. Ains ceux-la mefmes qui l'auront offenfé, ce con-gnoiffans, remercieront Dieu, d'en eftre fi bien & fi doucement fortis: & plus toft s'effor-ceront, auec quelque forte de biéfait, d'abolir

l'ancienne iniure:que d'en auancer vne nouuelle:& tous les autres,ne l'eſtimeront,ne laſche, ne poltron:ains luy donneront tiltre &
reputatió,d'homme prudent & magnanime.

CHAP. CCCCXIII.

IL y a difference, entre vn homme courageux:& vn homme colere, touſiours prompt & preſt à
ſe courrouſſer:& combien que le
bon & grand courage, ſoit pour le plus ſuget
à colere: neátmoins telle colere eſt genereu-
ſe:pource qu'elle ſe forme auec iugemét: veu
que maintesfois les audacieux font des tors
& offenſes: qui ne pouuans & ne debuans e-
ſtre ſupportees de gens d'honneur: ne pourroient eſtre vengees, ſans ce haut & grand
courage:mais qui parle de la colere à part ſoy,
il entend de celle qui procede de certaine impetueuſe & prompte violence d'eſprit, ſans
raiſon ne iugement.Et c'eſt celle,qui à chaſ-
que ombre ou apparence d'iniure, petite, ou
grande, aigre, ou douce, allume & aigrit le
cœur & l'eſprit: qui ainſi enflammé,enaigry,
& irrité: prend trop aſpre vengeance de l'iniure receuë: dont il acquiert blaſme & d'eſ-
honneur enuers toutes perſonnes: puis toſt

apres changeant d'opinion est desprisé de chascun.

CHAP. CCCCXIIII.

E despit, & le courroux, sont part de la haine:toutesfois sont ils differés d'icelle : Car le courroux est temeraire, estourdy, incōsideré, & trop hardy: & à cause de la douleur, & marrission de l'iniure receuë, qui l'espoint, n'escoute point la raison:mais la haine, à cause qu'elle est sans douleur, luy preste l'aureille. Et pource qu'on a en haine, generalemēt toutes les choses contraires à ce, qui est conuenable & raisonnable : de là vient, que la haine est des choses vniuerselles. Mais le courroux au contraire est tousiours particulier:cōme procedant de quelque particuliere action, qui a offensé le courroussé. Qui a seigneurie, empire, ou commandement: se doibt bien garder de faire enchoir aucun de ses sugets, en l'vne, ou en l'autre, de ces deux passions:qui toutes deux sont fort perilleuses. Car le despit & la colere,ont par leur fureur maintesfois tenté & entrepris,choses qui sēbloiét impossibles; & la haine:pour estre soustenuë de la raisō: & pource qu'elle prēd sa naissance de choses qui

vniuerſellement deſplaiſent : en maintes occaſions s'eſt auancee, à faire ce qu'elle a voulu contre la perſonne haïe. Le Prince s'exem-
ptera touſiours de la haine vniuerſelle : faiſant
preuue de ſa vertu, & de ſa religiō : nommeement faiſant paroiſtre, qu'entre toutes les vertus, plus luy plaiſent celles, qui plus font à
l'auantage de ſes ſugets : Auſſi ſe ſauuera-il du
deſpit & de la colere, s'il chaſſe l'iniure d'entour ſoy : & l'iniure ſera chaſſee, toutesfois &
quantes, que par le moyen des loix, & du magiſtrat qui les adminiſtre : & non par ſa particuliere affection & volonté : il donnera le
chaſtiement & les peines : ſans faire tort à aucun.

CHAP. CCCCXV.

LE deſpit, eſt moins dommageable, que
la haine : & la haine fait moins de mal,
que l'appetit de dominer, c'eſt à dire,
l'ambicion. Pource que le courroux, ou la
colere : ne cherche autre choſe, qu'à ſe venger du tort fait : & neātmoins demourer egal,
& (ſi poſſible eſt) ſuperieur, en l'effait de la
vengeance de l'offenſe, faite à celuy qui
eſt courrouſſé. La haine, cherche la ruine de celuy qui eſt haï : toutesfois, pource

qu'elle se peut effacer, ou adoucir par fois: ou par le moyen de l'humilité: ou en gratifiant le haineur de quelque bienfait: en fin elle se vient à descouurir pour moindre mal, que n'est l'ambicion, ou appetit de dominer & commander: Qui n'a chose, qui le puisse abolir, ou retenir: puis qu'il est entré en l'entédement, de ceux qui en ont quelque peu gousté de la saueur: & qui ont l'esprit gaillard: ou bien qui ont quelque esperance d'en pouuoir gouster.

CHAP. CCCCXVI.

QVELQVES vns des anciens voulurét dire, que le courroux estoit fondé sur foiblesse, ou faute de cœur: & prindrent ceste opinion, pource que les malades sont plus prompts à se courrousser, que les sains: les ieunes, plus que les vieux, & les femmes, plus que les hommes, pource aussi que ceux qui sont magnanimes, fermes, & constans, ne sont pas tels à cause de la faculté irascible: mais pource que l'honneur & la raison, les rendent tels. Attendu que la passionnee affection troubleroit incontinent la raison: & ne seroit pas conuenable qu'vne tant honorable vertu, comme est la ferme constance:

conſtance: procedaſt d'icelle. A ceſte cauſe, les anciens Poëtes, appelleront le Dieu Mars, *Follaſtre*: afin d'auertir & auiſer l'homme côſtant, qu'il debuoit auoir l'eſprit poſé & paiſible: & ne faire choſe aucune auec violence & impetuoſité: ains auec ferme & arreſté iugement. Car les hommes coleres, & prompts à ſe courrouſſer: comme ayás vn mauuais fondement de leur colere: aiſément tombent en grans dangers: puis apres ſe pleignent & deulent d'y eſtre tombez. Ce qui n'auiét pas aux conſtans hommes: leſquels fondez ſur la raiſon, ſont (comme elle) touſiours ſemblables à ſoy meſmes. Et par tát, ſont touſiours fermes, en ce qu'ils ont vne fois commencé: encores qu'ils ſe voyent la mort preparee deuát leurs yeux.

CHAP. CCCCXVII.

LEs hommes coleres, & prompts à ſe courrouſſer: ne ſe peuuent ſoudainement preualoir de leur prudéce & ſageſſe: ſi aucune il y en a en eux. Car on dit, qu'ils font comme les chiens: leſquels, entendans quelque bruit en la maiſon, abbayét tout ſoudain: ſans conſyderer premierement, ſi celuy qui y entre, peut eſtre amy:

ainſi la nature de ces coleres , toutes les fois
qu'ils ſont pris au deſpourueu , tout ſoudain
decouure , ce qu'ils ont en l'entendement.
Dont auient, que à cauſe de ceſte prompte
declaration de volonté : aucuns ont eſtimé
leur compaignie & conuerſation eſtre bonne leur ſemblant, que touſiours , & en toutes
choſes, ils ſe comporteront ainſi librement
& ouuertement. Toutesfois, la verité eſt,
que leur hantiſe & familiarité eſt dangereuſe, pource que (s'ils n'ont affaire à perſonnes
plus que pacientes) ils donnent maintes occaſions, de deſdain, & de faſcherie, à ceux qui
conuerſent auec eux. Et encores pis, s'ils ſont
domeſtiques: car il n'y a lors moyen de ſe cõ-
porter aueq eux, à ſon repos: & à ſon hõneur:
pource que ſi vous eſtes homme maniant affaires: & que ne les emploiez en la negociation d'iceux: ils en feront mal contens: & ſi
vous les y employez : il y aura danger , qu'e-
ſtans ſoudains & precipitans, au moyen de
leur prompte colere: ils ne gaſtent & ruinét
en vn moment: tout ce que par vn long eſpace de temps , vous aurez prins grand peine à
dreſſer & bien faire.

Chap. CCCCXVIII.

Ovt ainsi que les coleres:à cause de la pointe & acrimonie du
bilieux humeur, qui eueille leur
entendement, font propres à la
speculation des arts & sciences. Aussi s'en
trouue-til peu d'idoines, aux gouuernemens
des estas & des republiques : pource qu'ils
sont, non seulement impaciens à escouter, &
à faire : mais encores bien souuent se trouuás
en autorité : deuiennent fiers & iniurieux de
paroles : lesquelles sont indignes d'estre pro-
noncees, par celuy qui les dit, & indignes d'e-
stre supportees, par celuy qui les escoute. A
cause dequoy, maintes fois se sont trouuez
des hommes : lesquels iniuriez par les magis-
tras, ou autres ministres du Prince, ou de la
republique : comme s'ils eussent esté iniuriez
par le public, n'ont pas esté contens de la vengeáce qu'ils en ont prise du magistrat, ou autre ministre : mais se sont declarez ennemis,
ou de la republique, ou du Prince : & mis en
debuoir d'entreprendre sur l'estat : tant ils e-
stoyent furieusement desireux de la vengeáce, du tort qu'ils pretendoient leur auoir esté
fait.

CHAP. CCCCXIX.

E n'est pas bien fait d'aller rechercher, & fascher, non seulement les plus grãs que soy : mais aussi les plus petits : lors qu'on les void, ou sçait, estre en colere : veu que les hõmes courroussez, sont tellement alterez, & disposez à quereler : qu'ils s'aheurtẽt aussi tost contre les premiers venus, que contre ceux qui sont cause de leur alteration : cherchãt la nature greuce, cõme pour remede à son mal, à se descharger de tous les costez quelle peut : afin de faire par dehors sortir, l'ennuy qui par dedans l'afflige.

CHAP. CCCCXX.

E croye le Prince, contre lequel vn autre Prince est courroussé : que cestuy-cy bien aisement ne se rengeast à donner confort & secours, à quiconques le voudroit assaillir : & que pareillement il pése, que ce luy seroit peu d'auantage, que l'assaillant par ce moyen se fist grand, & que puis apres il eust grande occasion de le creindre. Car combiẽ que la rai-

son le vousist ainsi: neantmoins l'affectiõ sur-
monte la raison:nommeement quand le despit est grand, & encores fraischement né:car
tousiours il engendre volonté, de faire mal à
celuy, qui est cause de l'alteracion: laquelle
l'afflige de sorte, qu'il seroit quasi impossible,
qu'il ne donnast secours & confort à cest assaillant:& qu'il ne se le fist amy,pour s'en preualoir, en ceste occasion de vengeance.

CHAP. CCCCXXI.

SEMBLE que c'est vne ordinaire coustume,que quand vn homme deuisant & raisonnãt aueques
d'autres, se sent auoir la verité de
son coité:pour la soustenir & defendre, il se
peut & doibt mettre en colere. Ce que toutesfois il doibt euiter, tant qu'il luy sera possible: veu qu'ayant la verité pour soy;& consequemment la force & la lumiere suffisante,
pour satisfaire à tous les doubtes,qu'on pourroit proposer & mouuoir à l'encontre d'elle;il
ne luy est point besoin de chercher d'ailleurs
secours, que d'elle mesmes. Et ce d'autant
plus, que là où entre la colere,elle ne peut endurer d'y demourer en egal contrepois : ains
veut soudain auoir le dessus,& la dominatiõ

I i iiij

& elle porte la dispute à tel point, que bō luy
semble. De maniere, que bien souuent elle
donne occasion à l'aduersaire, de sortir du
propos: & de la dispute, en laquelle il auoit le
tort: & de rentrer en vne autre, ou la raison
soit pour luy: & par ce moyen le colere de
soy mesmes s'oste l'honneur de la dispute, en
laquelle il auoit ia du meilleur. Qui donques
a la raison, & la verité de sa part: se doibt bien
garder d'entrer en colere: ains doibt, auec la
plus grande douceur, dont il se pourra auiser:
retenir & arrester son aduersaire, & empescher qu'il ne se courrousse, & altere: afin que
par ce moyen, il soit conuié à paisiblement
escouter, & bien entédre les argumens & les
raisons; qui l'induiront à croire: & se laisser
veincre.

CHAP. CCCCXXII.

L Es femmes, les personnes de leger
esprit, & les coleres, sont quasi de
mesme nature: Car le plus souuent
elles se courroussent ardémment,
de choses qui ne meritét pas d'en parler: & de
celles qui importét: elles n'en parlent, ne s'en
osmeuuét, ne peu ne poit. Elles ont toutesfois
cela de bō: que toutainsi que legeremét elles

se courroussent: aussi legerement elles s'ap-
paisent: de sorte qu'il n'y a pas grande apparence, de beaucoup esperer ou creindre d'elles. Neantmoins quand l'occasion s'offrira, en
choses d'importance, d'entrer en quelque
souspeçon de telles personnes: pour les tenir
en bride, & empescher qu'elles ne se remuét:
le meilleur remede est de les intimider gail-
lardemét: pource que legeres peurs, ne les feront pas aiseement sortir de leur naturel: mais
si feront bien les grandes & violétes creintes:
pource que la soudaine colere, & la léte peur,
ne sçauroyent ensemble demeurer en vn
mesme esprit, & subiet.

Chap. CCCCXXIII.

Evx qui de leur naturel sont
enclins à la soudaine colere, &
se donnét à elle cóme en proye,
sans luy faire aucune resistence,
se font d'eux mesmes vn grand
tort & dommage. Car au moyen de ceste có-
tinuelle colere: ils deuiénét fort aigres enuers
soy mesmes: & se remplissent d'impacience:
tellement qu'ils viuét d'vne miserable vie. Et
outre ce, que par fois ils sont, par l'ardeur de
la colere, induis à dire des paroles: qu'il faut

puis apres maintenir de fait : s'expofans fole-
ment au danger de la vie : les pauures gês deuiennent en fin, la fable & la moquerie, de
ceux qu'ils ont offenfez. Laquelle chofe feule deburoit fuffire, à rendre les hommes qui
aiment l'honneur, bien auifez & curieux de
s'en garder. Et ne vaut l'excufe alleguee par
aucuns, difans, que par leur colere ils font demonftration de quelque preeminence & fuperiorité. Car auffi bien, celuy qui vole par
les champs, fe monftre-til le fuperieur de celuy qu'il affaffine : Toutesfois aucun ne doibt
fouhaiter, d'auoir en cefte façon, preeminence & grade de fuperiorité par deffus les autres.

CHAP. CCCCXXIIII.

RISTOTE dit, que le long, ou le
brief, efpace du temps, ne fait aucunemét varier la fubftance des chofes : parquoy autát fe peut dire blác,
le blanc d'yne heure : (quant à fon effence de
blancheur) comme le blanc de mille annees.
A cefte caufe, bien difoit Caton, que le colere, & le fol : n'eftans differens, que pour le refpeſt du temps feulement : eftoient vne mefme chofe : & par ce moyen, à l'homme eftant

en colere, on pouuoit franchemēt dire: qu'il
est fol, tant que dure sa colere. Mais qui sera
celuy, qui confyderant son visage enflambé,
ses indiscretes & foles paroles, & ses desordonnez actes & gestes, que sa colere produit:
le puisse ou ose denier? Et ne sert de dire; (cōme dient aucuns pour leur excuse): *Ie ne me
courroufse iamais fans grande raison*: Pource
qu'on ne vous demande pas l'occasion, pour
laquelle vous entrez en colere: mais de la hau
te voix, des criemens, & des superbes paroles,
dont hors raison vous vsez: & du laid visage
que vous monstrez, lors que vous estes en co
lere. Et peut bien estre (comme en beaucoup
d'autres choses) que le commencement du
courroux, a esté mu auec grande raison: mais
que puis apres il s'est auancé bien loin hors
les bornes de la raison. Parquoy, à bonne raison merite d'estre blafmé, celuy qui se cour-
rouffant & colerant par zele de la iustice: se
laiffe enchoir en quelque iniustice: & ainsi
des autres vertus, qui luy donnerent la premiere occasion de se mettre en colere.

CHAP. CCCCXXV.

LA colere, est si franche, & tant
amie de la verité: ou (pour mieux
dire)est tant impaciente:que si celuy qui est en colere, se met à par-
ler aueques l'autre qui l'y a mis: il est impossible qu'il la puisse celer: encores qu'il ait deliberé & proposé à part soy d'ainsi le faire : &
par ainsi cest autre,aisément s'en apperceura.
La haine d'autre costé, combien qu'elle desire des effais plus grands, & plus malins, que
ceux de la colere:toutesfois elle ne s'accompaigne pas, ny de l'impacience: ne d'vn si fier
& poignant aiguillon de vengeance : qu'elle
ne le puisse bien differer & cacher.

CHAP. CCCCXXVI.

COMBIEN que toutes les humaines affections, estans paruenuës au comble
de leur estre, soyent generalement vicieuses : & quand elles sont reduites au moyen,
lors elles deuiennent vertus honnorables:
neantmoins, à cause que la constance a eu
besoin d'vne extreme hardiesse: il sembloit qu'entre les autres affections de l'es-

prit, celle de la colere (fur laquelle eft fondee la conſtante fermeté) debuoit demourer au comble de ſon naturel : pource que de
ſa nature elle eſt vaillante, & touſiours prefte à combattre. A ceſte cauſe diſoit Platon,
que la colere ne debuoit eſtre, ny appaiſee,
ny abbatuë : ains de telle ſorte maintenuë en
ſon entier : qu'elle ne peuſt faire aucun dommage. Ce qui ſe pourroit aiſément faire, en
enſeignant aux hommes de leur nature
coleres, contre quelles perſonnes ils ſe
debuoient courrouſſer : pource qu'il n'eſt
pas inconuenient, qu'en vne meſme perſonne, ſe trouuent enſemble iointes, vne extreme clemence & douceur, & vne extreme colere: Leſquelles deux affections (bien qu'elles ſemblent eſtre contraires) ſe rencontrent
neantmoins iointes en certaines beſtes brutes: comme on void clairement aux chiens:
qui ſont fiers & outrageux, enuers ceux qu'ils
ne congnoiſſent point: & fort doux & gracieux, enuers ceux qui ſont de leur congnoiſſance. Laquelle opinion ne contreuient en
rien encores à l'eſſence des vertus : combien
qu'elles ſoyent diffiníes par la mediocrité: veu
qu'en aucunes d'icelles, (comme pour exemple, en la magnanimité, & en la magnificence) ne ſe trouue leur mediocrité, moyennát la

matiere, en laquelle elles sont fondees: ains moyennant la distribution de laditte matiere, pource que les vices contraires à ces vertus, consistent aux dons qui se font aux personnes, ausquelles on ne deubst pas donner: & quand on ne doibt pas donner : & de plus grand prix & pois, qu'on ne deubst donner:& ainsi des autres circonstances. De façon, que retournant à mon propos, ie dy : qu'ayans les extremes dangers besoin d'vne extreme hardiesse:& estát aussi la colere, (tant quelle dure) treshardie , & encores de sa nature inuincible: il ne la faut point oster ne diminuer à celuy qui l'a : Ains suffit faire entendre aux hommes estás ainsi coleres,& les causes pour lesquelles on se peut & doibt honnestement courrousser:& qu'à l'endroit des amis, & des hommes ausquels on doibt reuerence & hóneur: on se doibt tousiours monstrer bien gracieux & courtois.

Chap. CCCCXXVII.

LA colere ne se peut cueiller au courage d'homme aucun; s'il n'y est prouoqué par quelque iniure ou indignité : Si font bien la haine & la malvœilláce; pource qu'elles naissent de toutes les nuisances & incom-

moditez,que les hommes peuuent receuoir:
voire fans la faute de celuy duquel elles procedent: & qui neantmoins à caufe d'icelles
eft malvoulu & hay.Parquoy de ce peftilent
vice,ne fe peuuent fauuer ny eximer,mefmes
les plus gens de bien: ains font pour ce regard
en pire condicion, que les plus mefchans.
Car les mefchans hayffent les gens de bien:
non feulement pource qu'ils fçauent ,qu'ils
ne fe peuuent auec eux accorder, en leurs
mefchantes actions : mais auffi, pource que
s'ils leur veulét mesfaire:ils acquerront nom
d'iniuftes & peruers:lequel nom eft odieux &
ennuyeux, voire au plus mefchant d'entre
eux.

CHAP. CCCCXXVIII.

QVAND la hardieffe,procedant de la
nature,où de la valeur:eft accompaignee de l'art: elle fait des effais merueilleux: & encores fans l'art, fait-elle preuue
de fa generofité : Mais toutes les autres efpe-
ces de hardieffe, (pource qu'elles ne font pas
des vrayes,ne des bié fondees) des le premier
affaut font demonftratió de leur foibleffe: Et
ores qu'elles fuffent accompaignees de l'art:
elles ne feroient de gueres plus belles opera-

tions: pource que si l'art n'est soustenu par le grand & bon courage: incontinent il s'auilist: & en vn moment est suffoqué par la vile & poltronne lascheté.

CHAP. CCCCXXIX.

C'EST la coustume des hommes feints & simulez, & qui mettent tout le fondement de leurs actions, en l'exterieure apparence, donner vn premier assaut, plus espouuantable & furieux, que vaillant & ferme: & toutes les fois qu'ils trouuent des hommes aisez à battre, & à se laisser veincre: se monstrer terribles & cruels outre mesure. Mais ceux qui sont vrayemét & vaillamment hardis: & ont congnoissance de ces brauâs couärds: volontiers s'attaquent à eux: pource que venans aux mains, ils s'asseurent que le danger est petit, & l'honneur grand: pource qu'il semble (à cause de la braue parade que faisoyent ces hardis couärds) que ces autres vaillans hardis les ayans battus, ayent fait vn grand & genereux acte.

CHAP. CCCCXXX.

L'HOMME naturellement hardy:pource
qu'il eftime fes forces plus grandes,& cel
les des autres moindres, qu'elles ne font : entreprend hardiement tout affaire qui fe prefente:& n'eft retenu, que par la faute de fçauoir bien trouuer les moyens, de bien executer vne entreprife : & les cauteles pour faire
dommage à fes aduerfaires. Au contraire,
l'homme malicieux void & congnoit tous les
moyens dommageables: Mais pource que la
malice eft toufiours accõpaignee de la couär-
de lafcheté:ce mauuais hôme n'a pas la hardieffe d'executer,ce qu'il congnoit & defire.
Ainfi a la nature bien pourueu à ce, que ces
deux vices ne f'accordaffent point enfemble,
& ne fe trouuaffent en vn mefme fubiet: Car
s'ils s'y fuffent trouuez: le mal bien aifément
fuft venu au deffus du bien : & ne fe fut ren-
contré fi haute & perilleufe entreprife, de laquelle ne fuft venu à chef:celuy qui egalemét
euft efté malicieux & hardy.

CHAP. CCCCXXXI.

CEvx qui ne font compte de la mort, outre ce qu'à ce ne les meut, ne la confideration de la vertu, ny l'egard de la raifon: doibuent eftre (comme dit Dïon) odieux & fufpects à toutes gens de bié:pource que toufiours on peut doubter, qu'à la moindre occafion qui s'offrira, & au moindre appetit qui leur en prendra : ils font pour tenter l'emprife, de quelque infigne nouuelleté. Mais ceux qui font compte de la vie(comme raifonnablement font les gens de bien:à caufe des bônes operacions, que viuans ils efperent pouuoir faire) doibuent eftre eftimez & aimez: pource que pour fe côferuer la vie:ils ne voudroient iamais commettre faute, digne d'eftre punie de mort.

CHAP. CCCCXXXII.

CEvx qui affaillent, par impetuofité de nature,& non par valeur qui foit en eux: font(comme dit Cefar des François)au commencement plus qu'hômes,& à la fin moins que femmes:Car telles gens n'vfent d'aucun difcours, & ne fe font fors d'aucune raifon:

ains

ains faisans vn recoeil & amas, de toute leur
vigueur naturelle : font vn fier & furieux affaut, auquel ils se monstrent braues hommes,
voire plus qu'hommes : mais s'ils trouuent resistence (pource que toute violente impetuosité est naturellement courte : & n'a ne raison
ne discours, qui la puisse maintenir) ils deuiénent plus creintifs & lasches que femmes. Ce
qui n'auient pas à l'homme valeureux & cô-
stant : qui premierement congnoissant le dâger, & courageusement s'y exposant, & auec
raison : auec ceste mesme fermeté & asseuran-
cé de cœur & courage, qui l'y a fait entrer :
il s'y maintient & entretient encores : iusques
à ce qu'il veinque, ou meure : comme il conuient à homme valeureux, courageux, & cô-
stant.

CHAP. CCCCXXXIII.

L'HOMME qui est eshôté & presom-
ptueux : il faut consequemment qu'il
soit aussi, lasche, poltron, & de bas
cœur : parquoy auiendra tousiours, que vn tel
homme, se trouuant enueloppé en quelque
dangereux affaire (pource qu'il n'aura bride
aucune de vergongne, qui le retienne) tour-
nera incontinent les espaules à l'aduersaire.

Kk

Mais vne personne modeste (pource qu'elle creint la honte, & estime l'honneur) afin que on ne luy puisse reprocher la fuite, demeurera ferme & constante : & aimera mieux mourir, que faire chose indigne de sa vertu & valeur. Pource bien dist ce Poëte.

De moy i'eu honte, & tant de bien suffit
A noble cœur.

CHAP. CCCCXXXIIII.

I E me suis maintesfois emerueillé, de certaine espece d'hommes : lesquels n'ayans en soy aucunes qualitez : qui meritassent la chose par eux requise : toutesfois la demandoyét & poursuiuoyét auec telle instance & importunité : (afin que ie ne die impudence) qu'en la fin ils l'obtenoyent. Et m'en ebahissoye d'aurât plus, que ie sçauoye bien : que ceux qui leur ottroyoyent leur demande : congnoissoyent fort bien (aussi bien que moy) les demerites & indignitez de ce demandeur : toutesfois i'ay depuis appris par l'experience : que la pressante poursuitte, & l'importune impudence de demander : a de sa nature grande force ; pour obtenir ce qu'on veut auoir. Mais chascun ne sçait pas cognoistre, les merites ou demerites d'vn autre : Ains

plusieurs font coniecture,& prennent opiniõ
du merite,de celuy qui demande, de l'efficace & instante poursuite de sa requeste.Aucũs
autres s'auisent biẽ du mal qu'ils font,en leur
accordant ce qu'ils demandent: & neantmoins demeurent veincus de ceste tant vrgente importunité : pensans à l'auenture se
preualoir de mesme defaut en leur seruice.
Or vous suffise ,que souuent i'ay veu, que
ceux qui n'ont point de honte, & persi-
stent à demander : pour le plus obtiennent
ce qu'ils demandent: & ce qu'ils desirent
auoir,

Chap. CCCCXXXV.

'Envievx, quant à luy priue la
cité d'hõneur & de gloi e:cepédant
qu'il s'oppose aux citoyens,qui s'e-
studient par moyens honnestes, &
par trauaux honnorables se l'acquerir: Car la
grandeur & l'hõnorable gloire de la cité:n'est
autre chose, que celle des mesmes citoyens.
Parquoy auroit la republique grande occasion, de se venger des enuieux:comme de ses
capitaux ennemis. Et combien que (comme
on dit communement) ce ne soit pas petite vengeance, que ce tourment qu'ils endurent, voyans l'honneur & la reputa-

cion, de ceux aufquels ils portent enuie:tou-
tesfois tout le mal qu'ils peuuent auoir de
celle part, n'eft pas à comparer au moindre
empefchement, qu'ils font à vn homme de
bien:pour le garder de paruenir au but de fes
vertueufes & honnorables entreprifes. A cefte caufe , mieux ne pourroit faire le Prince,
apres auoir decouuert vn ou deux mefchans
effors, ou effais, de quelque enuieux,que de
ne luy permettre de fe prefenter deuant luy:
Pource que l'enuie, eft vne pefte maligne de
toutes parts:& fi par fois elle ceffe de mal faire: ce n'eft pas à caufe qu'auffi luy en ceffe la
volonté : (car iamais elle ne fe defifte de fa
mauuaife intencion) mais pource que toufiours elle ne rencontre pas occafion , d'exer-
cer(ainfi qu'elle voudroit bien) la malignité,
qui inceffamment l'accompaigne.

Chap. CCCCXXXVI.

TOVT ainfi que l'emulatiõ eft grãdement profitable à la cité:auffi luy
eft l'enuie fort dõmageable & nui-
fible.Car eftant l'emulation vne certaine hõ-
nefte contention entre perfonnes vertueufes,
muë d'vn zele de vraye gloire : d'elle procedent toufiours operacions genereufes, & vti-

les au publiq:Où eſtant l'enuie vn marriſſon
& dœil du bien d'autruy : non pour l'imiter,
ains pour l'oſter à celuy qui l'a : de ceſte pe-
ſte (comme de celle, qui eſt plus dangereuſe,
& pernicieuſe, que tous autres maux) naiſſent, les maledicences, les ſedicions, les rui-
nes, & les autres dangers, maux, & malheurs,
que tous les iours nous voyōs: pource qu'aux
enuieux il ne ſuffit pas de faire le mal : mais
encores veulent-ils extirper & oſter le bien.
Or eſt-il bien aiſé de cōgnoiſtre ces enuieux:
car premierement ils ne dient iamais bien
de perſonne quelle qu'elle ſoit : & quand ils
ne peuuent echaper, qu'ils ne parlét de quelque choſe, qui aura eſté bien faite : ſe voyans
tellement prins, qu'ils ne la peuuent blaſmer
& aneantir tout à fait, ils l'abbaiſſent & moin-
driſſent tant qu'il leur eſt poſſible. Mais les
emulateurs, louënt & extollent volontiers
les vertus d'autruy : & par ce moyen font,
que les leurs, paroiſſent beaucoup plus belles.

Chap. CCCCXXXVII.

I le Prince eſt de ſa nature enclin à
ſouſpeçon : & il a autour de luy des
amis malins & enuieux: ils luy ferōt

Kk iij

toufiours haïr les gens de bien & de valeur:
& qui auront beaucoup merité de luy: & fera bien malaifé, que ces bonnes gens efchapper en puiffent. Pource que ce qui a de couftume de aider & feruir en toutes autres chofes, eft dommageable & nuifible au maniement des eftats: puis que tant ont de puiffance ceux qui fe ventent d'auoir l'aureille du
Prince, qu'ils luy peuuent faire trouuer
mauuaifes les bonnes & vertueufes operations, autant, ou plus que les vicieufes & mefchantes.

CHAP. CCCCXXXVIII.

CELVY qui n'eft pas ferme & côftant,
pour pouuoir fouftenir l'enuie & la
haine: ne doibt pas s'employer à l'execution de grandes entreprifes. Car eftans les
chofes grandes defirees de plufieurs, & mefmes de grandes perfonnes: il faut, que celuy
qui les tient & poffede, foit de plufieurs : &,
pour fa dignité, enuié: &, pour fa puiffance,
hay. De laquelle puiffance encores qu'il vfe
bien: toutesfois ceux, fur lefquels s'eftend fa
puiffance, fçachans qu'encores il en pourroit
mal vfer, s'il vouloit: ont cefte puiffance à cô-
trecœur, & en haine. Mais telle haine, ne fait

point de deshonneur au Prince: Biē le doibt
elle rendre sage & bien auisé à se garder, que
aucun mal ne luy en auienne.

CHAP. CCCCXXXIX.

L A force, & la tromperie, font
deux grans vices: mais la force
procede aucunesfois de la puissance de celuy qui en vse: plus
que de sa mauuaise volonté: pource que la
fortune a de coustume, de duire ceux qu'elle
fauorit, à certainé delicatesse: qui fait, que,
quasi sans y penser, ils se mettent à brauer autruy: sçachans qu'à cause de leur autorité &
puissance, le braué, ou forcé, ne s'en oseroit
ressentir. Mais il n'auient pas ainsi de la tromperie: laq elle a tousiours son origine d'vn
esprit iniurieux & iniuste: Et à ceste cause,
bien a dit Thucydide:que aux grans & puissans seigneurs, il est plus vilain & deshonneste, d'acquerir & gaigner par couuerte tromperie, que par ouuerte violence.

CHAP. CCCCXL.

VI a force sans conseil, se ruine de soy-mesmes : & fait tout
ainsi que feroit vn homme fort
& robuste, qui seroit aueugle:
lequel plus fort il courroit : plus grand coup
se donneroit-il, contre tout ce qui se rencon-
treroit deuant luy:tellement qu'en fin conti-
nuant sa course, il se tueroit luy-mesmes, aueques sa robuste force.

CHAP. CCCCXLI.

DEvx choses, entre les autres,
font grands effais contre l'estat:
l'Ambicion, & le desespoir: pire
est toutesfois le secōd, que la premiere;pource que l'Ambicion peut attendre
l'opportunité,& l'occasion : mais non pas le
desespoir:comme celuy, auquel n'estát point
ottroyé de temps,qui ne peut,& ne sçait, l'ottroyer à autre.

CHAP. CCCCXLII.

AVcvns, ou par trop grande negligence, ou par trop ardente có-
uoitife : toutes les fois qu'ils le
peuuent faire, ne fçauent mettre
qut ne terme, à leur furieufe ambicion: & tirent à foy le maniement de negoces de toutes
qualitez: de telle forte, qu'il ne fe faut esbahir,
fi les autres qui y deuffent auoir part: fe voyás
defpouillez de tout grade, & entremife d'affaires publiques: ne le peuuent fouffrir: & en
fin forcéement s'expofent à tout peril : pour
priuer ces ambitieux, de tout ce qu'ils occupent & embraffent. Et cela s'entend d'aucús,
qui s'attribuent certaines dignitez & autori-
tez: fans auoir forces affez grandes, pour les
entretenir & maintenir. Parquoy d'autant
doibuent-ils eftre plus blafmez: que les charges & maniemens qu'ils prénent, leur apportent plus de peine & d'ennuy, que d'honneur
& de dignité: ne fçachans confiderer, qu'aux
gouuernemés & adminiftrations publiques:
ce n'eft par la quantité, ains la qualité des affaires, qui donne aux hommes, la puiffance,
& la reputation.

CHAP. CCCCXLIII.

LE dommage receu, de sa nature, ne peut
eſtre bon. Bien eſt vray, que quelque fois
il peut accidentalement profiter : quand il eſt
receu par des hommes, qui ont quelque bon
ſentiment : pource qu'il leur ſert, comme de
diſcipline, & enſeignement pour l'auenir :
veu que peu d'hommes, ſans auoir experimenté & eſprouué de fait, que ç'eſt que du
mal : croyent ce qu'il eſt, & ce qu'il peut eſtre.
Et de là vient, ue ceux qui ſont ſans experiéce, & ne ſont rompus aux affaires : procedent
touſiours en leurs negoces, ou trop negligé-
ment, ou trop hardiement : mais apres qu'ils
ont vne fois apperceu le mauuais viſage de
la fortune contraire : lors ils deuiénent ſages,
ſoigneux, & bien auiſez.

CHAP. CCCCXLIIII.

L'HOMME qui n'a pas le courage
fort, & le cœur grand, touſiours s'e-
ſtonne à la premiere diſgrace, ſuruc-
nant contre ſon opinion : & fait grád dœil &
pleinte, de la perte qu'il y peut auoir faite.
Mais quand il eſt naturellemét hardy & con-

ſtant:encores que aucunement il s'en emeu-
ue,& ſe doeille, (n'eſtans les premiers mouue-
més en la puiſſance des hômes):neantmoins
il ne perd pas le cœur : ains ſe monſtre ferme
& roide contre les maux & dangers : & par
creinte & laſcheté,ne fera iamais faute à ſoy-
meſmes: mais tant plus grande & perilleuſe,
ſera la difficulté des affaires,tât plus s'efforce-
ra-il,en operant hardiemêt & vertueuſemêt,
de la veincre;& en venir au deſſus.

Chap. CCCCXLV.

Lvs eſt rompu noſtre cœur ,& ab-
batu noſtre courage , par la proſperi-
té ,que par l'aduerſité de la fortune:
Pourcc que ne ſe pouuât le mauuais & triſte
euenement des affaires, ſupporter ſinon a-
uec la ferme, & conſtante vertu de l'eſprit:
(veu que quand l'homme eſt vne fois
tombé en miſere & calamité, il eſt abandonné de tout le monde) il faut que ſe
voyant ainſi cheut en bas : il ſe recoeille &
releue de ſoy-meſmes:& qu'il s'efforce d'autant plus accroiſtre ſa conſtance & ſa va-
leur:que plus il void ſon eſperance,eſtre toute reduite en ſoy-meſmes . Ou au contraire,
ceux qui iouyſſent de la bonne & fauorable

fortune:ſe voyãs de toutes parts aſſeurez d'e-
ſtre au beſoin confortez & ſecourus: ils ſe rẽ-
dent negligens:& ſe fient au ſecours, de ceux
qu'ils croyent leurs amis:plus qu'ils ne deuſſent. Et comme gens,à qui il ne peut ſembler,
qu'ils puiſſent auoir beſoin de diligence &
d'induſtrie: ils ne vœillent prẽdre la peine de
penſer, à ce que iuſtement, & pour leur propre bien & auãtage, ils deuſſent eux meſmes
faire:& moins encores ſe peuuent ils fier, en
tout ce qui leur ſera dit, par autres : pource
que rares ſeront les hommes,qui plus toſt ne
parleront au gré de leur bonne fortune: que
pour le bien & ſalut d'eux meſmes.

Chap. CCCCXLVI.

LA douleur fait cõtraires eſſais:ainſi que
cõtraire eſt la nature de ceux qui ſe deulent: pource que ſi elle ſe trouue en l'eſprit
d'hommes vils & laſches : elle les fait incontinent eſpouuanter:&,à la guiſe des femmes,
ne pouuoir trouuer autre ſecours à leur affliction : que de gemir, ſouſpirer, & lamenter.
Mais ſi elle tombe en l'entendement, d'hommes courageux & valeureux: elle les fait retourner & bander, contre la cauſe de la douleur: & pour y remedier, ou pour s'en venger:

les fait entrer en danger de plus grande douleur: voire (si besoin est) courir à la mort. Parquoy (n'ayant esté sans occasion visité le prouerbe, qui dit: *Fortune aide aux hardis*) il leur a-
uient bien souuent, de pouuoir appaiser, ou
medeciner la douleur. Camil combattant contre les Volsces, & blessé en vne cuisse : s'em-
flamba tellemét de la douleur de ceste playe:
que luy redoublant, & faisant par mesme
moyen à ses soldats redoubler le combat: ceste douleur fut cause, de la roupte des ennemis. Et Attil soldat de Cesar, en vn conflict
sur mer, aupres de Marseille : voyant qu'on
luy auoit couppé vne main, de laquelle il s'efforçoit arrester, & retenir la pouppe de la ga-
lere ennemie: epoint de la douleur, auec vn
plus grand despit, y auança l'autre main: sau-
ta dedans le vaisseau, & obtenant la victoire:
se vengea de la douleur, que l'ennemy luy a-
uoit fait sentir . A ceste cause, prudemment
parla le Roy d'Assyrie , à ses soldats, en les a-
nimant au combat, en ces paroles: *Vous seriez*
bien fols, Soldats, si vous pensiez, qu'on appaisast
la douleur, ou qu'on y donnast quelque bon remede
en fuyant : Ains on n'y peut appliquer meilleure
medecine: qu'en faisant fuyr, ou tuät ceux qui sont
cause de la douleur, que vous endurez: Car c'est
chose certaine , que aux batailles & rencontres

d'armees, plus d'hommes meurent en fuyant qu'en combattant.

CHAP. CCCCXLVII.

LE plus souuent, les hommes se lamentét grandement, & se pleignent hautemét, des choses qui leur apportent peu de mal & de douleur: & celent les plus grans maux,& les plus grandes douleurs : qui leur auiennét: pource qu'aux petis maux (comme de ceux dont on ne doibt pas faire grand doubte, ne consequémént grand cópte) ils laissent prendre le cours à la nature, tout tel qu'il luy plaist: laquelle en se pleignant & lamentant de ce qui l'offense : degorge la douleur, & la gette dehors. Mais aux grandes douleurs, & signalez desplaisirs qu'ils reçoiuent: ils les retirent & cachent en leur estomac: & ne font aucune exterieure demonstration, de la perte,dommage,ou autre mal, qui leur soit auenu: tant afin de ne donner ennuy ou fascherie à leurs amis:que pour ne bailler à leurs ennemis occasion de contentement,& allegresse:cóbien qu'en eux mesmes,&en leur cœur: ils s'en lamentent,pleignent,deulent,& affligent extremement.

CHAP. CCCCXLVIII.

P OVRCE qu'il eſt bien malaiſé à l'homme, qui a faſcherie & douleur en ſon cœur, de la pouuoir celer, & s'en taire: toutesfois & quátes qu'õ tentera, ou fera tenter, celuy qui eſt ainſi affligé: on decouurira vne bonne partie, de ce qu'il a deſſeigné de faire: vray eſt, qu'il le faudra ſonder, pendant que la playe ſera encores nouuelle: pource que le frais du mal, eſt celuy qui poingt, & qui fait parler: lequel paſſé, encore qu'il laiſſe le meſme mal & dõmage: il ne laiſſe pas toutesfois la meſme pointe & aigreur: que la force & le laps du temps peut appaiſer, & adoucir. A ce moyen, l'affligé & tourmenté de docil & ennuy, plus aiſément ſe pourra preualoir de l'art: & tenir couuerts (ainſi qu'il voirra ſon apoint) les deſſeins qu'il pourra auoir, de ſe venger de l'offenſe, qui luy aura eſté faite.

CHAP. CCCCXLIX.

L A peur, eſt de deux eſpeces: L'vne procede, de certaine laſcheté de cœur: par laquelle les hommes, ou ſont pareſſeux à ſe mettre en œuure: ou ſe retirent

de l'œuure (pour quelque petit accident, qui
se vient opposer à leurs desirs) quand à peine
est-il commencé. L'autre de ce, que cognoissans les hommes, les choses qu'ils voudroient
bien faire, inconstantes & mal asseurees : &
considerans les diuers accidens, qui en peuuent empescher l'execution : ils s'en desistent
plus tost, qu'ils n'ont pensé à s'en desister. Or
est ceste qualité de peur, tresbône & trespro-
fitable : & doibt dautant plus estre reçommâ-
dee, que plus elle rend les hommes accorts,
& auisez en leurs affaires. De sorte, que il faudra bien, que ce soit quelque grande chose :
en laquelle on puisse tels poureux, prendre au
despourueu.

Chap. CCCCL.

L y a encores deux autres sortes
de creinte. L'vne procede de l'ardent desir qu'on a, de complaire
à la personne, qu'on creint d'offenser : L'autre, de ce qu'on deteste & abhor-
re la chose qu'on creint : & tout ainsi qu'auec
la premiere se ioint volentiers la reuerence :
aussi auec la secôde s'accompaigne ordinairement la haine. De la premiere, les gens de
bien creignent Dieu, leurs pere & mere, &
toutes

toutes autres personnes, qui ont pardessus
eux dignité,& superiorité. De la seconde,on
creint toutes les choses,qui apportent mal &
desplaisir, lesquelles, si elles sont de leur nature mauuaises,à iuste cause elles sont creintes & abhorries, & par les bõs,& par les mau-
uais:si elles sont bonnes:iniustement les creignent & fuyent les hommes mauuais:Car ils
les creignent, non pour mal ou dommage
qu'elles apportét de soy.mesmes: mais pource qu'ils n'en sçauent pas bien vser. Et combien que ceste creinte , qu'ont les hommes
mauuais des choses bonnes,ne soit pas de soy
louable: neantmoins pource qu'elle produit
de bóns effaist il a esté necessaire , que la publique puissance en ait fait cõmpte. Laquelle,combien qu'elle ait pour fin & pour but,de
faire que les hommes facent biẽ, de leur pure & franche volonté: toutesfois ne pouuant
auec le seul frein de l'honneur, brider les affections des meschans citoyens: elle s'est seruie
& accommodee de ceste creinte : en faisant
loix,aspres,rudes,& rigoureuses.

CHAP. CCCCLI.

N vsurpe deux sentences, fort contraires l'vne à l'autre: l'vne desquelles dit, *Qu'il faut creindre toute chose*: l'autre, *Qu'il ne faut pas auoir creinte de toute chose* Qui s'arreste à la premiere, se met en vne grande seruitude: veu que aux estats & republiques ordinairement auiennent plusieurs accidens, qui font monstre de quelques dangers : lesquels qui voudroit apprehender de trop pres, il entreroit en vn inestimable trauail d'esprit. Aussi qui voudroit prendre pied à la seconde., il pourroit au despourueu enchoir en plusieurs perils: veu que de petites esmotions, on a souuent veu naistre de biens grans troubles & dommages. Ces deux sentences (à la verité) font toutes deux trop extremes : toutesfois si on se veut arrester a l'vne d'icelles: mieux vaut s'arrester à la premiere. Laquelle, combien qu'elle soit la plus fascheuse & penible, est neantmoins la plus seure: Et aux gouuernemens des estats & Republiques, l'abondante cautelle est tousiours la meilleure: pourueu toutesfois que la cautelle & pourueance ne soit telle, qu'elle mette les gou-

uernez en quelque defefpoir:pource que de
toute chofe qu'on creint,& dont on fe doibt
bien donner de garde,on ne doibt pas toufiours defcouurir la creinte qu'on en peut
auoir.

CHAP. CCCCLII.

NAND la creinte ne procede
point,de l'horreur de quelque
villain vice, mais de quelque
refpect qu'on doit auoir à quelques autres hommes : ceffant
le refpect,ceffe auffi la creinte. Car la creinte
ne fut oncques perpetuele maiftreffe des bônes operations: ains void-on , que ceux qui
ont bien faict pour ce refpect,comme s'ils le
auoient porté fur le col: ils n'ont pas pluftôft
acquis l'autorité, & le moyen de fe gouuerner à leur phantafie : que ils ne fe foient laf-
chez & abandonnez à toutes les mefchan-
cetez & villains vices, qu'on fçauroit imagi-
ner.Ce que bien môftra l'Empereur Tybere,
& tant d'autres,dôt les hiftoires font pleines:
& encores tous les iours le monftrêt plufieurs
priuees perfonnes:qui pouuâs,fans creinte de
reprehenfion & chaftiement,faire ce qui leur
plaift:font infinies villenies & mefchâcetez,

auſſi bien que les mauuais Princes. Parquoy
peut-on congnoiſtre, que les hómes ſont bien
aiſez à abuſer, conſiderans ſeulement les ex-
térieures operations:car les interieures cogi-
tations ſont à decouurir trop malaiſees:com-
bien qu'on en puiſſe bien auoir quelque congnoiſſance: quãd on y veut de bien pres prẽdre garde. Pource qu'homme aucun ne peut
vſer de tant de ſimulation & ruſé artifice:qui
aueques le temps, & en plus d'vne choſe:ne
donne quelque ſigne, & ne decouure quelque iudice, de ſa ruſe & diſſimulation.

Chap. CCCCLIII.

VA N D la creinte des forces ennemies, procede de ce, qu'elles
ſont plus grandes en apparence,
qu'en effait: elles pourrõt touſiours induire le peuple, à prendre tout tel
accord, que l'ennemy luy propoſera: ſi tant
eſt, qu'à ce peuple touche la deliberation &
determination des affaires. Le meilleur remede pour ces peuples, que ie voye en cela, eſt
de taſcher par diuerſes raiſons, de retarder &
alõger, tãt qu'on pourra:la concluſion de
l'accord, ſans ouuertement y contredire:Iuſ-
ques à ce qu'on puiſſe faire congnoiſtre à ce

peuple, auec quelque petit figne, la vanité de
la creinte : ou que l'ennemy foit tiré à faire
preuue, de l'apparence de fes forces. Car ne
plus ne moins, qu'vn petit efpouuantement
fait perdre le cœur à ce populaffe: auffi eft affez forte vne bien foible efperance, pour luy
faire reprendre courage & hardieffe:& volō-
té de s'aider & bien defendre. Au contraire,
quand le Prince en fes eftats, a quelque chofe
qui le puiffe faire creindre, par monftre plus
que par effait:que iamais il ne fe laiffe tant aller,que ou de fon propre mouuement,ou par
la prouocation de fes ennemis,il fe mette à en
vouloir faire preuue ou effay : pource que s'y
mettant,il pourra (auec fon grand dommage)
bien faire croire : que les vrayes forces qu'il
a, font tout ainfi faites que les apparentes.

Chap. CCCCLIIII.

LA nature des couärds & peureux, eft de
penfer, non comment ils pourront fouftenir vn affaut,ou vn danger:mais comment
ils le pourront fuyr, ou en efchapper : Et au
cōtraire, les conftans & valeureux hommes,
regardent,& pourpenfent tous moyens de le
pouuoir fouftenir,& s'en defendre.Non que
ce ne foit le fait d'vn homme fage & bien

auifé, d'euiter le mal & le danger, s'il luy eft
poffible : mais il y a grande difference entre
l'euiter: & s'en fuir, de peur de le voir & fentir. A cefte caufe, il faut entendre: que plus vn
homme defire faire chofes belles & honnorables : plus il fe doibt expofer aux dangers:
veu que les grands affaires ne font pas mis à
fin, fans grandes difficultez : & toufiours y a
la fortune bien grande puiffance. Il eft vray,
que les dangers deuiennent plus grands ou
moindres, felon la moindre ou la plus grande
prudence des hommes, mais n'auient gueres,
qu'on les puiffe totalement euiter. A cefte
caufe, ayant l'homme conftant & valeureux,
pour perpetuel obiet, les honnorables entreprifes: il ne fuit iamais celles, qu'en maniant
les affaires dont il eft chargé, pour peril qu'il y
voye, il ne peut euiter: ains fe va prefenter au
deuant d'elles: & les fouftient auec vne grande conftance & hardieffe: Au contraire le
peureux a fi grande enuie de fuir : qu'il aime
mieux viure en tenebres & caché, que de
voir le moindre danger au vifage.

CHAP. CCCCLV.

E n'eſt pas choſe conuenable à
perſonnes creintiues, de ſe mettre à combattre pour l'eſtat: ains
à celles qui ſont magnanimes, &
de grand cœur. Parquoy auſſi, n'y faut il
pas proceder, comme en l'acqueſt des choſes particulieres & priuees: eſquelles chaſcun
peut à ſa volonté, ſans danger, aller auant
ou reculer en arriere. Mais il faut que ceux,
qui ſont entrez en tels appetis, depuis qu'vne
fois ils ont decouuert leur mauuaiſe volonté,
ſe ſouuiennent, qu'il n'y a aucun moyen: &
que par neceſſité il eſt beſoin, ou veincre,
& demourer le maiſtre: ou perdre, & tomber tout au fonds du precipice. Ce que les
hommes creintifs & de bas cœur ne peuuent faire: n'eſtans pas capables de gaill-
lardes reſolutions. Et encores que par fois ils
ſoyent appellez aux compagnies des valeureux hommes: (leſquels, pour eſtre ſuiuis, ne
refuſent perſonne ſe venant offrir à eux, de
quelque qualité & condition qu'elle puiſſe e-
ſtre) ſi toſt qu'ils voyent le peril: ſoudainemét

ils perdent le cœur, & demeurent en proye à
ceux qui leur ont fait teste:&(qui pis est)auec
leur poltronnerie & lascheté de cœur,ils em-
peschent le plus souuent, que l'entreprise ne
puisse reuscir à bonne fin. De façon que ne se
pouuans les grandes emprises bien & dextrement executer aueques peu d'hommes:
& s'en trouuans bien peu de vaillans,& desquels on puisse faire estat: ceux-là sont estimez sages, qui se passent de tant entreprendre.

Chap. CCCCLVI.

V N gentilhomme, voyant vn autre gentilhomme son amy, qui
s'armoit,luy demanda : *Amy, a-
uez-vous peur : que vous-vous ar-
mez: Nenny:*(luy respondit l'autre)*mais ie m'ar-
me,afin que ie n'aye point peur.*Et cela dist-il en
bonne asseuráce : Car on ne se sçauroit asseurer mieux de son ennemy, & luy faire la ni-
que:qu'en s'armant & apprestát à le combat-
tre:de maniere,qu'on ne le puisse aucunemét
creindre: & quand il voudra se remuër,pour
tenter quelque nouuelleté contre vous, ou
vos amis, pour vous offenser: qu'il se trouue
luy mesmes offensé & battu.

CHAP. CCCCLVII.

'EST veritablement chose merueilleuse, que par tant & tant
d'aspres & rigoureuses loix, pleines de tourmens & de morts
cruelles: les hommes n'ayent peu estre retenus & retirez de mal faire: sans creindre la
peine, qui doibt suiure le mesfait. Et de cela
pouuons nous apprendre, quelle puissance
peut auoir sur nous, vn ardent desir qui nous
prend, de chose qui nous vient à plaisir: & que
resoluëmét nous voulons, ou faire, ou auoir:
puisque, ainsi que ceux qui sont yures & prins
du vin, ou nous ne pensons aucunement, à
ce qui en pourra auenir: ou si nous y pensons,
semble que nous nous fortifions côtre le mal
& le dáger, d'vne certaine esperance de salut:
laquelle nous donne, comme vne ferme asseurance, de pouuoir euiter les plus grands
dangers, qui en puissent auenir. A ceste cause, iamais homme ne s'est mis à tenter quelque nouuelleté en matiere d'estat: qui n'ait
eu bonne esperance d'en sortir à son desir: &
consequemmmént libre & exempt de toutes
les peines & punicions establies par les loix.
Ce qui pareillement auient aux moindres

delicts:Car ceux qui delinquét,esperét tou-
iours,ou au secret de leur delict , ou en leur
pouuoir,ou en leurs amis,ou en la bonne fortune,laquelle bien souuent ayde ceux-mesmes,qui n'en sont pas dignes. De maniere,
que iamais n'a esté possible, d'imprimer aux
cœurs & esprits des hommes creinte si gran-
de:que l'esperance n'y ait mis d'auantage du
sien,nommeement pour le regard des choses,qui par eux sont ardemment vouluës &
desirees.

CHAP. CCCCLVIII.

V les meschantes actions ne sont pas
punies,ains (qui est bien pis) à cause
de la malignité du temps,sont tenuës
& estimees pour bonnes: là est necessaire,
que les mœurs de la cité ou republique,aillét
tousiours de mal en pis.Car outre ce,que les
hommes de soy-mesmes, s'auancent assez à
faire les choses, pour raison desquelles ils se
voyent prisez &estimez:encore auient-il,que
l'vne meschanceté attire l'autre : & ainsi procedant de vn mal en pis, en fin tout se trouue remply de mal: tellement qu'aucun (tant
homme de bien qu'il puisse estre) ne peut esperer,d'y pouuoir demourer en seureté.

CHAP. CCCCLIX.

SEMBLE que les anciens Poëtes en leurs fables, n'ont peu donner à Tantale (coulpable d'auoir reuelé les cōseils & deliberations des Dieux) peine plus conuenable que de le faire demourer en l'eau iusqu'à la gorge, auec vne extreme soif, & neantmoins le garder de boire. Car ayant (quant à luy) renduë vaine & illusoire leur diuine deliberation : le diuin iugement voulut, que ses naturels appetits, luy demourassent pareillement vains & illusoires, combien qu'il eust prez de soy, & le conuy, & le moyen, pour s'en pouuoir rassasier & contenter. En Perse, c'estoit crime capital, de reueler les secrets du Roy : & en rendoient la raison, disans : que ayant la nature fait la langue la plus petite & la plus tendre de tous les autres membres du corps : il estoit à croire, que celuy qui ne la pouuoit brider, comme il estoit besoin, n'estoit pas aussi pour commander aux autres membres du corps, plusgrands & plus durs : & par ce moyen ne meritoit pas de les auoir. Les Princes, taisans ce que pour leur proufit & honneur on

leur a en secret reuelé : font en cela demon-
ſtracion & preuue de leur vertu : & encores
font choſe qui leur reuient à grand auantage
& profit . Pource que le Prince n'a vaſſal ne
ſubiet : lequel le cōgnoiſſant diſcret & ſecret,
ne luy face volontiers entendre , tout ce qu'il
ſçait eſtre dit & fait contre luy, & à ſon deſa-
uantage : ce que bien ſouuent luy ſauue & cō-
ſerue ſa perſonne, & ſon eſtat.

Chap. CCCCLX.

Elvy qui ſe void punir de ſes fautes, ſelon la loy accouſtumee : il n'a
choſe qui l'aiguillōne à s'en pleindre :
mais ſi la loy eſt nouuelle, & la peine extraor-
dinaire : celuy qui en eſt puny, regarde touſiours de trauers, celuy qui l'a miſe ſus, & ſe
perſuade, qu'il l'a pluſtoſt ainſi faite & ordonnee, pour faire mal & deſplaiſir à autruy, que
pour beſoin qu'il en fuſt : & chaſcun s'apper-
ceuant de la mutation, en reſſent faſcherie &
ennuy . Ains quelque fois les peuples ſe ſont
pluſtoſt emus à téter quelque nouuelleté aux
eſtas, à raiſon de quelque loy ou ordonnance
nouuelle, qu'à cauſe du changement du gouuernement de l'eſtat.

CHAP. CCCCLXI.

EN la purgation de la republique ou cité, (qui n'est autre chose, qu'oster, par le moyen de la iustice, tous les meschans & peruers citoyens, qui par la contagion de leurs meschâtes actions, pourroyét corrompre les bons) il y faut proceder tout ainsi que fait le medecin en la purgation du corps humain: lequel trouuant delicat & foible, il commence à purger doucement auec apozymes, & telles autres legeres medecines. Aussi quand l'estat est encores foible & legerement fondé: on ne peut seurement chastier les delits par peine de mort, ou de bannissement: ains faut, les endurer, & dissimuler: ou y appliquer legers & gracieux medicamens: de peur qu'il n'en ensuiue vn plus grand mal: & alteracion plus dangereuse. Pource que, toutes fois & quantes que les meschans se congnoissent, en vne ville ou republique, estre en grand nombre, ils se ioignent tous ensemble: afin d'auoir force plus grande, & pouuoir faire plus de mal. De maniere, qu'il est bon besoin que le Prince ouure les yeux, pour voir comment il se pourra gaillardement opposer à leur attentat: & s'il

n'a forces assez grandes, pour en venir au
dessus: qu'il ne se remuë point: ains qu'il pense seulement à se maintenir, & se renforcer:
ne faisant semblât de voir ce qu'il void. Toutesfois, s'il ne pouuoit plus le dissimuler, pres-
sé des menees de ses aduersaires: lors il se
debura remuër (pour y remedier) plustost a-
uecques prieres, & aueq gracieuses remonstrances, que aucques force aucune: pource
que iamais on ne doibt mettre la main aux
armes, pour cuider faire peur à quelqu'vn: si
on ne peut faire effais conformes aux menas-
ses, & à la peur, que l'on pretend luy faire.

Chap. CCCCLXII.

V A N D on veut donner vn general
chastiement, à vne ville, ou à vne
prouince; les habitans de laquelle
soyent en commun encourus en quelque
erreur d'estat: il ne peut estre, que grand nôbre d'iceux, ne soyent sans coulpe: lesquels
partant ne deburoyent par raison sentir part
aucune de la peine. Neantmoins, pour le salut & bien publiq, il est necessaire de faire quelque fois des exemplaires punicions,
de grand estonnement à ceux qui les voyent:
Et pource qu'on n'y peut faire de moins; en tel

cas il se faut consoler, de ce qu'on void, que le mal qui se fait à cestuy ci, & à celuy la particulier, qui ne l'auoyent pas merité : est compensé aueq le bien, que le publiq en reçoit.

CHAP. CCCCLXIII.

TOVT ainsi que les loix ont esté faites de publiq consentement: aussi le chastiement de ceux, qui n'obeyssent pas aux loix: se deust faire, auec le plaisir & volonté de tous les citoyens. Pource que tout hôme, qui void faire outrage à vn autre, ne doibt pas consider la personne de l'iniurié, mais le courage & la pensee de celuy, qui a fait l'outrage : lequel, ayât fait demonstration d'vn courage disposé à mal faire : a deu faire croire à chascun, qui a eu congnoissance du tort qu'il a fait, qu'il en eust autant fait à toute autre personne, s'en offrant l'occasion : de maniere, que ce luy a esté auanture, plus tost que dessein : de s'estre adressé à celuy, qui a esté par luy iniurié.

Chap. CCCCLXIIII.

LE s Stoïques vouloyent, que les hommes ne fussent emus d'aucunes affectiõs:
combien que, quand on en vse auec discretiõ
& raison, par elles en nos esprits, se forment
des vertus honnorables. Mais cela procedoit
de ce, qu'en toutes leurs propositions & sentences: ils estoyent rigoureusement seueres:
& maintenans que l'homme, estoit homme
pour la raison, & non pour les affections: ils
n'estoyent pas d'auis, que les vertus (qui deb-
uoyét estre operacions d'vn homme, du tout
obeyssant à la raison) peussent ou deussent
naistre, d'vne meslange de raison & d'affection. Parquoy ils bannissoyent du tout les affections, comme choses estranges, & mal cõ-
uenables à l'homme pourueu de raison: & se
moquoyét de ceux, qui se laissoyent gaigner
à la pitié, à l'amour, à la haine, & semblables
passions. Or n'y a-il point de doubte, que telle rude durté sert beaucoup, aux lieux & aux
choses, ou sont necessaires les seueres execu-
tions : comme aux armees, & aux punicions
de quelques enormes vices: & qui pourroyét
(si les auteurs n'en estoyét rudemét chastiez)
ruiner la cité ou republique; & renuerser tout
l'estat

l'eſtat. Toutesfois ſi ne faut il pas oſter & bá-
nir du tout l'humanité d'entre les hommes.
Et ſi Ageſilas debuát partir aueques l'armee,
& eſtant contreint de laiſſer braucoup de ſoldats à la diſcretion de ſes amis, pource qu'ils
ne le pouuoyent ſuyure: diſt, qu'il eſtoit bien
malaiſé, d'eſtre ſage, & miſericordieux ou pi-
toyable, tout enſemble: il ne diſt pas qu'il fuſt
du tout impoſſible: mais qu'il eſtoit bien
difficile. Auſſi la difficulté ne doibt pas eſtre
du tout oſtee & ſeparee d'auec les choſes hônorables: nomméemét celles, leſquelles portans à autruy profit: à nous pareillement dô-
nent vn grand contentement. Car qui eſt celuy, qui bienfaiſant à ſon amy, ne ſente en ſoy
(pendant qu'il fait ce bien) vn treſgrand plaiſir? Mais qui eſt celuy qui voudroit eſtre du
tout priué de ce plaiſir? Ie ſçay bien, que aucuns me diront, que c'eſt choſe fort dangereuſe, de s'accouſtumer à complaire à ſes affections: ce que ie leur accorderay velótiers,
en leur complaiſant ſans raiſon. Mais quand
l'affectió eſt accompaignee de la raiſon: lors
tout le danger en eſt dehors: & encores ſont
par ce moyen les ſocietez des hommes, plus
durables, & plus fermes & aſſeurees. Car il
n'y a homme, qui ſans aimer la cité, ou la republique: & ſans la pitié qu'il en a, la voyant

en peine, & en affliction: se voulut exposer à
tant de dangers: & endurer tant de maux &
de peines, pour la garder & conseruer. Ains
il n'y a gentilhomme, ny autre homme de
bon cœur, quel qu'il soit : qui bien affectionné enuers elle, ne soit bien content & prōpt,
d'employer pour elle, au besoin, sa propre vie.

CHAP. CCCCLXV.

IL y a grande difference entre desir,
& desir: car le vray desir, ne court pas
seulement à la chose qui est desiree:
ains encores que l'esperance en soit longue
& difficile; il arreste & asseure neantmoins
son esprit contre la difficulté, endurant paciemment la longue attente: & ne se mettant
à faire chose, qui le puisse amener à la discon-
tinuation, de ce qu'il a entrepris & commencé. L'autre desir, est froid, & sans fruit: & prēd
fin auec le discours & le deuis: & semble qu'il
ne serue d'autre chose, que d'excuse à aucuns:
lesquels faisans quelque apparente demonstration de bon desir: & donnans par ce moyē
tousiours esperance du bien à venir: continuent neantmoins à tousiours mal faire.

CHAP. CCCCLXVI.

V i defire faire conqueftes honnorables: & d'autre part creint
& fuit la peine & les dangers,
qu'il faut fupporter pour y paruenir: il peut eftre piqué du mefme prouerbe: qu'a efté en Terence, ce maiftre, de fon feruiteur: luy difant: *Haud infulfé
fapis: fiquidem id fapere eft, velle te, id quod non
poteft contingere:* Car: *Hæc cum illis funt haben-
da: aut illa cum his amittenda :* C'eft à dire en
François: *vous n'eftes pas trop fotement fage : fi
fageffe fe peut appeller: vouloir ce qui ne peut auenir:* Car: *Il faut auoir cecy auecques cela : ou perdre cela auecques cecy.*

CHAP. CCCCLXVII.

O R S le defir s'auance deuant
la raifon : quand vn homme entre premierement en defir & volonté d'auoir quelque chofe: puis
apres, pour fournir à fa volonté, cherche
des raifons & des moyens, qui le puiffent aider à paruenir, à la fin de fon defir. Ce qui fem
ble auoir quelque coloré pretexte d'hon-

nesteté: toutesfois pource que l'ordre de nature y semble estre inuerty : il ne le faut pas
ainsi faire : & de l'œuure tousiours on con-
gnoistra que l'affection, de laquelle est procedé le desir, n'est pas droitement bonne. A
ceste cause, le Prince, qui aimant ou hayssant
quelque vn de ses vassaux, ou sugets : se met
en peine, par le moyen de la iustice, de luy
faire du bien, ou du mal : ne fait ne bien ne
droiture : soit qu'il donne au bienfait recompense plus grande, qu'il n'a merité : soit qu'il
chastie le meffait, plus rigoureusement que
ne requiert la faute. Mais quand la raison va
deuant, & le desir & la volonté la suiuent : iamais ne sera fait chastiement du mal, ne recompense du bienfait : qu'auec la vraye mesure : & selon ce que l'honnesteté le requiert.

CHAP. CCCCLXVIII.

LEs Stoïques auoyent en leur philosophie quelques fausses sentences
& proposicions : ausquelles, combié
que en quelques endroits l'huma-
nité repugnast : toutesfois ils les proposoyent
auec exemples si bien accommodez, que par
ce moyen ils leur donnoyent grande apparéce de verité. Tellement, que quád ils disoyét,

que les hommes debuoyent, non feulement
elaguer & retrancher : ains du tout arracher
toutes affections naturelles de l'efprit des
hommes, pource que toutes elles font bien
dangereufes & dommageables : ils bailloyét
l'exemple de l'arbre : lequel feulement taillé
& elagué, regette toufiours quelque branche
ou petit rameau : mais tout à fait arraché, ne
met plus dehors aucun regetton, ne furgeon
qui apparoiffe. Mais qui bien confiderera cefte conclufion ou propofitiõ : trouuera qu'elle ne veut dire autre chofe : finon que les hómes deuinffent Anges : ce qui ne fe peut faire
felon la nature. Mais les Peripatetiques en-
feignerent vn autre moyen : par lequel rete-
nans les hommes les affections, que nature
leur a donnees : peuffent neantmoins (en les
reduifant à la mediocrité) faire chofes conformes, à la vertu, & à l'honneur.

Chap. CCCCLXIX.

L'Esperance, eft vn effait de l'efprit,
qui fe trouue en tous les hommes : & qui
procede neantmoins de caufes & occafions
differentes : comme auffi elle vient à faire diuers effais. Pource que quand elle naift de la
fortune : fait non feulement paroiftre la har-

dieſſe & vaillance aux hommes courageux & valeureux : mais encores la reueille aux couards & peureux : leſquels peureux (ſi la fortune leur dure)changent touſiours la hardieſſe en arrogance. Mais quand l'eſperance procede de vertu & force d'eſprit, & de la vraye congnoiſſance des choſes du monde : plus le peril eſt grand : (pourueu qu'on s'en puiſſe ſauuer auec bon & hardy courage) de tant plus ſe monſtre-telle courageuſe. Et ceſte qualité d'eſperance ne ſe trouue en autres qu'hommes de valeur : & tant plus elle ſe rencontre accompaignee de la fortune, d'autant deuient-elle plus grande : & ne ſe fait iamais ny inſolente, ny arrogante : pource que tant plus la vertu (ainſi comme l'or) eſt exercee, d'autant plus elle s'affine.

CHAP. CCCCLXX.

LA trop grande eſperance rend les hommes trop hardis & temeraires : & la trop petite, les auiliſt & acouardit : & ſont ces deux extremitez fort dangereuſes, à l'endroit de celuy qui gouuerne : toutesfois la ſeconde eſt beaucoup pire que la premiere : & pource eſt-il bien beſoin, de ſoigneuſement s'en garder : meſmes de mettre les choſes d'impor-

tance es mains d'hommes creintifs,& de peu
d'esperance.Car les maniemens des grans negoces, estans ordinairement subiects à grandes difficultez: telles personnes .seroyent
promptes à s'estonner: combien qu'au contraire il semble, que la fortune tousiours accompaigne celuy, qui a bon espoir de paruè-
nir à bonne fin de son entreprise: & que par
le secours de l'esperance, l'esprit se fait plus a-
uisé, & le cœur plus ferme & constant.Dont
auient, que ceux qui ont bonne esperance,
trouuent & essayent plusieurs moyens: l'vn
desquels bien souuent apporte le salut auec
soy.

Chap. CCCCLXXI.

COMBIEN que les hommes
preuoyent chose, laquelle pour
certain soit pour bië les molester:
& puissent la preuoyans faire en
sorte, qu'elle n'auienne point:Neantmoins le
plus souuent ils s'y oublient & transportent:
& entre les accidés bons & mauuais,qui peuuent suruenir:se laissent mettre en esperance,
& mesmes croyét quasi tousiours,que les bós
succederôt en leur faueur.C'est la cause,pour
laquelle quelques Princes, voyans la guer-

re meuë & eschauffee contre leurs voisins,&
leurs maisons ardre de façon, que le feu touche pres de leurs parois : viuent neantmoins
en esperance, qu'il ne passera pas plus auant:
& ne se deigneroyent remuer, pour au besoin
soin secourir leur voisin : ains soy-mesmes
se defendre. Car en secourant leur voisin, ils
donneroyent secours & confort à eux mesmes: & pouruoyeroyent à leurs propres affaires, aueq d'autant p'us grande commodité,
que ioins à leurs voisins, ils combattroyent
auec plus grand' force, & au pays d'autruy,
ne voyans point miserablement gaster leur
terre: Où peu de temps apres, ils se peuuent
asseurer d'estre contreins de combattre seuls:
& (qui pis est) encores combattre autour des
murailles de leurs propres villes & forteresses.

Chap. CCCCLXXII.

V A N D. Aristote a dit, que l'esperance estoit, comme vn songe, de ceux qui estoyent eueillez : il ne l'a pas dit (comme aucuns ont creu) pour opinion qu'il eust, que
l'esperance fust vne chose vaine : comme on
tiēt les songes pour vains : Mais il l'a dit : pour-

ce que n'eſtant pas encores celuy qui eſpere,
paruenu à l'effait de ſon eſperance (combien
que quand il eſt arriué à ce point:lors ce n'eſt
plus eſperance,ains iouyſſance) toutesfois il
a auſſi grande part de ceſte iouyſſance & reſ-
iouyſſance, que peuuent auoir ceux qui ſon-
gent quelque choſe, qui leur eſt agreable &
plaiſante:leſquels, pendant que le ſonge dure, la tiennent pour vraye & certaine : mais
peu apres eſtans eueillez auec le ſonge ils per
dent la ioye. Le ſemblable auient à ceux qui
eſperent:leſquels pendant qu'ils demeurent
attentifs aux choſes par eux eſperees : ils en
iouyſſent (comme il leur ſemble) & s'en reſ-
iouyſſent, tout ainſi comme ſi elles fuſſent
preſentes: mais en perdans le penſement, &
la vehemente apprehenſion:auſſi toſt en per-
dent-ils & la iouyſſance & la ioye.

CHAP. CCCCLXXIII.

AVCVNS appellerent l'eſperáce,
la plus douce & gracieuſe de toutes les affections: pource(à l'auéture) que ne reuenans iamais à
beaucoup pres es choſes eſperees,au point &
en la forme, que en les eſperant,on les auoit
deſſeignees:l'eſperáce en fin s'en trouue plus

douce, que la iouïſſance. Simonides la nomma, la Roine des hommes: pource que (à la
verité) elle eſt la ſeule occaſiõ de toutes leurs
actions: veu qu'aucun onques ne s'auãceroit
à faire choſe aucune pour acquerir, ou pour
retenir, ce qu'il auroit acquis: ſi aueques le deſir, il n'auoit ioint l'eſperãce: & s'il ne croyoit,
que ce qu'il entreprend faire, reuſcit à bonne fin.

CHAP. CCCCLXXIIII.

L'ESPERANCE, aux grands courages, &
genereux eſprits, fait moindre l'impetuoſité & la vehemence: que ne fait le deſeſpoir: pource que l'eſperance combattãt pour
choſe, qui puiſſe apporter plus grande commodité à la vie des hõmes, n'a aucune neceſſité qui la contreigne: mais le deſeſpoir combattant pour la meſme vie: & ne luy reſtant le
plus ſouuent pour la maintenir, autre choſe
que la hardieſſe : il faut par neceſſité que les
deſeſperez ſe mettent à faire toute reſiſtence.
à eux poſſible: afin de veincre, ou de mourir.

CHAP. CCCCLXXV.

SEMBLE que les hommes ordinairement estiment & prisent les
choses, beaucoup plus lors qu'ils
les esperent:& que mieux ils congnoissent ce qu'elles valoyent, apres qu'ils les
ont perduez: qu'ils ne font lors qu'ils les tiennent & possedét. Pource que cepédant qu'ils
les ont & possedent: il leur semble, que tousiours ils auront du temps assez, pour s'en dôner au cœur ioye:& à peine s'aperçoiuent-ils
de les auoir & tenir. Mais lors qu'ils les esperent: estant l'esperance de sa nature fort prô-
pte à croire:& aioustât plus de foy, à ce qu'on
luy dit & rapporte des choses esperees:qu'elle
n'en trouue puis apres en l'effait: ils les regardent & desirent, nõ en la forme qu'elles font,
ains en la maniere qu'ils les esperent. Et apres
qu'ils les ont perdues, ayât acoustumé la perte, d'ensemble desirer tout le bien, dont on
debuoit successiuement iouyr & vser, en plusieurs parcelles, &en diuers temps:la douleur
de la perte, recœille au pensement du perdât,
a lors plus de force:que n'eust eu le plaisir de
la iouïssance, si on en eust vsé, lors qu'on la tenoit & possedoit.

CHAP. CCCCLXXVI.

ES augures, presages, & signes des
choses à venir, doibuent estre du
tout mesprisez & regettez, tant à
cause de la religion, qu'à l'occasion de leur
vanité. Mais pource que la pluspart des choses qui se font, ne se peuuent ne mesurer ny
estimer, selon ce qu'elles sont de soy & en soy,
mais selõ cequ'elles sõt tenues & estimees, par
ceux ausquels elles appartiénent: à ceste cause, quãd quelque augure ou signe se decouure
le seigneur, ou celuy qui est chef de la troupe,
ne doibt iamais entrer en dispute, de quant, &
combien, on doit adiouster foy à l'augure;
mais laissant pour lors les hommes superstti-
tieux en leur erreur, il se doibt estudier d'interpreter l'augure en bonne part, encores
qu'il demonstre danger de quelque sinistre e-
uenement: Afin que ceux qui prennent pied
à telles vanitez, ne s'estonnent point: ains s'ex-
posent au danger de ce, que l'augure semble
demonstrer. I'en pourroye alleguer maints
exemples: mais ie me contenteray de vous
en reciter icy seulement vn, qui est d'Epaminondas: Auquel, faisant marcher son armee,
apparurent deux augures, l'vn promettant à

luy & aux fiens la victoire:& l'autre leur pre-
difant,la perte de la bataille.Or congnoiffant
ce grãd capitaine,qu'à caufe de ces deux pre-
fages, fon armee demouroit en doubte: il fit
appeller & affembler fes foldats: leur faifant
entendre, qu'il auoit volonté de parler à eux:
& par vne belle harangue leur remõftra, que
ces deux fignes ou augures,l'vn à l'autre directement contraires,auoyent efté enuoyez de
Dieu,pourleur inftructiõ:c'eft afçauoir,pour
fignifier, & leur faire entendre,que s'ils fe ré-
doyent (comme ils debuoient) obeiffans à
leurs capitaines: & alloyent hardiement &
vaillamment au combat à l'encõtre de leurs
aduerfaires:le bon augure,fans doubte,feroit
pour eux. Mais fi au contraire ils fe mon-
ftroyent refractaires & defobeiffans, ne te-
noyent leurs rengs,& ne marchoyent coura-
geufemét & vertueufement au combat contre l'ennemy:il y auoit grande apparéce,que
le mauuais augure tourneroit fur eux. Et par
ce moyen interpretant vne chofe ambiguë à
fon profit : conforta le cœur & le courage de
fes foldats:lefquels par le finiftre augure,e-
ftoyent demourez tous lafches & acouardis.

Chap. CCCCLXXVII.

LA plus grande partie des hommes dit
mal des augures, & des prognoſtiqueurs,
ou deuins, qui ſe meſlent de les interpreter:
toutesfois grand eſt le nombre de ceux, qui
les cheriſſent, voyent, & oyent volõtiers. Cela procede de la grande puiſſance qu'ont ſur
nos eſprits, l'eſperance, & la creinte. Leſquelles deux affections, quand elles ſont receuës
aux eſprits des hõmes ſans meſure ou bride:
elles (encores qu'ils ſoyent d'ailleurs acorts, &
de bon eſprit) les induiſent à aiouter foy, non
ſeulement aux Deuins, & iudiciaires Aſtrologues: (leſquels fondent leurs méſonges ſur
quelque apparence de doctrine, dont ils ſe
preualent) mais encores à ſimples femmelettes, & autres plus ſotes perſonnes.

Chap. CCCCLXXVIII.

C'EST fort dãgereuſe choſe, de rechercher à ſçauoir ſa bonne auenture, ou
des Aſtrologues, ou des Deuins: ſoit à
cauſe de quelque melancolie, ou pour faire
quelque tromperie: pource que s'ils prediſent
choſes mauuaiſes: ils ſont touſiours aux foi-

bles efprits : & bien fouuent aux eueillez &
gaillars: telle impreffion, que de la creinte ils
peuuent plus receuoir de dommage : que de
la force & puiffance de leurs ennemis. Car en
toute entreprife qu'ils font, ou qui eft contre
eux faite: ils commencent à trembler: & plus
toft ne fe rencontrent en quelque petite difficulté : qui donne quelque apparence, de ce
qui leur a efté predit: qu'incontinent ils ne
perdent cœur & courage: Ne leur eftant pas
à voir, qu'ils foyent fuffifans pour deftourner
& diuertir, les influences, & ordōnances des
corps celeftes. De maniere, qu'on doibt bien
empefcher, ne que le Prince, ne que fes officiers & miniftres, entendent telles predictiōs
& prognoftications. Et fi d'auenture on ne
peut garder, qu'ils ne les oyent & fçachent;
eftans par fois dites par aucuns, contre la volonté de ceux qui les efcoutent: faudra qu'a-
uec la pointe & gaillardife de l'efprit, elles
foyent interpretees, de façon qu'elles appa-
roiffent bōnes: cōme cydeffus nous auōs dit, q̄
fouloyent faire les anciens excellens capitaines, prenās les augures. A quoy eft biē befoin
de prédre dē biē presgarde: Car chacū de bou
che niē, qu'il y adioufte aucune foy, mais la
plufpart de cœur y prend pied: Dōt plufieurs
mus de cefte tant foible occafion, ont quitté

de belles, grandes, & honnorables entreprises.

CHAP. CCCCLXXIX.

LE gouuernement des soldats, donné à
vn bon & vaillant capitaine, est de
mesme importance & respect, qu'est la victoire, ou la perte de la bataille. A ceste cause, lors que Pyrrhe combatoit contre l'armee
Romaine, Fabrice excusant ceux du party Romain, qu'il auoit battus, dist: que, non
pas les Albanois, mais Pyrrhe les auoit ainsi
veincus. Et Epaminondas voulant encourager ses soldats, & les garder de s'estonner du
grand nombre de gens de guerre, augmentant d'heure à autre en l'armee ennemie: il
leur proposa l'exemple de deux musiciens,
fort bien congnus d'eux: dont l'vn estoit fort
mauuais musicien, & l'autre tresbon: & leur
demanda: *Ne croyez vous pas que le bon musicien aura la victoire du mauuais, encore que ce
mauuais ait beaucoup plus grande quantité d'instrumens: vous le debuez ainsi croire. Car plus il
fera iouer d'instrumens plus il fera mauuaise musique.* Et de fait pour autre raison, ne furent
anciennement si grandes assemblees de peuples, veincuës de si petit nombre de gens de
guerre,

guerre:finon par le moyen du bon ordre, &
de la discipline militaire, & de la science de
trouuer bonne occasion de combattre : & de
tous les autres bons auis, gisans & consistans,
en l'experience, & en la prudence du bõ capitaine. Pource que, quant à lordre des soldats:(combien que l'ordre, & la militaire discipline, entre soldats soit necessaire): il n'e-
stoit pas possible, qu'en si grand nombre de
gens de guerre:de nations fieres & cheualeu-
reuses:ne se fussent trouuez plusieurs en suffisant nombre, qui eussent peu battre & donner la chasse, au petit nombre de ceux qui les
battoyent & domtoyent: s'ils eussent esté par
vn bon capitaine, bien ordonnez & bien
conduis.

CHAP. CCCCLXXX.

LES plus poltrons soldats deuiennent
hardis, soubs vn vaillant & excellent
capitaine: & au contraire, les valeureux & bons, s'auuilissent & deuiennent lasches, commandez d'vn couard conducteur.
Pource disoit Homere, que mieux vaut vne
armee de Cerfs conduite par vn Lion: qu'v-
ne armee de Lions commandee par vn Cerf.
Ce que clairement monstra Epaminondas,

Nn

lors que combattant contre les Lacedemoniens (qui auoyent deux cens ans auparauant
touſiours eſté victorieux, en toutes les guerres & batailles, qu'ils auoyent euës contre les
Thebains) il mit tellement le cœur au ventre,
& tant communiqua de ſa valeur aux ſoldats
de Thebes, qu'il menoit à la guerre: qu'alors
premierement ſe changea la fortune : & en
rapporterent les Thebains la victoire. Et
que cela procedaſt de la valeur des capitaines : encores le teſmoigna-til luy-meſmes:
quand bleſſé à mort, il demanda ſi Deiaſaut,
& Neiphil, (tous deux vaillans & bons capitaines de ſon armee) eſtoyent reſtez vifs : &
quand on luy euſt reſpondu, que non: & qu'ils
auoyét eſté tuez au conflict: il admoneſta ſes
ſoldats, de s'accorder le plus toſt, qu'il leur
ſeroit poſſible, aueques les ennemis. Pource
que ne recongnoiſſant entre les ſiens, aucun
qui fuſt propre pour bien commãder, & mener ſoldats à la guerre : il tint pour aſſeuré,
qu'ils ſeroyent battus: & que toſt apres ils re-
tourneroyent, à leur premiere fetardiſe &
laſcheté de cœur.

CHAP. CCCCLXXXI.

PLVSIEVRS ont opinion, que l'œuure de la guerre n'eſt autre choſe, que combattre, & mener les mains : & à ceſte cauſe blaſment les capitaines, qui ne le font. Mais s'ils conſideroyent que pour veincre ſon ennemy, il ne ſuffit pas de mener les mains, & combattre : ains eſt neceſſaire de côbattre, & manier les armes, bien à propos, en temps, & en lieu oportuns & commodes : ils congnoiſtroyent, que la prudence & le bô iugement de celuy qui en eſt cauſe : font plus en la guerre, que les mains, & la force, des ſoldats combattans. Tout ainſi que lon void auenir en l'Architecture : en laquelle, combié que le maiſtre Architecte & conducteur de l'œuure, ne mette point la main au marteau, ny à la truëlle : neantmoins chacun recognoiſtra, qu'en l'edifice qu'il entreprend & conduit : il fait plus, que ne font tous les maſſons, & leurs aides, qui y peuuent eſtre employez. leſquels, côbié qu'on les voye iour & nuit trauailler, & mettre la main à l'œuure : toutesfois ils n'y feroyent rien qui vauſiſt : ſans l'ordonnance & enſeignement du maiſtre Architecte. Or eſt ceſt exemple clair, & de choſe,

qu'euidemment on void à l'œil, & touche a-
ueques la main:neātmoins,au fait de la guerre, le void-on encores plus expreſſement:
pource que l'empeſchement, que par fois
donne le capitaine à ſes ſoldats, de mener les
mains,& de combattre:luy reuient, & à eux,
à plus grand profit, & plus grand honneur,
que s'ils auoyent combattu. Comme,quand
il s'apperçoit,que l'ennemy a faute de viures,
ou d'argēt, ou de ſecours:ou à cauſe de quelque autre ſiniſtre euenement, ſera de brief
contreint d'abandōner la guerre: lors il commande aux ſoldats de ſe tenir coys:& leur defend de combattre. Dont auient, que puis a-
pres il remporte la victoire auec plus grand
honneur:pource qu'il ſauue ſes ſoldats, & ne
les expoſe au peril, du caſuel euenement de
la fortune: qui iamais ne peūt eſtre ſi fauorable, que (quand ſe vient à choquer) on n'y
perde beaucoup de gens de bien: qui ſont
bien ſouuent de plus grande eſtime: que
n'eſt tout ce que l'on peut auoir gaigné &
conqueſté.

CHAP. CCCCLXXXII.

I les capitaines & chefs d'armee, n'estoyent valeureux & courageux, quoy qu'ils fussent bien entédus au fait de la guerre : si ne seroyent-ils pas propres à bien la conduire: sinon aux cas, ausquels le danger menasseroit les aduersaires. Car si le danger estoit de leur part:ils demoureroyent sur cul,sans faire aucune des preuues:par lesquelles les hardis capitaines ont maintesfois si bien fait: que les armees ia quasi desfaites, s'en sont retournees victorieuses. Mais aussi d'autre costé,on doibt cósiderer,que la vraye & principale louange du capitaine, n'est pas d'estre hardy & vaillant de sa personne:& encores qu'il soit tel : il ne doibt pas à toute petite occasion se presenter à en faire preuue: comme souuent font plusieurs soldats,& autres gens de guerre ayans charge:pource que beaucoup fait de nuisance à toute l'armee, tout petit empeschement ou dommage qui peut auenir du capitaine general d'icelle. Pource ne vient-il pas bien à propos, de luy dónner tiltre de bon combattant,mais de bó commandeur de combattre: en prenant les

Nn iij

bonnes occasions, auec intelligence & bon
iugement: & les derobant à l'ennemy: sans
s'arrester à bruit ou rumeur quelconque, que
l'aduersaire, ou les siens mesmes, puissent semer par le camp: Ains quãd il void les autres,
confus, estonnez, & en desordre: prenant soudain l'occasion par les cheueux: & pouruoyãt
aux affaires qui s'offrent, par plusieurs bons
moyens. Ce fut ce qui mut Scipion, à donner celle belle response, à celuy, qui sotement
le voulant piquer, luy reprocha (comme en
raillant); qu'il n'estoit pas des plus vaillans
champions: *Ma mere (luy dist-il) m'a engendré*
Capitaine & chef d'armee pour commander: non
pas soldat pour obeir & mener les mains: Veritablement Scipion commençea si ieune à mener des gens de guerre, & à leur commander;
qu'il sembloit qu'il fust né Capitaine, auant
qu'auoir appris le mestier de soldat.

CHAP. CCCCLXXXIII.

LEs Rois Spartains: tant qu'ils demou-
royent en la ville: n'auoyent gueres plus
d'autorité, que les autres simples citoyens:
pource qu'ils ne faisoyent rien, qu'en la compaignie, & par l'auis des magistrats. Mais
quand ils estoyent à la guerre: lors ils com-

mandoyent abfoluëment : & de leur volonté
& commandement, dependoit tout ce qui
y eftoit à faire. Or à ce propos peut-on croire,
que ce grand Legiflateur Lycurge, & fage
fur tous les autres: s'il euft congnu, qu'il euft
efté bon, mefmes en la conduite des armees,
brider l'autorité des Rois : que fans doubte il
l'euft fait : & leur euft baillé des adioins & af-
feffeurs : auec lefquels ils euffent confulté, des
affaires de la guerre. Mais pource que, quand
les armees font à front l'vne de l'autre : le
moindre delay eft fuffifant pour empefcher
vn bien heureux fucces : & le bailler à l'ennemy : Ce prudent Prince penfa, qu'il ne viendroit pas bien à propos, l'occafion fe prefentant, d'attendre l'affemblee & l'auis de plufieurs perfonnes : & les foldats, le commandement, & la conduite de plus d'vn homme.
Pource voulut-il, que toute la puiffance &
l'autorité du fait de la guerre fuft reduite &
reunie en vn feul homme : & (oftee toute la
concurrence & l'enuie, qui ordinairement
tiét en difcorde, ceux qui fe fentent pareils &
egaux) vn feul maniaft toute la charge : A caufe que par ce moyen l'armee venoit à eftre
toute vnie : & à obeir incontinent de toutes
fes forces, à tout ce que le capitaine general d'icelle pouuoit commander. Les

Nn iiij

Atheniens, n'ayans pas vne telle loy:en plufieurs armees qu'ils drefferent, firent deux ou
plufieurs, capitaines generaux, auec egale
puiffance:& toufiours furent battus. Depuis,
apres qu'à leurs defpens ils eurent appris,qu'il
n'eftoit bon d'ainfi le faire : il n'y en eftablirét
qu'vn feul : & le plus fouuent demourerent
veincœurs. Les Romains femblablement,
eurent apres leurs Roys chaffez, deux Con-
fuls, qui auoyent la fouueraine autorité, en
temps de paix, & de guerre : Mais en affaires
d'importance, & perilleux : ils furent en fin
côtreins de creer vn Dictateur. Mais que dy
ie des Republiques bien ordonnees? Il n'y a
Republique fi licencieufe : ne tant peu exercee & accouftumee au gouuernement des
peuples: qui en la guerre, n'elife vn capitaine
pour y commander: fi elle en peut recouurer
quelqu'vn entre les fiens: finon, elle en appelle quelque eftranger. Car l'experiéce a enfei-
gné, & fait-clairement congnoiftre : que les
chofes, qui en temps de paix ont efté gou-
uernees par plufieurs perfonnes : fi en temps
de guerre, plus d'vne en a voulu prendre la
conduite;elles ont efté par ce moyen du tout
deftruites & ruinees.

CHAP. CCCCLXXXIIII.

Es Carthaginois, ne faifoyent pas feulement armees de foldats eftrãgers : leur baillant vn de leur gent pour capitaine : mais encores quelfois ils elifoyent vn capitaine eftranger, pour conduire vne armee Carthaginoife, allant combattre mefmes contre les Romains. Cõme il auint, quand ils defirent Attilius Regulus conduifant l'armee Romaine : & le prindrent prifonnier : Car lors ils auoyent pour chef de leur armee Xantippe le Lacedemonié : On en a encores veu beaucoup d'autres : lefquels apres auoir efté veincus, conduis par des capitaines de leur nation : ont depuis appellé à leur folde des Capitaines eftrangers : qui les ont ramenez victorieux : De fait les Chalcidiens, conduis par Braffidas : les Siciliens, par Gilippe : & les Afians, par Lyfandre, Calliorates, & Agefilas, tous Spartains, veinquirent leur ennemis : & à aucune de toutes ces nations, pour s'eftre feruies de foldats & capitaines eftrangers en leurs armees : n'en eft que bien auenu : Car de battues & humiliees, elles font par ce moyen deuenues veinquereffes & exaltees. Et fi aucũ autre s'en eft mal

trouuee: on peut croire, que la faute en fera
auenuë, pour ne s'en eftre fceu bien accommoder: & par la coulpe de qui a combattu a-
uec eux: Car il n'y a point faute de moyens
de s'affeurer des mauuais, & de s'aider des
bons: Comme on void que fcauent bien faire les bons medecins: lefquels fe feruans en
leurs medecines de l'Ellebore, qui eft de foy
veneneux: le preparent & accommodent
de façon: qu'ils le font deuenir falubre & falutaire.

Chap. CCCCLXXXV.

V P E R B E fembla, toutesfois fut
digne d'vn grand capitaine, la refponfe de Pelopidas: lequel oyant
vn de fes foldats, qui difoit: *Nous*
fommes donnez en proye, es mains de nos ennemis,
le reprit, difant: *Pourquoy ne dis-tu auffi bië: Nos*
ennemis font donnez en proye en nos mains? Cefte
refponfe fit Pelopidas: pource qu'il fcauoit
bien, ce que ne fcauoit pas le foldat: c'eft à
fcauoir: qu'il auoit là mené fon armee, de fon
propre mouuement & volonté: & nõ par cas
fortuit. Or fi quelques capitaines de grand
nom, fe font (fans y penfer) laiffez tomber en
quelque peril: duquel neantmoins ils foyent

depuis fortis honnorablemét par leur valeur:
& du moyen qu'ils ont prattiqué pour s'en
fauuer: ont acquis honneur & louáge: on ne
les doibt pas toutesfois en cela imiter. Car il
a bien esté en leur puissance d'entrer en lieux
doubteux & perilleux : mais apres y estre entrez: il a esté en la puissance de l'ennemy, de
les y retenir. Et combien que quelquefois
(comme i'ay dit) ils en foyent valeureufemét
fortis, on peut croire toutesfois, que ce n'euffent ils peu faire, si l'ennemy ne les en euft
laissé fortir par mesme imprudence, comme
ils y estoyent entrez. Ce qu'on pourra aiféement apperceuoir, si on côfidere & examine
tous les lieux perilleux : aufquels les anciens
capitaines font encheus, à faute de bons auis.

CHAP. CCCCLXXXVI.

V A N D quelqu'vn penfe veincre
(allant à la guerre) non par le moyé
de fa valeur & vertu : mais du peu
de fçauoir & de vaillance, qu'il penfe eftre en
fon ennemy : puisapres, quand ce vient au
faire & au prendre, s'il le trouue hardy &
bien auifé: il demeure fuipris d'vn certain e-
ftonnemét, qui luy fait perdre le cœur. A cefte
caufe l'hôme fage, ne fe doibt iamais mettre

à affaillir aucun fien ennemy, comme lafche
& couard, encores qu'il le penfe tel : ains le
doibt affaillir de telle façon preparé, qu'au
cas qu'il retrouue en luy, au lieu de lafcheté
& couardife, hardieffe & vaillance: il n'ait aucune occafion de s'en eftonner : ains de plus
toft fuiure fa fortune, & fe rendre vne victoire, beaucoup plus belle & plus honnorable.

Chap. CCCCLXXXVII.

LA reuerence & obeiffance des foldats enuers leurs capitaines, eft de telle importance: que (comme difoit Clearque Roy des
Lacedemoniens) il ne falloit pas que les foldats, en la guerre, les creigniffent moins, que
leurs propres ennemis. Et combien que la
creinte ait en foy quelque chofe de feruil:
toutesfois elle eft tresbonne gardienne des
chofes qui luy font baillees en gouuernemét:
comme on void au contraire, que l'affeurance toufiours tant ou quant tire les hommes à
la licence. Pour ce doibt bien le capitaine, a-
uec fa prudence & fa valeur, s'acquerir foy &
autorité enuers fes foldats : & d'auantage fe
pouruoit de forces: Afin qu'ils congnoiffent,
qu'il eft en fa volonté & en fa puiffance, de
bien afprement chaftier là moindre faute,

qui se peut commettre aux affaires de la guerre. Car le faisant ainsi, il demeurera tousiours
maistre de son armee: & ne combatra iamais
en desordre: ou contre sa volonté: Ce qui luy
pourroit auenir, si ses soldats s'estoyent ap-
perceus, qu'on leur voulut permettre ou pardonner, la moindre faute ou licence. Pource
que la licence, n'est pas seulement dangereuse, comme celle qui si tost qu'elle est nee, a de
coustume de se faire bien grande en vn moment: mais encores estant petite, peut estre
cause de plusieurs grans maux. Dequoy il y a
infinis exemples, & de reuoltes de soldats cõ-
tre leurs capitaines: & de fais d'armes executez contre leurs volontez. Et combien que,
de voir les courages des soldats bien disposez
au combat, & qui volontairement demãdent
bataille: soit chose à tout capitaine fort agreable: neantmoins n'est-ce pas à eux, de vouloir
iuger quelle est la saison, & l'oportunité du
combat: & s'ils vouloyent entreprendre d'aller au combat, sans la licence & commandement du capitaine: ce seroit bien dangereuse
chose: ains seroit se gouuerner tout au rebours
de bien: & faire les capitaines soldats, & les
soldats, capitaines.

CHAP. CCCCLXXXVIII.

QVAND Platon dit, que les soldats commis à la garde de la cité, doibuent estre comme les chiens : qui abbayét à tous ceux qu'ils ne congnoissent point : & non à ceux qu'ils congnoissent: il semble qu'à tort il soit reprins d'Aristote : qui dit, que les soldats ne doibuent point faire d'ennuy à ceux qu'ils ne congnoissent point: ains seulement à ceux, qui sôt pour nuire à la cité. Car cela mesmes en substance dit aussi Platon: quãd, poursuiuant d'enseigner le moyé qu'ils doibuent tenir, à estre rudes aux estrangers, & gracieux à ceux du pays, il dit qu'ils le peuuét faire, lors que à leur fierté & rudesse naturelle, & necessaire à vn bon gardien de ville, ils ioignent la philosophie: & declarãt que c'est d'estre Philosophe: il dit que ce n'est autre chose, que de sçauoir discerner le domestique du forain. Ce qu'on ne peut pas entédre au moyé de la cógnoissance, par laquelle les chiens congnoissent: & ausquels suffit le seul sentiment:Mais pour discerner l'estranger d'auec le patriote, par vsage de philosophe: il y faut estre guidé par la raison. Parce que par le seul discours ra-

tional,& non autrement, s'entend ce qui est
côuenable,ou non,à la nature de l'vn & de
l'autre:par ainsi ne seront ils pas congnus des
garnisons de la ville,selô ce que peut signifier
le mot,d'estranger,& de patriot:mais de quiconques voudra iniustement faire offense ou
nuisance au publiq,soit citoyé,ou forain.Car
les soldats mis en garnison dedans vne ville,
pour la garde & tuiciô d'icelle, ne la doibuét
pas rendre & tenir moins asseuree,de ceux de
dedans:qui s'efforceroyét de la subiuguer, &
mettre soubs leur main : que de ceux qui de
dehors voudroyét venir pour l'occuper. Plus
clairement encores le declare Platon,quâd il
monstre,que les vertus,& les vices du publiq,
sont procedez des vertus & des vices du priué. Car en disant,que la côstance de l'hôme,
procede de la partie, en laquelle gist la cole-
re:il adiouste, que l'homme à bon droit sera
lors appellé constant: quand des choses qui
sont à creindre, il n'aura autre volonté, que
celle que luy dônera la raison: & à ceste cause,quand quelqu'vn prendra opinion sur les
mesmes choses, sans en auoir fait iugement
par la raison:bien sera-telle appellee , ferme
opinion: mais seruile , & non legitime: & en
somme toute autre chose,fors ceste vertueuse fermeté,appellee,Constance.

Chap. CCCCLXXXIX.

PLATON eust bien voulu, que les femmes se fussent exercees en l'art militaire, ainsi que les hōmes: pource qu'estans les femmes en aussi grand nombre que sont les hommes : il luy sembloit que par ce moyen les forces de la republique, ou de la cité, seroyēt redoublees. Et tenoit à grande vergongne, que la race des femmes fust reputee la plus vile & abiecte de toutes les autres : & où les femélles des bestes brutes fierement combattent, pour la defense de leurs petis, & de soy-mesmes, contre les plus fiers & cruels animaux du monde : les femmes seules demeurassent en proye, à quiconque leur voudroit courir sus. Dont toute la faute prouient de la mauuaise education : pource qu'en aucuns lieux de la Natolie, iadis furent trouuees des femmes guerrieres. Mais encores posé, que s'exerceans en l'art militaire, elles ne paruinssent pas à la perfection, de la magnanimité & constance, que lon void aux hommes: au moins de tant s'auanceroyēt elles, que les guerrieres à comparaison des autres, sembleroyēt hommes. Mais ceux qui sont venus depuis luy, n'ont suiuy ny approu-
ué ceste

ué ceste opinion: ce qu'ils ont à l'auéture fait
aueq bien grande apparence de raison. Car
l'exemple des femmes n'eſt pas totalemet
ſemblable aux femelles des autres animaux:
leſquels, ſuiuant la diſpoſitiõ que nature leur
à donnee n'ont point beſoin (fors en la gene-
ratiõ de leurs ſemblables) des ordres, des arts,
des exercices, neceſſaires au genre humain,
lequel ayant vn naturel deſir de viure en cõ-
paignie: & y pouuant viure & bien & mal:
pour y bien viure, a beſoin, & en public, & en
priué, de pluſieurs gouuernemens: leſquels
aux villes & aux maiſons ſont departis, ſelon
la capacité de chaſcun de ceux, qui y demeurent. Et pource que les femmes ſont plus foibles, & plus delicates que les hõmes: & qu'elles ont à porter le fais de la groſſeſſe: de donner la premiere nourriture à leurs enfans: &
en auoir le premier ſoin, (qui ſont toutes
choſes, qui requierent, & beaucoup de téps,
& vn grand repos) à iuſte cauſe la garde de la
maiſon leur fut aſſignee: où elles peuſſent aiſément ſatisfaire à toutes ces charges: Afin
auſſi qu'elles y gardaſſent & conſeruaſſent, ce
que les maris, auec leur force & induſtrie,
pourroyent hors icelle amaſſer & acquerir: &
encores afin qu'eux retournans à la maiſon,
las & rompus des iournaliers trauaux, fuſſent

Oo

d'elles gracieufement recœeillis: & remis en
vigueur, par bonnes & bien appreftees viandes, & autres bons & oportuns traitemens:
tellemét qu'ils s'en peuffent retourner à l'a-
couftumé labeur, frais, allegres, & gaillars.
Toutes lefquelles chofes eftás neceffaires, &
eftans en fi grand nombre, & de telle importáce, qu'il fut befoin, que l'vn des deux chefs
de la maifon, s'y appliquaft & occupaft: on a-
uifa pour le mieux, d'y employer le plus foible: & laiffer au plus fort le trauail forain. Et
ne voulut-on fe mettte à faire preuue, de có-
bien le bon cœur, & la hardieffe des femmes,
pourroit feruir au publiq: pource qu'on l'e-
ftima perilleufe. Cóme on a peu apperceuoir
(ce dit Ariftote) par l'exemple des femmes
Spartaines, lors que les Thebains vindrent à
main armee, enuahir le pays Lacedemonien:
pource que forties pefle-mefle en campaigne
aucques leurs hommes, par la cófufion qu'elles firent, elles porterent à leurs hommes plus
de dommage, qu'eux par les armes à leurs
ennemis.

Chap. CCCCXC.

Es anciens Grecs defendirent, de enroller entre les soldats qu'on leuoit pour faire la guerre, ceux qui auoyét accouftumé d'aller en vaifleaux armez coftoyer les riuages de mer, & piller tout ce qu'ils y pouuoyent attraper. Ce qu'ils firent, pource qu'eftans ces pillars en petit nombre, fi toft que fortis de leurs vaifleaux en terre, ils eftoyent defcouuers par les payfans, ils auoyent accouftumé (& de fait fe l'eftoyent permis entre eux) de crier à haute & villaine voix, & de mettre à effait promptement, ce mot: *Retirons nous*. A cefte caufe, ils ne pouuoyent plus demourer fermes & conftans en fait de guerre, ne faire les refolutions conuenables à vaillans hommes. Car on ne peut aueques raifon appeller vaillant vn homme, encores qu'il combatte, fi le mefme honneur qui l'a induit & conduit au combat, ne l'induit encores (pendant qu'il combat) à fe refoudre de demourer ferme, afin de veincre ou mourir. Parquoy fe peut dire, que à bon droit Vlyfle reprint Agaménon, de ce qu'auát faire entrer les Grecs au combat contre les Troyens, il fit mettre en ordre, & apprefter

comme pour partir, toutes les nauires : Qui
estoit chose propre, pour faire deuenir Cerfs
les plus fiers Lions : veu que la deshonneste &
indigne esperance, de pouuoir en mauuais
succes se sauuer de vitesse : empeschoit au
cœur des soldats, la ferme & honnorable resolution, de bien & vaillamment combattre.

CHAP. CCCCXCI.

'Y a point de doubte, qu'vn Prince iniurié, ou autrement offensé
par vn autre Prince, naturellement, & selon certaine humaine
iustice, a de coustume d'en desirer la vengeance. Toutesfois ne doibt il pas tant se laisser transporter par ce sensuel appetit : qu'il ne
considere, s'il vaudra pas mieux, de plustost
rechercher vne honneste satisfaction ou re-
paracion de l'offense : qu'entrer en vne lõgue,
fascheuse, & doubteuse guerre : de laquelle
remportant la victoire : en fin il trouueroit,
qu'elle luy reuiendroit à peu de profit, & à
moins d'honneur. Mais encores le blasme
luy viendroit grand de la perte & de la defaite, s'il auenoit que son ennemy retournast
veincœur : sans le notable dommage, qu'infal-
liblement il en receuroit : & d'autant plus,

qu'ayant esté en sa puissance de commencer
la guerre: il est en l'arbitre & en la main du supreme moderateur de toutes choses, de la fi-
nir selon sa saincte volonté: & neantmoins
tousiours aux guerres, suruiennent des accidens plus importans & plus perilleux, qu'on
ne les a pensez, & peu preuoir. Mais encores
quand, ou la necessité, ou quelque bien fondee volôté, epoindra le Prince à faire la guerre: il se debura souuenir, qu'ores qu'elle soit
de beaucoup soubmise à la fortune : neantmoins elle y peut estre plus ou moins suget-
te: selon ce qu'il sera plus ou moins preuoyât,
& preparé à tant & tât de choses, necessaires
à bien gouuerner & conduire, vne longue &
forte guerre.

Chap. CCCCXCII.

Tout ainsi que les marchans, &
autres priuez citoyens des villes,
s'efforceans de faire quelque petit
gain, ou de recouurer quelque
doubteuse debte, se doibuent bien garder,
d'entrer si auant en paroles, & en contention:
qu'il leur soit puis apres besoin (auec le peril
de leurs biés, & de leur vie) faire plus de côp-
te de la contention prise; que du profit esperé,

ou de la debte à recouurer : Auffi le Prince fe
doibt bien donner garde, qu'en voulant faire
quelque petite conquefte:ou auec trop grande rigueur maintenir & conferuer quelqu'v-
ne de fes moindres chofes : il ne perde, ou fe
mette en danger de perdre les plus grandes.
Pource que bien fouuent il auient,que les hô
mes ne penfans aller, que iufques à certaine
borne, peu à peu cheminent & s'auancent fi
auant, que fans y penfer, & outre leur volonté, ils fe trouuent, enueloppez au milieu d'v-
ne grande & groffe guerre : Laquelle plus eft
contre leur vouloir & intention, tant plus de
danger, & d'incômodité porte-telle aueques
foy.Parquoy fe faut-il toufiours fouuenir,que
les querelles & diffenfions , (comme on dit
communement) font femblables au feu : lequel il eft en noftre puiffance d'allumer ou e-
fteindre du cômencement:mais depuis qu'il
eft efpris, & a eftendu fon ardeur & fa flam-
me,il eft impoffible de l'arrefter & efteindre,
fans ruine.

CHAP. CCCCXCIII.

ENCORES que par le moyen de la
guerre,ou paruienne à la fin, pour
laquelle elle auoit efté commêcee:
toutesfois peu fouuent eft-elle conduite & a-

cheuee, ainſi qu'elle auoit eſté progettee &
deſſeignee:pource qu'en la faiſant,beaucoup
de choſes s'apprennēt d'elle meſme,pluſieurs
autres de l'ennemy, & maintes de la fortune:
leſquelles ne pouuoyent pas eſtre par aucun
preueuës : & giſent neantmoins toutes, en v-
ne bien briefue occaſion . De maniere, que
pour les bien faire , eſt neceſſaire la preſence
du capitaine,l'experience de la guerre,& l'ar-
mée en telle façon diſpoſee &accommodee,
qu'elle puiſſe incontinent & ſans delay executer ce qui luy ſera commādé. Parquoy s'a-
buſent grandement,ceux qui penſent que de
loin on puiſſe enſeigner les moyens de bien
conduire, & de bien acheuer vne guerre cō-
mécee.Car ſi cela ſe fuſt peu faire d'aucū gére
d'hōmes,il euſt eſté fait par les Romains: leſquels toutesfois n'enuoyerent onques hors la
ville,ſi grand nōbre de bons capitaines, qu'il
n'en reſtaſt dedans vn autre grand nōbre de
ſemblables,ou plus grās,& plus braues encores,que ceux qui eſtoyent cōmis aux guerres
foraines:neantmoins ils ne leur dōnerent onques autres memoires ou inſtructions ſinon
qu'ils euſſēt ſoin,& ſe dōnaſſent de garde que
la republique Romaine,ne receuſt ne perte,
ne dōmage,ne honte,ne diminutiō.Ie ne dy
pas,qu'en general,on ne puiſſe aux capitaines

allans à la guerre, donner plusieurs bons ad-
uertissemens: qui neãtmoins (à comparaison
des particuliers) peu profitent : & en ces particuliers auis & conseils, des choses qui ne
peuuent estre veues, que de ceux qui y sont
presens, gisent tous les bons & importans explois de la guerre.

Chap. CCCCXCIIII.

BIEN que la guerre ne soit pas
des choses qui sont de soy-mesmes desirables; neantmoins est
il necessaire, à tout homme ayãt
domaine, principauté, ou gouuernement d'estat, de sçauoir comment la
guerre se doibt faire: veu qu'à tout seigneur,
tant grand soit-il, vn autre peut faire la guerre: & pour s'en defendre, il est bon de s'en fier
à ses bons capitaines : Mais c'est chose bien
mauuaise & bien dãgereuse pour le seigneur,
de deuenir cõme leur seruiteur & ministre,
en faisant la guerre pour luy. Or ministre se
peut bien dire celuy, qui n'ayant aucune congnoissance de la guerre, est contreint de se
gouuerner, selon leur auis & volonté: se mettant en tel cas en l'vn des deux dangers : ou
qu'ils ne sçachét pas, ce qu'il est besoin qu'ils

sçachent:ou que le sçachans, ils ne l'executét
pas,si fidelement,comme ils deussent. Or e-
stans les histoires pleines de l'vne & de l'autre part: le Prince doibt bien côsiderer: qu'e-
stât chargé de deux principaux debuoirs ou
offices (s'il veut estre nommé & renommé
bon & vray Prince) il les doit tous deux bien
entendre. Car encores que le Prince sçache
& entende bien, que ses sugets (moyennant
les bonnes ordonnances & les bonnes loix,
qu'il pourra faire) s'entretiédront vertueusement, & en heureux repos en leur cité : toutesfois luy est-il besoin, de les sçauoir & pouuoir defendre, de tous ceux qui se voudroyét
efforcer,de troubler leur bien & leur repos:
Ce qu'il ne peut bonnement faire, sans auoir
particuliere,& neantmoins entiere,côgnois-
sance de la guerre . Laquelle d'autant plus
doibt estre de luy bien entenduë , que ne la
sçachant ny entédant,le danger est plus grád
pour luy,& l'honneur moindre, quand il est
necessité d'estre soustenu & defendu , par le
sçauoir & la vertu d'autruy,sans ce que sa cô-
gnoissance & sa valeur, y puissent auoir regard ne surintendance.

CHAP. CCCCXCV.

N cõbat à la guerre, non aueques la force des soldats seulement, mais aussi aueques l'art, & la prudence du Capitaine : Ains les Sages sont d'auis, que plus y vaut l'industrie, que la force. A ceste cause, en la guerre, les ruses & finesses, sont plus louees que blasmees : & tout ainsi que ceux qui en vsent, ne peuuent voir, en quoy, ou pourquoy ils en puissent ou doibuent estre blasmez: aussi l'ennemy n'a pas grande occasion de s'en douloir. Car puis qu'il est ouuertement desié, s'il luy en reuient perte, ou dommage, il semble qu'il en reçoiue la peine qu'il a meritee, à cause de sa negligence, & du peu de iugement qu'il a eu, se laissant ainsi abuser.

CHAP. CCCCXCVI.

'Y a chose, qui tant requiere toute la diligence d'vn homme, (comme chascũ dit), ne qui moins puisse endurer les moindres fautes, qui s'y puissent faire, que fait la guerre. Pource que, quand on void l'ennemy armé deuãt soy: on doibt pen-

fer, qu'aueq quelque petit auátage: il peut obtenir la victoire, & mettre tout en ruine & de-
ftruction. Ce qui n'auiendra pas aux fautes,
qui fe peuuent faire au gouuernement de la
cité: lefquelles, encores que quelques fois, elles foyent grandes & capitales, toutesfois ne
trouuent pas toufiours hôme prefent : ne qui
les congnoifle, ne qui les congnoiffant s'en
preuale: ne qui puiffe & fçache en faire fon
profit: Auffi pratiquoyent les anciens vn prouerbe, difant: *Que au Capitaine, aux guerres, il*
n'eftoit pas permis, d'y faire vne fecõde faute, apres
en auoir fait vne premiere.

CHAP. CCCCXCVI.

E M B L E, qu'en vne guerre meuë
entre deux Princes ou Potentats,
on fait le plus fouuent iugement
de la victoire, ou de la perte, qui
en doibt enfuiure: felon que les fucces auiennent, ou bons à l'vn, ou mauuais à l'autre, des
le commencement de la guerre. Ce qui auiét
par auanture, pource qu'on fuppofe, que tous
deux (pour offenfer, & pour defendre) ayent
fait tous apprefts & prouifions à eux neceffaires & poffibles: (car s'ils y auoyent failly, ils auroyent bien eu faute de iugement):

celuy qui perd, pendant qu'il est encore frais,
& en sa premiere vigueur (qui tousiours fait,
ou doibt faire, des bien fortunez essais) fait
croire, qu'il se trouue, ou mal en ordre, ou
moins fort. Et qui tel se trouue ou monstre,
donne signe & argument euident, de son impuissance, ou de son peu de vertu. Or l'vne &
l'autre de ces deux choses, par les loix mesmes de la nature, (comme a tres-bien dit Epi-
ctete) ne peut resister ne longuement conte-
ster, contre la valeur & puissance plus grande
d'vn autre ennemy.

Chap. CCCCXCVII.

IL vaut beaucoup mieux faire la
guerre, au païs de son ennemy, ou
d'vn autre quel qu'il puisse estre:
qu'en son propre pays. Ce qui se
peut voir & congnoistre, par l'exemple des
deux premieres, & plus grandes republiques,
qui furent onques: la Romaine, & la Cartha-
geoise: & de leurs deux plus grands & excellens capitaines, Hannibal, & Scipion. Et si à
Hannibal n'auint le succes de la derniere victoire, comme il fit à Scipion, ce ne fut pas à
faute d'auoir sceu & bien entendu comme il
falloit veincre: mais à faute (comme bien luy

sçeut reprocher Maherbal) d'auoir bien sceu
vser de la victoire de Cannes. Ainsi plus grande & plus puissante fut la fortune, pour empescher que la Romaine republique ne fust
du tout accablee & mise ius, apres ce grand
exploit d'armes, que fit Hannibal à Cannes,
que ne fut la longue discipline militaire, ne
la force des citoyens & soldats de Rome. Or
que ce grand capitaine Hannibal, fust bien
de ceste opinion, bien le peut on cognoistre,
non seulement par ce que tant & si longuement qu'il luy fut possible, il fit la guerre aux
Romains, dedans leur pays d'Italie: mais encores par ce, que quand il eust à conseiller
Antiochus, qui entretenoit la guerre, qu'il a-
uoit contre les Romains, dedans le pays de
Grece, il luy dist, qu'il eust beaucoup mieux
fait, si du premier coup il se fust lancé dedans
l'Italie. Pource que, quãd on est pres du cœur
de son ennemy: à la premiere bonne occasiõ,
qui en la guerre se presente, on le peut blesser
à mort: où en estant bien loin reculé, on ne
luy peut donner coup qui porte: & tousiours
l'ennemy a loisir, de se pouuoir reuenir &
raccommoder en plusieurs manieres. Et Sul-
pice, quãd on parloit de faire la guerre à Philippe, dist: *Plustost se face la guerre en Macedoi-*
ne, qu'en Italie: que là soit par feu & par fer, bruslé

& gasté le bourg, & le pays de l'ennemy . Nous a-
uons maintesfois experimenté, que les armes nous
sont plus aisees, & plus puissantes, dehors, que dedans nostre pays. Aussi dist Scipion : Il y a bien
grande difference, entre voir piller, brusler, & gaster vos terres & finages : & voir ruiner & des-
truire les villes & possessions de vostre ennemy.
Plus de cœur a celuy qui fait le mal, que celuy qui
s'en defend, & le repousse.

CHAP. CCCCXCVIII.

V N Ambassadeur de Rhodes,
voulant au Senat Romain donner vne souueraine louange : ha-
rengant au milieu de ce Senat,
dist : Romains, vous acquerez plus d'honneur
& de gloire, du commencement & de l'entree
des guerres que vous faites : en ce que n'en entre-
prenez aucune, qu'auec bonne & iuste cause, que
de la fin & issuë d'icelles : en ce que vous en re-
tournez tousiours victorieux : Pource que quád
la guerre se fait, aueq bonne occasion : elle
procede d'vn cœur iuste & valeureux : . Attendu que l'honneur est proposé pour recompense des fascheries, peines, & dangers, que
la guerre porte aueques soy. Parainsi la fin &
le commencemét de la guerre prise en ceste

forte, apporte plus de plaifir, comme chofe
à foy propre, que ne fait la victoire depuis
acquife, le plus fouuent par la faueur de la
fortune.

CHAP. CCCCXCIX.

TO VTES les fois qu'vn Prince fe
retire d'vne guerre, qu'il a commé-
cee contre vn autre : il ne faut pas
conclurre, qu'il le face, à caufe de quelque
grand' valeur ou vertu, qu'il congnoiffe en
fon ennemy : Car il y a beaucoup d'accidens furuenans aux guerres, qui le peuuent
auoir demu de la continuer. Lefquels, fi celuy qui eft efchappé du danger, omettoit à
confiderer, & penfoit que la retraite fuft
procedee du defefpoir, que ce Prince guer-
royant auroit pris, de le pouuoir veincre :
quand puis apres il feroit de nouuel affailly,
ne s'eftant pourueu de plus fortes defenfes :
lors bien pourroit-il congnoiftre la difference, qui eft entre fe fauuer d'vn danger par
fa propre valeur : ou par la retraite volontaire, de celuy qui l'affailloit. Et veritablement, il y a grand nombre de potentats qui
fe maintiennent fur leurs pieds : (combien

qu'ils donnent affez mauuais ordre à leurs affaires):non par le moyen de leur propre vertu: ains pource que (hors de foy) ils ont quél-
que puiffance plus grande, qui les fait refpe-
cter:ou qu'ils ont des voifins foibles & peu a-
corts: ou fi bons, qu'ils demeurent contens de
ce qu'ils tiennent & poffedent.

CHAP. CCCCC.

VELQVE fois il femble, que le
Prince ou la Republique, pour
faire trop ouuerte demonftratió
du defir qu'ils ont de n'auoir
point de guerre, fe la tirét fur les bras: c'eft a-
fçauoir, quand ils fe perfuadent, qu'ils pourront appaifer la colere & le maltalent de l'ennemy, en luy laiffant vne bonne partie de ce
qu'il demande.Ou au contraire l'ennemy, de
là prenant coniecture, que tel offre procede
de foibleffe de cœur ou de puiffance, pluftoft
que d'honnefteté & de courtoifie, s'encoura-
ge à vouloir le tout:& à rechercher par tout
moyen de s'en faire le maiftre ; fe feruant de
la portion qu'il en a ia euë, comme d'inftru-
mét pour obtenir la victoire:& occuper tout
ce qui en refte.

CHAP. CCCCCI.

V E LO V E S sentences, sont en
apparence tousiours belles: mais
elles ne sõt pas tousiours vrayes:
comme celle qui dit: *Que iamais
on ne doibt aspirer à l'estat gouuernement ou empire d'autruy: iusques à tant qu'on
voye le sien bien establly.* Car bien souuent il aduient, qu'on ne peut pas bonnement establir
le sien, si premierement on n'occupe celuy
d'autruy. Comme par experience on l'a veu
en beaucoup d'estats: lesquels pouuans estre
offensez par la grande commodité, que leurs
ennemis receuoient de quelque pays voisin,
ont esté contreints de mettre ce voisin sous
leur puissance, a fin de viure en paix & seureté.

CHAP. CCCCCII.

I ce n'estoit vne certaine naturelle
nonchallance des hommes: ils pourroient auec honneur d'eux-mesmes,
& de ceux qui viuent soubs leur gouuernement, faire qu'vne bonne partie de leurs subiects s'exerceroit en choses, qui luy donne-

Pp

royent plaifir prefent, & profit à l'aduenir:
Comme il aduient en l'exercice de la chace:
lequel, tous ceux qui en ont efcrit, dient e-
ftre profitable à ceux qui font l'exercice de
la guerre: ce qui eft veritablement dit, pour
ceux qui en fçauent bien faire leur profit.
Toutesfois, ceux qui ordinairement s'exercent au plaifir de la chace: n'ont (ce femble)
autre but ny intencion, que de faire ceft affez
violent exercice, pour gaigner appetit; ou de
furprendre & tromper quelque pauure befte
fauuage: Ce qui diminue pluftoft qu'il n'augmente la generofité aux cœurs bien nez. Auffi peu d'hommes en chaçeant s'amufent à
confiderer & mettre en mémoire, la varieté
des pays, l'emboucheure des vallees, la fi-
tuation des bois, le cours des riuieres, la hauteur des montaignes: fi elles font d'aifee ou
malaifee montee & defcente: s'il y a des pre-
cipices: qu'elles d'elles font appuyees à autres
montaignes, qu'elles conduifent à la plaine:
fi de la plaine les paffages font aifez, ou entre-
rompus de riuieres: ou fi autres chofes y peuuent empefcher le droit & aifé paffage, à gens
de pied, ou de cheual. Toutesfois toutes ces
chofes, & autres femblabes, bien fouuent cô-
fiderees, mefmes la veuë que de loin elles
rendent, rendent à l'homme vn certain iu-

gement, pour promptement congnoistre &
discerner l'assiette & la nature des pays. Et
par ce moyen, outre la particuliere congnoissance qu'on a du sien, on ne peut aller
en lieu estranger quel qu'il soit:lequel, par la
ressemblance, &par l'experience qu'on a euë
du sien:incontinent on ne recongnoisse,auec
grand contentement & soulagement, de celuy qui suit les guerres.

CHAP. CCCCCIII.

E plus souuent la guerre se fait,
ou pour faire conqueste des terres, ou du bien d'autruy : ou pour
conseruer le sien. La premiere,
demeure en la franche volonté de celuy qui
la fait, qui s'en peut bien passer: pourueu toutesfois, que de ceste nouuelle conqueste du
bien d'autruy, ne depende la conseruation du
sien. Car en ce cas,plus sera loué &estimé celuy qui fera la guerre: que ne sera blasmé celuy qui la laissera: veu que ne la faire pas : est
aller à perdition manifeste:& la faisant, &
tentant la fortune, on peut remporter la victoire: & encor qu'on ne soit point veinqueur, à pire party ne peut-on venir, que
celuy qui n'a point combattu. Et ores qu'on

euſt la condition pire, c’eſt peu de choſe: Attendu qu’en ce cas, on ne doibt pas combattre, pour en auoir plus grande ou moindre commodité: mais ſeulement pour ſe conſeruer & maintenir en ſon eſtat.

CHAP. CCCCCIIII.

LA guerre reſemble au feu: lequel incontinent eſleue plus grande & plus claire flâme, eſpris aux choſes qui de leur nature ſont plus promptes à bruſler: & plus toſt met en cendre les groſſes & dures matieres, qu’il ne les enflamme, ou leur face rendre lumiere & ſplendeur. Auſſi la guerre ſoudain allume le courage, de ceux qui ſe trouuét frâcs & valeureux: & auec hardieſſe les pouſſe & aduâce aux trauaux &aux dâgers, ou ils font preuue de leur vertu par hônorables explois. Mais à ceux qui ſont de laſche cœur, elle redouble la couardiſe & laſcheté: & eſt cauſe, que de tât plus pres ils ſe voyent proches du peril &du malaiſe, tant plus ils perdent le cœur , & deuiennent du tout inutiles, & à ſoy, & à la Republique.

C H A P. CCCCCV.

A V x fautes qui fe font en la guer-re, le foldat, & la perfonne pri-uee, tombe au danger de fa vie, & le Seigneur, ou la Republique, au peril de l'eftat. Neantmoins entre tous les arts, celuy de la guerre eft le moins refpecté, & celuy qu'on fait moins de compte de bien apprendre: toutesfois en tous les autres exer-cices de moindre fruit, & aufquels on ne peut encourir en aucun peril de la vie, on void que tout homme, qui les veut apprendre, s'ef-force de tout fon pouuoir, par vn long efpace de temps, de diligemment s'y exercer, n'y efpargnant, ne foin, ne peine, pour bien les fçauoir faire. Le mefme fait-on aux chofes de plaifir & de ieu, comme nous voyons en la lutte, & autres femblables paffetemps : auf-quels aucun ne voudroit s'exercer en public, & en faire monftre, s'il ne s'y eftoit au para-uant par long temps exercé en fon priué. Mais on ne fe donne pas grand' peine, pour entendre, comment fe doibuent manier bien & dextrement les armes, & tous les in-ftrumens de la guerre : comme fi c'eftoient trepiez de Dedale, qui d'eux mefmes fe mou-

uoyent:ou comme fi tant heureufes & fortunees fuffent les armes : qu'auffi toft qu'on les
a en la main,on s'en fceuft aiféement & bien
aider. D'auantage, outre le maniement des
armes:qui eft celuy,qui voulât fuiure la guerre,& en faire la faction, penfe à s'endurcir,&
acouftumer à patir,le froid,le chaud,la faim,
la foif,cheminer à pied , chargé d'armes, &
de viures, coucher fur la dure , porter le fe-
rein de la nuit & de la Lune , & endurer toutes autres fatigues, requifes au train de la
guerre? Ains lon void au côtraire,que la plufpart des guerriers d'auiourd'huy , allans à la
guerre, veulent porter quant & foy, tout autant d'aifances & commoditez, comme s'ils
alloyent, non combattre , mais s'ebattre. Ie
parle des guerriers,qui de leur franche volôté vont à la guerre,lefquels, côme fi les pour-
poins & les chauffes,bien embouttis,biē paf-
fementez, & bien decouppez, s'acmentoyēt
& decoupoyent leurs ennemis:n'ont autre
foing , que d'y comparoir bragards & bien
braues.

CHAP. CCCCCVI.

L Es aduersaires ne peuuent estre plus seurement, ny aueq plus grand fruit, assaillis: que quand, & là où ils ont moins de creinte. Comme il auient, quand leurs plus fortes places sont assiegees ou assaillies: Car leur semblãt qu'en icelles ils ne peuuét estre offensez, ils se trouuent le plus souuent negligés, & peu soigneux de les bien garder : & si ceste negligence est bien obseruee, elle est maintesfois cause de quelque belle & honnorable victoire : veu qu'il n'y a place si forte, qui mal gardee ne donne entree à l'ennemy . A ceste cause, sera besoin premierement, de diligemment espier l'occasion, & puis faire en sorte, que le cœur ne faille ne manque aux assaillans, à vaillamment assaillir le lieu, qui a tousiours semblé à l'ennemy ne pouuoir estre pris: *Car par ce mo-yē, (comme a dit cestuy-là) ce qui sembloit tres-difficile, & comme impossible, se rendra bien aisé à executer.*

Pp iiij

Chap. CCCCCVII.

QVi a des puiſſans ennemis, pour s'en ſauuer, & les offenſer, doibt fermement croire deux choſes, encores qu'elles ſemblét, contraires: L'vne, qu'ils ſoyent hardis & prudens: l'autre, qu'auecques toute leur hardieſſe &prudence, ils peuuent pareillement faillir. Quand vous auez à faire quelque prouiſion, ou autre appreſt, pour voſtre ſalut, & pour la defenſe de vos eſtats: penſez que voſtre ennemy ſçache bien tout ce qui en eſt: & qu'il ſera bien pour ſe preualoir de voſtre negligence & foibleſſe, ſi toſt qu'il en aura le ſentiment:car par ce moyé vous ne laiſſerez aucune de vos places,degarnie de ce qui luy fait beſoin, pour ſa garde & conſeruation . Mais quand vous le voulez aſſaillir & offenſer, croyez lors qu'il peut faillir, & en quelque choſe s'oublier:pource que ceſte opiniõ vous tiendra toulſiours eueillé, & ſoigneux à chercher vos auantages. Et certainement on ne void guieres auenir, que les perſonnes vigilantes, & ſoigneuſes, à eſpier les actions de leurs ennemis, ne les trouuent quelque fois endormis, lors qu'ils doibuent faire la meil-

leure garde:qui eſt choſe ſuffiſante,pour ſeurement les ſurprendre, & en auoir la raiſon.

CHAP. CCCCCVIII.

VI derechef combat contre ceux,
que parauant il a veincus, s'il prend
quelque aſſeurance ſur ceſte premie-
re victoire, elle luy pourra profiter,&luy pour
ra nuire. Profiter, ſi apres auoir fait, tout ce
qu'vn bon capitaine doibt faire, pour bié ordonner ſon armee, & la bien dreſſer au combat, il y apportera encores ceſte aſſeurance,
laquelle ſera acompaignee d'vne certaine e-
ſperance, qui fera croiſtre le cœur & la hardieſſe. Nuire, quand trop ſe fiant en la victoire paſſee, on ne s'employe pas la ſecõde fois,
aueq la diligence & le ſoin, qui y ſont neceſſaires, à choiſir les ſoldats : les bien ordonner
& renger pour le combat: & les encourager
à bien faire: ne plus ne moins que ſi on tenoit
la victoire en la main : & qu'elle ne peuſt aucunement faillir à eſtre obtenuë.

ADVIS

Chap. CCCCCIX.

QVI sçait ce, que son ennemy creint, on
dit communeement, qu'il sçait aussi le
moyen, de luy bailler sur les doigts. Ce qui est
vray, quand on a affaire à des aduersaires, qui
font les choses auecques raison. Car aucuns
sont, qui creignent ce qu'ils ne deussent pas
creindre, & qui ne leur peut nuire : & n'ont
creinte aucune, de ce que plus ils deussent
doubter, & qui plus leur peut de mal faire.
Auec ces hommes, comme estans hors des
gons, ne se faut pas gouuerner selon leur
regle : Ains faut par autres voyes rechercher
moyens de les offenser : & s'y conduire par
autre instruction, que n'enseigne la sentence
dessudite.

Chap. CCCCCX.

COMBIEN que d'ennemy à ennemy, il semble qu'on ne puisse
attendre ou esperer autre chose,
que dommage, perte, & ruine :
Toutesfois, entre ennemis encores, sont certaines loix, ordinairement entre hommes
cheualeureux & genereux inuiolablement

obferuees.De là fe void, qu'en la plus ardente furie de la guerre, on n'a pas accouftumé
d'offenfer les petits enfans,les femmes, ny
autres perfonnes imbecilles & defarmees:ne
de tenir,pour veincre, autres moyens, que
ceux qui font acompaignez de la vertu & de
l'honneur, fans fraude ne tromperie. Ains
(qui plus eft)bien fouuent au milieu des batailles,on a vfé de plus grandes courtoifies,
qu'en temps de profonde paix: & plus ont
efté louez,ceux qui ont fait plus de telles gra-
cieufetez:Et prenoit-on de là argument, que
fi ces gracieux & courtois gendarmes,là ou
il eft permis de pratiquer toute afpre rudef-
fe, faifoient telles graces & honneftetez:
plus grandes encores les pourroient-ils faire,là ou eft requife la douceur & l'humanité:
comme auffi ont grandement efté blafmez
ceux,qui combattans à la guife des Ours &
Lions , fe refoluent de donner leur fang à
l'ennemy,pour loyer de la victoire, ou le receuoir de luy.

CHAP. CCCCCXI.

ELVY qui menaffe font fort &
puiffant ennemy, & le menaffant luy
fait entédre,qu'il a vne profóde me-

moire,du tort que ceſt ennemy luy a fait:n'a-
uance autre choſe,ſinon de le conuier,à luy
faire encores quelque autre plus grande of-
fenſe.Car,ou ce menaſſeur eſt tel,que ſõ ennemy deura auoir honte,de ce qu'il oſera luy
faire,ou guerre,ou querelle,& il ne le pourra ſouffrir : Ou il ſera tel, que ceſt ennemy
puiſſe quelque fois creindre & redoubter la
force & la puiſſance de ceſt outrage qui le
menaſſe: & s'il eſt ſage, il n'attendra pas le
temps, auquel ce menaſſeur pourra eſtre le
plus fort: Et par ainſi toutes ces menaſſes re-
ſortiront au dommage de ceſt indiſcret qui
vainement les faiſoit.

Chap. CCCCCXII.

SI celuy,qui a l'eſpee de ſon ennemy ſur la
teſte,vouloit implorer &attédre le ſecours
de la iuſtice,pour l'en defendre & garentir:
pour neant s'en mettroit-il en peine , & ce
pendant ſeroit mis à mort. Pource ont en ce
cas les loix permis, que l'aſſailly puiſſe auecques les armes,repouſſer la violence de celuy qui le vient aſſaillir: & exercer la iuſtice
tout ainſi, comme s'il fuſt perſonne publique,en vengeant l'outrage faità la perſonne
priuee : & neátmoins(quoy qu'il en aduienne)qu'il en demeure franc & quitte.

CHAP. CCCCCXIII.

QVAND vn Seigneur a vne armee en
campaigne, voifine au pays de fes amis,
& deuant luy s'en void vn autre, plus grande
& puiffante que la fienne: il demandera toufiours auec plus grãd refpect, & aueq plus grãde modeftie, des viures, & toutes autres chofes dont il aura befoin, aux deffusdis fes amis,
que ne fera ceft autre chef d'armee du tout
eftranger, & qui n'eft point amy. Ce qui ne
procede pas de ce, que l'vn foit plus modefte
que l'autre: mais pource q̃ toufiours celuyqui
eft le plus fort, demãde plus hardiemẽt. Par-
quoyen tel cas, les villes qui fe trouuẽt foibles,
feront bien fa gémẽt: faifans plus de cõpte de
la force de l'eftranger, que de la modeftie de
l'amy & voifin: (lequel neãtmoins ne le debura trouuer mauuais, ne s'en defpiter: veuque
chafcun naturellement doibt creindre celuy
qui le peut offenfer) & par tous moyens à luy
poffibles pouruoir à fon falut, & à fa cõferua-
tion. Nõmeemẽt pource que de demeurer
neutre, il n'eft pas feur finõ pour ceux, qui ont
l'eftat fi grãd & fi puiffãt: qu'à celuy des deux
qui demeurera veinqueur: & s'efforceroit de
les offenfer: ils peuffent refifter de leurs propres forces.

Chap. CCCCCXIIII.

QVAND deux chefs d'vne republique fôt
la guerre l'vn à l'autre, encores qu'on
sçache bien qu'ils la font pour voir, si l'vn des
deux pourra entierement & absoluement
demeurer le maistre, neantmoins ils sont de
part ou d'autre suiuis de tous les citoyens, tât
nobles que roturiers. Et semble quasi qu'on
ne puisse dire, que cela procede d'ailleurs,
que de la mesme conuoitise de dominer sur
les autres, pour laquelle combattent les deux
chefs: veu que l'appetit de croistre & se hausser, produit ses effais en chacun de quelque
estat & condition qu'il soit: parquoy qui ne
peut estre le premier, s'acoste des premiers,
des secons, ou des tiers, tant qu'il se hausse &
aduance quelque peu, & qu'il laisse derriere luy, le plus d'autres citoyens qu'il pourra. Encores pourroit-on a l'aduenture alleguer vne autre raison, qui est, que les hommes trauaillent autant, à conseruer & defendre les choses ia acquises, qu'à en acquerir
des nouuelles: Et sçachans bien, que quand
deux seigneurs se font la guerre, pour la sou-
ueraineté de l'Empire: celuy qui demeure le
maistre, voudra faire des presens à ceux qui

auront fuyui fon party,& l'aurõt aydé à veincre,tant pour fe monftrer recongnoiffant du
fecours receu,comme à fin d'auoir en l'eftat
plufieurs hommes,lefquels ayans efté honnorez par luy,foyent affectionnez à le mainte-
nir:ce qui ne fe peut faire, que du bien d'au-
truy:A cefte caufe font contreins les plus riches,a fin de fe côferuer leurs biens &moyés,
de fuiure l'vn des deux partis : de maniere que chafcun fe diuife &combat,côme
en fa propre caufe.Mais ce qui donne,en ces
auentures plus grande occafion d'esbahiffe-
ment, c'eft, que venant à plufieurs des plus
grans,tant d'vne part que d'autre,certain defir de pacification,& defiftement d'armes , fe
congnoiffans l'vn l'autre au vifage , & eftans
en nombre fi grand, qu'ils fuffiroient pour
contreindre les deux chefs de part ,à pacifier
& s'accorder : neantmoins ils ne s'ofent declarer,ains continuent au mal de la difcorde
de toute leur affection.De maniere, que tant
ceux qui defirent le bien,comme ceux qui ne
le veulent pas, perfeuerent en mauuais explois de guerre:& fans auoir aucun efgard:ny
à l'amitié,ny au parentage , ny àce que tous
ils ont efté nez & nourris foubs mefmes
mœurs,&fous-mefmes loix:ils fe perfecutent
& tuent les vns les autres,auec toute aigreur
& cruauté.

Chap. CCCCCXV.

LEs soudaines emotions, ont couſtume
d'eſpouuanter, non ſeulement les couards
& creintifs, mais auſſi les vaillans & hardis:
Pource que tout homme ſe voyant chargé
& aſſailly à l'impourueu, ne peut, ny en vn inſtant deſcouurir l'entrepriſe & l'intention de
l'ennemy, ny en vn inſtant s'appreſter pour
l'empeſcher. Parquoy, ſi l'aſſaillant n'eſt pareſſeux, & trop lent, il aura pluſtoſt executé
tout ſon deſſein, que l'aſſailly n'aura mis enſemble la moitié de ſes propres forces. Auſſi
a lon touſiours veu, que peu d'hommes hardis & bié en ordre, ſont mieux venus à bout
de tout ce qu'ils ont entrepris de faire, comme
par ſurpriſe & au deſpourueu, que ceux qui
en plus grand nombre s'y ſont eſſayez; & que
ce, qui quaſi à tous ſembloit difficile & dangereux, leur a eſté ſeur & bienaiſé.

Chap. CCCCCXVI.

POVRCE qu'en traittant & parlant
des affaires d'eſtat, aucunes s'en trouuent, leſquelles auant que venir au
fait & à l'execution, ſemblent ſi aiſees à mettre à

tre à fin: que si on n'y mettoit la main, on pé-
seroit beaucoup perdre: puis apres en les maniant, se trouuent tresdangereuses & dommageables: pource, (dy ie) ne fera que bien
sagement: celuy, qui les congnoissant telles,
en voudra auoir l'auis de ceux, qui luy en auront donné la charge. Car estans estimees aisees à faire, celuy qui les fera, n'en reportera
pas, ny grand honneur, ne grand'louange: &
si l'issue en sera mauuaise, il sera excusé, ayant
fait tout ce, que ceux qui y auoyent interest,
auoyent iugé & dit debuoir estre fait. Mais
quand, auant que mettre la main à l'œuure,
on n'a pas prins cest auis: & desia en procedât
à l'executiõ du negoce, le succes en aura esté
mauuais: il sera bon d'en demander conseil,
apres le fait. Comme fit ce grand & acort
Capitaine Annibal: quand en vn cõbat qu'il
fit sur mer, ayant esté battu & rompu par les
Romains, il despecha incontinent vn gentilhomme, & l'enuoya à Carthage, (plustost que
les Carthageois eussent peu auoir nouuelles
de sa routte), afin de mettre en leur Senat en
deliberation de conseil, si s'offrant telle & telle occasiõ, il debuoit combattre les ennemis,
ou non. Et estant chascun d'auis, qu'il debuoit combattre: celuy qu'Annibal auoit enuoyé, leur dist: *Annibal a esté de la mesme opi-*

nion:de fait a combattu, & esté battu, & rompu:
A quoy tout le Senat de Carthage demoura
muet;& n'osa aucun blasmer Annibal, de ce
qu'il auoit fait.

Chap. CCCCCXVII.

QVAND vn Prince faisant la
guerre, a commencé à perdre,&
luy deuient de iour à autre pire
la fortune, toutes & quantes
fois qu'il pourra mettre fin à la guerre, auec
supportables conditions, il l'y doibt mettre:
& rememorer la sentence dite par Scipion à
Antioche: *La magesté des Roys, plus malaiseemēt*
du haut faiste s'abbaisse au moyen estage, qu'elle
n'est du moyen precipitee au plus bas.

Chap. CCCCCXVIII.

SI on veut faire comparaison des vices, qui le plus souuent acompaignēt
ceux qui ont esté defais & veincus en
vne guerre, & de ceux qui suiuent les veinqueurs: on trouuera, que sans doubte, les premiers, peuuent faire plus grans effais, que les
derniers. Pource que la victoire (comme celle qui croit, qu'on ne luy sçauroit plus faire
resistēce en aucune chose) semble permettre

au victorieux, de viure à son plaisir & volonté,
& se laisser aller à toutes ses conuoitises & appetits:& ainsi peu à peu laschant la bride à
toute licence & dissolution, il tombe (sans y
penser) en oisiueté & arrogance:auec lesquels
deux vices, ne se peut maintenir, ne vaillã-
ce, ny industrie. Et en tel cas, à l'occasiõ de la
victoire, ces vices (combien qu'au parauant
ils y fussent) se rendent plus vifs, & se font
plus clairement apperceuoir. Mais les autres
qui ont esté veincus (encores qu'à cause des
mauuais traittemens, qu'ils ont receus des victorieux ils ayent souuent occasion de sentir
leur mal) se remplissent de haine,& de volõté de mal faire: & consequemment bruslent
d'vn desir qu'ils ont, de la ruine & destructiõ
de ceux qu'ils hayssent:à laquelle ils ne peuuent paruenir, s'ils ne se deliberent, de prudemment & hardiement executer le dessein
de leur vengeance. Et auec telle deliberation
ils se resueillent, & sont surpris de certains
honnorables, & neantmoins impetueux,
mouuemens de vertu: lesquels bien souuent
les aiguillonnent, à bien & vertueusement o-
perer. Et si leur perte & defaite ne fust auenue, à l'aduenture iamais ne se fussent-ils, res-
ueillez ne recongnus.

Qq ij

CHAP. CCCCCXIX.

LA ville, ou republique, qui longuement
vid en oifiueté, s'enroille, tout ainfi que le
fer, qui n'eſt point mis en beſoigne: parquoy
ne pourroit-elle eſtre, fi peu affaillie & mole-
ſtee, qu'elle ne ſe trouuaſt en grand danger
d'eſtre veincue. Et n'y a doubte, que, fi l'oifiueté eſt celle, qui ſe prend ſeulement pour
l'aifance & commodité du corps & des ſens,
l'exemple du fer, qui ſe roille n'eſtant point
exercé, y feroit propre & bien vray. Mais fi
c'eſtoit vn loifir ou repos vertueux, & conuenable à vne cité bien policee, & à vne republique bien ordônee: & dont le but fuſt l'hô-
neur, en tel oifeux loifir, elle ne ſe pourroit
enroiller: Ains par les vertueux exercices elle ſe rendroit plus claire & plus belle. Et ne
faut point doubter, que la meſme hôneſteté,
qui induit les citoyens d'vne ville, à viure a-
ueq toute temperance & iuſtice: & qui leur
aprend les actes de liberalité, & de magnificence: ne les induife auſſi (toutes les fois que
beſoin ſera) à conſtamment & vaillamment
ſe porter en tous bons affaires. Et d'autát plus,
qu'aux villes & republiques bien inſtituees,
on fait exercer les ieunes hommes à tous mi-

litaires exercices:tant pour les rendre habiles
& propres à faire la guerre, quand besoin en
sera : comme pour les faire, par le moyen de
tels exercices, plus forts,plus sains , & plus a-
droits.

CHAP. CCCCCXX.

POVR CE, que la puissance couure,
ou (à mieux dire) soustiét & defend
beaucoup des fautes de celuy qui
est le plus puissant:ne plus nemoins
qu'vn nauire neuf & bien fait, se defend, &
soustient, beaucoup des negligences & igno-
ráces du pilote peu expert: à ceste cause, plusieurs sages hommes dient,que pour faire deuenir les citoyens plus acorts & industrieux:
il est bon,qu'ils n'ayent en leur ville chose aucune, à laquelle ils se puissent fier, & sur elle
se reposer,fors la côtinuelle diligence, & vertueuse côstance d'eux mesmes. veu que il n'y
a point de seure fiance en la puissance, qui
peut affoiblir & diminuer de iour à autre : où
la vertu & la valeur sont tousiours vnes : &
iamais ne faillent,à ceux qui les possedent. Et
dient dauantage, si quelqu'vn demandoit,
pourquoy quelque fois peu d'hômes,ne sont
pas battus par vn plus grand nombre:mais au

Q q iiij

contraire les battent, qu'on pourroit refpondre, que cela n'auient pour autre raifon, finon
pource que la petite compaignie creignant
toute chofe, fe donne garde de toute chofe:
& eft toufiours efueillee & prefte, afin de ne
donner aucune occafion à l'ennemy de fur-
prife , & fe preualoir de toutes celles que
l'ennemy luy pourra donner. Mais, à la verité, cefte opinion eft trop feuere, pource
qu'il n'eft poffible, que la vertu mefme ne
foit fubiecte à beaucoup d'accidens, lefquels
ne fe peuuent euiter, pour quelque diligence
qu'on y mette. Iointencores, que c'eft vne
bien grande peine , voire comme vn grief
malheur, d'eftre en continuel foucy & penfement de fe bien garder. A cefte caufe, me fé-
ble que cefte opinion ne fait en tout à receuoir, mais que pour y donner quelque temperament, il faudroit, qu'outre le fondement
de la vertu, les eftats s'efforceaffent d'auoir a-
bondance des biens de fortune , & donnaf-
fent au furplus , par leur prudence & preuoyance , fi bon ordre à leurs affaires , que
quelque defaftre ou defordre , qui peuft
auenir, ne leur fceuft porter aucun dommage. A ce propos Ariftote fe moque des Lacedemoniens: lefquels ne vouloient point de
murailles autour de leur ville, a fin quelle fuft

gardee & defenduë, par la feule vertu des citoyens: comme fi diuers accidens ne pouuoient pas furuenir, par lefquels la vertu ne fe pourroit pas monftrer affez à temps. Encores les foffez, murs, & rempars (ores qu'ils les peuffent fauuer de tels perilleux accidens) ne les empefchoient point, de faire des faillies fur les ennemis, & les efcarmouchans, faire contre eux fignalees preuues de leur vertu.

Chap. CCCCCXXI.

QVE ce foit vertu plus grande, de conferuer la chofe ia acquife, que ce n'eft de l'acquerir, fe peut voir principalement en la conquefte & conferuation des villes & des eftats: En la conquefte defquels, combien que befoin foit d'endurer grans trauaux & penibles dangers: toutesfois n'eftant pas le temps, qu'il faut employer à la conquefte, fi long comme eft celuy, qui va à la conferuation: la vertu peut aifeement (durant ce téps de cóquefte) demeurer efueillee, & prómpte à faire fon debuoir, & fes effais vertueux, pour paruenir à la cóquefte. Mais il auiét autremét de la conferuatió, pource qu'on ne peut pas preuóir ne fçauoir

le temps, que les ennemis veulét venir affaillir : & femble que la nature ne peut fouffrir,
qu'on puiffe fi long temps demourer, en perpetuelle vigilance & diligence de fe garder.
Parquoy, en ceux qui y demeurét, eft befoin
qu'il y ait vne excellente vertu, qui par ce
moyen auffi meritent plus d'honneur & de
louange: veu que les conquerans, peuuent
combattre & veincre: & les conferuans ont
befoin de veincre, & de faire tout ce qu'ils
pourront, pour ne point combattre.

CHAP. CCCCCXXII.

L'ACQVEST d'vne chofe, toufiours
demeurera inutile & vain, fi apres l'a-
uoir acquife, on ne la retiét & maintient. Ce que ie n'enten pas dire, des deniers,
& autres femblables chofes, qu'on acquiert
à fin expreffe, de les defpédre & confommer:
& fi on en vfoit autrement, on les diftrairoit
de leur nature. Mais ie parle de la conquefte
que les Princes font, par la voye de la guerre,
ou par autres moyés, s'impatronifans d'eftas,
villes, terres ou prouinces eftrangeres. Car
s'ils ne mettent grand foin, à s'en maintenir
en la poffeffion, il auiendra, que la conquefte
(combien que faite aueq grande vaillance &

prudéce)fera moindrir de beaucoup leur reputation, outre le dommage qui enfuiura, de
la perte des eſtas & des terres. Et les Princes,
qui touſiours ſont ententifs à prendre, & ſont
negligés à garder, ce qu'ils ont vne fois prins,
reſſemblent à ceux qui iouent aux dez, & aux
cartes, & autres ſemblables ieux, leſquels, encores qu'ils gaignent beaucoup, ne ſe conté-
tent pas de ce qu'ils ont gaigné, & ne mettét
pas tel ſoin & diligence qu'ils deuſſent, à ſe le
garder & conſeruer : ains conſiderent ſeulemét ce qui reſte à gaigner de celuy qui perd,
& pour l'auoir, hazardent, non ſeulement ce
qu'ils ont ia gaigné, mais encores l'argent de
leur bourſe, & bien ſouuent perdent tout. Ie
ne dy pas, que les genereux eſpris n'ayét touſiours eu certain deſir de paſſer plus outre, &
quand ils ont veu vn beau ieu, ils ne l'ayent
voulu iouer: mais ie dy, qu'il y a bien grande
difference, entre ſuiure ſa pointe, & laiſſer ſes
eſpaules ſeures, & courir comme vn fol, ſans
regarder derriere ſoy. Car qui le fait ainſi, fait
bien demonſtratió de ſa hardieſſe, mais non
pas de ſageſſe, qui ſoit en luy. Et n'ayant la
fortune acouſtumé, de longuement s'arreſter
en lieu, auquel par prudéce elle ne ſoit retenuë, il eſt force en fin qu'il tombe par terre.

C H A P. CCCCXXIII.

A victoire n'est pas magnifiee
seulement de par soy-mesmes:
mais aussi de ce qu'on en sçait bié
vser. Car on a veu plusieurs Seigneurs & grans Capitaines, esquels la prudence n'auoit point defailly, à faire, & à bien
conduire la guerre : lesquels neantmoins se
sont perdus apres la victoire, pour n'en auoir
sceu bien vser, ou par la trop ioyeuse allegresse, naturellemét ennemie de conseil, ou pource que leurs estans mises au deuant, trop pesantes despenses, ou trauaux trop perilleux,
ils n'ont pas congnu qu'ils les peussent si tost
veincre & supporter : ny mesmes consideré,
qu'estans les ennemis ia veincus & rompus,
beaucoup moindres choses estoyét necessaires a la partie victorieuse: laquelle ne se pouuoit trouuer en si grand desordre, qu'en plus
grand ne fust encores la partie veincuë: sans
la faueur de la fortune, qui tousiours fauorise
& accommode les veinqueurs : foule, dis-
commode, & epouuante les veincus. A ceste
cause, tous Princes qui desirent estre reputez
prudens, & monstrer, qu'ils n'ont pas commencé la guerre sans conseil & bon auis: ne

gaigné la bataille par vne auenture & cas
fortuit,regardent diligemment à bien vfer de
la victoire: fans oublier chofe aucune, de ce,
que comme victorieux ils ont à faire,ne fouffrir que la fortune ait occafion de fe moquer
d'eux:comme elle fait de ceux, qui negligét
des grandes & belles occafiōs qu'elle leur offre, & les laiffent prendre à d'autres,fans propos & fans raifon.

CHAP. CCCCCXXIIII.

C OMBIEN que les hommes
veincus en guerre,le plus fouuét
fe foubmettent & obeiffent à la
puiffance & à la force, pluftoft
qu'à la iuftice & raifon de ceux qui les ont
veincus : il femble neantmoins que fur la victoire, ils font induis à paciemment porter
(comme fi iuftement ils auoyent merité)tou-
tes les indignitez, dont les veinqueurs veulent vfer enuers eux: & quelque peu de téps
apres la victoire, depuis qu'ils aurōt repris fés
& haleine,fi le mefme veinqueur leur cōmā-
de chofes beaucoup moindres: ils les fentent
& apprehendent,& en font grādes doleāces.
A cefte caufe les fages ont efté d'auis , qu'vn
Prince qui a eu vne victoire (s'il defire fon
bien & fon profit)en ce temps que les vein-

cus, font encores de leur perte tous eftonnez
& efperdus, doibt tout d'vn train leur faire
tout le pis qu'il peut, pour affeurer fa victoire: afin que de lors en auant, il puiffe (auec
les gracieufetez qu'il pourra leur faire) rendre moins griefue leur feruitude: pluftoft
que les tenir en vne continuelle doubte &
fufpenfion d'efprit: & confequemment en vn
continuel defir de leur liberté.

CHAP. CCCCCXXV.

SEMBLE chofe merueilleufe, que
ceux-mefmes qui ont eu plus d'v-
ne victoire fur aucuns, ayent depuis efté battus & mis en route,
par ceux-là mefmes qu'ils auoyent desfais,
n'eftans pas en plus grand nombre, que lors
qu'ils furent veincus. Ce qui fait clerement
cognoiftre, ou que les premieres fois, les veincus n'allerent pas à la guerre, auec telle hardieffe, ny auec tel ordre, qu'il eftoit befoin
pour veincre: ou que les veinqueurs deuenus
mols & negligens, à raifon des victoires par
eux obtenues, n'ont pas continué aux mefmes auis, n'entretenu celle valeur & vigueur
de courage, qui au parauant auoient efté caufe de les faire veincre. De maniere qu'en tels

accidens, les iugemens fais par les euenemés
& par les effais, tromperont toufiours celuy,
qui voudra attribuer à fa valeur & prudence,
la victoire qu'il aura obtenuë, par la coulpe
ou negligence de fon ennemy : & dont il fe
pourra, apperceuoir aux fecondes preuues.
Pareillement le veincu, fi fans plus grande
hardieffe & vertu, & fans donner meilleur
ordre à fos affaires, il fe met derechef à combattre contre ceux, qui ont acouftumé de le
battre, il fe trouuera encores en pire party. La
raifon en eft, pource que telles varietez oc-
currentes en mefmes hommes, procedent
aucunesfois de leurs cœurs & courages, quelquesfois d'autres exterieurs accidens, comme de defpit, d'Amour, de honte, & de toutes les paffions de l'efprit : lefquelles encores
(auec peu de valeur & de hardieffe) peuuent
produire des terribles effais. Semblablemét
encores d'autres accidens exterieurs, comme du temps, du lieu, & femblables : lefquels
(combien que les cœurs & courages demou-
raffent toufiours femblables) par leur variation, peuuent de nouuel apporter, grand fecours pour obtenir la victoire, ou moyen de
la perte & defaite.

CHAP. CCCCCXXVI.

LE sage Prince ou Capitaine, ne se doit point hausser d'auátage, pour auoir obtenu vne victoire, quád il congnoist, qu'elle luy est auenue, plustost par le desastre & malheur du veincu, que par sa propre valeur & vertu:car la vraye gloire est celle, qui est engendree par la vertu. Mais quand la fortune se vient mettre & ioindre à l'vn des costez, au milieu de la meslee, il auient souuent, que se muant (comme est sa coustume) elle fait tourner les plus grás & pesans coups en arriere. Parquoy, ceux qui n'ont autre fiance ou appuy que sur elle, aussi tost qu'elle les laisse, il faut par necessité qu'ils tombent tous plats. Mais les autres, qui sans elle & sa faueur, ont fondé toute leur asseuráce sur la vertueuse valeur, se peuuent quelque fois soustenir & maintenir sans elle: & quád ores ils tomberont, leur cheute sera tousiours plus illustre, que la sauueté de ceux, qui par la faueur de la seule fortune, demoureront sur leurs pieds.

CHAP. CCCCXXVII.

SI vn Prince, pource qu'il se sent fort & puissant, s'obstinoit à vouloir venir au dessus,
de toutes petites côtentions qu'il pourroit a-
uoir, à cause des terres & seigneuries voisines, il seroit tousiours haï de ses voisins, & eux
semblablement tousiours en doubte de luy.
Et au contraire, s'il se maintiét aueq eux doucement & gracieusement, & fait demonstration en public & en priué, de les vouloir tenir
comme en sa protection : toutes foisqu'il nai-
stra quelque diuisiõ ou dissension entre eux,
à cause de leurs dittes terres & seigneuries, ou
qu'il se presentera quelqu'vn de dehors, qui
les vœille molester, de leur propre mouuement ils le rechercheront & nõmeront pour
arbitre, & amiable compositeur de leurs differens : comme firét (afin de n'aller chercher
autres exemples plus loin) les Genneuois des
Ducs de Milan. Et cela procede de ce, que les
hõmes abhorrent d'estre gourmandez & battus : & mieux aiment se charger de leur franche volonté vn pesant fais sur leurs espaules:
que par force, & par la volonté d'autruy, vn
autre beaucoup plus petit & plus leger.

CHAP. CCCCCXXVIII.

VI à des voisins moins forts que luy, s'il ne les peut en vn coup à soy soubmettre, il se doibt efforcer de les tenir tousiours bien contens & asseurez de luy: pource que par telle demonstration de bonne volonté, ils luy demeureröt tousiours comme seruiteurs & vassaux. Et au contraire, s'il se met à les tourmenter & molester, ils auront recours à quelque autre plus fort, qui les puisse defendre. Parainsi, celuy qui n'auoit qu'vn foible voisin, se verra par son imprudence en auoir vn autre plus puissant, qui au long aller, ou luy ostera son estat, ou le tiendra en perpetuelle creinte de le perdre.

CHAP. CCCCCXXIX.

N dit communement, que les Princes & Republiques deussent prendre garde, à l'accroissement de leurs voisins: afin qu'ils ne creussent si grans, que leur grandeur leur donnast occasion de les creindre. Ce que toutesfois est fort malaisé à faire: pource que la conionction & disposition des temps fait quelque
fois

fois, que quelcun s'impatronit d'vn eſtat biē
grand, ſans qu'on l'en puiſſe empeſcher: & depuis qu'il s'en eſt fait maiſtre & accreu de for
ces, il n'eſt pas ſeur de ſe mōſtrer à luy contraire. Comme auſſi quelque fois on s'accroiſt
peu à peu, & de degré en degré, ſelon ce que
ſçait & peut faire la prudence & la fortune
de celuy qui croiſt: tellement qu'on ne s'en
apperçoit point, iuſques à ce, qu'il n'eſt plus
poſſible d'y remedier, ſinō auec grand dāger.

Chap. CCCCCXXX.

T ANT de prouinces ne ſe ſont perdues, vers les quartiers du leuant,
& ailleurs, ſinon pource que le voiſin plus fort, a bien ſçeu vſer de ſa
prudence & attrempance, vers le voiſin
plus foible. Ce qui a eſté conduit par bon a-
uiſs & iugement; parce que les plus petits &
plus foibles (ſi on ne les peut en vn inſtant
prendre ou ſubiuguer) ne doibuent eſtre ne
foulez, ny endommagez, ne mis en doubte
& ſouſpſon, par le plus grand & le plus fort;
Attendu que par ce moyen on n'auance
autre choſe, ſinon qu'on les cōtreint à recercher ſecours d'vn plus fort, qui les puiſſe defendre. Et combien qu'ils ſçachent, que ſa

defense des autres seigneurs plus puiſſans,
ſoit pour les côduire à manifeſte ruine:tou-
tesfois leur ſemble prendre vne belle vengeáce,de ceux qui les ont moleſtez,& qui ont
eſté cauſe de les faire rechercher ce ruineux
ſecours,les tirant auec eux en meſme ruine.

CHAP. CCCCCXXXI.

CATON, pendant qu'il eſtoit Conſul
à Rome, & mettoit toute peine
d'abolir & eſteindre la ſecte des Bac-
cannales, qui tant eſtoit perilleuſe, diſoit,
qu'il n'y auoit choſe plus propre à tromper
les hommes,que la fauſſe religion: pource
que touſiours ceux qui veulent chaſtier les
pauures abuſez qui la ſuiuent, ſont ſurprins
de certaine creinte,qui(pource que c'eſt cho
ſe qui touche à la diuinité)les fait doubter, ſi
en ce chaſtiement, ils pourroient en aucune
choſe deroger à la mageſté diuine. Toutesfois il adioutoit, qu'on debuoit eſtre deliuré
de ceſte creintiue doubtance par l'autorité
des Pontifes,& par les anciénes conſtitutiôs:
& penſer,qu'il n'y a choſe, qui puiſſe porter
plus de nuiſance à la vraye religion, que de
ſouffrir introduire nouuelles ceremonies,
& nouuelles modes de ſacrifices. Or ſi les

bonnes gens du temps iadis tindrent ces propos, meus feulement de quelque petite lumiere de nature, & des couftumes de leur pays:que deburions-nous dire? nous (dy-ie) qui auons quelque chofe de plus, & de pardeffus la nature? Et fi le zele de la pieté,& de la vraye religion ne nous y efmeut (comme toutesfois fans aucun autre refpect elle deuft faire)nous y pouffe au moins le dãger,qui en vient à tous,en priué,& en public: & nous fouuienne,qu'il n'y a chofe au monde,qui ait plus de puiffance fur l'eftat, pour y attenter quelque remuëment ou changement.Mais la trop ardente volonté que aucuns ont eue,de tirer à foy telle autorité (à laquelle neantmoins ils ne font pas paruenus) a efté occafion de fi grand mal:lequel, comme cy deuant il eft tombé fur la tefte de la plufpart d'iceux, auffi accablera-til cy apres tous ceux qui voudront aller par mefme chemin.

Chap. CCCCCXXXII.

Etant fert de nourrir & efleuer les enfans à la couftume de leur pays, (comme faifoient les Spartains)que de là enfuit l'eftabliffement de l'eftat.

Rr ij

pource que debuans les enfans (quand ils seront hommes) venir au gouuernement de la
cité, y estans appellez, ils maintiendrót tousiours les coustumes & façons de viure, & le
droit du pays, qu'ils y auront appris de ieunesse. Lesquels estans bons, aussi ne sera-til
pas possible, que le gouuernemét ne soit bó.
A ceste cause, en quelques Republiques on a-
uoit fait des loix, qui defendoient aux peres
de nourrir & esleuer leurs enfans en leurs
maisons. Pource qu'aucuns peres dissembla-
bles, & de mœurs, & de volonté, aux autres
citoyens: eussent nourry leurs enfans, selon
leurs mœurs & humeurs, & rendus difficiles
comme eux, & differens de façon de viure,
d'opinion, & de volonté, d'auecques les autres.

Chap. CCCCCXXXIII.

Toutes les exterieures operations &
actions des hommes tant celles qui procedent des mœurs, comme celles qui procedent de l'art, & de l'industrie, à leur premiere
monstre, ont ie ne sçay quelle force, par laquelle, selon ce qu'elles sont ou belles ou laides, elles induisent l'esprit, de quiconque les
void ou entend, à prendre & retenir quelque

chofe, du beau, ou du laid, qui y paroiſt : Dequoy ſi aucuns peuuent ou doibuent reſentir
aduétage, ou dommage: ceux ſont vrayemét
les ieunes gens: leſquels, n'ayans pas encores
leurs mœurs bien eſtablies & aſſeurees, ains
eſtans (comme la cire) diſpoſez à receuoir im-
preſſions de toutes formes, ne deuſſent voir
autre choſe, que peintures, & ſculptures, &
toutes autres belles choſes, artificiellemét &
ingenieuſement faites: & n'ouyr autre choſe,
que propos & raiſonnemens, appartenans à
la beauté, & bonté des mœurs . Pource que
tout ainſi, que de lieux & de vens ſains, eſt
portee la ſanté à ceux qui la reçoiuent, auſſi
des honneſtes propos que la ieuneſſe oit tenir, & des beaux & induſtrieux artifices, quelle void deuât ſes yeux, elle prend & retient
quelque choſe de bel, & de bon, & de bienſeant, qui l'aduit & acouſtume à toutes belles & bonnes actions : & la garde de faire
choſe, laide ou mal proporcionnee.

CHAP. CCCCCXXXIIII.

N doibt croire, que bien né, bien
nourry, & bien eſleué en bonnes
mœurs, aura eſté l'enfât, qui ſe trouuera auoir en l'entendement, vne ferme opinion, & vn ſtable deſir, de rien ne faire, qui

ne foit conuenable & conforme à la vertu
& à l'honneur:& qui de telle opinion & volonté, ne pourra eftre demeu ne par creinte de peine, ne par allechement de plaifir, ne
par quelque autre affection que ce foit.
Mais pource qu'en nos efprits nous croyons
par fois, que nous ayons plus de conftance
&de force, que il ne s'en treuue en nous à la
preuue, il faut faire l'eſſay de nos penſemens:
tout ainfi que fait le maquignon, qui ne fe fie
pas feulement à la belle apparence, & aux
bons fignes qu'il void au cheual, ains pour
s'affeurer s'il eft ombrageux, ou nõ, le fait aller par plufieurs fois, aux lieux, efquels fe fait
tumulte & bruit: Auffi pour faire eſſay &
preuue de ces ieunes gens, les faut faire paffer par les lieux d'effroy, & par les compaignies de plaifir:& fi pour tout ce qu'ils y auront ouy & veu, on ne les void en rien ef-
branlez de leur premiere deliberation, on
pourra tenir pour affeuré, qu'ils paruenus en
aage, feront pour faire du fruit, tant pour foy,
que pour la patrie: & d'eux fe prendra cefte
affeurance, cõme de ceux qu'on aura mieux
efprouuez, que l'or que lon met à la fournaife
pour faire preuue de fa bonté.

CHAP. CCCCCXXXV.

S EMBLE, que ce que vulgaîre-
mét on dit des villes & des prouinces, foit veritable: c'eft affauoir, que chacune d'icelles a
quelque particulier defaut, ou
vice: & combien qu'entre les habitans d'i-
celles, de ce vice participent, les vns plus, &
les autres moins, tous neantmoins quelque
peu s'en fentent. Ce qui femble proceder de
ce, qu'eftans les enfans nourris & efleuez, à
l'exemple & imitation des vieilles gens, ils
s'habituent & acouftument à leurs mœurs,
tout ainfi qu'ils font à leur langage: & par ce
moyen fe perpetuét, & continuent toufiours
en mefmes mœurs, & en mefmes façons de
viure. Parquoy on peut bien iuger la differé-
ces des mœurs d'auiourd'huy, & de celles du
temps paffé. Et partant ceux qui auront à negocier en diuerfes prouinces, & en diuerfes
citez, quand ils côfydereront les mœurs, couftumes, & façons de viure de chacune d'icelles, afin de s'y accómoder, ils y feront leurs
affaires auec plus grand & plus feur aduis.

CHAP. CCCCCXXXVI.

EN matiere de mœurs, & de manieres de viure, il y a perpetuelle
contestation & debat, entre les
vieilles gens, & les ieunes; pource
que les ieunes pour le plus se laissent attirer
& gaigner par le sens, & par l'affection, & les
vieilles par raisõs par trop seueres. Toutesfois
debuás les bõs vieux personnages estre ceux,
qui ont à conduire & gouuerner les plus ieunes, aussi doibuent-ils auoir grãde discretiõ,
pour cõsiderer, & bien prendre, nõ ce qui est
droitement & totalemét bõ, ains qui est propre &cõuenable à ce ieune aage: Duquel, bié
que souuét, &en beaucoup de choses, il semble sortir hors des bornes de la vertu, & de la
raison: toutesfois ne faut-il pas pourtãt se des-
fier, ou perdre l'esperance, que ceste ieunesse
ne soit pour faire bié à l'auenir, pour veu q̃ le
fõdemét en soit bõ: lequel fondemét se descouure &congnoist aiscement par toute personne, qui a quelque peu de iugemeut. Tout
ainsi qu'õ cõgnoist le bõ vin, deslors qu'il est
encores doux: lequel cõbiẽ qu'il soit troublé
& que par son ardeur & viuacité, il se hausse,
& boillõnant saulte dehors le tonneau: neãt-

moins auecques le temps fe refroidit, & s'e-
clercit, de façon qu'en fin on le boit pour par-
faitement bon.

CHAP. CCCCCXXXVII.

POVR bien nourrir & efleuer les enfans, & les rendre capables de bien
gouuerner vn iour, non la cité ou republique feulement, mais, & eux & leur maifon & famille, finalement pour les rendre i-
doines & propres à comprendre tous arts &
difciplines : il leur faut neceffairement faire
entédre l'Arithmetique, qui eft l'art de nombrer, compter, & getter. Pource que (comme
difoit Socrates) les nombres font bons & propres (aueq vne certaine force qu'ils ont, quafi
diuine) à reueiller les efprits, non feulement
les gaillars, vifs, & autrement bien difpofez,
mais auffi les groffiers & endormis : & encores à les rendre dociles, de bonne memoire,
& ingenieux. Dociles, pource que s'exercçás
à nombrer, & faire comptes de diuerfes fortes, ils viennent par ce moyen à s'eueiller, &
à fe rendre capables de pouuoir par diuers
moyens entrer en la raifon & congnoiffance
de la chofe, qu'ils defirent fçauoir. De bonne
memoire, pource que l'ordre eft le fondemét

de la reminiscence, & qu'aucun ordre ne se
peut trouuer si certain, que celuy qui consi-
ste aux nombres: consequemment qu'on ne
peut auoir bonne memoire de toutes choses,
par meilleure voye, que celle des nombres.
Ingenieux, pource que les nombres sont
pleins de proportion, & de correspondance
des vns aux autres: & par ce moyen sont fort
propres pour aiguiser les entendemens, &
pleinement leur faire voir & cognoistre, tout
ce dont on veut auoir bonne congnoissance
& intelligence.

CHAP. CCCCCXXXVIII.

NOvs-nous debuons de tout nostre pouuoir efforcer à faire, que
ce son de voix, chantans en bons
accords, qui tãt est plaisant à l'aureille, (que nous appellons Musique), serue à
l'instruction, & à la vertu de l'esprit. Pource
que tout ainsi que le corps, aidé de bon & o-
portun exercice, deuient adroit, agile, & robuste, & ne faisant aucun exercice, se rend e-
ncrué & foible: ainsi l'esprit eueillé par la bõne musique, en deuient meilleur, & prenant
plaisir à la mauuaise musique, en deuiẽt pire.
Mais pource qu'il n'est pas aisé à chascun de

cognoiſtre & iuger, quelle côſonance & harmonie eſt bonne, ou mauuaiſe, il faut (côme
dit Platon) touſiours acompaigner le chant
de la parole, à cauſe que chaſcun entend ce
que ſignifiét les paroles, & ſe peut par icelles
reſentir, iuſques à certain point, où le chât le
tire. Ce qui ne ſe fait pas par le ſeul ſon de la
voix; laquelle peut quelquefois (à la guiſe de
ceux qui esblouyſſét les yeux, & font voir v-
ne choſe pour autre) trôper ceux qui l'eſcou-
tét, & les titer ailleurs qu'ils ne cuident. Mais
encores faut-il croire, que les ſons par ſoy (ſás
les paroles) ſont rudes & groſſiers, reſſemblás
aux voix, ains ſons (à mieux dire) des beſtes
brutes & ſauuages, leſquele; n'ayás autres affections, que les naturelles, ne peuuét entrer
en aucune conſideratiõ raiſonnable. De fait
Ariſtote, racôtant la fable de Minerue, quand
elle getta au loin la cornemuſe, (combié que
aucûs ayét voulu dire, que ce fut pource que
pour luy dôner le vét, il falloit enfler les iouës,
& faire le viſage difforme) dit qu'il eſt plus
vray ſemblable, que ce fuſt pource, qu'eſtant
la Deeſſe des arts & ſciences, il ne luy eſtoit
bienſeant, d'vſer d'aucun inſtrument de
Muſique, qui ne peuſt donner aucun enſeignement à l'entendement. Mais encores outre tout cela, les anciens vouloyent, que la
Muſique (qui eſt veritablement ſignificatiue

de chofes fpirituelles)demeuraſt fermé & ar-
reſtee en mefmes chants : & qu'elle n'allaſt
point de iour à autre vagant d'vné en autre
inuention:ains qu'on creuſt, que l'arreſt & la
fermeté,donnoit aux hommes plus de plaiſir,
que la variation,qui de ſa nature eſt inconſtã-
te & inſtable , & ne peut plaire à autres perſonnes, que mornes, laſches, & muables, &
legeres de leur nature. Et pour monſtrer que
cela fuſt vray, ils diſoyent, qu'on print garde
à ceux,qui d'enfance auoyent eſté inſtruis &
acouſtumez, à certaine eſpece de muſique
temperee, & accompaignee de temperees &
graues paroles; leſquels deuenus hommes,
n'aimoyent pas ſeulemét la meſme muſique:
mais auſſi auoyent en haine la cõtraire &dif-
ferente, l'appellans,illiberale, & indigne d'e-
ſtre ouye de perſonnes nobles & vertueuſes:
comme au contraire, ceux qui auoyét acouſtumé les muſiques legeres,& gaillardes, far-
cies de plaiſantes folles paroles: ne pouuoyét
prendre plaiſir , oyans les peſantes,graues , &
hóneſtes. Et pource que ceſte fermeté & cõ-
ſtance, ne venoit que de l'acouſtumance,
qu'on debuoit acouſtumer la ieuneſſe à chã-
ſons & odes, accompaignees de ces graues
& honneſtes paroles , qui peuſſent les hómes
fais inciter,à la magnificence , à la vaillance,

& autres morales vertus : & leur faire quitter
les delicates & folastres musiques, propres
pour les femmes, & pour les hommes viuans
mollement & voluptueusement, en guise de
femmes. Et pour enseigner, que cela se debuoit ainsi faire, ils allegoyent l'exemple des
Egyptiens : lesquels ayans esté premiers inuē-
teurs des Mathematiques, & tres-bien entē-
dans toute espece de consonāce musicale, ne
voulurent pas neantmoins, que leurs peuples
peussent vser indifferemmēt de toutes : Ains
par loy firent defenses, de changer ou innouer aucune chose, des anciennes musiques :
maintenans la vieille opinion de ceux qui
croyoyent, & disoyēt, que les chants, ausquels
ils chantoyent les hymnes à leurs Dieux, a-
uoyent esté composez par les Peres, qui premiers leur auoyent donné leur religiō : de façon qu'il y auoit mille & mille annees, qu'on
les chantoit tousiours de mesme façon. Semblablement les Spartains, bannirent de leur
Cité vn Musicien, pource qu'il auoit aiousté
vne seule corde à la Citre ou harpe antique.
Tenans pour chose asseuree, que s'acoustu-
mer à ainsi changer & innouer, n'estoit autre
chose à dire, sinon qu'on se vouloit acoustu-
mer à negliger les choses vieilles, & comme
villes & vilaines du tout les regetter, & tenir

en prix & honneur les nouuelles. Et d'auantage, que par ces ieunes nouueautez s'ouuroit
le chemin pour celeement introduire toutes
chofes tirans à la ruine:comme ordinairemét
il auiét aux villes & republiques, où lon permet de changer & renouueller les vieilles
loix, & ordónances. Dōques faut-il, tát qu'il
eft poffible, toufiours côferuer les chofes anciennes, de forte que les nouuelles ne viennét
point à plus grád prix:fors, fi quelque apparé-
te neceffité côtreignoit de prédre autre auis.

Chap. CCCCCXXXIX.

POVR bien faire la mufique, il ne
fuffit pas de fçauoir la theorique de
l'art, mais encores faut-il auoir les
mains, & les voix, exercees à fuiure
ce, que l'efprit peut aifeement entendre, de
l'harmonie & côfonance d'icelle: lefquelles,
deuant qu'aucun fçache, bien & à temps remuer, il eft befoin d'y employer grád eftude,
& grand foin. Et combien que naturellement
chafcun prenne plaifir à l'harmonie & con-
fonance muficale : toutesfois de parler des
moyens par lefquels elle fe parfait, & de entendre l'ordre & la façon de mouuoir la langue, & ouurir la gorge,pour bien faire les fre-

dons & paſſages, en dechantant , & en tou-
chant l'inſtrument, comme il faut denoüer la
main & les doigts, & en quoy giſt la difficulté de les bien remuër, aucun ne peut bonnement, ſinon les maiſtres du meſtier. Parquoy
quiconques en veut parler, ou en entrer en
diſpute auec eux, ſans en auoir fait ſemblable
prattique & experience : n'en peut reporter
que vergongne & deshonneur. Car c'eſt toute autre choſe, de ſétir la douceur de l'harmonie en l'eſcoutant, & de ſçauoir & entendre
le moyen de la bien faire: lequel moyen, eſt
meſmes au maiſtre muſicien, fort difficile à
expliquer: voire ſi malaiſé, qu'il ne le ſçauroit
declarer. Nõ ſans cauſe donques dit on, que
l'experience, eſt vne muette maiſtreſſe, qui
ne veut pas, que ce qu'elle enſeigne ſe puiſſe
redire. Or combien que pluſieurs perſonnes
faillent, en parlant de ſemblables choſes, cõme font les ambicieux, encores y pechét d'a-
uantage les hommes d'authorité, & ceux qui
ſont grands & puiſſans: pource que ſe voyans
par les flateurs qui ſont pres d'eux, con-
fermer tout ce qu'ils dient, ils parlent
ſeurement de toutes choſes, & aucun ne
les oſe reprendre, ou leur en dire la verité. Comme fit vn excellent Muſicien à
Philippe Roy de Macedoine : Auquel

s'eſtant mis vn iour à deuiſer & diſputer auec
ce Muſicien des plus grans myſteres & hauts
ſecrets de la Muſique, comme ſi toute ſa vie
il n'euſt fait autre choſe, que s'y exercer,& la
pratiquer,& deſirant de fait, que le Muſicien
luy cedaſt,& le recongnuſt côme grand maî-
ſtre en ceſt art:*Dieu te preſerue Philippe,* (diſt ce
Muſicien)*d'vn ſi grand mal:que tu puiſſes iamais
auſſi bien ou mieux que moy, diſputer & raiſon-
ner de la Muſique:*Luy voulant faire entendre,
qu'il eſt comme impoſſible,qu'vn grand Sei-
gneur(quel eſtoit le Roy Philippe)puiſſe ſçauoir les choſes, pour leſquelles apprendre,
faut tant deſpendre de temps & de peine: Si
d'auanture, auecques peu de iugement, il ne
s'eſtoit ſequeſtré & retiré, de la conſideration des choſes ſi grandes, comme ſont le
gouuernement d'vn Royaume, & l'adminiſtration d'vn empire:ou par deſaſtre,en eſtant
chaſſé, il ne ſe fuſt (pour fuyr l'oiſiueté,&
paſſer ſa melancolie) appliqué & employé
beaucoup de temps,à l'eſtude de telles ſciences.

CHAP.

Chap. CCCCCXL.

COMBIEN que diuerfement les chofes puiffent eftre ordonnees, y mettant l'vn vn ordre, l'autre, vn autre, comme il luy femble pour le mieux:& neantmoins fe trouue toufiours l'vn moyé meilleur que l'autre: Toutesfois de l'ordre que chafcun peut donner à fes affaires, il en retire grãd fruit & profit. Car l'ordre ayant efté trouué, pour fçauoir la diftinction des chofes, & la conformité de l'vne d'icelles aueques l'autre: quand vn hõme les aura ordonnees,& difpofees chafcune en fon lieu, il s'en pourra preualoir & aider à fon plaifir. Or n'y a-til pas grãd affaire à trouuer ceft ordre, mais fi a bien à l'entretenir. Parquoy ne faut pas (pour exemple) laiffer acouftumer les enfans en leurs eftudes, à confiderer les chofes chafcune à part foy, qu'ils ne cõfiderent auffi en quel lieu ils la deburõt mettre en l'ordre qu'ils aurõt à garder, & remarquer en leurs eftudes: afin que quãd viẽdra le befoin de s'en aider: on la fçache incõtinent retrouuer,& parangõner aueq les autres voifines, òu femblables, ou contraires, en vn clin d'œil. Ce mefme ordre eft requis,

en l'accommodation de toutes les hardes &
besongnes, qui sont en vne maison, que lon
peut, aueq peu de peine, renger chascune en
sa place, afin que le pere de famille au besoin
sçache ou les prendre, & voir si aucune en defaudra, ou auancera. Mais sur tout, l'ordre, à
l'homme qui estudie, qui escrit, & qui conseille, apporte secours & profit infiny : & ne
peut trouuer meilleur moyen que cestuy,
pour bien faire son profit, de tout ce qu'il aura appris : Ains quelque fois par ce moyen il
apprendra aiseement ce que sans luy, ne luy
fut iamais venu en pensee.

CHAP. CCCCCXLI.

SI grand est le respect, & telle la
reuerence, que naturellement les
enfans sont tenus de porter aux
peres, que plusieurs anciens peuples, & republiques bié instituees, iugerent,
que les peres ne debuoyent point laisser comparoir les enfans deuant eux, qu'ils n'eussent
atteint l'aage de sept ans : pource que deuant
ce temps, ils ne les pensoyent pas capables, de
dignement les honnorer. Encores estimoyét
ils valoir mieux, oster aux peres l'occasion de
les mignarder & caresser, pource qu'en ce fai-

fant,ils fe dementent de la grauité, qu'il leur
faut tenir enuers eux, & deuiennent quafi
comme enfans:& (qui pis eft) font bien fouuent par ce moyen caufe,que les enfans s'ac-
couftumans de ieuneffe à prendre priuauté
& affeurance aueques leurs peres, deuenus
grands n'en valent pas mieux, ains fe licen-
ciét à beaucoup de vices.Telle vfance auoiét
les Perfes,& les Scythes,& fuft eftimee bonne par les Spartains, lefquels, fur tous les
Grecs furent foigneux,de bien nourrir & in-
ftituer leurs enfans. Les François eurent pareillement cefte couftume, mais aueq plus
grande feuerité: pource que les peres ne per-
mettoyent point à leurs enfans, de fe trouuer
& conuerfer aueq eux, iufques à ce qu'ils
fuffent grans & forts affez, pour porter le fais
& la fatigue de la guerre. Or bien que telles
vfances,& façons de faire,fuffent en ce temps
cy malaifees à eftre introduittes & prattiquees,entre autres que Princes,& grans Seigneurs: ne pouuans les autres (qui font plus
eftroittement logez) bonnement fe feparer,
de leurs enfans & famille: il fuffira de fçauoir
la raifon, pour laquelle les anciés auoyét pris
cefte couftume. Afin que les enfans entendent, & comme pour enfeignement retien-
nét,que par diuerfes natiós & diuers peuples,

pere defaudra à son debuoir, tant plus l'oblige son filial office, de s'estudier à estre tel,
qu'il puisse par sa vertu & prudence cacher,
& defendre, non publier, ny accuser les vices
de son pere. Ce qu'il doibt faire, non seulemét
sans les luy reprocher, mais aussi auec familiere & reuerenté allegresse.

Chap. CCCCCXLIII.

CHASCVN confesse, qu'en la principauté, l'adoption & electió vaudroit mieux,
que l'heredité & succession de sang: pource
que l'heritier (comme on dit communemét)
est tel, que la fortune le baille : & l'adopté est
tel, que l'adoptât le veut elire; mais qui a choix
& election à faire, ne choisit pas volontiers le
pire : car pour peu d'auantage, il ne voudroit
pas priuer ses propres parés, ou ses enfans, d'v-
ne si belle & grande succession. Mais ores si
l'adoption ne se fait, c'est à cause de l'amour,
que naturellement nous portons, à ceux qui
nous attiennent de parentage & consangui-
nité; qui a plus de puissance sur nous, que
n'ont l'honneur & le debuoir. Pource que
(comme dit Aristote) ce seroit chose surna-
turelle, & plus qu'humaine, de volontairement priuer d'empire, monarchie, ou prin-

cipauté, ses drois & naturels successeurs, pour
les bailler à vn estranger, encores que sans cō-
paraison mieux qu'eux il le meritast, & en
sust plus digne.

CHAP. CCCCCXLIIII.

NTRE le mary & la femme, est
requise vne equalité, telle qu'elle
est, entre vn citoyen & vn autre:
pource qu'ils doibuent viure en-
semble en amiable societé. & seruir l'vn à l'autre de gracieux recours, & plaisant secours,
aux ennuys iournellement occurrés en ceste
miserable vie : tous deux auoir egal soin &
soucy des enfans prouenans de leur mariage:
& pareil cōmandement sur le surplus de leur
famille. Il est vray, qu'en ceste societé & egalité, le mary doibt auoir certaine surintendā-
ce & superiorité, non pas toutesfois en guise
de maistrise, & de seigneurie : (car ce seroit
chose contre nature, de vouloir tenir son es-
pouse & consorte, en la guise d'vne cham-
briere ou seruante, celle femme, dy-ie, qui
doibt faire des enfans, destinez à succeder au
mesme grade, & aux mesmes facultez, que se
trouue auoir le pere) mais vne superiorité sem
blable à celle, q̃ peut auoir vn bourgeois sur les

Sſ iiij

autres, quand il est surhaussé en grade d'of-
ficier ou magistrat, qui sçait (ou doibt sçauoir) qu'il commande à des personnes, hors
le magistrat, egales à luy. Toutesfois encores y a-til vne difference, qui est, que les
bourgeois changent, & celuy qui obeissoit,
quelque temps apres commande à celuy,
qui luy souloit commander:& le mary ne sort
iamais de sa superiorité,& puissance de commander. Si ne faut-il pas pourtant, qu'il en
deuienne plus hautain & plus superbe,&
qu'il tyrannise sa femme : mais est besoin
qu'il la supporte, & supplee, & amende certaine imperfection naturelle à la femme,
plus qu'à l'homme: Laquelle, ainsi qu'elle
doibt estre cause d'vne perpetuelle obseruance,reuerence,& respect, que la femme doibt
porter à son mary : aussi la plus grande vertu,
& perfection du mary, luy doibt estre occasion d'vne perpetuelle benignité & douceur:
aueq laquelle il maintienne le soin & le gouuernement, qu'il doibt tousiours auoir de sa
femme.

CHAP. CCCCCXLV.

VELQVES maris font fi ef-
frontez, que (à la guife des barbares) ils veulent, que leurs femmes leur foyent feruantes, & nõ
compaignes : fe ventans des mauuais traittemens qu'ils leur font , comme s'ils faifoyent
chofe de prix, & d'hõneur notable. Or laiſſãt
à part, ce qu'en commande & ordonne noſtre fainſte Loy Chreſtienne, laquelle tient
la conionſtion du mary & de la femme, pour
chofe fi grande & tant importante, qu'elle
veut, qu'ils quittent pere & mere, & toute autre chofe, pour demourer ioins & vnis enfemble : & feulement en parlant ciuilement,
ie dy, qu'il n'y a compaignie appariee au mõ-
de, qui tant merite d'eſtre maintenue & cõ-
feruee, que celle du mariage, comme celle
de laquelle procedent les plus belles & neceſſaires operations, qui puiſſent eſtre entre
les hommes. C'eſt celle qui produit les enfans,
qui conduit & gouuerne foigneufement la
famille, qui a la feigneurie, & le commandement fur les feruiteurs, la comme royale in-
tendance & fuperiorité fur les enfans, & de
l'vn à l'autre fait vne compaignie comme ci-

uile. De maniere, que bien eſt mauuais, & ennemy de ſoy-meſmes , le mary qui priue &
ſoy & ſa femme de tant de contentemens,
que tous deux ils peuuent librement prēdre
& receuoir, de tant de biens communs entre
eux. Et encores (à quoy les maris ne doibuēt
pas auoir moins d'egard) il oſte le moyé à luy
& à ſa femme, de pouuoir ſeruir d'exēple , &
de miroir pour repreſenter, toutes ſortes de
gouuernemens, qui onques ont eſté ordonnez & eſtablis entre les hommes: qui tous ont
eſté tirez de celuy, qui eucloſt en ſoy le gouuernement d'vne ſimple & priuee famille.

Chap. CCCCCXLVI.

Rois peines ou amendes ordō-
na Platon, debuoir en ſa republique eſtre donnees, à ceux qui auroyent ſurpaſſé l'aage de trente
cinq ans, ſans auoir eſpouſé femme. La premiere, qu'ils fuſſent condamnez & contreins
payer au profit du publiq, certaine bonne
ſomme de deniers, à proportion de leurs facultez: La ſecōde, qu'ils ne fuſſent des ieunes
gens reuerez & honnorez, comme eſtoyent
les vieilles gens, & ceux qui eſtoyent auancez
en plus grand aage: La troiſieſme, que quand

ils auroyent debat ou different à l'encontre
de quelque autre citoyen; chascun les laissast
& abandonnast, pour aller secourir leur aduersaire. Ce que fist Platon, pource que quiconques vieillit sans estre marié, quāt à soy,
il ruine & destruit la cité: parquoy à luy, comme ennemy publiq, chascun a raison de
vouloir, ains de faire, mal. Pourueu toutesfois, que ce ne soit vœu de religion, qui empesche vn homme de prendre femme, car
tel personnage, en ce cas, merite hōneur sur
tous les autres: ou que celuy qui ne se marie
point, puisse estre excusé par quelque defaut
de nature, qui l'empesche de se marier.

CHAP. CCCCXLVII.

GALE sur toutes est la conionctiō,
& la conuersation, que les freres
ont les vns aueques les autres, quād
ils viuent en bōnne paix, & en bon
accord. Car ils sont egaux d'aage, egaux d'e-
ducation, & egaux de fortune: chascune desquelles choses est suffisante de soy, pour introduire & entretenir la bienuœillance: Que
feront-elles donq toutes ensemble? Il y a d'a-
uantage aux freres, qu'ayās, des le iour de leur

naiſſance, commencé à viure, & à faire compaignie l'vn aueques l'autre : par la longueur
du temps, & par les grandes & maintes preuues entre eux auenues, ils ont touſiours de
plus en plus eſtably & renforcé leur amitié:
Parquoy à iuſte cauſe les Latins etymologi-
ſerent, *Frater*, *quaſi ferè alter* : c'eſt à dire en
François : *Frere*, *c'eſt quaſi vn autre ſoy-meſmes* : A ceſte cauſe, les hommes qui ſe en-
traiment, quand ils ſe veulent appeller, par
le plus doux & le plus eſtroit nœu d'amitié,
qu'ils puiſſent trouuer, ils s'appellent freres.
D'auantage, les freres ſont acouſtumez à vne
commune reuerence enuers leur pere, laquelle iointe à l'egalité fraternelle, les re-
ueſt de deux habits ſi bons : qu'entrez puiſ-
apres aux magiſtrats, & gouuernement de
la Republique, ils n'ont point de peine à
faire leur debuoir, & à bien s'acquitter
de leurs charges, aueq deuë reuerence aux
ſuperieurs : familiere conuerſation aueq
leurs pareils, & bonne amitié aueq tous les
autres.

CHAP. CCCCCXLVIII.

ARISTOTE dit, que pour la conferuation de l'humaine focieté,
il eft naturel & neceffaire que
les vns commandent, & les au-
tres feruent. Et voulant declarer, quel eft le
maiftre,& quel eft le feruiteur: Maiftre (dit-
il)doibt eftre,& eft celuy,qui auec l'entendement preuoid ce qui fait befoin,pour la conferuation de l'vn & de l'autre: & le feruiteur
doibt eftre & fera celuy,qui pourra mettre à
deuë executiõ,ce que le maiftre aura preueu.
De maniere, que eftans ces deux operations
correfpondantes l'vne à l'autre, auffi ne peut
l'vne eftre fans l'autre.Et afin que iamais elles
ne fe feparaffent, fut neceffaire, que le maiftre, euft de fa part l'autorité de commander.
Laquelle,combien que de prime face elle ait
reffemblance de force, & apparence de violence, neantmoins elle n'a rien de tel: puis
qu'elle porte aueques foy le propre profit, &
la commodité, de celuy qui femble forcé.

CHAP. CCCCCXLIX.

RISTOTE voulant prou-
uer, que la seruitude d'aucuns est naturelle: il le prouue
par l'exemple des choses natu_
rellement composees: esquelles
on peut clairement voir, quelle partie doibt
commander, & quelle doibt obeyr: ains que
si l'ordre estoit changé, ce changement tourneroit au dommage de la partie la plus foible: laquelle (soit qu'elle ait sens, ou qu'elle
n'en ait point) prend tousiours beauté & parfection en obeissant: comme au contraire, elle deuient laide & imparfaitte, si elle se met à
commander. Ce qui se peut euidemment
voir & apparceuoir aux corps paralytiques,
& malades: lesquels à cause de leur intépera-
ture, s'ils ne se rendent bié obeyssans à la vertu
qui les doibt gouuerner, & s'ils se veulent
remuer à leur appetit & volontez, ils deuien-
nét laids & contrefais: & demeure leur actió
manque & inutile. Les Stoiques ne veulent
pas, que les superieurs de merite & de vertu,
deuiennent inferieurs, ne les inferieurs, superieurs. A ceste cause, qu'vn Prince soit tant
heureux & bien fortuné qu'il voudra, s'il est

fans vertu, iamais ils ne le nommeront Prince: ains au contraire ils diront, *Que les vertueux, encores qu'ils feruent font Roys.*

CHAP. CCCCCL.

E s feruiteurs de baffe qualité, çõbien qu'ils foient en grand nombre, font veritablement demonftration de la richeffe du maiftre, mais non de la dignité & grandeur, quelque profit & commodité, qu'il en puiffe retirer. Car la maiftrife ne confifte pas en la poffeffiõ des feruiteurs, mais en l'vfage: & faut que celuy qui les a tels, s'il en veut vfer & s'en ayder, s'occupe en bas & vils penfemens, qui n'ont rien en foy, ne d'honorable, ne de magnifique. Auffi à feruiteurs de telle qualité, les maiftres de bon cœur, & fubtil efprit, ne veulent pas cõmander: ains baillent cefte charge à quelque maiftre d'hoftel, ou autre de leurs miniftres, qui la font pour eux: Et ce pédant ils occupent leur haut & gentil efprit à l'intelligence des chofes plus grandes, que n'eft la fcience de mettre des valets en befogne. Mais au cõtraire, auoir des feruiteurs de qualité noble & hõnorable, quãd les maiftres en fçaurõt bié vfer, ce leur fera toufiours chofe magnifiq

& magiſtrale . Pource qu'ils viennent auſſi à
ſçauoir & comprendre toutes les choſes bônes, belles, & excellentes, que ſçauent ces
braues & gentils ſeruiteurs, & s'ils ne les ſçauent, ils ne ſe peuuent bonnement appeller
maiſtres. Or, ſi d'auenture ils en vouloyent
abuſer, & s'en aider en ces bas & vils miniſteres, qui appartiennét à des valets: ils doibuent
penſer, que corrompans l'ordre de la nature,
& de toute honneſteté, ils font comme feroit
vn peintre, lequel n'ayát egard, ny à la diſtin-
¢tiõ des couleurs, ny à l'ordre des parties, qu'il
veut repreſenter en ſa peinture : mettroit les
pieds, là où deuſſent eſtre les eſpaules: & pein-
droit les mains de la couleur, dont les ſourcils
deuſſent eſtre coulorez. Tels perſonnages,
ayans les ſuſdites qualitez, ie les appelle nobles ſeruiteurs, vſant du nom commun: mais
à bien parler (quelle que puiſſe eſtre l'occaſiõ,
qui les induiſe au ſeruice d'autruy) ne ſont, &
ne doibuent eſtre nommez, ne ſerfs, ne ſeruans, ne ſeruiteurs. Comme bien ſceut diré
Helene en Theodectes : *que iamais ne ſeroit*
trouué, ne iuſte ny equitable, qu'vne Dame iſſue de
pere & mere celeſtes, c'eſt à dire, de la race des
Dieux, peuſt ou deubſt eſtre nommee ſerue.

CHAP.

CHAP. CCCCLI.

PLVSIEVRS ieunes gentilshommes, se voyent ordinairement demeurer chez les Princes, & y faire feruils offices & miniſteres, comme, d'eſoniers d'eſcuirie, qui ont le foin des cheuaux, d'eſcuiers de cuiſine, qui ont la follicitude des viandes, & autres femblables, qui n'ont (quant à foy) riẽ de noble, ne de grand, mais fe refentẽt de nobleſſe, rapportez à la fin, pour laquelle ils fe font: car ces ieunes gentilshommes (i'enten de ceux, qui ont le cœur auſſi genereux, comme nobles hommes le doibuent auoir) font ces feruices, en eſperãce de s'acquerir vn iour (quand ils feront paruenus en competant aage) en la maiſon du Prince qu'ils feruent, à raiſon de la priuauté, entree, & familiarité, qu'ils y peuuent auoir, eſtats & grades honnorables.

CHAP. CCCCLII.

TYRANNIQVES, à la verité, eſtoiẽt les fentences, que Caton alleguoit en fa faueur, fur l'induſtrieufe diligence qu'il employoit, à ce que fes feruiteurs

Tt

& domeſtiques, ne fuſſent iamais d'accord
enſemble: quand il diſoit, *Que la concorde des*
*ſeruiteurs, eſtoit la certaine ruine du maiſtre: & *
au contraire leur diſcorde, eſtoit ſon euident bien,
& ſa ſauueté: Attendu que chacun d'eux, creignãt
d'eſtre accuſé par ſon compaignon, ſe garde de faire
choſe, qu'il ne doibue: Ceux qui veulent defendre Caton, dient, qu'en ce temps-là les Romains auoyent certaine eſpece de Serfs,
qu'ils auoyent achetez: qui n'eſtoyent gueres plus ſenſez que les beſtes brutes, & leſquels il falloit retenir par la creinte: pource
qu'ils n'eſtoyent pas capables, ne d'admoni-
cions, ne de remonſtrances, ne de courtoiſes
paroles & ciuiles. Toutesfois on ſçait bien,
qu'en ce meſme temps ils auoyent auſſi des
ſeruiteurs honnorables, auſquels encores dõ-
noyent leurs maiſtres bien grande autorité:
dequoy le plusſouuent ils eſtoyent grandement louez. Encores y euſt-il des maiſtres
ſi benins & courtois, qu'ils firent certaines
fauorables gracieuſetez, à des cheuaux, & à
des chiens, deſquels ils ſe ſentoyent bien ſer-
uis: voulans que ſans plus trauailler, ils fuſſent
bien traittez & bien nourris, en l'eſtable, &
en la maiſon. Tellement qu'eſtant deſlors
blaſmee & regettee l'opinion de Caton, elle
doibt à preſent plus eſtre rebuttee, d'autant

que nous n'acherons pas les feruiteurs, & ils
ne font pas feulement francs & libres, mais
bien fouuent plus nobles, & de race, & de
cœur, que ne font les maiftres mefmes. Toutesfois fe trouuent encores des maiftres grás
Seigneurs, aufquels plaift l'auis de Caton, &
qui le veulent imiter. Ce que iamais ne ferōt
hommes genereux & bien entendus : Ains
voudront, que par toute leur maifon, foit
maintenuë vne vertueufe concorde.

CHAP. CCCCCLIII.

POVRCE que les biens (comme dit Ariftote) font comme vne multitude d'in-
ftrumens, feruans au cours de la vie de l'hōme: il faut que la quantité en foit limitee, felon le befoin de la vie. Parquoy, qui verroit
vn tailleur de pierre, fans mettre en œuure,
ne marteau, ne cizeau, qu'il euft (qui font
les inftrumens de fon meftier), encores qu'il
s'amufaft à en forger de tous neufs, chacun
fe moqueroit de luy. Auffi, fi nous n'eftions
aueuglez des mauuaifes accouftumances,
auiourd'huy prattiquees entre les hommes:
noûs nous moquerions de ceux, qui ne fe
voulans aider des biés qu'ils ont & poffedēt,
font toufiours attentifs à en acquerir d'autres: ne confyderans en maniere que ce foit

l'occasion, pour laquelle les biens sont fais par
la main de Dieu, & acquis par la main des
hommes, qui est, pour le besoin de la vie humaine: ains prenans toutes choses au rebours
de bien, ils croyent, que les instrumens n'ayét
pas esté trouuez pour l'art, ains que l'art a esté
inuenté pour les instrumens: & semblablement, que les biens n'ont pas esté fais pour le
secours de la vie: ains que la vie a esté faite,
pour les biens: De façõ qu'ils n'osent, ne menger, ne boire, ne se vestir, ne prendre aucune
autre cõmodité, pour ne despendre les biens
qu'ils ont ia acquis, & en acquerir de nouueaux.

Chap. CCCCCLIIII.

L'Vsvrier n'a autre but & intention, que d'acquerir des deniers, par
le moyen des mesmes deniers. Ce
qui a esté introduit, formellement contre la
nature du denier: lequel ayant esté inuenté,
pour plus grande aisance & commodité de
l'eschange, qui se doibt faire de toutes marchandises & denrees necessaires à la cité : on
ne doibt faire autre eschãge, que de denrees
à deniers, de deniers à denrees, de denrees à
denrees, & non de deniers, à deniers. Or ceux

qui n'ont autre fin & defir, que d'acquerir &
amaſſer des deniers : les veulent en fin faire
croiſtre ſans fin (côme ſi leur fin fuſt par ſoy
& pour ſoy deſirable, & conſequemment infiniement deſirable) : D'où procedent deux
erreurs capitaux & damnables, l'vn, de contredire, & eſtre deſobeiſſant à la nature, qui a
voulu que les biens, comme naturels, fuſſent
limitez & bornez à certaine quantité, & que
comme inſtrumens de la vie, ils ne paſſaſſent
point plus outre, que ſe peut eſtendre le beſoin de la vie. L'autre, qu'ayãs ces auaricieux
le deſir & intention de ſans fin touſiours augmenter leur denier : ils ſe reſoluent d'en procurer l'accroiſſement, par tous moyens à eux
poſſibles : De façon, qu'il faut (quant à eux)
qu'ils ayent reſoluë volonté de deſpouiller &
apauurir tous les autres, pour s'enrichir. Or,
quel compte on doibt tenir, ains (à mieux dire) quelle iudiciaire & iuſte vengeance on
doibt prendre de telles gens, qui tant effron-
teement s'oppoſent à la nature, & au ſouuerain Createur de tous biens, cherchans tous
moyens de nuire aux hommes, & les reduire
à l'extreme pauureté : il eſt aiſé à tout homme
de bon eſprit, d'en faire prompt iugement.

CHAP. CCCCCLV.

LEs malades, qui ont la fiebure, & font en grande chaleur, s'ils boiuent quelque peu d'eau, bien leur femble, qu'en ceft inftant, ils foyent vn petit reftaurez & allegez: mais toft apres ils refentent bien, que de ce peu qu'ils ont beu: ils font plus qu'auparauant enflambez & efchauffez, de forte que quelques fois leur en auient la froide mort. Le femblable auient à ceux, lefquels ne pouuans fupporter & endurer vn peu de malaife, & de prefent appetit prennent argent à vfure. Car, combien qu'ils femblent fentir quelque aife & allegement, ce temps pendant qu'ils le defpendent, ils ont toutesfois peu apres beaucoup de malaife & d'ennuy: tellement qu'ils recognoiffent lors (mais bien tard) combien mieux leur euft valu retenir ceft appetit, que pour ce peu d'aife & de contentement qu'ils ont eu, auoit vn malaife & defplaifir, fi long & fi grand, comme puis apres ils le fentent.

Chap. CCCCLVI.

L eſt bien aiſé de cognoiſtre,quãd le ieu ſe fait par recreation,ou quãd il ſe fait par auarice,& conuoitiſe de gaigner de l'argent. Car le premier ſe fait, ſeulement en temps, auquel aucun ne peut eſtre deſtourné de ſes affaires, & l'autre, en tout temps & toute ſaiſon, & ceſtuy-cy eſt mauuais en toutes ſortes. Pource que, ce pandant qu'on iouë, on eſt touſiours en paſſionné appetit de gaigner : de maniere que toute petite occurrence trouble le ioueur, & luy donne occaſion de ſe courrouſſer, contre tous ceux qui le voyent iouer, ſans reſpect, ne de lieu,ne de perſonne, ne de ſoy meſmes:ſe mettant à tromper, & à ſe pariurer,meſme à pourchaſſer la ruine, des meilleurs amis qu'il ait, deſirant de gaigner au ieu tout leur bien. Puis apres le ieu finy,ſi l'effait eſt reſorty contre ſon deſir : celuy qui perd(comme dit noſtre poëte)s'en va faſché, & comme deſeſperé: & pour ſe recouurer, il n'y a mal qu'il ne penſe de faire, & qu'il ne fiſt,s'il pouuoit. Et celuy qui gaigne,le plus ſouuent deſpend inutilement & mauuaiſemét,tout ce qu'il a gaigné.A ceſte cauſe,non

Tt iiij

sans raison, en Egypte fut faite vne loy : qui
permettoit à chascun de pouuoir accuser vn
ioueur, de toutes sortes de vices, sans ce que
l'accusateur fut tenu de la peine de talion, ou
de calomnie, ores qu'il ne peust veriffier les
vices & crimes, dont il l'auroit accusé. Pource que les Egyptiens auoyent fermé opinion,
que vn ioueur, à grand droit, pouuoit estre
souspeçonné de tous maux & meschansetez,
pour grans qu'ils fussent.

CHAP. CCCCCLVII.

LA mesure qu'on doibt garder, pour bien
faire les exercices du corps, & pour tirer
des sens corporels plaisir côuenable : ne doibt
proceder, ne du corps, ne des sens, ains de l'e-
sprit : pource que le corps, & les sens corporels
sont fais pour l'esprit : non pas l'esprit, pour le
corps, & pour les sens corporels. Parquoy, entre les hommes nobles, & ciuils, l'allegresse,
gaillardise, & force du corps, ne doit point e-
stre desiree, ny affectee telle, que pourroit e-
stre celle d'vn faquin, ou d'vn bouuier, qui
n'ont autre chose à faire, que porter fais, &
trauaux continuels : Car c'est vne villaine allegresse, & lourde vigueur. Mais ils doibuent
faire leurs corporels exercices, aueq certain

temperament, qui rende les corps plus forts
& plus souples, & les esprits, plus gaillars, &
plus eueillez: de façon toutesfois, qu'ils n'en
soyent ia desbauchez, & demus, de leurs á-
ctions & operations temperees. Le semblab-
ble se doibt dire, de l'estude de la musique:
à laquelle qui trop curieusement s'adône, en
deuient plus mol & effeminé. Donques faut
il, en s'exerceant à tous ces corporels & sensuels exercices: se donner garde, que les vns
ne gastent les autres: & faire que de tous ensemble resulte vne certaine consonance, qui
rende l'esprit de celuy qui s'y adonne, en vn
mesme temps, & tout ensemble, fort, & bien
attrempé. Car à quelque exercice, que l'homme, sans ceste mesure, se puisse appliquer, son
esprit en pourroit deuenir distemperé & al-
teré, de sorte qu'il en demoureroit, ou trop lasche, ou trop grossier.

Chap. CCCCCLVIII.

CHASCVN recongnoist & confesse, que boire du vin, tant que
celuy qui le boit s'en enyure, est
vne tref-mauuaise & pernicieu-
se chose. Pource qu'on void celuy qui est y-
ure, ou deuenir ridicule, à tous ceux qui le re-

gardent,au moyen des geftes , & fottes con-
tenances,&morgues,qu'il fait:ou deuenir ef-
pouuantable, à caufe des fauuages outrages,
& dommages qu'il fait, à ceux qui fe trouuét
deuát luy. Les Lacedemoniens,qui,plus que
tous autres peuples , eurent foin , de rendre
leur ieuneffe bien inftruite & moriginee, in-
uenterét vn affez leger remede, pour empefcher que leurs bourgeois ne fuffent veus y-
ures:Car ils firent,en quelques báquets & affemblees,feulemét côparoir quelques valets
vures : afin que les ieunes gens les voyans de
leurs propres yeux, apprinffent combien l'y-
urongnerie eft laide à voir,& malplaifante à
côfiderer en l'homme qui s'eft enyuré. Mais
Solon (pource qu'il auoit à reformer vne cité
diffoluë & dereglee en tout, fpecialement affez desbauchee en ce vice d'yurongnerie) fit
vne loy,par laquelle fut ordonné,que quicô-
que,eftant notable citoyen,& pere de famille
de la ville d'Athenes,feroit trouué yure,il fuft
condáné à la mort.Cefte loy fut trouuee trop
rude:Mais ce fage homme confidera,qu'il n'y
auoit peine fi gráde,que ne meritaft le citoyé,
qui pour vn court plaifir , n'auoit honte ne
doubte de s'enyurer , & par fon yurongnerie
mettre toute la ville en danger: comme pouuoyét l'y mettre les notables bourgeois eftás

yures. Pittacus le legiſlateur, ne voulut pas,
que les yurõgnes fuſſent excuſez d'auoir mal
fait, pour dire qu'ils ne ſçauoyent qu'ils faiſoyent: ains ordonna,qu'vn homme qui eſtát
yure auoit commis quelque delict,fuſt dou-
blemét puny,l'vne fois pour auoir fait la faute,& l'autre pour s'eſtre enyuré. Les hommes
d'auiourd'huy, pour la honte que ce leur ſeroit d'eſtre veus yures,ſe gardent aucunemét
de s'enyurer:mais ils ne s'abſtiennent pas du
plaiſir qu'outre meſure ils prennent , à boire
de diuerſes ſortes de bõs vins : lequel encores
ils ont mis en ambicion,de maniere,que celuy qui n'en parle en bonne bouche, & ne
s'en donne au cœur ioye,ne leur ſemble debuoir eſtre tenu,pour braue & magnifique ſei-
gneur:cõbien que ceſte bõne chere,les rem-
pliſſe des cruditez,& de ces mauuaiſes humeurs,qui les empeſchent de vieillir,les faiſans aiſeement &ſouuent malades,& ne per-
mettás qu'ils puiſſent que malaiſeemét guerir. Deſorte,qu'en fin deuenus,ou goutteux,
ou autrement impotens,ils ſe rendent(par les
exces de buuerie)tellemét inutiles à ſoy-meſmes, & au publiq, qu'il ne ſe trouue pres de
eux , ſeruiteur, ny autre domeſtique ſi cher,
qui ne deſire leur mort.

CHAP. CCCCCLIX.

LES Lacedemoniens, les Candiots, & les
Carthageois, pendant qu'ils estoyent aux
armees pour faire la guerre, ne beuuoyent
point de vin. Et Platon par ses loix, ne vouloit pas, qu'en bussent (sinon à raison de maladie) ny les serfs, ny les hommes constituez en
dignité ou magistrat, qui eussent à donner a-
uis, sur affaires de consequence, & d'importance à la cité, ny le mary & la femme, lors
qu'ils vouloyent faire des enfans. Pource que
(laissant à part les incommoditez que le vin
apporte aux armees, & aux lieux, ausquels il
est malaisé à recouurer) on void, qu'aux ieunes gens, il met le feu en la paille, & introduit
en cest aage vne habitude, & coustume cole-
rique: qui les acompagne, & leur continue,
tout le demeurant de leur vie. A ceste cause
Platon permettoit aux vieillars d'en boire,
pour les reschauffer, & entretenir en chaleur:
tout ainsi que la froideur, & la durté du fer, est
eschauffee & attendrie, par la vertu du feu.

CHAP. CCCCLX.

LEs catharres, les douleurs de foye, de rat-
te, & d'eſtomac, les enfleures, & les gout-
tes, ne procedent, ne de l'intemperie de l'air,
ny d'autres mauuaiſes qualitez qu'on puiſſe
remarquer aux influences du ciel, ne de cas
fortuit: comme font les playes, & autres pluſieurs maux, qu'on ne peut euiter, ains viennent, de la delicateſſe des hommes, de leur
pareſſe & oiſiueté, & de leur trop grande chere. Ce qui eſt aiſé à cognoiſtre, de ce que telles maladies, ne ſe trouuent gueres chez les
bonnes gens de village, & autres de baſſe &
pauure condition. Et anciennement, lors que
les perſonnes nobles & riches ſe paiſſoyent
de groſſes viandes, & faiſoyent bons & forts
exercices, elles n'eſtoyét point ſugettes à toutes telles maladies: ains s'eſtans acouſtumees
à vſer de ces groſſes viandes, elles s'en eſtoyét
rendues de complexion & habitude, d'autác
plus forte & gaillarde: & mengeoyent, meſ-
mement eſtans malades, des meſmes viures,
dont elles vſoient en leur pleine ſanté, ſans en
reſentir aucun mal, ou indiſpoſition. Ce que
nous apprenons d'Homere, quand il dit, qu'à
Troye (où allerent les enfans d'Eſculape) fu

donnee, par Hecamede à Neftor & à Ma-
caon bleffé & malade, vne viande compofee
de vin, de farine, & de froumage de cheure
gratufé : quelle viande Patrocle (ayant appris
la medecine d'Achille, & Achille de Chirõ)
n'euft pas ordonnee : fi en ce temps-là les hõmes euffent efté auffi phlegmatiques, qu'ils
font auiourd'huy : veu que toutes ces chofes
dont elle eftoit compofee, aux corps mal difpofez, fõt pour engẽdrer beaucoup de phleg
me. Or furent dõq les anciens beaucoup plus
fobres, & confequemment plus fains, que ne
font les hommes de noftre temps.

FIN.

EXTRAICT DV PRIVILEGE.

PAR lettres patentes du Roy, donnees à Paris le 9.iour d'Aoust 1583. Sa Maiesté a donné priuilege, permissió, & congé à Iean Richer, marchant libraire & Imprimeur en l'Vniuersité de Paris, d'imprimer, ou faire imprimer, vendre, & exposer en véte, durant le temps & terme de dix annees prochaines & consecutiues, certain liure intitulé, *Les Aduis Ciuils* de nouueau traduicts d'Italien en François. Portant expresses inhibitions & defences à tous Imprimeurs de ce Royaume, d'imprimer ou faire imprimer lesdicts Aduis Ciuils, n'iceux exposer ou faire exposer en vente pendant le temps desdites dix annees, sur peine de confiscation des caracteres, liures, & impressions, d'amende arbitraire, & despens, dommages & interests audit Richer, ainsi qu'il est amplement contenu & declaré par lesdites lettres patentes. Signées par le Roy en son Conseil.

HABERT.

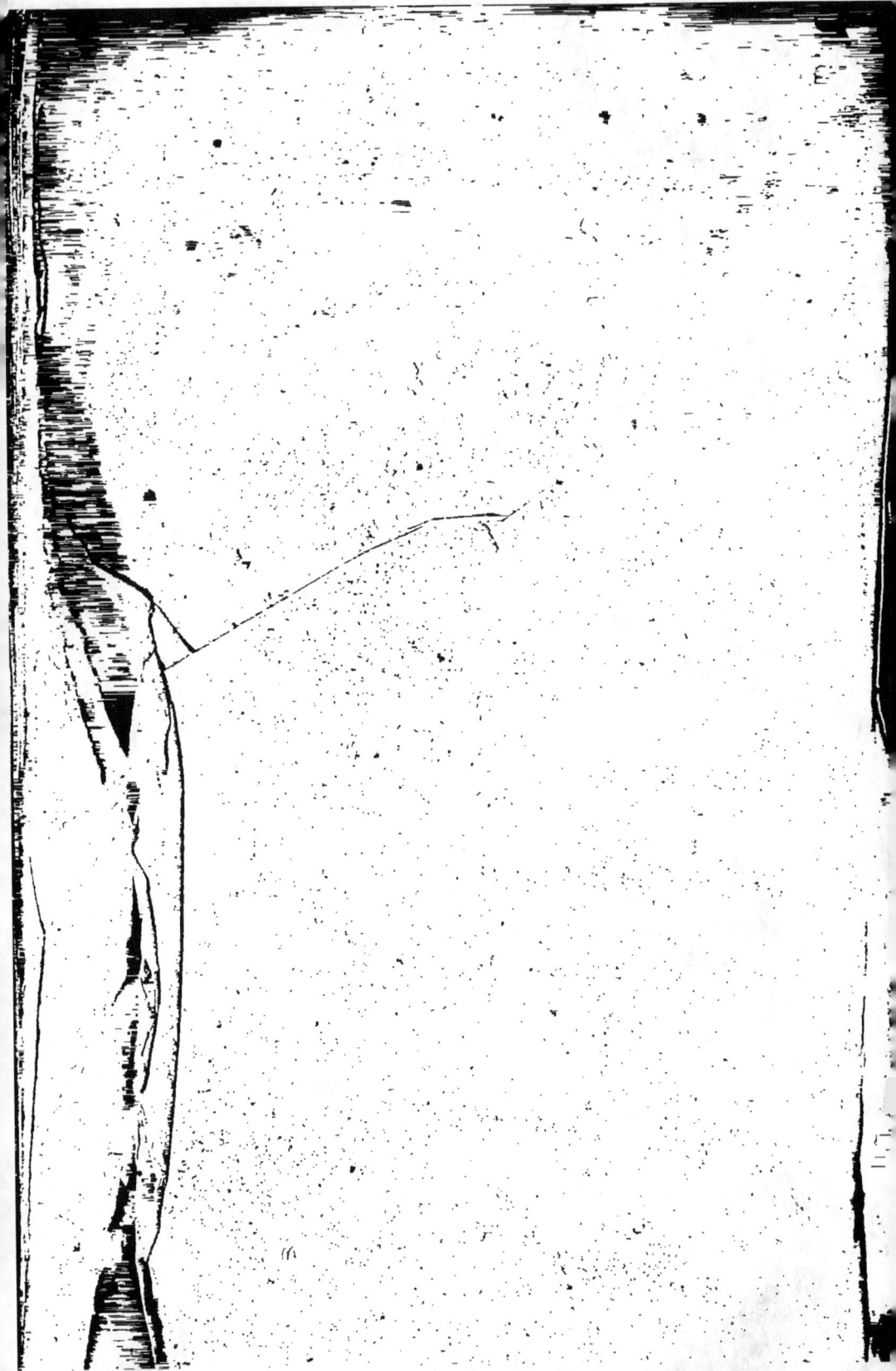